Klinische Psychologie
Was ist das?

Eva Jaeggi · Robert Rohner
Peter M. Wiedemann

Klinische Psychologie Was ist das?

Eine Einführung aus sozialwissenschaftlicher Sicht

*Gibt es auch Wahnsinn,
hat es doch Methoden*

Seehamer Verlag

Genehmigte Lizenzausgabe 1999 für
Seehamer Verlag GmbH, Weyarn
Titelgestaltung: Bine Cordes, Weyarn
Printed in Austria
ISBN 3-932131-90-8

INHALT

Kapitel IV

Kapitel V

Anhang

VORWORT

Es mag verwundern, daß die hier vorliegende Einführung nicht sehr viel gemein hat mit einem der üblichen Nachschlage- und Übersichtswerke über das Fachgebiet der Klinischen Psychologie. Wir denken, daß dieses Buch daher einer gewissen Rechtfertigung bedarf.

Klinische Psychologie handelt vom gestörten Verhalten und Erleben (wobei dadurch natürlich auch das Problem psychischer Gesundheit einbezogen ist). Sie befaßt sich mit den Ursachen, den Diagnosen und den Interventionen zur Behebung und Verhinderung dieser Störungen. Dies alles betrachtet sie jeweils mit Bezugnahme auf diejenigen Institutionen und Berufe, die dazu dienen, psychisch gestörte Menschen zu diagnostizieren und zu behandeln und/oder psychischen Störungen vorzubeugen.

Dies ist ein großes und umfassendes Gebiet, das wir nur in sehr unvollständiger Weise beschreiben konnten, wenn wir unser Ziel – die Darstellung einer sozialwissenschaftlichen Perspektive – nicht aus den Augen verlieren wollten. Unser Buch ist nämlich unvollständig in bezug auf die zitierte Literatur – sie ist natürlich um ein x-faches umfangreicher als die hier angegebene. Dies allerdings mag für viele Leser eine Erleichterung bedeuten – längst weiß der Wissenschaftskundige, daß die meisten Bücher nichts wirklich umwerfend Neues bringen und daß man daher beim Lesen wissenschaftlicher Lektüre viele »déjà-vu«-Erlebnisse hat. Obwohl wir Autoren im Laufe unserer unterschiedlich langen und intensiven Wissenschaftskarrieren genügend Buchtitel gesammelt haben, war es uns daher leicht, auf vieles zu verzichten: Auch wir fanden vieles »doppelt gemoppelt« und wollten unseren Lesern Überflüssiges ersparen. Am Ende jedes Abschnitts finden sich daher nur die von uns ausgewählten Literaturhinweise, die wir höchstpersönlich als wichtig und unverzichtbar für unser Verständnis und das unserer Studenten gefunden haben. Diese Auswahl ist – wie sollte es anders sein – höchst subjektiv, und wir entschuldigen uns bei allen Klinischen Psychologen, die wir nicht zitiert haben. Diese Art der Unvollständigkeit bedrückt uns weniger als die nachfolgend ausgeführte – wissen wir doch den exakten Detailforscher gut aufgehoben bei Autoren wie Davison/

Neale (1979, 1988), Bastine (1984), Pongratz (1978). Überhaupt gibt es ja für jedes einzelne Kapitel unseres Buches vollständige Übersichts- und Nachschlagewerke, die zu empfehlen sind.

Die andere Unvollständigkeit aber – daß wir nämlich längst nicht alle Richtungen, Forschungsergebnisse, Methoden etc. auch nur kurz *erwähnt* haben, ist schwieriger zu entschuldigen. Ihre Erläuterung führt aber hinein in das zentrale Anliegen dieses Buches.

Was wir bieten wollten, war keine vollständige Übersicht eines Faches; wir wollten vielmehr über die Darstellung eines spezifischen psychologischen Wissensgebietes (das an der Universität unter dem Namen »Klinische Psychologie« gelehrt wird) zeigen, daß die menschliche Seele in ihren subtilen Manifestationen immer wieder neu und anders interpretierbar ist und bleiben muß und daß diese verschiedenen Interpretationsangebote ein informatives Zeugnis der jeweilig vorherrschenden sozialen, kulturellen, geistigen Strömungen darstellen. Damit grenzen wir uns ganz entschieden ab von einer Psychologie, die in quasi naturwissenschaftlicher Manier an die menschliche Seele herangeht, um ihre »wahren Funktionsgesetze« zu ergründen. Die Seele ist kein objektiv vorfindbarer Gegenstand, der mittels der »richtigen Methode« erforscht oder mittels »wahrer Begrifflichkeit« adäquat beschrieben werden könnte. Sie ist vielmehr ein changierendes System, das mit recht unterschiedlichen Akzentuierungen versehen werden kann, wenn man es beschreibt, und in dem, je nach aufgesetzter Begriffsbrille und Methodik, recht unterschiedliche Zusammenhänge sichtbar werden.

Diesen Sachverhalt durchsichtig zu machen eignet sich die Klinische Psychologie in ganz besonderer Weise – und das in mehrfacher Hinsicht:

Die Lehre vom abweichenden Verhalten, seinen Verursachungen, seinen Korrekturen und seiner Vorbeugung zeigt zum einen, daß seelisches Leben gerade auch in seinen Extremformen Hinweise bereithält, die dazu dienen können, auch den ruhigen Fluß des Normalen zu erkennen. Zum anderen ist die moderne Ausfächerung der Erklärungskonzepte des Psychischen gerade am »Abweichenden« besonders deutlich geworden – der populäre »Psychoboom« hat sich vorwiegend aus der Pathologie gespeist.

Die in den letzten hundert Jahren entstandenen, sehr heterogenen Konzepte zur Erklärung des seelischen Lebens sind zu einem Großteil aus dem Bedürfnis entstanden, das *abweichende* Psychische zu erklären – und wie in einem Spiegel können wir in diesen verschiedenen Konzepten das jeweilig »Zeittypische« erkennen. Wir können aber auch sehen, in welcher Form der sogenannte »Zeitgeist« wiederum von den diversen psychologischen Konzepten geformt und bereichert wird.

Diesen Aspekt der Wissenschaft Psychologie wollten wir also betonen, und dazu schien uns nicht nötig – ja eher verwirrend –, auch noch den kleinsten Verzweigungen und Nebengeleisen psychologischer Theorienbildung nachzugehen. Wir haben uns daher nur solche psychologischen Konzepte vorgenommen, die wichtige *neue* Erklärungen abgeben und so für modernes Denken und therapeutisches/pädagogisches/präventives Handeln relevant sind. In diesem Sinne wird man unser Buch auch als ein parteiisches begreifen können. Wir haben zwar keinen der Zugangswege zur Erklärung des Psychischen zum »einzig wahren« erklärt (wenngleich unsere Bewunderung für psychoanalytisches Denken in seinem Reichtum nicht zu übersehen ist), wir haben aber jeweils sehr klar und scharf kritisiert, wenn uns Ansprüche überzogen und nicht eingelöst erscheinen, wenn wir die Relevanz von Themen nicht einsehen können oder wenn uns logische Inkonsequenzen an theoretischen Konzepten und/oder methodischen Vorgehensweisen stören.

Daß wir unterschiedlich ausführlich vorgehen bei der persönlichen Darstellung einzelner bedeutender Psychologen, ist ebenfalls begründet in unserem Bestreben, Psychologie als Sozialwissenschaft zu begreifen. Es gibt, so schien es uns, Denkrichtungen, die relativ unabhängig von der individuellen Person durch eine *Reihe* von Forscherpersönlichkeiten repräsentiert werden – so z. B. die verschiedenen Richtungen der Verhaltenstherapie und der Kognitiven Therapie. In diesen Fällen war es uns wichtiger, Zeitgeist und Denkstil einer Epoche zu kennzeichnen, als die ganz persönliche Note eines Schulenrepräsentanten zu ergründen. Bei anderen Richtungen – etwa der psychoanalytischen oder der humanistischen – spielen die Biographien der Gründerpersönlichkeiten offensichtlich eine zentrale Rolle. Sie wurden auch schon sehr früh einbezogen in die Ausdeutung ihres Werkes und sind bis jetzt eine Quelle der Inspiration für die Schülergeneration sowie für ihre Kritiker.

In jeder psychologischen Theorienbildung stecken viele Metaphern – der Reichtum einer Therapie, so könnte man pointiert formulieren, steckt in der Vielgestaltigkeit und Lebendigkeit des

Metaphernsystems. So können wir in den Verhaltenstheorien »abgeblaßte Metaphern« (Langer, 1942) wie »Bekräftigung« oder »Operationalisierung« finden; in den psychoanalytischen jedoch recht pralle und kräftige: »phallisches Verhalten« oder »inzestuöse Wünsche« etwa.

Nicht *daß* mit Metaphern gearbeitet wird, unterscheidet Theorien (Wurmser, 1983). Es wäre eine falsch verstandene Wissenschaftlichkeit, wollte man eine Theorie verurteilen, weil sie in ihren zentralen Kategorien Metaphernsprache benutzt. Wichtiger ist vielmehr, wie reichhaltig und differenziert diese Metaphern sind, damit sie möglichst vielfältige Phänomene und ihre Zusammenhänge beschreiben können. Problematisch bleibt jedoch immer wieder, wenn diese Metaphern überzogen und als »Realitäten« gehandhabt werden. Dies bedeutet einen Wechsel von einer verbalen zu einer ontologischen Ebene, der in Theorie und Praxis des Therapierens immer wieder vorkommt. Wo uns dies besonders auffällig erschien (z. B. bei den Körpertherapien), haben wir es paradigmatisch herausgestellt – nicht um ein psychologisches System als »unwissenschaftlich« zu brandmarken, sondern um zu verdeutlichen, daß es auch beim »Interpretieren« des Seelischen unterschiedliche Qualitäten gibt. Unser Ansatz, die verschiedenen ätiologisch-therapeutischen Systeme seien jeweils »nur« Interpretationsfolien, bedeutet nämlich ganz und gar nicht, daß sie daher »alle gleich gut« (bzw. schlecht) sind: Es gibt hochgradig differenzierende und sehr schlichte, mehr oder weniger umfassende (sehr häufig fehlt ihnen z. B. der gesellschaftliche Bezug), aber auch solche, die allzu schnell vortäuschen, unmittelbar handlungsrelevant zu sein.

Diese zwar relativierende, aber doch bewertende Sichtweise zeigt sich sozusagen komprimiert im Abschnitt über die Psychotherapieforschung. Die übliche Forderung, man müsse nur möglichst viele und exakte Evaluationsstudien vorlegen, um Wert und Wissenschaftlichkeit eines Systems zu erweisen, können wir so naiv nicht teilen. Das ist eine Forderung, die aus einer typisch naturwissenschaftlichen Sicht entsteht. Die in großer Zahl vorgelegten Studien verweisen immer wieder darauf, daß der Erfolg des therapeutischen Prozesses offensichtlich mit dem dahinterstehenden Theoriengebäude so sehr viel nicht zu tun hat: Unsere Auffassung von Psychotherapieforschung ist von dieser Auffassung ebenso geprägt wie unsere Einschätzung der Supervision.

Der letzte Zweck unseres Buches ist also der, den wissenschaftstheoretischen Standort psychologischer Erkenntnis durch konkrete Darstellungen und Bewertungen unseres Faches Klinische Psychologie auszukundschaften. In diesem Sinne soll es beitragen zu einer *Öffnung* des Faches Psychologie, das sich in den letzten Jahrzehnten an der Universität häufig eingemauert hat in den engen Turm sogenannter »exakter« Methoden.

Eva Jaeggi, Robert Rohner, Peter Wiedemann

KAPITEL I

Die kranke Seele als Gegenstand der Klinischen Psychologie

1. Zur Geschichte des Wahnsinns, der Dummheit und der Nervosität

Wahnsinn, Dummheit und Nervosität hat es schon immer gegeben; sie sind schon in der Antike belegt. Galen (129–200 n. Chr.) beschreibt z. B. eine Form des Wahnsinns, die Melancholie *, sehr eingehend. Der englische Schriftsteller Samuel Pepys notiert 1660 in seinem Tagebuch eine Reihe auch uns bekannter nervöser Störungen wie verschiedene Ängste und Hypochondrien. Und natürlich ist immer und überall von alltäglicher »Dummheit« oder auch schwerer intellektueller Behinderung die Rede. Wenn also Geisteskrankheiten, Geistesschwäche und psychische Störungen schon immer existiert haben, sind sie dann auch unveränderliche menschliche Wesenszüge? Wie sicher können wir sein, daß sich unser heutiges Verständnis von Wahnsinn, Dummheit und Nervosität mit dem des 19. Jahrhunderts oder gar des Mittelalters deckt?

Wenn wir uns der Geschichte von Wahnsinn, Dummheit und Nervosität zuwenden, sind unterschiedliche, wenn auch miteinander verbundene Problemkreise zu betrachten: einmal die Frage, ob sich psychische Symptome und Erscheinungen – also die Phänomene selbst – verändert haben oder ob sich zum anderen nur die Sicht, d. h. die auf die Phänomene bezogenen Interpretationen und Bewertungen, gewandelt hat. Zu bedenken ist weiterhin, daß sich die Behandlungsweisen, Zuständigkeiten und therapeutischen Einrichtungen verändert haben. Welche Folgen damit für diejenigen, die als psychisch krank oder gestört angesehen wurden und werden, verbunden waren und sind und welche Auswirkungen solche Veränderungen wiederum auf die Störungsbilder hatten und haben, ist ebenfalls zu erörtern.

Eine Geschichte der »kranken Seele« – des Gegenstandes der Klinischen Psychologie – verlangt deshalb mehr als nur eine Aufzeichnung von Krankheiten und Krankheitstheorien; sie erfordert die Beschäftigung mit den gesellschaftlichen Zusammenhängen, in die das Denken und die Behandlung von psychischen Störungen gestellt ist. Pathologie und Ätiologie * – das sollen unsere Ausfüh-

---

Die mit einem * versehenen Begriffe können im Glossar am Ende des Buches nachgeschlagen werden.

rungen zeigen – sind keine akademischen Theoriegebilde, die unberührt von Gesellschaft und Alltag existieren. Sie greifen ins Leben ein und sind ihrerseits auch abhängig von gesellschaftlichen Umbrüchen und Entwicklungen.

Diese Zusammenhänge sollen an den drei Beispielen »Wahnsinn«, »Dummheit« und »Nervosität« dargestellt werden. *Wahnsinn*, der in der Antike als Krankheit, als schlechte Mischung der Körpersäfte galt und der im Mittelalter mit dem Teufel in Verbindung gebracht wurde, wird vom 16. Jahrhundert an wiederum als Krankheit angesehen.

In bezug auf die *Dummheit* sollen zwei Formen des Umgangs mit geistiger Behinderung einander gegenübergestellt werden, die Politik gemacht haben: einmal der psychologische Rassismus, der auf dem IQ-Test aufbaute und zur Ausgrenzung von »Degenerierten« führte. Zum anderen werden das Verständnis und der Umgang mit dem Schwachsinn der neueren Sozialpsychiatrie in der Bundesrepublik dargestellt – eine Auffassung, die von der »Gleichberechtigung« unterschiedlicher Intelligenzen geprägt ist.

Schließlich soll im Fall der *Nervosität* gezeigt werden, welche historischen Prozesse ein neues psychisches Störungsbild aufkommen lassen, welche konkurrierenden Deutungen es findet und wie im Laufe der Zeit die Nervosität ihren »Krankheitscharakter« verliert und als Befindlichkeit zu einem alltagsweltlichen Deutungsmuster wird.

Der Wahnsinn

Die Geschichte des Wahnsinns ist die Geschichte des Umgangs mit den Risiken des Andersseins – Risiken für die »Betroffenen« ebenso wie für die Gesellschaft, der dieses Anderssein zur praktischen Aufgabe wird. Wahnsinn ist, mehr noch als der Schwachsinn, der Gegenpol zur bürgerlichen Vernunft, zu Rationalität, Aufklärung und wissenschaftlichem Denken, die unsere Welt des Kapitalismus geformt haben. Der jeweilige Umgang mit dem Wahnsinn liefert deshalb ein Konzept, das Aufschluß über die Umbruchlinien einer Gesellschaft gibt. Ausgrenzung von Anderssein – und damit der Risiken und Unsicherheiten, die durch die Andersartigen für den gesellschaftlichen Alltagsbetrieb existieren – war schon immer ein probates Mittel zur Stabilisierung gesellschaftlicher Wirklichkeit. Abstrakt und von der »höheren« Warte einer Systemtheorie betrachtet, trägt diese Unterscheidung zwischen den Eigenen und den Fremden zum Selbsterhalt des Status quo bei. Die Abwehr des Andersseins ist nicht ganz unbegründet. Denn die Unsicherheiten des Lebens, der Zerfall von Lebensformen und Gewißheiten bringen zwangsläufig kollektive Ängste hervor. Immer werden dann Ursachen und Erklärungen gesucht und führen zur Projektion auf die Andersartigen und zu einem besonderen Umgang mit ihnen. Gerade selbstunsichere Gesellschaften bedürfen einer permanenten Produktion von Druck, damit Abweichung verhindert wird; eines der Mittel ist die Psychiatrisierung. Läßt der Druck, der ständig Normalität im Sinne von »So-sollen-alle-sein« produziert, nach, fällt die gesellschaftliche Wirklichkeit zusammen. Um das zu erkennen, genügt ein Blick auf die Nationalitätengegensätze in der heutigen Sowjetunion und auf den Zerfall der sozialistischen Staatsräson im Ostblock.

Ein Beispiel für die hier skizzierten Zusammenhänge zwischen Gesellschaft, kollektiver Mentalität und Unsicherheit ist das Hexenwesen zu Beginn der Neuzeit in Europa. Vom 14. Jahrhundert bis hin zum 17. Jahrhundert wurden ungefähr eine halbe Million Menschen wegen Hexerei zum Tode verurteilt; für den Jahresdurchschnitt nimmt man ungefähr 1500 Hinrichtungen an (Zinn, 1989).

Das Hexenwesen war – aus heutiger Sicht erscheint es uns als ein gesellschaftliches Wahnsystem – keine mittelalterliche Erscheinung, sondern ein Phänomen des Umbruchs zur Neuzeit. Im 14. Jahrhundert zerbrach die bislang gültige Weltordnung, und die Gewißheiten, die Lebenssinn versprachen, lösten sich auf. Endzeitstimmung herrschte – ähnlich wie heute, wo der ökologische Untergang von vielen Menschen als gewiß angenommen wird. Es gab viele Katastrophen: die Pest, die 1347 in Europa einsetzte und bis ins 17. Jahrhundert immer wieder aufflackerte, Mißernten und Hungersnöte infolge einer Klimakatastrophe (Klimaforscher sprechen sogar von einer kleinen Eiszeit in Europa), die Kirchenspaltung, die Religionskriege – all das wurde als Zeichen des drohenden Weltuntergangs verstanden. Gut zu beobachten ist diese Endzeitstimmung in der Malerei des 14. und 15. Jahrhunderts: im Gegensatz zur frühen mittelalterlichen Kunst rücken hier Hölle, Tod, Dämonen und Ungeheuer in den Vordergrund, um schließlich bei H. Bosch zu Beginn des 16. Jahrhunderts einen gespenstischen Höhepunkt zu erreichen.

Überall lauerten Gefahren, doch diese wurden noch nicht – wie heute – als Ergebnis gesellschaftlichen Handelns bestimmten sozialen Kräften zugeschrieben, wie z. B. der Industrie, dem Kapitalismus oder dem Staat. Sie waren Ergebnis äußerer Einwirkungen und auferlegt; ihnen fehlte das charakteristische Merkmal von durch Menschen verursachte Risiken: die Entstehung durch menschliche Entscheidungen. So setzte sich für diese Gefahren ein »übernatürliches« Erklärungsmuster durch – das der Hexerei.

Die Ursachen vieler Krankheiten z. B. waren aufgrund des damaligen geringen Kenntnisstandes von Medizin und Naturwissenschaften nicht zu erklären: weder bei Krebserkrankungen noch bei TBC oder Rheumatismus und Arthritis. Insbesondere traf das auch für die Erkrankungen des Viehs zu. In einer Klage gegen eine Gruppe von Hexen aus dem Jahre 1652 wurde z. B. vorgebracht, sie hätten den Tod zweier Erwachsener, den von neun Kindern sowie den Verlust von Vieh im Wert von 500 englischen Pfund und den Untergang einer großen Schiffsladung Weizen verursacht (Honegger, 1978). Zu solchen Erklärungen sagt Blackmore 1735: »Wenn das gemeine Volk die Gründe für körperliches Leid nicht zu durchschauen vermag, lastet es dieses gerne dem Einfluß und dem Wirken höherer, unsichtbarer Mächte an; es glaubt, wie es in seiner Sprache heißt, unter einem bösen Fluch zu stehen oder von einem bösen Blick getroffen zu sein; die Leute schieben ihre Krankheiten der Zauberei und der Hexerei zu und wenden zur Heilung Beschwörungen, Zaubersprüche und magische Abwehrmittel an« (zitiert nach Tomas 1971, in der Übersetzung von 1978). Diese Beschreibung zeigt, daß der Autor immerhin schon 1735 diese Auffassung als Aberglauben ansieht. Aber noch ein Jahrhundert zuvor waren selbst Gelehrte der Ansicht, daß es Hexerei gebe. Noch im 16. Jahrhundert war das berühmte Königliche Kolleg der Ärzte in England, die oberste medizinische Autorität, dieser Ansicht – der Hexenglaube half, die damalige Unwissenheit der Medizin auszugleichen. Wie konnte es zu einem Wandel solcher Anschauungen kommen?

Die Kodifizierung des Hexenwesens hatte mit der Herausgabe des »Hexenhammers« 1487 durch Sprenger und Institoris eingesetzt. Dieses Buch, das bis zum Jahre 1669 dreißig Neuauflagen erlebte, wurde zum Standardwerk der Hexenverfolger. In seinen ersten beiden Teilen beschrieben und begründeten die beiden Autoren das Hexenwesen, um im dritten Teil praktisch-juristische Hinweise zur Hexenverfolgung zu geben. In gewisser Weise entzauberten die beiden Dominikaner Sprenger und Institoris mit dem Hexenhammer das Dämonische (Honegger, 1978). Gab es auch vor ihnen schon eine theologische Beschäftigung mit dem Bösen, so lieferten sie ein theoretisches Deutungsmuster dafür, wie Störungen der göttlichen Harmonie und Weltordnung zustande kommen. Sie schrieben es den Hexen zu, die willentlich – und das war der entscheidend neue Punkt – sich mit dem Teufel eingelassen hatten. An die Stelle der unangreifbaren Dämonen traten die Hexen als menschliche Wesen, die zur Verantwortung gezogen werden konnten und mußten.

Bei der Hexenverfolgung arbeiteten kirchliche und weltliche Institutionen Hand in Hand. Um die Feststellung und Verurteilung der Hexen kümmerte sich die kirchliche Inquisition, der Vollzug der Urteile war Sache der weltlichen Gerichte. Es wäre aber falsch zu glauben, das Hexenmuster sei »von oben« durchgesetzt und der Bevölkerung aufgezwungen worden. Die Existenz des Bösen, die Macht und das Unwesen der Hexen war eine gesellschaftliche Überzeugung, die von allen geteilt wurde: vom Opfer, welches für sein Unglück eine plausible Erklärung hatte, von den Anklägern wie auch von den Angeklagten. Das Hexenmuster war ein universelles Deutungsmuster. Aus unserer Sicht war es Paranoia auf der Seite der Opfer und Ankläger und auf Seiten der Angeklagten eine Art hysterischer Selbstverkennung, wobei auch andere Formen psychischer Erkrankungen wie Schizophrenie, Epilepsie und Manie vorgekommen sind. Aber – und das soll demonstriert werden – noch stand an der Stelle der psychiatrischen Klassifikation ein anderes Muster: auf der Ebene der Nosologie* die Unterscheidung zwischen übernatürlichen und natürlichen Phänomenen sowie die Auffassung, daß die Hexe der »weltliche Arm« des Bösen sei. Da Hexen vorsätzlich handelten, mußten sie auch bestraft werden. Die Instanzen, denen die Diagnose und »Therapie« der Hexen oblag, waren Priesterschaft und Staat.

Die Auflösung dieser Deutungsmuster verläuft über drei Schritte: 1. die innere Kritik, 2. das Aufkommen neuer Deutungsmuster und 3. die Ablösung des Musters aufgrund seiner mangelnden Erklärungskraft für die neuen gesellschaftlichen Verhältnisse.

Die innere Kritik ist vor allem Methodenkritik. Sie bezieht sich auf die eingesetzten diagnostischen Mittel wie Hexenwaage und Wasserprobe oder Nadelprobe (Suche nach einer unempfindlichen Körperstelle). Kritik wird auch an dem Zirkelschluß von Folter und Geständnis geübt. Einer der ersten Kritiker war der protestantische Arzt Weyer, der in seinem 1563 erschienenen Buch »De praestigiis Daemonum« die meisten Hexen als zu Unrecht verurteilt ansah. Er argumentierte wie folgt: Die meisten als Hexen verurteilten Frauen seien Melancholikerinnen, die für die

Einflüsterungen des Teufels besonders anfällig seien. Seiner Auffassung nach hätten sie jedoch die von ihnen gestandenen Taten nicht begangen, diese seien vielmehr Illusionen, die ihnen vom Teufel eingegeben wurden. Als Melancholie beschreibt er dabei u. a. folgende delirante Symptome, die sich ein Mensch über sich selbst »einbilden« kann: »Einige unter ihnen glauben, Tiere zu sein, deren Stimme und Gesten sie nachahmen. Einige denken, sie seien Glasgefäße, und aus diesem Grunde weichen sie vor den Passanten in der Furcht zurück, von diesen zerschlagen zu werden. Andere fürchten den Tod, den sie sich jedoch meist selber geben. Und wieder andere stellen sich vor, sie seien irgendeines Verbrechen schuldig, so daß sie zittern vor Angst, sobald sie einen auf sich zukommen sehen, weil sie annehmen, daß man ihnen die Hand auf die Schulter legen, sie gefangensetzen und nach einer Verurteilung hinrichten werde.« (Weyer, zitiert nach Foucault, 1989, 268) Nach Weyer waren die Melancholikerinnen also nicht zurechnungsfähig und damit aus juristischer Sicht nicht straffähig. Statt einer juristischen Verurteilung sollten sie einer medizinischen Behandlung und christlichen Erziehung zugeführt werden.

In der gleichen Weise argumentierte der Jesuitenpater Spee 1631. Seiner Meinung nach gab es zwar Hexen, sie waren aber selten und schwierig zu erkennen, so daß man die Beweisführung verfeinern mußte. Bloßes Hörensagen reichte nicht mehr aus und auch nicht das Geständnis unter Folter. Es mußten zusätzlich Spezialisten gehört werden: Ärzte, um alternative Ursachen, d. h. medizinische Gründe, auszuschließen. Von besonderer Bedeutung für den Zerfall des alten Deutungsmusters ist paradoxerweise dessen Ausweitung. War der klassische Fall der freiwillige Pakt der Hexe mit dem Teufel gewesen, so kam es im 17. Jahrhundert zu einer Reihe von Selbstbezichtigungen. Insbesondere Frauen glaubten sich besessen – aufgrund einer Verhexung: Sie waren passive Opfer, in deren Körper der Dämon wütete und sie zu Taten antrieb, die die klassische Hexe freiwillig tat. Diese Besessenheit ergriff nun auch die gebildeten Stände. Daraus ergaben sich Kompetenzstreitigkeiten zwischen Kirche, Justiz und Medizin.

Von nun an kam der Medizin die Aufgabe der Prüfung der Besessenen zu. Besessenheit wurde zunächst als körperliche Erkrankung, später als Geisteserkrankung und schließlich als »Einbildung« gedeutet. Der Arzt konnte nun vor Gericht feststellen, ob es sich um eine Hexe oder um eine Melancholikerin handelte. Schließlich aber erklärte Malebranche 1674 die Hexerei ganz allgemein zur Geisteskrankheit. Hexen waren seiner Auffassung nach Verrückte: »Man bestrafe sie nicht mehr und behandle sie als Verrückte. Dann wird man im Laufe der Zeit schon sehen, daß es gar keine Hexen mehr sind« (zitiert nach Favret, 1978, 349).

Im Jahr 1682 endet in Frankreich die staatliche Verfolgung der Hexen durch ein königliches Dekret. Einer der letzten großen Hexenprozesse fand in Salem, Massachusetts, 1696 statt – von da an verflüchtigte sich die Angst vor den Hexen. Sie sind einfach Irre oder Schwindlerinnen, die ein soziales Problem darstellen. Ihr Platz ist das Asyl, wo sie interniert werden. Erst Charcot, dessen Hypnosetechnik einen großen Einfluß auf Freud hatte, entdeckte die Besessenheit wieder, und er gab ihr einen neuen Namen – die Hysterie.

Diese Umwandlung von Deutungsmustern und der damit zusammenhängende Umbau der Behandlungsformen, -rechte, -institutionen und -agenten, wie er hier am Beispiel des Hexenwesens geschildert ist, ist prototypisch. Um ein Beispiel aus der jüngsten Vergangenheit anzuführen: In den fünfziger Jahren unseres Jahrhunderts beginnt eine neue Auseinandersetzung um den Wahnsinn. Diesmal stehen sich Ärzte auf der einen und Soziologen bzw. Psychologen auf der anderen Seite gegenüber. Ein berühmtes Experiment machte die Beliebigkeit psychiatrischer Diagnose und Behandlung deutlich: Rosenhan (1977) ließ sich selbst und eine Reihe anderer – völlig normaler – Personen in die Psychiatrie einweisen. Sie gaben an, Stimmen zu hören. Sofort nach der Einweisung täuschten sie jedoch keine psychiatrischen Symptome mehr vor, sondern verhielten sich wieder wie normale Menschen. Von den Ärzten, die sich in der Regel bei diesen »Kranken« auf die Diagnose Schizophrenie * geeinigt hatten, wurde dieser Wandel nicht beachtet – sie behandelten sie weiter wie Schizophrene. Nur den anderen Patienten fielen die »Simulanten« auf.

Ein anderes Verständnis von Wahnsinn entwickelte sich. Im Mittelpunkt steht die Tatsache, daß jemand als wahnsinnig, schizophren oder sonstwie psychiatrisch auffällig etikettiert wird. Ist – aufgrund welcher Auffälligkeiten auch immer – ein solches Etikett erst einmal da, dann prägt es den Menschen aufgrund seiner verhaltensteuernden Kraft. Es definiert eine Rolle, die der so etikettierten Person durch die Erwartungen der anderen (der Ärzte, Angehörigen, der Verwaltung etc.) aufgezwungen wird, die sich dann ihrerseits in der neuen Rolle zwangsläufig verfängt und gar nicht anders kann, als sich wie ein Verrückter zu verhalten. Schädigungen entstehen darüber hinaus auch durch die klassische Form der

Behandlung – die psychiatrische Internierung in einer Anstalt. Die logische Konsequenz des Anti-Etikettierungsansatzes war der Versuch, das klassische psychiatrische Diagnoseschema aufzugeben und die psychiatrischen Internierungsanstalten aufzulösen.

Hinsichtlich der Umsetzung dieses Erklärungsmusters von Wahnsinn lassen sich zwei Lager unterscheiden: die Reform-Psychiater, die die psychiatrische Anstalt zu einer »Therapeutischen Gemeinschaft« aus- und umbauen wollten (Finzen, Foudraine), sowie die Vertreter der Antipsychiatrie, die die psychiatrischen Anstalten gänzlich ablehnten (Basaglia). Mit der »Therapeutischen Gemeinschaft« ging es um die Enthierarchisierung der Psychiatrie, um mehr Gleichberechtigung von Ärzten und medizinischem Hilfspersonal, aber auch um mehr Selbstbestimmung der Patienten. Man versuchte einfach, mehr Demokratie zu wagen, ohne die Anstalt selbst in Frage zu stellen. Dieser Reformkurs mußte jedoch auf Widersprüche und Konflikte stoßen: zwar war richtig erkannt, daß das Milieu in den psychiatrischen Kliniken selbst zu einer Verstärkung psychischer Störungen führen kann (und auch oft führt), aber die Abschaffung von Kliniken stellte andererseits die gewohnten Rollen und Entscheidungskompetenzen in Frage. Oft genug scheiterte dann die Umstellung an dem zähen Widerstand der Klinikverwaltungen und des Pflegepersonals, die um Ruhe und Ordnung fürchteten. Fengler und Fengler (1980) haben in prägnanter Weise diese Schwierigkeiten, den psychiatrischen Alltag umzugestalten, beschrieben. Die Entwicklung einer therapeutischen Gemeinschaft bedeutet ihrer Auffassung nach immer die Beherrschung eines Balanceaktes: Einerseits muß versucht werden, neue Rollen und Beziehungen in der Klinik für Ärzte, Pflegepersonal und Patienten durchzusetzen, aber andererseits muß auch die Kooperationsbereitschaft der Patienten und der Pflegekräfte erhalten bleiben, und das geht nicht ohne den nötigen Respekt vor deren – traditionellen – Arbeits- und Selbstverständnis.

Die Antipsychiatrie als die andere Variante entwickelte sich in England und in Italien. Während in England eher »Inseln« entstanden, vor allem durch die Arbeit von Cooper (1971) und Laing (1976), die mit neuen, aber auch umstrittenen Alternativen zur traditionellen psychiatrischen Versorgung experimentierten (siehe dazu Bopp, 1980), wurde in Italien ein umfassender Umbau der Psychiatrie in Angriff genommen. Die Frage der Auflösung der Psychiatrien war eng verbunden mit dem gesellschaftlichen Kampf um sozialen Fortschritt. So wurde 1978 in Italien sogar ein

Gesetz verabschiedet, das die Schließung der vorhandenen psychiatrischen Anstalten vorsah. Im industriellen Norden Italiens wurden auf dieser gesetzlichen Grundlage die Anstalten durch ambulante Dienste ersetzt; aber auch hier kam es zu Schwierigkeiten, so daß Pirella, einer der führenden Köpfe der italienischen Psychiatriereform, feststellen mußte, daß es in Italien immer noch ein soziales Bedürfnis nach dem Irrenhaus gab (Pirella, 1981, 155).

Der Schwachsinn und der Intelligenz-Test

Intelligenzdefizite waren schon immer ein Thema der Medizin. Allerdings wurde das, was heute als Minderung der Intelligenz begriffen wird, von den Ärzten des 17. und 18. Jahrhunderts als eine »Negativkategorie« behandelt (Foucault, 1989). Demenz* war das negative Spiegelbild der Vernunft. Als wesentliches Zeichen galt die Stupidität, d. h. der Defekt der Urteilskraft. Die Demenz, d. h. der Schwachsinn, wurde als Wahnsinn abzüglich aller besonderen Symptome, wie z. B. Halluzinationen und Wahngedanken, aufgefaßt. »Die von der Demenz Befallenen sind in allen Dingen sehr nachlässig und indifferent; sie singen, lachen und amüsieren sich ohne Unterschied über das Böse wie über das Gute. Hunger, Kälte und Durst (...) werden in ihnen sehr gut spürbar; aber sie sind deshalb nie niedergeschlagen. Sie spüren auch die Eindrücke, die die Gegenstände auf die Sinne ausüben, aber sie wirken nie davon beeindruckt.« (Doufour, 1770, zitiert nach Foucault, 1989, 262).

Als Ursachen der Demenz wurden Störungen der Lebensgeister angesehen, die durch Qualitäts- und Quantitätsveränderungen des Hirns bedingt gedacht wurden: das Hirn war entweder zu klein oder zu groß, hatte die falsche Form, war zu wässerig oder zu viskös, oder den Hirn-»Fibern« fehlte die Spannkraft.

Schwachsinn war im 18. Jahrhundert vor allem ein medizinisches, eventuell ein philosophisches, aber meist kein praktisches Problem. Mit dem Auftauchen des »Knaben von Aveyron« 1789 in Paris veränderte sich das: Itard, ein Schüler von Pinel, übernahm die Erziehung des verwahrlosten, geistig behinderten Jungen, der ähnlich wie später in Deutschland Kaspar Hauser aufgegriffen worden war. Offenbar hatte er tierähnlich über Jahre in den Wäldern gehaust. Die französische Akademie betrachtete diesen Fall mit Aufmerksamkeit: War ein solcher Junge bildungsfähig oder nicht? Erst Esqirol (1838) unterschied zwischen angeborener Idiotie und erworbener Demenz. Er erkannte weiterhin, daß man an den unterschiedlichen Leistungsfähigkeiten – z. B. dem Umfang der Sprachbeherrschung – das Ausmaß der Intelligenzminderung erkennen kann.

Damit war im Prinzip die Lösung für ein Problem gebahnt, das im Kapitalismus immer dringlicher wurde. Denn mit wachsenden Bildungsanforderungen war auch der Schulunterricht ausgedehnt worden. Dadurch waren auch leichtere Schwachsinnsgrade zum Problem geworden, und bereits 1816 hatte man die erste »Hilfsschule« für Schwachsinnige gegründet. 1870 gibt es nach Goodenough (1960, zitiert nach Groffmann, 1964) bereits etwa 80 Schulen für geistig zurückgebliebene Kinder. Um 1898 waren es allein in Deutschland über 2000 Hilfsschulklassen mit über 4000 Kindern.

Sowohl in Frankreich wie auch in Deutschland stand damals die Überforderungsfrage auf der Tagesordnung der Pädagogik. Es ging um die Aussonderung von Schülern geringer Intelligenz, die das Maß an Bildung erhalten sollten, das ihnen noch entsprach, ohne daß sie überfordert wurden. Diese Ausdifferenzierung der Bildung erforderte praktische Methoden, die eine zuverlässige Diagnose des Schwachsinns gestatteten, was erst mit der Erfindung des Intelligenztests durch Binet und seinen Mitarbeiter Simon gelang. Binet war 1905 als Direktor des psycho-physiologischen Laboratoriums an der Sorbonne in Paris vom französischen Erziehungsministerium beauftragt worden, ein Instrumentarium für die Unterscheidung von normalen und schwachsinnigen Kindern zu entwickeln. Dieser Test fand schnell in den anderen europäischen Ländern und den USA Verbreitung. In Deutschland wurde von Bobertag 1909 eine adaptierte Fassung des Binet-Tests entwickelt; in den USA wurde von Terman, der an der Stanford Universität arbeitete, eine amerikanische Version vorgelegt, die 1916 als *Stanford-Binet-Test* publiziert wurde. Der IQ-Test, den Binet noch ursprünglich mit der Hoffnung auf »Therapie« verbunden hatte, wurde zunehmend in einen anderen Zusammenhang gestellt: den der Ausdifferenzierung und Selektion von Menschen nach ihrem intellektuellen Leistungsvermögen sowie der abgestuften Zuteilung von Bildungschancen.

Die Anwendung von Tests nahm in den USA innerhalb weniger Jahre einen ungeahnten Aufschwung. Als die USA 1917 in den Ersten Weltkrieg eintraten, schlug die American Psychological Association vor, einen Intelligenz-Gruppen-Test zu entwickeln. Mit diesem Test – dem *Army-Alpha-* und dem *Army-Beta-Test* – wurden fast 2 Millionen Soldaten getestet.

Diese Testreihen boten das Material für eine Diskussion, in der es um weit mehr ging als um die Zuweisung von Bildungschancen oder von bestimmten militärischen Aufgabenfeldern. Im Zusammenhang mit der Intelligenztestung wurden auch rassische und eugenische Fragen erörtert.

Dabei unterstellte man einen Zusammenhang zwischen Schwachsinn einerseits und Verbrechen, Asozialität und anderen Formen von sozial abweichendem Verhalten andererseits. Weiter nahm man an, daß Schwachsinn erblich sei. So fand Yerkes (1921) bei seiner Analyse der *Army*-Testdaten, daß Soldaten englischer, holländischer sowie dänischer Herkunft die höchsten IQ-Werte hatten, solche schottischer, deutscher und schwedischer Herkunft eine mittlere Position einnahmen und Soldaten, die aus Rußland, Italien und Polen stammten, die niedrigsten IQs aufwiesen.

Schon 1912 hatte Goddard auf Ellis Island – der Insel im Hafen von New York, auf der die Emigranten aus Europa ankamen – Intelligenztests durchgeführt. Danach waren 83% der Juden, 80% der Ungarn, 79% der Italiener und 87% der Russen »feeble-minded«, d. h. minderintelligent.

Für amerikanische Psychologen war es eine »nationale« Pflicht, auf die Gefährdung der amerikanischen Nation durch diese Einwanderer hinzuweisen. Zwar gab es Einwanderergesetze, die bereits vor 1905 Verrückten und Epileptikern die Einwanderung in die USA verweigerten; seit 1907 zählten hierzu auch die »Imbezillen« und Schwachsinnigen, aber erst mit der Einführung von Intelligenztests war es möglich, solche schnell auszusondern, so daß danach die Zahl der Zurückgewiesenen sprunghaft anstieg (Kamin, 1974). Man ging davon aus, daß die Bedrohung der USA durch den Schwachsinn abgewendet werden könne, indem man die »geistig Minderbemittelten« zurückschickte oder Quoten festlegte, und man auf diese Weise auch helfen würde, Kosten zu sparen. Letzteres brachte Brigham, der die *Army*-Testdaten in seinem Buch »A Study of American Intelligence« erneut analysiert hatte, auf einen wichtigen Punkt: Er charakterisierte Schwachsinnige (mit einem IQ unter 70) mit dem Hinweis »Cost of supervision greater than value of labor. Untrainable socially and economically« (Brigham, zitiert nach Kamin, 1974, 26). Um die geistige, körperliche und moralische Gesundheit der Bevölkerung nicht zu gefährden – so wurde vorgeschlagen –, sollten Gesetze in Kraft treten, die den Zustrom unintelligenter Rassen verhinderten. Das geschah 1924 mit einer Quotenregelung, die die Einwanderung aus Südosteuropa erschwerte. Mit Bedauern stellte man fest, daß den USA, wenn man den *Army*-Test eher angewandt hätte, sechs Millionen Schwachsinnige erspart geblieben wären – und damit Kriminelle, Prostituierte, Alkoholiker und Arme, die nichts anderes täten, als der Gesellschaft auf der Tasche zu liegen (s. Kamin, 1974, 25).

Bei solch frühkapitalistischer Sichtweise war es nicht überraschend, daß die Diskussion über den Umgang mit Schwachsinnigen sich auf die Frage der Eugenik, d. h. die Sterilisation von Schwachsinnigen, zuspitzte.

So wurde 1907 im Bundesstaat Indiana das erste Sterilisationsgesetz verabschiedet. In Kalifornien trat ein solches Gesetz gegen »Degenerierte« 1918 in Kraft. Als Degenerierte galten Kriminelle, sexuell Perverse,. Tramps, Schwachsinnige, Epileptiker, Prostituierte und Arme. Im Schulterschluß mit der Test-Community legte der Staat Kalifornien fest, daß bei der Entscheidung über eine Zwangssterilisation ein promovierter klinischer Psychologe konsultiert werden muß. Man wußte, warum: »If we would preserve our State for a class of people worthy to possess it, we must prevent, as far as possible, the propagation of mental degrates« (zit. nach Kamin, 1974).

Diese Einstellung wurde nur noch im Dritten Reich übertroffen. Nachdem 1934 das Gesetz zur Verhütung erbkranken Nachwuchses erlassen war, waren damit die Weichen für ein Massensterilisationsprogramm – und darüber hinaus auch für die physische Vernichtung – von Schwachsinnigen gestellt. Die Nazis hielten sich nicht mit langwierigen Tests auf, ungefähr 200000 für schwachsinnig Erklärte wurden auf der Grundlage dieses Gesetzes sterilisiert. Dabei galten gerade die leichten Fälle als gefährlich, und schrittweise wurde die Diagnose »Schwachsinn« ausgeweitet auf sogenannte moralisch Schwachsinnige, unsoziale Psychopathen und moralisch Minderwertige, also auf alle die, die sich nicht in die »Volksgemeinschaft« fügten (siehe Siemen, 1982, 109).

Nach dem Krieg wurde die amerikanische Begeisterung für Intelligenz- und Leistungstests relativ unkritisch in der BRD und in Österreich übernommen. Erst in den sechziger Jahren wandelte sich die Einstellung zum Schwachsinn – die Kritik an der naiven Testpraxis nahm zu und ebenso der Glaube an die Milieubedingtheit von Intelligenz und schulischen Leistungen. Das Recht auf Bildung wurde zusammen mit der Demokratisierung von Bildung gefordert. Diese Idee hat nicht nur das dreiklassige Schulsystem

– Haupt-, Realschule und Gymnasium – in Frage gestellt und die Tore der Universitäten für alle Schichten geöffnet, es hat auch ein Umdenken im Bereich der Hilfs- und Sonderschulen bewirkt. Ein Projekt dieses Bildungsoptimismus war die kompensatorische Spracherziehung. Intelligenz, Schulerfolg und sprachliches Vermögen – so wurde in einer Vielzahl von Untersuchungen festgestellt – bilden eine Einheit. Um es an einem Beispiel zu illustrieren: Es macht einen Unterschied, ob und wie mit Kindern geredet wird. Dadurch bilden sich sprachliche Fähigkeiten, die den Schulerfolg und die Intelligenz – als das kognitive Profil der in einer Gesellschaft Erfolgreichen – beeinflussen (Brice-Health, 1983). Bernstein (1964) hat dazu eine einflußreiche Theorie geliefert, die das Sprachverhalten der Mittel- und Unterschicht betrifft. Danach besitzen diese beiden Schichten einen unterschiedlichen Sprachcode; d. h. die Sprache der Unterschicht – der Arbeiterfamilien – ist stärker von Gewohnheiten geprägt, weniger flexibel und stärker redundant. Dagegen ist die Sprache der Mittelschicht situationsflexibler und die sprachliche Planung ausgefeilter. Nach Bernstein (1964) hat der Mittelstandscode den Vorteil, daß abstrakte Sachverhalte und komplexe Zusammenhänge besser ausgedrückt werden können, etwa Wenn-Dann-Zusammenhänge, Über- und Unterordnungen, Zeit-, Raum- und Kausalitätserfahrungen. Diese Differenz wird durch das Schulsystem noch verstärkt; Rosenhan (1966) weist darauf hin, daß die Schule an die Sprachgepflogenheiten der Mittelschicht anknüpfte, Unterschicht-Kinder seien benachteiligt, da sie erst einen neuen Code, den der Mittelschicht, zu lernen haben. Damit sind auch ihre Schulleistungen weniger gut. Sie sind nicht weniger intelligent, sondern werden durch den herrschenden Mittelstandscode behindert.

Hier nun setzte die kompensatorische Spracherziehung an: Durch ein Sprachtraining sollte dieser Nachteil der Arbeiterkinder ausgeglichen werden. Diesem Projekt wurde allerdings kein großer Erfolg zuteil. Die benachteiligenden Verhältnisse erwiesen sich als zu stark. Es kam erneut zu einer heftig geführten Debatte, ob Intelligenz nicht doch erblich determiniert sei. In den USA vertraten vor allem Jensen (1969) und in Großbritannien Eysenck (1971) diese Haltung, die bei fortschrittlichen Bildungspolitikern einen Entrüstungssturm auslösten. Trotz einiger Evidenz für die Vererbungshypothese (Loehlin, 1975) siegte der Bildungsoptimismus, der den Anforderungen, aber auch dem Selbstverständnis offener Gesellschaften mehr entspricht. In der Bundesrepublik setzte sich das im Bundessozialhilfegesetz 1961 festgeschriebene Prinzip der Eingliederung durch »Teilnahme am Leben in der Gemeinschaft« mehr und mehr durch. Das bedeutete, daß neue Programme, auch zur Förderung von Minderbegabten, entstanden; wobei sich mit dem Intelligenzbegriff auch der Schwachsinnsbegriff veränderte. Intelligenz wurde nicht mehr als rein kognitive Leistung betrachtet, sondern um die Komponente der sozialen Intelligenz, d. h. die Fähigkeiten zur sozialen Lebensbewältigung, erweitert. Der Schwachsinnsbegriff wird noch weiter relativiert: »Geistig behindert ist man grundsätzlich nicht lebenslang, sondern nur bezogen auf seine jeweilige Situation und sein jeweiliges Alter.« (Dörner und Plog, 1980, 287) Mit dieser »sozialen« Sichtweise wird der Schwachsinn nicht mehr absolut gesetzt, sondern auf Leistungserwartungen und Anforderungen der Gesellschaft bezogen. Ändern sich diese, so ändert sich auch der Schwachsinn.

Aus dieser Kulturhypothese des Schwachsinns folgt zweierlei: einmal die Möglichkeit und die Notwendigkeit der Förderung von geistig Behinderten, und zum anderen der Aufruf zu einer neuen und humaneren Sichtweise des »Schwachsinns«, der auf Etikettierung und Stigmatisierung verzichtet und anerkennt, daß Schwachsinn nicht weniger, sondern eine andere Art von Intelligenz ist. Entsprechend wurden u. a. von Shure und Spivak (1978) Trainingsprogramme entwickelt, die helfen sollten, den Umgang mit zwischenmenschlichen Konflikten und Problemen zu verbessern. Darüber hinaus wurden Intelligenzdefekte als Ausdruck spezifischer Defizite verstanden, denen man durch Training entgegenarbeiten kann – ein Beispiel ist das seit den siebziger Jahren in Deutschland rasch anwachsende Interesse an der Legasthenieforschung und -therapie. Statt Feststellung der allgemeinen Intelligenzschwäche und Verminderung der Bildungschancen durch Einweisung in eine Sonderschule wurden umschriebene Minderleistungen diagnostiziert und Hilfsprogramme entwickelt, die eine weitgehende Kompensation ermöglichen sollten. So entstanden neue Institutionen, wie z. B. das Berliner Legasthenie-Zentrum. Heute setzt sich diese Bildungspolitik fort – immer häufiger sind die Beispiele, wo behinderte und nicht-behinderte Kinder gemeinsam zur Schule gehen.

Eine radikalere Position fordert die Abkehr von jeder Art Klassifikation, die sich schon in der Begriffswahl zeigt: Der Schwachsinnsbegriff (sozusagen eine Totaldiagnostik) wird durch den eher differenzierenden Begriff der geistigen Behinderung ersetzt. Auch wird die Blickrichtung verändert, nicht nur Defekte und Mängel werden betont, sondern der Blick – um die Wahrnehmung zu vervollständigen – auf die positiven Seiten der »Behinderung« gelenkt. So wird z. B. argumentiert, das »schwachsinnige« Festhalten am Konkreten und Bekannten sei nicht nur als Zeichen eines »Wenigerseins« bzw. »Defektes« zu werten, sondern als ein positives Zeichen: »Der Verzicht auf ein Urteil, eine Schlußfolgerung, eine Entscheidung kann sinnvoll sein, um zuviel Verunsicherung, Unüberschaubarkeit und Überforderung zu verhindern, dient dem Erhalt von Selbstsicherheit und Selbstwert ...« (Dörner und Plog, 1980, 292). Letztlich wird das klinische Problem des Schwachsinns zur moralischen Grundfrage einer Gesellschaft gewendet. »Wie wollen wir leben?« heißt diese Frage. In einer ökonomischen und damit auch in einer »Intelligenz«-Leistungsgesellschaft, wo sich im Wettbewerb die Intelligenteren durchsetzen und die Dümmeren auf der Strecke bleiben? Oder in einer Gesellschaft, die Menschlichkeit und Solidarität über Leistung und Intelligenz stellt und so die Frage nach den Schwächen und Stärken eines Menschen nicht mehr zum Dreh- und Angelpunkt seiner Beurteilung macht? Dies ist eine moralische Sichtweise. Allerdings setzt, das ist die Kehrseite, gerade die Gestaltung der Gesellschaft als »Solidargemeinschaft« im großen wie im kleinen ein »Übermaß« an gut funktionierender Intelligenz voraus.

Nervosität

Um zu verstehen, wie die Nervosität auf der Agenda der Medizin und Psychiatrie aufrückte und zu einem Leitthema avancierte, ist ein Blick auf die Veränderung der gesellschaftlichen Verhältnisse nötig, die der Kapitalismus oder – wie es auch heißt – das »Projekt der Moderne« mit sich brachte.

Nach Mumford (1931) hat das Industriezeitalter nicht mit der Erfindung der Dampfmaschine begonnen, sondern mit der Erfindung der Uhr: »The clock, not the steam engine, is the key machine of the modern industrial age.« Ähnlich wie der IQ-Test intellektuelle Leistungskraft quantifizierte und damit ihre Verwaltung und Kapitalisierung ermöglichte, so war die Durchsetzung der metrischen Zeit um 1345 mit ihrem Stunden-, Minuten- und Sekundenmuster die Voraussetzung der Kapitalisierung von Zeit (Hohn, 1984). Im Gegensatz zum Mittelalter setzte sich das Ideal des »Carpe Diem – Nutze den Tag« durch. Müßiggang, Verschwendung und Laster waren von nun an eins. Die Metrisierung der Zeit setzte einen zivilisatorischen Wendepunkt. Bewegung oder wie Sloterdijk (1989) es nennt – kinetische Energie – wurde zum Motor einer alles umfassenden Mobilisierung. Die *vita activa* stand von nun an über der *vita contemplativa*. Geld fungierte dabei als Katalysator: »Endlich muß die Geschwindigkeit, die der Zirkulation des Geldes gegenüber allem anderen eigen ist, das allgemeine Lebenstempo unmittelbar und in demselben Maße steigern, in dem das Geld allgemeines Interessenzentrum wird...« (Simmel, 1900, 455, zitiert nach Hohn 1984). Zeit wurde Geld und Geld wurde Zeit – Kapitalumschlag und Cash-Flow haben beides zusammengeschweißt.

Die Mobilisierung und die Zunahme von Geschwindigkeit zeigte sich überall: im Verkehrswesen, wo die Eisenbahn die Postkutsche ersetzte, in der Kommunikation, wo das Telefon an die Stelle der Postkutsche oder der Brieftaube trat, beim Militär, wo die Reichweite und Geschwindigkeit der Geschosse immer weiter gesteigert wurde. Die Zunahme an Geschwindigkeit wurde nicht zuletzt an der Beschleunigung der Wissenschaften deutlich: Die Produktion von Information überschlug sich. Heute erneuert sich das wissenschaftliche Wissen alle zwanzig Jahre. In der Wirtschaft setzen sich Beschleunigungen fort: Benetton bringt dreimal im Jahr eine neue Kollektion heraus; Daimler Benz ist dabei, durchschnittlich alle vier statt alle sieben Jahre einen neuen Pkw zu entwickeln.

Und selbst die physische und psychische Entwicklung des Menschen beschleunigt sich: So zeigen Neugeborene größere Körperlängen und höheres Gewicht; bei Kindern liegt der Beginn des Zahndurchtritts früher; die erste Regelblutung ist deutlich vorverlegt, und schließlich zeigt sich ein absoluter Zuwachs an Körpergröße gegenüber früheren Generationen. Aber diese Entwicklungsbeschleunigung betrifft nicht nur die körperliche, sondern auch die psychische Entwicklung sowie den Umschlag an relevantem Wissen und Bindungen: Ein Vierjähriger am Computer ist keine Seltenheit mehr; der Zeitpunkt des ersten Sexualkontakts liegt viel früher, und Ehen und andere Partnerschaften – ehemals für die Ewigkeit gedacht – werden schneller »abgelebt«. Außerdem ist der Mensch ständig Moden und Trends unterworfen; er muß also immer bereit sein, sich umzustellen. Riesman (1970) hat dies mit dem Bild des außengeleiteten Charakters beschrieben, der ständig auf den Empfang von neuen Impulsen und Anregungen eingestellt ist. Diesem stellt er den traditionsgeleiteten und den innengesteuerten Charakter gegenüber, für den es keinen Grund zur ständigen Suche nach Neuem oder zur permanenten Anpassung an neue Verhältnisse gab. Sie entsprachen somit den feudalistischen bzw. den frühkapitalistischen Verhältnissen, die sie hervorbrachten. Außengeleitet sein heißt dagegen, sich zu wandeln und immer neu anzupassen.

Am Ende des 19. Jahrhunderts, als dieser hier nur kurz skizzierte Beschleunigungsprozeß deutlich wurde, taucht auch die Frage auf, ob der Mensch dieser totalen Mobilisierung noch gewachsen sei. Genauer: ob seine biopsychische Ausstattung ausreiche, um mit der allgemeinen Mobilmachung in allen Lebensbereichen mithalten zu können?

So hat der amerikanische Arzt Beard 1869 nicht von ungefähr die Kategorie der Neurasthenie*, d. h. der Nervenschwäche, eingeführt. Sie traf den Zeitgeist. Beard sah die Ursache der Nervenschwäche in einer mangelhaften Ernährung des Nervengewebes. Zu den Symptomen dieser Krankheit zählte er: physische Müdigkeit, leichte Erschöpfbarkeit, Schlafstörungen, Konzentrations- und Gedächtnisschwäche, eine übersteigerte Empfindlichkeit gegenüber äußeren Reizen und sexuelle Leistungsminderungen. Mit einem Schlag setzte sich eine somatische Betrachtungsweise bei nervösen Störungen durch; nach Bumke (1928, 61) gab es keinen zweiten Fall in der Geschichte der Medizin, »in dem ein bloßes Wort so große wissenschaftliche Wirkungen und zugleich den Anschein so vieler neuer Erkrankungen herbeigeführt hat«. Zu Ende des 19. Jahrhunderts wurde so die Neurasthenie zu einer Modeerscheinung – und mit Grund, denn hier wurden psychische Störungen mittels körperlicher Ursachen erklärt und damit »entmoralisiert«. Der Kranke war dadurch entlastet. Beard ging noch weiter: Er hielt die Neurasthenie für eine Krankheit der modernen Zivilisation, eine Erkrankung, die letztlich durch die technische Entwicklung, die Großstädte, die Veränderung des Lebenstempos sowie den verschärften Kampf ums Dasein verursacht wurde.

Aber diese Vorstellungen blieben nicht ohne Widerspruch. Die Elite der französischen Psychiater – Charcot und Janet – lehnte das somatische Krankheitsmodell von Beard ab und betonte die psychischen Erkrankungsursachen. Janet (1903) stellte der Neurasthenie das Konzept der Psychasthenie entgegen. Danach war nicht mehr das äußere Milieu, sondern eine angeborene Schwäche der psychischen Spannkraft für die nervöse Symptomatik verantwortlich. Dem stellte Freud (1898) ein drittes Deutungsmuster entgegen. Er grenzte die Neurasthenie von den Psychoneurosen ab, denen er einen frühkindlichen Ursprung zuschrieb, während er die Neurasthenie als Störung des aktuellen Sexuallebens begriff. Er faßte die Neurasthenie als Aktualneurose auf und nahm an, daß sie durch eine Schwächung der sexuellen Spannkraft hervorgerufen würde, bedingt durch zu häufiges Masturbieren oder coitus interruptus. Diese Anknüpfung an das »Sexualthema« – an die Schwächung der Nervenkraft durch Selbstbefriedigung – war entscheidend. Sie »verwissenschaftlichte« den Alltagsglauben – d. h. die grassierenden Ängste, an den Folgen allzu heftiger Selbstbefriedigung zu erkranken. Und was wurde nicht alles damit zusammengebracht: Rückenmarkschwindsucht, Potenzverlust, Schwachsinn und Nervosität.

Freud ist jedoch nur ein, wenn auch wohl der wichtigste Autor, der zur Sexualisierung der Nervosität beigetragen hat. Er griff damit ein traditionelles Erklärungsmuster auf, mit dem vor allem im 18. Jahrhundert und im viktorianischen 19. Jahrhundert von Kirche und Medizin fast alle psychischen Erkrankungen gedeutet worden waren. Die Wurzeln dieses Erklärungsmusters reichen jedoch zurück bis in das antike Griechenland. Foucault (1979) beschreibt diese Entwicklung in seinen Bänden über »Sexualität und Wahrheit«. So geht die berühmte Rückenmarkschwindsucht auf Hippokrates zurück, der sie in seinem Traktat »De morbis« aufführt. Hippokrates nahm an, daß sich im Rückenmark das Sperma befinde, dessen Vorhandensein für die Gesundheit wichtig sei. Zuviel davon abzugeben bzw. zu verlieren sei ein Risiko für die eigene Gesundheit. Hier begann eine Ökonomie der Sexualität Gestalt anzunehmen, die in der Neuzeit verfeinert wurde – es entwickelten sich so, um einen Begriff von Foucault (1979) zu gebrauchen, Vorschriften zu einer »Sexualdiät«: Zum einen wird der sparsame Umgang mit der Sexualität gefordert, und an die Stelle der verzehrenden Lust tritt die Mäßigung; weniger ist allemal gesünder. Zum anderen ist auch der richtige Umgang mit der Sexualität wichtig – Masturbation, ebenso wie die Homosexualität und alle Arten von Perversionen, wurden als falscher Gebrauch der Sexualität disqualifiziert und moralisch geächtet. Die Gefahren der Selbstbefriedigung wurden zum Thema der Pädagogik, die auf diese Weise die kindliche Sexualität in den Griff nahm.

Die Sexualisierung der Nervosität ist nur eines von drei Themen, die im 19. Jahrhundert ausdifferenziert wurden. Neben der Angst vor den Folgen der Selbstbefriedigung und übermäßiger sexueller

Leidenschaft, die der Erziehung, Belehrung und notfalls auch der medizinischen Korrektur bedurften (so wurden selbst chirurgische Eingriffe zur Behandlung der Masturbation als gerechtfertigt angesehen), war es die Angst vor der Frau, deren Sexualität sich die Medizin annahm. Darüber hinaus war es die demographische Sorge, die die Volksgesundheit als Ganzes betraf. Alle Sexualität wurde auf den Komplex Perversion – Vererbung – Entartung hin gedacht. Perversion, also sexuell abweichendes, d. h. nicht erlaubtes Verhalten, wurde als Ursache einer weitergreifenden psychischen und physischen Entartung angesehen, und als Verbindungsglied zwischen beiden galt die Vererbung. Auf diese Weise entstand ein Interpretations- und Deutungsmuster, das nicht nur Medizin und Psychiatrie, sondern auch Pädagogik, Justiz und staatlicher Verwaltung die Richtung wies.

Die Gegenposition dazu nahm Simmel (1957) ein, der um die Jahrhundertwende in seinem Aufsatz »Die Großstädte und das Geistesleben« an Beard anknüpfte und den Einfluß der großstädtischen Lebenswelt auf die Persönlichkeitsbildung analysierte. Simmel ging davon aus, daß das charakteristische Merkmal der Großstadtbewohner die Steigerung des Nervenlebens sei, »die aus dem raschen und ununterbrochenen Wechsel äußerer und innerer Eindrücke hervorgeht« (Simmel, 1957, 228). Den Menschen werde in der Großstadt ein höheres Maß an Bewußtseinsleistungen abgefordert – um sich der Bedrohung bzw. Reizüberflutung zu erwehren, entwickle sich eine neue »Organisation« des Seelenlebens. Simmel nennt hier die Herrschaft des Verstandes über das Gemüt, die Sachlichkeit und Gleichgültigkeit gegenüber anderen Menschen wie auch das Quantifizierungsdenken, das den Umgang mit Zeit prägt. Als einen weiteren Charakterzug nennt Simmel die »Blasiertheit«, d. h. die Überforderung und somit Erschöpfung der Nervenkräfte, die unfähig machten, auf neue Reize mit der erforderlichen Energie reagieren zu können.

Wenn Simmel auch damit keine Psychopathologie des Großstadtmenschen zeichnete, bot er doch Anknüpfungspunkte für eine alternative Erklärung der Nervosität jenseits des Sexualschemas. Diese Auffassung war – wie ein Blick in Meyers Konversationslexikon von 1900 zeigt, verbreitet. Es sind die Nerven, »die bei den erhöhten Ansprüchen, die das gegenwärtige Leben der Kulturvölker an die geistige und körperliche Leistungsfähigkeit stellt«, angegriffen werden. »In den höheren Gesellschaftsklassen sind dabei die gesellschaftlichen Strapazen vielfach von großer ursächlicher

Bedeutung, bei Lebemännern der gehäufte gesundheitsschädliche Lebensgenuß auf Kosten des Schlafes, ebenso aber tritt eine Schädigung des Nervensystems auch ein bei den Männern, denen eine schwere Berufspflicht, eine angespannte Geistesarbeit, ein rastloser Kampf ums Dasein mehr zugemutet hat, als Körper und Geist auf die Dauer ohne Schaden ertragen können.« Und: »Sehr richtig ist der Ausspruch, daß weniger oft die schweren Schläge des Schicksals als die Nadelstiche des täglichen Lebens zur Nervosität führen.« (Meyers Konversationslexikon, Band XIV, 1900, 528)

Eine moderne Entwicklungslinie, die hierauf aufbaut, ist das Streß-Modell. Streß ist dabei eine Chiffre für Umweltbelastungen, die zum Versagen der Anpassungsmechanismen führen. Zwei unterschiedliche Ursachen sind denkbar: die Eigenverursachung durch selbstinitiierte Überforderungen und die auferlegte Überlastung durch anstrengende äußere Bedingungen. Die erste Möglichkeit thematisieren u. a. Friedman und Rosenman (1974) mit ihrer Persönlichkeitstheorie des Herzinfarktpatienten. Sie gehen davon aus, daß es einen Persönlichkeitstypus gibt, der zum Infarkt disponiert ist. Es handelt sich hierbei um einen Typ, der dem Idealbild des westlichen Erfolgsmenschen entspricht: voller Elan und Schwung, ständig präsent, hellwach und immer aktiv. Ein »Macher« also. Aber: er übertreibt. Der Zeitdruck, unter den er sich dauernd setzt, ebenso wie mühsam unterdrückte Aggressionen gefährden seine Gesundheit. Alles ist Wettbewerb und Konkurrenz, und überall wittert er Gegner.

Die andere Variante des Streßmodells zeigt auf, daß von außen belastende Lebensereignisse den Menschen nervös machen. Gemeint sind damit nicht die großen tragischen Schicksalsschläge, die einst den Stoff für die altgriechischen Tragödien boten, vielmehr sind es Alltagsereignisse: neuer Job oder Jobverlust, Wohnortwechsel, Ehescheidung oder Heirat, Wohnungswechsel und Tod – Ereignisse, die, wenn sie gehäuft auftreten, nervöse Störungen verursachen. Holmes und Rahe (1967) entwickelten einen Fragebogen, mit dem sie das Ausmaß von Belastungen mittels 43 solcher verschiedener Ereignisse messen und in Zusammenhang mit den psychischen und somatischen Erkrankungen bringen können. Sie wollten damit, wie es schon die klassische Psychophysik versucht hatte, ein Gesetz über den Zusammenhang zwischen objektiven Reizen und subjektiven Reaktionen etablieren.

In der neuesten Streßforschung geraten die kritischen Lebensereignisse nun endgültig zur Banalität: Statt wirklich kritischer Ereignisse werden die kleinen täglichen Störungen und Aufregungen – die unvermeidlichen Tücken und Klippen des Alltags – ins Auge gefaßt, von denen angenommen wird, daß sie die psychische Gesundheit untergraben. Es sind Probleme wie »zuviel zu tun«, Mahlzeiten zubereiten müssen, das Ausfüllen von Amtsformularen, das Wetter, der Verkehr, das Einkaufen, die nerövs machen. Es ist also das Leben selber, das nervös macht. Streß gerät zur Zauberformel. Diese Beobachtungs- und Erklärungsformel ist universell: Sie kann auf jedes Feld und jedes Ereignis angewandt werden. Es gibt den Schulstreß, den Beziehungsstreß, den Streß bei der Arbeit, den Freizeitstreß usw. Wer seine Störungen auf Streß zurückführt, macht sich frei von persönlicher Verantwortung und Schuld; Streß ist ein sozial akzeptables Erklärungsmuster, das jenseits individueller Zuschreibung dem Milieu die Verantwortung übergibt.

Die Beschäftigung mit der Geschichte von Wahnsinn, Dummheit und Nervosität zeigt, in welchem Ausmaß die Deutung psychischer Störungen variiert. Sie sind nicht unveränderliche Phänomene, sondern werden ebenso auch von den Deutungskategorien hervorgebracht, die sich im Laufe der Zeit dafür herausgebildet haben und die sich verändern. Psychiatrie, später Psychoanalyse und Klinische Psychologie, »schaffen« erst die psychischen Störungen, die sie vorzufinden vorgeben. Psychische Störungsbilder stehen auch im Spannungsfeld gesellschaftlicher Umbrüche und Entwicklungen und der auf sie reagierenden staatlichen Institutionen. Jeweils unterschiedliche Formen von Wahnsinn, Dummheit und Nervosität sind damit eng an die Institution der Irrenpflege, der Wohlfahrt und schließlich des Sozialstaates gebunden.

Die Konsequenzen dieser Einsichten sind irritierend. Denn es wäre naiv, daraus einfach abzuleiten, daß psychische Störungen gesellschaftlich bedingt seien. Vielmehr läßt sich zeigen, daß sich mit den Beobachtungskategorien Phänomene selbst verändern. Das wiederum macht es schwer zu entscheiden, ob unsere Gesellschaft – wie oft behauptet wird (z. B. Kleiber 1986) – in besonderem Maße psychische Störungen hervorbringt. Es hat sich möglicherweise nur eine bestimmte Beobachtungskategorie stärker durchgesetzt, z. B. die des Stresses. Alle epidemiologischen Untersuchungen, mit denen Vorkommen und Häufigkeit von psychischen Störungen erfaßt werden sollen, leiden unter diesem Beobachtungsproblem.

Noch schwieriger ist es, psychische Störungen über die Zeit hinweg zu vergleichen, um festzustellen, ob wir heute psychisch gesünder oder kränker sind als früher. Diese Frage ist nicht zu beantworten – es fehlen die Vergleichsmaßstäbe. Vielleicht verweist eine Zunahme an psychischen Auffälligkeiten sogar auf mehr Gesundheit – in dem Sinne, daß ein extrem gestiegenes Gesundheitsbewußtsein selbst kleine Befindlichkeitsstörungen zum Gegenstand therapeutischer Praxis macht. Außerdem kann eine historische Betrachtung der Klinischen Psychologie – ihrer Phänomene, ihrer Krankheitstheorien und ihrer therapeutischen Modelle – helfen, einen besseren Blick für deren Entwicklungsbedingungen zu erlangen. Sie macht uns vorsichtiger bei der Beurteilung von Trends und gegenüber Aufrufen, Psychologie nun (endlich) praktischer, humaner oder schlicht »besser« zu machen. Denn eine historische Analyse zeigt, daß die Befreiung der »Irren«, die Negierung von psychischen Krankheiten oder andere radikale Positionen nicht den Himmel auf Erden gebracht haben. Sie führten zu neuen Psychotechniken, die nicht mehr nur auf eine kleine Gruppe von Kranken, sondern auf die ganze Gesellschaft angewandt wurden. Es wäre verfehlt, hier mit moralischen Urteilen zu kommen. Vielmehr gilt es zu erkennen, daß wir uns mitten in einer Umstellung des Umgangs mit uns selbst befinden. Diese Entwicklung führt weg von den Naturgefahren – der Dummheit, des Wahnsinns und der Nervosität, die als Schicksal begriffen wurden, das über Menschen hereinbricht. Sie führt hin zur Therapiegesellschaft, die psychische Störungen als gesellschaftliche und individuelle Probleme ansieht und Mittel und Wege ersinnt, diese Probleme in den Griff zu bekommen. Allerdings mit dem Risiko der Therapie: der therapeutischen Mißerfolge und der Verluste an »Eigensinn« und Selbstbestimmung, die auch eine erfolgreiche Therapie mit sich bringen kann (Giese, 1989). Aber diesen Risiken kann man sich nicht mehr entziehen, es sei denn, man wollte zurück zu der Auffassung, daß Krankheit Schicksal ist.

Wichtige Literatur:

Castel, R.: Die psychiatrische Ordnung. Frankfurt/M.: Suhrkamp, 1983

Groffmann, K.: Die Entwicklung der Intelligenzmessung. In: *R. Heiss, K. Groffmann* und *L. Michel* (Hrsg.): Psychologische Diagnostik. Handbuch der Psychologie, Band 6. Göttingen: Hogrefe, 1964

Honegger, C. (Hrsg.): Die Hexen der Neuzeit. Studien zur Sozialgeschichte eines Kulturellen Deutungsmusters. Frankfurt/M.: Suhrkamp, 1978

2. Die Entwicklung der modernen Klinischen Psychologie

Die Entwicklung der Theorie

Die Geschichte der Klinischen Psychologie beginnt lange bevor sie ihren Namen erhält. Man kann die Wissenschaftsgeschichte des Faches, wenn man will, zurückdatieren bis in die Antike, wo Ärzte, Priester und Pädagogen sich verrückter, irregeleiteter oder sonstwie von der allgemeinen Norm abweichender Personen auf mannigfache Weise annahmen, sie diagnostizierten, sich Gedanken über die Ursachen ihres Zustandes machten und sie auch behandelten.

Die Geschichte der Klinischen Psychologie, die sich in den USA zuerst entwickelte, als einer eigenständigen Fachdisziplin mit einer entsprechenden Berufsrolle ist jedoch relativ jung. Sie unterscheidet sich – gemäß der unterschiedlichen ökonomischen und sozialen Lage – für die USA und für Deutschland in einigen Punkten.

Wie kam es zur Entwicklung dieser eigenständigen psychologischen Disziplin, und womit postulierte sie ihre Eigenständigkeit, vor allem auch gegenüber der Psychiatrie?

Neben allgemeinen Strukturgesetzen der Moderne, die bekanntlich eine Differenzierung und Spezialisierung *aller* Arbeitsgebiete voraussetzen, um zur erwünschten Effizienz zu gelangen (wobei die Übertragbarkeit dieses Gedankens gerade auf das Gesundheitswesen oft fraglich erscheint), sind es auch »typisch« amerikanische Probleme, die zur Herausarbeitung der Disziplin Klinische Psychologie in den USA führten. Diese Probleme bestanden in der Furcht vor allzu vielen »degenerierten« Einwanderern und im Bemühen, möglichst viel beizutragen zur Gesunderhaltung der Nation, speziell durch die Behandlung von Kindern und Jugendlichen. Auch hier stand das kapitalistische Effizienzdenken im Vordergrund.

Lightner Witmer (1867–1956), ein amerikanischer Schüler von W. Wundt und Nachfolger des Testpsychologen Catell auf dem Lehrstuhl in Pennsylvania, gab dem Fach den Namen und formulierte einige seiner Prinzipien. Im Jahre 1896 richtete er die erste »Psychologische Klinik« in Philadelphia ein und gründete im Jahre 1907 die Zeitschrift »The Psychological Clinic«. Seine Grundidee bestand darin, daß – unabhängig von der bisherigen somatisch ausgerichteten Psychiatrie – abweichendes Verhalten aufgrund der bisher in der wissenschaftlichen Psychologie erarbeiteten Annahmen über das Psychische untersucht werden sollte. In seiner Klinik wurden retardierte, sprachgehemmte und extrem verhaltensgestörte Kinder diagnostiziert und – allerdings hauptsächlich mit herkömmlichen pädagogischen Mitteln – behandelt. Sein Grundgedanke war: Man sollte die Methoden und Ergebnisse der allgemeinen Psychologie (im akademischen Bereich waren dies vorwiegend experimentelle Methoden) fruchtbar machen für die Diagnostik und Behandlung abnormen Verhaltens. Dieser Gedanke, so verlockend er klingt, konnte trotz intensiver, nunmehr fast neunzigjähriger Bemühungen nur sehr unvollkommen verwirklicht werden. Die Geschichte der Klinischen Psychologie als Berufsgeschichte zeigt wenige Spuren davon – die Spuren psychoanalytischer, humanistischer, körperorientierter und auch esoterischer Theorien sind demgegenüber wesentlich deutlicher!

Dennoch versuchten Klinische Psychologen akademischer Provenienz immer wieder in fast beschwörender Form ihr Fach anzubinden an die Geschichte der Allgemeinen Psychologie. So Pongratz (1978): »Nach diesen Definitionskriterien ist das Grundmerkmal der Klinischen Psychologie ihre Fundierung in der wissenschaftlichen Psychologie – in ihren Methoden, ihrem theoretischen Angebot, den Forschungsergebnissen der einzelnen Fächer...« (Zitat nach Benesch, 1988, 338).

Fast gleichzeitig mit den (weniger bekannten) Arbeiten von Lightner Witmer formulierte Münsterberg (1863–1916) ähnliche Ideen für einen Bereich, den er »Pathopsychologie« nannte. Während die Psychopathologie am Krankheitsbegriff orientiert sei, versuche die »Pathopsychologie« die Abweichungen vom normalen psychischen Leben zu begreifen, indem sie Rückschlüsse ziehe aus den Funktionen des ungestörten Seelenlebens. Allgemein bekannte seelische Phänomene, wie sie im Traum oder in der Hypnose auftreten, sollten untersucht werden, um sich das Abnorme verständlich zu machen. Voraussetzung dafür ist die Annahme der Kontinuität des psychischen Lebens in der Dimension »gesund-krank«.

Die 1912 gegründete »Zeitschrift für Pathopsychologie« vereinte internationale Kapazitäten aus den Gebieten der Psychologie, der Philosophie und der Psychiatrie (z.B. Bergson, Janet, Krueger, Külpe, Münsterberg etc.).

Auch Emil Kraepelin (1856–1926), obwohl von der Ausbildung

her Psychiater, ist unter die Ahnherren der Klinischen Psychologie zu reihen. Er hatte, wie Witmer, ebenfalls bei Wundt in Leipzig die neuen und aufsehenerregenden experimentellen Methoden der Psychologie studiert und versuchte die Psychiatrie auf dieser Basis zu erneuern. So untersuchte er die Auswirkungen von Schreck, Überraschung und Erwartung auf psychophysiologische Phänomene, stellte empirische Studien über den menschlichen Schlaf an, untersuchte den Arbeitsrhythmus und versuchte die Wirkungen psychoaktiver Substanzen (Alkohol, Tee, Drogen etc.) auf normale psychische Abläufe zu untersuchen. All dies bezog er ein in seine Überlegungen zur Psychopathologie, wobei er gewisse Parallelen zwischen psychischen Störungen und jenen künstlich induzierten Phänomenen herzustellen versuchte. Auch seine größte Leistung, die erste Erstellung einer psychiatrischen Nosologie*, ist davon beeinflußt.

In manchen Darstellungen der Geschichte der Klinischen Psychologie wird auch auf Freud als einen wichtigen Vorläufer der Klinischen Psychologie verwiesen (z. B. Bastine, 1984). Ob die von Bastine genannten Einflüsse – die Bedeutung der Kindheit, die Wichtigkeit soziokultureller Faktoren oder die Relevanz des Gesprächs als Behandlungsmethode – allerdings wirklich auf die Psychoanalyse rückführbar sind, scheint fraglich. In dieser Allgemeinheit nämlich waren solche Aspekte sowohl alltagspsychologischem als auch psychiatrischem Denken schon vor der Verbreitung der Psychoanalyse vertraut. Die wesentlichen Bestandteile der Psychoanalyse aber – also z. B. die Trieblehre oder die Bedeutung des Unbewußten – sind auch heutzutage zumindest dem akademischen Teil der Klinischen Psychologie eher fremd. Diese Uneinigkeit in der Darstellung der Geschichte der Klinischen Psychologie ist nicht zufällig – sie beruht auf einem gewissen Dissens darüber, von welchem Standpunkt aus man die Klinische Psychologie definiert. Betrachtet man sie »innerakademisch« als den Versuch, das in der Allgemeinen Psychologie erarbeitete Wissen und die damit verbundene Methodik auf den Bereich des gestörten Verhaltens zu übertragen, dann muß man zu anderen Schlußfolgerungen kommen, als wenn man sie in der Entwicklung ihrer Berufspraxis betrachtet. Letztere ist voll von (meist unkontrollierbaren) Einflüssen aus dem Bereich unterschiedlichster Psychologien, wie sie *neben* dem akademischen Bereich hervorgebracht wurden. Dazu gehört natürlich auch die Psychoanalyse.

Geht man vom erstgenannten Ansatz aus, also vom akademischen, dann wird der Faden der Klinischen Psychologie allerdings bald recht dünn. Genau genommen ist es nur die Verhaltenstherapie, die sich in ihren Anfängen auf die »Wissenschaftlichkeit« im empirisch-naturwissenschaftlichen oder gar experimentellen Sinne noch berufen konnte. Den Optimismus der Gründerväter wie Witmer, Kraepelin und Münsterberg hat man nie mehr erreicht – die Realität blieb bei weitem hinter deren Vorstellungen zurück, die »wissenschaftliche« Psychologie könne der Klinischen Psychologie theoretisch oder praktisch Schützenhilfe leisten. Kaum ein klinischer Praktiker heutzutage ist noch so naiv, sich auf Experimente und/oder andere empirische Arbeiten abzustützen. Dies gilt seit vielen Jahren selbst für die Verhaltenstherapie.

Die Entwicklung der Berufspraxis

Wenn auch die theoretischen Ursprungsideen der Klinischen Psychologie in den USA und in Deutschland ähnlich waren (schließlich war W. Wundt das bewunderte Vorbild für Europäer wie für Amerikaner), so waren doch die Konsequenzen für das Berufsleben recht unterschiedlich. Der Aufschwung der Testpsychologie während des Ersten Weltkrieges in den USA sowie eine vor allem in der Zeit zwischen den Kriegen immer stärker werdende Sensibilität für Probleme einer verbesserten Versorgung psychisch Kranker und ein nachdrückliches Verlangen nach Prävention führten in den USA viel früher als in Deutschland zu einer starken Professionalisierung der Helferberufe, also auch der Klinischen Psychologen. Zwar betonte man auch in den USA zuerst die Psychodiagnostik mit darauf basierenden umfassenden Persönlichkeitsgutachten, aber schon Anfang der vierziger Jahre wurde dieses ziemlich fruchtlose Vorgehen von C. Rogers kritisiert und mündete in der Entwicklung einer Beratungstechnik und Psychotherapie, die er »non-direktiv« nannte. Diese wurde in den USA etwa zwanzig Jahre vor ihrem Durchbruch in Deutschland an einigen Orten auch praktiziert.

Die ersten Kliniken wie die von Witmer oder auch die ersten »Child-Guidance«-Kliniken sind allerdings noch sehr stark durch psychologisches Denken im Sinne der Testpsychologie und des Experiments beeinflußt, also eines Versuchs, möglichst viel zu quantifizieren. Castel (1983) gibt einige Hinweise darauf, warum gerade in den USA die Quantifizierung einen solchen Aufschwung erlebte. (1911 erscheint erstmals Taylors Werk »The Principles of Scientific Management«, eine Anweisung der exakten Messung mit darauf beruhender Rationalisierung der menschlichen Arbeit.) Castels Interpretation nach setzt Anfang des Jahrhunderts in den USA aufgrund des außergewöhnlichen Reichtums der Ressourcen ein kapitalistisch-technischer Fortschritt ein, der strikte Rationalität fordert. Das gesamte Leben scheint quantitativ bewertbar, alle Leistungen sind nach meßbaren Größen zu beurteilen. Die Erfolgseuphorie der Jahrhundertwende setzt sich in den USA – ungebrochen durch den Ersten Weltkrieg – bis weit in die Zeit zwischen den Kriegen fort; die rasante technische Entwicklung erfordert kalkulierbare Menschen in großer Zahl. Auch in den USA aber brechen (ähnlich wie im Europa der beginnenden Industrialisierung) »wilde Horden« ein, die den Produktionsprozeß stören. Diese »wilden Horden« sind die Auswandererströme aus Europa, die den »American way of life« noch nicht gelernt haben und nun möglichst schnell integriert werden müssen. Dabei bleiben einige endgültig auf der Strecke, diese verschwinden in staatlichen Irrenhäusern alten Zuschnitts; es gibt aber die vielen, die noch »geradegebogen« werden können: das gestörte Kind, der sozial ineffiziente Erwachsene, der »nachlernen« muß, was er im alten Europa nicht lernen konnte. Die vielen amerikanischen Romane über Einwanderungsprobleme legen Zeugnis ab von diesen Schwierigkeiten. Castel u. a. weisen auf die verblüffende Gleichzeitigkeit hin, in der in verschiedenen Orten der USA rund um das Jahr 1910 verschiedene Institute für kindliche Verhaltensstörungen, für Psychohygiene etc. gegründet wurden, wo etliche Lehrbücher der Sozialarbeit erscheinen u. ä. m. Alle diese Institutionen sind nicht mehr nur von psychiatrisch-medizinischem Denken her beeinflußt, sondern von der Testpsychologie, vom Behaviorismus und z. T. auch von der Psychoanalyse (letzteres gilt allerdings im großen und ganzen nicht für die Universitäten). Es ist sicher kein Zufall, daß Freuds Amerika-Tournee im Jahr 1909 so erfolgreich war. Denn merkwürdigerweise (aber auch: bezeichnenderweise) wurde das psychoanalytische Denken sofort dem amerikanischen Erfolgs- und Kontrolldenken einverleibt. Die *Formbarkeit* des Menschen, die Tatsache, daß man ihn wieder »reparieren« könne, scheint die beherrschende Rezeptionsform in den USA gewesen zu sein. Sogar Watson, der Begründer des Behaviorismus, war sofort ein begeisterter Anhänger der Psychoanalyse; er wollte die psychoanalytischen Ideen seinem eigenen System einverleiben und forderte sogar, daß jeder, der ein höheres Amt bekleide, sich einer Analyse unterziehen müsse. Psychoanalytisches

Denken wird also den amerikanischen Institutionen (nicht der Universität!) ganz selbstverständlich einverleibt; es fördert ja auch die Ablehnung des organizistisch-medizinischen Modells und kann in seinen Optimismus-Aspekten beitragen zur allgemeinen Euphorie des »Es-ist-alles-machbar«.

In Deutschland und Österreich gab es Anfang des Jahrhunderts zwar ebenfalls eine kurze technisch-kapitalistische Erfolgseuphorie, aber sie war dem »amerikanischen Traum« nicht vergleichbar und wurde sehr bald durch die Verelendung breiter Bevölkerungsschichten nach dem Ersten Weltkrieg und durch bittere soziale Umschichtungen gebremst. Die Voraussetzungen für die technisch-rationalistischen Methoden der neuen Wissenschaft Psychologie waren nicht wie in den USA gegeben, und wir finden in Deutschland und Österreich denn auch sehr viel weniger Bemühungen, Psychiatrie, Psychologie, Sozialarbeit und Psychoanalyse zu integrieren. Die Bemühungen von Münsterberg und Kraepelin gerade in bezug auf die experimentellen Methoden und Testdiagnostik sind in Deutschland damals nicht recht angekommen.

Allerdings bestand infolge der Kriegswirren durchaus ein Bedarf an Beratungsstellen. 1919 gründete Adler die erste Erziehungsberatungsstelle in Wien, doch sie war an einem tiefenpsychologischen Konzept ausgerichtet, und dies blieb bis in die dreißiger Jahre wichtiges Vorbild für alle anderen Beratungsstellen auch in Deutschland. Zwar gab es die Testdiagnostik (W. Stern) – sie blieb aber doch eher auf einzelne universitäre Einrichtungen beschränkt und war mehr Forderung als Realität. In der Realität orientierten sich die Beratungsstellen pädagogisch-tiefenpsychologisch und hatten – dem Liberalismus der Weimarer Zeit entsprechend – oftmals einen stark aufklärerischen Charakter. Folgende Berufsgruppen arbeiteten darin mit: Sozialarbeiter, psychoanalytisch orientierte Pädagogen, Ärzte und Psychagogen. Psychologen als Berufsgruppe gab es erst viel später, nämlich seit 1941, als die erste Prüfungsordnung für Psychologie verabschiedet wurde.

Die berufliche Entwicklung nach dem Zweiten Weltkrieg ging in Deutschland – mit einiger Verzögerung – einen ähnlichen Weg wie in den USA. Testdiagnostik (psychometrischer und projektiver Art), Gutachten und beraterische Tätigkeit, die auf einem an keiner Universtität gelehrten Eklektizismus von Alltagspsychologie, Tiefenpsychologie und liberaler Pädagogik beruhte, waren zentrale Tätigkeitsmerkmale des Psychologen. Erst sehr langsam drangen erste (privat) ausgebildete Psychoanalytiker mit Psychologenausbildung in das Berufsfeld ein, da die Psychoanalyse in Deutschland sich erst wieder ihre Kandidaten schaffen mußte.

Keupp nennt sogar erst das Jahr 1969 als Wendepunkt in der Entwicklung der Klinischen Psychologie. Es war das Jahr, in dem die erste deutsche »Gesellschaft zur Förderung der Verhaltenstherapie« (GVT, später DGVT) gegründet wurde. Ein Jahr später schließen sich die Gesprächstherapeuten zur »Gesellschaft für wissenschaftliche Gesprächspsychotherapie« zusammen. Dies scheint als eine Art Startschuß für den beruflichen Aufschwung der Klinischen Psychologen zu wirken, obwohl es den Titel offiziell noch gar nicht gibt. 1973 wird eine Rahmenprüfungsordnung für Diplompsychologen erstellt, die erstmals Spezialisierungen, z. B. in Klinischer Psychologie, Arbeitspsychologie, Sozialpsychologie . . ., erlaubt. Es werden viele neue Lehrstühle für Klinische Psychologie eingerichtet, die Zahl der Psychologen, vor allem im Sektor Klinische Psychologie, steigt sprunghaft an und liefert den akademischen Gralshütern sofort Anlaß zu ernster Besorgnis. Der 1978 amtierende Präsident der Deutschen Gesellschaft für Psychologie formulierte dies in seiner Kongreßrede sehr eindringlich. Seine Sorge galt vordergründig der wissenschaftlichen »Reinheit« des Faches und einem scheinbaren »Vorbeiplanen« am Bedarf. Das zweite Argument ist leicht zu entkräften, da Bedarfsplanung schwer kalkulierbar ist (je mehr Psychologen, desto mehr Bedarf, oder umgekehrt?); so bleibt nur der erste Einwand als immer wieder auftauchender Vorwurf bestehen und dient zweifellos auch der Rationalisierung von Neid und Ärger über ein solch merkwürdig schnell gewachsenes Kind.

Der Vorwurf mangelnder wissenschaftlicher Reinheit entspringt noch immer jenem ursprünglichen Optimismus der Jahrhundertwende, als man dachte, man könnte die Klinische Psychologie zu einem »Anwendungsfach« machen, das zur theoretischen »Allgemeinen Psychologie« in einem ähnlichen Verhältnis stehen würde wie die Ingenieurswissenschaften zur Physik oder Chemie. Da aber offensichtlich die »Grundlagenwissenschaft« der Allgemeinen Psychologie in keiner Weise den Naturwissenschaften zu vergleichen ist, sondern in derselben Weise wie die Klinische Psychologie ein Interpretationsparadigma darstellt, war diese Analogie von Anfang an schief.

Die ersten großen Vereinsgründungen der Therapieschulen Verhaltenstherapie und Gesprächstherapie blieben für die Universität nicht ohne Konsequenzen. Es schien, als ob sie selbst eine Therapieausbildung leisten könne. Da die Verhaltenstherapie dem oberflächlichen Beobachter eine »Anwendung« der Lerngesetze zu sein schien, wurde sie an vielen Universitäten sofort in den Kanon der Ausbildungsdisziplinen aufgenommen – ungeachtet der Tatsache, daß schon mit ihrem Entstehen die ersten Kritiker im Kreis der Behavioristen selbst aufgetaucht waren (Breger und McGaugh, 1965), die widerspruchsfrei nachgewiesen hatten, daß das Verhältnis der therapeutischen Operationen zu den im Experiment gewonnenen Fakten nur ein analoges und verbal vermitteltes war und keineswegs die »Gesetze« des Lernens betraf. Das begann schon bei der Gleichsetzung der im experimentellen Setting verwendeten Begriffe »Reiz« und »Reaktion«. Im Experiment werden möglichst einfache Phänomene, z. B. ein Lichtstrahl oder eine einzige Muskelkontraktion, mit diesen Worten bezeichnet. Verhaltenstherapeuten jedoch verwendeten dieselben Worte für komplexe Tatbestände wie »Vorstellungsbilder« (= Reiz) und »Körperentspannung« (= Reaktion). Im Falle der Gesprächspsychotherapie gab es kurzfristige Versuche, die von Rogers postulierten therapeutisch »hinreichenden und notwendigen« Variablen in die Sprache der Lerntheoretiker zu »übersetzen«; dieser Versuch wurde aber bald wieder aufgegeben. Die »Wissenschaftlichkeit« der Gesprächspsychotherapie bezog sich auf ihre sozusagen hieb- und stichfest operationalisierenden Therapieforschungsprogramme, und es bedurfte noch einiger Jahre an Frustration, bevor auch hier Zweifel laut wurden. Trotzdem: Psychotherapie als eine für Psychologen anerkannte Tätigkeit wurde immer besser akzeptiert, die Stellenausschreibungen von Beratungsstellen, Krankenhäusern u. ä. wiesen immer öfter die Forderung nach Gesprächs- oder Verhaltenstherapie-Ausbildung auf. Die Vorbedingungen dazu wurden von vielen Universitäten geschaffen, man hoffte auf die sozusagen purifizierende Wirkung der Universität, die die Kontrolle über die »Wissenschaftlichkeit« behalten wollte. Dies gelang ihr nicht. Das Marktangebot an seriösen und auch unseriösen Therapieformen wurde immer klarer von Privatinteressen gesteuert. Da die sogenannte »Wissenschaftlichkeit« in zäher Beharrlichkeit von den naturwissenschaftlich orientierten Psychologen definiert wurde, konnten die Praktiker auch leichten Herzens darauf verzichten, sich von den Universitäten gängeln zu lassen: Hatte sich doch längst erwiesen, daß diese keine für die Praxis relevanten »Grundlagen« zu bieten hatten und daß die Ergebnisse ihrer Forschungen z. B. im Bereich der Erfolgskontrollforschung immer wieder die gleiche Sonne über Gerechte und Ungerechte scheinen ließen. Ob »wissenschaftlich« oder eher bizarr fundiert – man erzielte immer wieder etwa die gleiche Erfolgsquote in der Psychotherapie.

So kam es, daß selbst ernsthafte Verhaltenstherapeuten (auch solche, die sich einen Kassenstempel ergattert hatten) im privaten Gespräch gestanden, daß sie gestalttherapeutische »Kissenarbeit« (Ausagieren von Aggressionen) machten, »Focusing«-Elemente in ihren Therapien verwendeten oder gar »Rebirthing«-Methoden für sinnvoll hielten.

Also ein klarer Beweis für die Rechtmäßigkeit der Besorgnisse der seriösen Gralshüter an den Universitäten? Mitnichten! Eher ein Hinweis darauf, daß die Definition, die sie ihrer Wissenschaft gegeben hatten, viel zu eng war, sich allzusehr in den quasi-naturwissenschaftlichen Dimensionen bewegte (also z. B. ahistorisch vorging, der Spontaneität des Subjekts nicht gerecht wurde, Kausalität gegenüber der Finalität betonte u. ä. m.), und daß die Universitäten ein äußerst lebendiges Feld praktisch-psychologischer Tätigkeit nicht mehr in den Griff bekamen.

Statt nach sachadäquaten Kriterien für die Angemessenheit bzw. Unangemessenheit von theoretischen Grundkonzepten zu suchen, mußte sich eine solcherart verengte Wissenschaft damit begnügen, über die vielen illegitimen Kinder zu jammern und zu höhnen, die sie allerdings vertrackterweise oft selbst gezeugt hatte.

Empfehlenswerte Literatur zum Thema Entwicklung der Klinischen Psychologie:

Bastine, R.: Klinische Psychologie. Bd. 1. Stuttgart, Berlin, Köln, Mainz: Kohlhammer, 1984

Davison, G. C. und *Neale, J. M.*: Klinische Psychologie – ein Lehrbuch. München: Psychologie Verlags Union, 1988

KAPITEL II

Zum gesellschaftlichen Stellenwert der Klinischen Psychologie

1. Die Klinische Psychologie als Befreiungswissenschaft

Aufbruch

Ende der sechziger Jahre begann für die Klinische Psychologie eine stürmische Entwicklung. Es entstanden nicht nur neue Institute und Lehrstühle, und die Zahl der Assistenten, Professoren und Studenten vervielfachte sich; auch neue Ideen über psychische Gesundheit und Krankheit, über den Zusammenhang von Gesellschaft und psychischem Leid sowie über die Aufgabe der Psychologie fingen an, sich durchzusetzen.

Die Anstöße kamen allerdings nicht von der Professorenschaft; diese war eher überrascht und hilflos und fühlte sich düpiert. Psychologie als Befreiungswissenschaft, d. h. der Versuch, die gesellschaftlichen Ursachen für psychische Leiden zu erfassen, kam von unten. Diese Entwicklung wurde von den Studenten getragen.

Eines der ersten Dokumente ist das »Krofdorfer Manifest« von 1968, in dem die studentischen Fachschaften eine Veränderung der gesellschaftlichen Rolle der Psychologie forderten:

> »Die Psychologie befaßt sich mit dem Verhalten des Menschen. Die Kenntnis der Gesetzmäßigkeiten menschlichen Verhaltens erlaubt es dem Psychologen, aufzuzeigen, wie die Gesellschaft verändert werden muß, um ihren Mitgliedern optimale Entfaltungsmöglichkeiten zu sichern. Sie befähigt die Psychologen andererseits, Individuen so zu verändern, daß sie auch in einer unterdrückten Gesellschaft in der Lage sind, sich von sozialen Zwängen zu befreien und somit die Gesellschaft selbst freimachen zu können.«

Grundlage war das Prinzip der Aufklärung, und noch wurde auf die vorhandenen wissenschaftlichen Methoden und Theorien der Akademischen Psychologie gesetzt. So schien es jedenfalls zu Beginn. Psychologie sollte nicht mehr als Herrschaftswissen die Unterdrückungsverhältnisse zementieren, sie sollte kritisch eingesetzt werden und der Befreiung von Zwang und Unterdrückung dienen. In diesem Zusammenhang wurde ihre Aufgabe auch als Klinische Psychologie neu definiert: Es galt, die gesellschaftlichen Ursachen psychischer Erkrankungen und Störungen aufzudekken, bewußt zu machen und Mittel und Wege zu finden, der gesellschaftlichen Produktion von psychischem Leid ein Ende zu bereiten. Wo aber sollte da angesetzt werden, wo waren Theorien, Vorbilder und Leitideen?

Schnell wurde deutlich, daß hier die Psychologie nicht weiterhelfen konnte, wie die damalige Psychologie-Studentin und jetzige Professorin an der FU Berlin, Irmingard Staeuble, feststellte: »Überblickt man die Bereiche, in denen Psychologen tätig sind, muß man feststellen: a) Sie arbeiten unmittelbar im Dienst des Imperialismus (Kriegsforschung, Psychologische Verteidigung). b) Sie arbeiten im Dienste der kapitalistischen Wirtschaft (Marktforschung, Werbung). c) Sie wirken indirekt an der Stabilisierung der bürgerlichen Ideologie (Meinungs- und Kommunikationsforschung). d) Sie betreiben die effektive Leistungseinordnung des Einzelnen ins System dieser Gesellschaft (alle Arten Auslese; Betriebspsychologie, Berufsberatung). e) Sie wirken in Richtung sozialer Anpassung (Erziehungsberatung, sonstige Beratung)« (zitiert nach Holzkamp, 1972, S. 217).

Als ähnlich »verkommen« wurden die Theorien und Forschungsprogramme der Akademischen Psychologie eingeschätzt. Auf dem 26. Kongreß für Psychologie im September 1968 kam es zu einer Podiumsbesetzung durch Studenten der TU Berlin. Diese erklärten auf dem Symposion »Psychologie und politisches Verhalten«, auf dem u. a. die Professoren Graumann (Heidelberg), Irle (Mannheim), Feger (Aachen), Thomä (Bonn) und Wildemann (Mannheim), aber auch der Psychoanalytiker Mitscherlich (Frankfurt) auftraten, kategorisch: »Wir haben jetzt lange genug Thesen gehört und haben uns genügend lange frustrieren lassen von diesen Thesen. Wir werden jetzt unsere eigenen Thesen vortragen.« Anschließend verlasen sie dann 27 Thesen, von denen hier nur die für die Klinische Psychologie bedeutsamen aufgeführt sind:

> »1. Psychologie gehört zum Corpus derer, die über schlechte Verhältnisse räsonieren, sie aber nicht abschaffen. Psychologie entwickelt sich zu einem Machtinstrument über Hilflose und Kinder.
>
> ...
>
> 17. Der Bürokratie arbeitet die elterliche Abrichtung in die Hand, später die psychologische. Das so teuer erworbene Über-Ich ist dann auf keinem Markt mehr loszuwerden.

18. Und der Beitrag zum Fortschritt, den Psychologen leisten, ist die ablehnende Verspottung der Psychoanalyse, nicht der in ihren Modellen beschriebenen Mechanismen. Denn mit diesen läßt sich ja ganz gut arbeiten.
19. Das neueste der Wissenschaftstheorie ist die Herstellung eines Kastens, in dem die Psychoanalyse neben Rutengängerei und Astrologie versteckt wird. Dort klappert sie seitdem.
...
25. Diagnostiker aller Länder, vereinigt euch!
26. Diese Vereinigung dient der Herstellung einer antiautoritären Solidarität, die der Loyalität von Kongressen entgegenzusetzen ist« (nach Graumann, 1969, 116f.).

Angesichts von Vorträgen wie »Strafeffekte in zwei Formen der bedingten emotionalen Reaktion bei Ratten« (P. Gottwald) auf dem 26. Psychologie-Kongreß war dieses Aufbegehren und die Suche nach anderen, auf die Befreiung ausgerichteten psychologischen Theorien und Forschungen nicht weiter verwunderlich. (P. Gottwald hat später selbst sehr viel beigetragen zu einer Befreiung der Psychologie aus akademischer Starre.)

Die Professoren waren verunsichert, manche von ihnen auch nachdenklich. Für die Studenten dagegen ging es um nichts weniger als um die Revolutionierung der Psychologie *und* der Gesellschaft. Dazu konnte die Akademische Psychologie nichts beitragen. Daraus folgte, daß man die Zerschlagung der Psychologie forderte.

Wilhelm Reich

Kritische Psychologen sollten – so die Forderung – sich mit der Aufdeckung von Herr-Knecht-Verhältnissen, der Deformation der Persönlichkeit im Kapitalismus und ihren Ursprüngen befassen: mit der Sexualität, der Kindererziehung und der Familie. Man entdeckte die Psychoanalyse, vor allem solche Psychoanalytiker, die die von den Studenten geforderte Verbindung zwischen Individuum und Gesellschaft gezeigt hatten. Die Schriften von Wilhelm Reich ersetzten nun Psychologielehrbücher. Andere Quellen waren die Arbeiten von Siegfried Bernfeldt sowie Erich Fromm.

1965 erschien – als einer der ersten Raubdrucke in der BRD – Reichs Werk »Massenpsychologie und Faschismus«, das er noch 1933 veröffentlicht hatte. Reich wurde damit einer der intellektuellen Väter der Studentenrevolte. – Seine Theorie beschreibt, wie das bürgerliche Individuum und die bürgerliche Gesellschaft an

ihren Wurzeln gefaßt, begriffen und verändert werden können. Er versuchte also, die Psychoanalyse als Ideologiekritik zu entwikkeln: als Methode, die es gestattet, »die triebhaften Wurzeln der gesellschaftlichen Tätigkeit der Individuen aufzudecken, und kraft ihrer dialektischen Trieblehre berufen ist, die psychische Auswirkung der Produktivkräfte im Individuum, das heißt die Bildung der Ideologien im Menschenkopfe im Detail zu klären« (Reich, 1934, 34). Eine solche Verbindung von Politik, Klassenkampf und Psychologie mußte zünden. So las man auf einer Wand in der Mensa der Frankfurter Uni: »Lest Wilhelm Reich und handelt danach.« (Reiche, 1968, 55)
Reichs Ansatz basiert auf drei Grundannahmen:

Sexualität, bei Freud weiter gefaßt, wird auf die zum Orgasmus führende Befriedigung im Geschlechtsakt eingeschränkt.

Die Einschränkung des Geschlechtslebens durch repressive Sexualmoral führt zu Krebs, Psychoneurosen, Charakterdeformationen und schließlich zum Faschismus.

Die »orgastische« Selbstregulation, also uneingeschränkte Befriedigung beim Geschlechtsakt, führt dagegen zu psychischer Gesundheit und zu gesellschaftlicher Befreiung.

Folge: Sexuelle und gesellschaftliche Revolution fallen danach zusammen:

»Die sexuelle Unterdrückung ist ein anti-revolutionärer Faktor von großem Gewicht, denn ... sie stützt die Familien- und Eheordnung, welche zu ihrem Bestande Verkümmerung der Sexualität erfordert; sie macht die Kinder und Jugendlichen den Eltern und auf diese Weise später die Erwachsenen der staatlichen Autorität und dem Kapital hörig, indem sie in den Unterdrückten autoritäre Ängstlichkeit hervorruft; sie lähmt die Kritik der Unterdrückten, denn die sexuellen Schwierigkeiten verbrauchen viel Energie, die sonst zur kritischen Verstandesarbeit verwendet würde; sie lähmt, indem sie die Menschen scheu und unentschlossen macht, die revolutionären Kräfte im Individuum.« (Reich, 1934/35, 164, zit. nach Erdheim, 1989, 219)

Aber die Situation in der Bundesrepublik glich nicht mehr der in der Weimarer Republik, in der Reich gewirkt hatte: In den sechziger Jahren kam die »Pille« auf den Markt, und die Republik schickte sich an, durch Aufklärungsfilme und den Sex-Aufklärer Professor Kolle die sexuelle Moral zu liberalisieren. Doch die Studentenbewegung hatte ideologiekritisch denken gelernt: Nichts war, wie es schien. Hinter der demokratischen Fassade der Bundesrepublik lauerte – so ihre Auffassung – nach wie vor der Faschismus, den es zu entlarven galt. Ähnlich war es auch mit der aufkommenden sexuellen Liberalisierung in der Bundesrepublik. Diese mußte als Machtmittel, als besonders perfide Sozialtechnik des Kapitalismus, entschleiert werden. Reimut Reiche versuchte 1968 mit seinem Buch »Sexualität und Klassenkampf« das Verhältnis von Sexualunterdrückung und kapitalistischer Herrschaft neu zu fassen. In Kursbuch 28 und 29 (1972) wurden das »Elend mit der Psyche« erörtert und die Möglichkeiten der Psychoanalyse zur Befreiung bedacht und kritisiert. Dieter Duhm veröffentlichte 1972 sein Buch »Angst im Kapitalismus«, und von Michael Schneider erschien 1973 »Neurose und Klassenkampf«.

Eine zentrale Rolle spielt bei allen diesen Versuchen, das Verhältnis von Sexualität und Klassenkampf neu zu ordnen, die Denkfigur der »repressiven Entsublimierung« von Herbert Marcuse (1967). Bei der Klärung des Verhältnisses von Neurose und Kapitalismus waren zwei Probleme zu lösen: zum einen der Funktionsverlust der Familie als Sozialisationsinstanz und somit als Unterdrückungsmechanismus, und zum anderen die veränderte Rolle der Sexualität. Übrigens hatte Reich noch selbst in den Vorworten für die 3. und 4. Auflage der »Sexuellen Revolution« festgestellt, daß der Zusammenbruch der sexuellen Zwangsmoral im Kapitalismus nicht den Zusammenbruch des Kapitalismus nach sich gezogen hatte (Reich, Die sexuelle Revolution, 1966, 7). Notwendig wurde daher eine Theorie, die den Funktionswandel der Sexualunterdrückung im Kapitalismus beschreiben konnte. Dabei charakterisierte man den Früh- und Hochkapitalismus als Ort der repressiven Unterdrückung der Sexualität, während für den Spätkapitalismus auf die »manipulative Integration der Sexualität« hingewiesen wurde.

Die Auseinandersetzung mit diesen neuen Ansätzen soll hier nicht weitergeführt werden. Sie waren intelligent und wortgewaltig, aber auch einseitig und rücksichtslos. In seinen Notizbüchern charakterisiert Peter Weiss, der nach Schweden emigrierte deutsche Dramatiker, die 68er Szene in bezug auf die Kunst so: »Die Herablassung überall: bei den studentischen Studien-Gruppen, ..., Fanatisch manische Diskussionen in der Gruppe der jungen Genies – von den Brüdern Schneider ist Michael noch der Einsichtigste. Richtig scheint die Ablehnung jeglicher Kunst – doch statt dessen nur ein Vakuum, in dem es schwirrt von politologischen, ökonomischen Schlagwörtern« (Weiss, 1982, 602, zit. nach Baier, 1988, 86). Dieser Eindruck bestätigt sich, wenn man heute die damals produzierten neomarxistischen-psychoanalytischen Schriften liest. Die Theoriebesessenheit eines Reiche, Schneider oder Duhm war der offiziellen Psychoanalyse, die sich gegenüber der Verbindung von Marxismus und Psychoanalyse ebenso bedeckt hielt wie zu Reichs Zeiten, ein Ärgernis. Ein bezeichnendes Beispiel berichtet Reiche (1988): In dem Auswertungsbogen für Erstinterviews des Sigmund Freud Instituts in Frankfurt tauchte um 1970 eine neue diagnostische Kategorie auf: das Soziologen-Syndrom (Reiche, »Sexuelle Revolution – Erinnerung an einen Mythos«, 1988, 69). Die marxistische Beschäftigung mit der Psychoanalyse galt den älteren Psychoanalytikern offensichtlich als psychische Störung.

Von solchen Gedankengängen blieb die Praxis der psychologischen Befreiungswissenschaft in den späten sechziger und frühen siebziger Jahren allerdings unbeeindruckt. Befreiung hieß z. B.: antiautoritäre Kindergärten und Schülerläden. Neben Freud und Marx trat der irische Pädagoge A. S. Neill, ein Freund von W. Reich. Mit seinen Ausführungen über antiautoritäre Erziehung beeinflußte er die Kindererziehung in den sechziger und siebziger Jahren. Die Gründung eines der ersten Kinderläden ging zurück auf Initiativen der Frauen des Sozialistischen Deutschen Studentenbundes. Recht bald wurde versucht, eine proletarisch klassenbewußte Erziehung zu verwirklichen. Reiche (1988) beschreibt, welches Resultat der Zentralrat der sozialistischen Kinderläden als Ergebnis der Erziehung vor Augen hatte: die Auflösung der Kinder-Eltern-Bindung, die Abwehr von Depression, Trauer und Verlassenheitsängsten der Kinder durch forcierte Sexualisierung sowie die Bindung an das Kinderkollektiv. Dabei nahm der Zentralrat auf einem makabren Fall bezug: auf Kinder, die das KZ Theresienstadt überlebt hatten und die später in ihrem »abweichenden«, jedenfalls eigentümlichen Verhalten von Anna Freud und Sophie Dann beschrieben worden waren. Diese Kinder – so Freud und Dann – waren dadurch gekennzeichnet, daß sie kein Elternbild besaßen, weshalb sie ihre libidinösen Strebungen auf ihre Altersgenossen richteten: »Die Kinder waren überempfindlich, ruhelos, aggressiv, schwierig zu behandeln. Sie zeigten verstärkten Autoerotismus und einige von ihnen beginnende neurotische Symptome. Aber sie waren weder defekt, noch verwahrlost, noch psychotisch (Freud und Dann, nach Reiche, 1988, 66). Der Zentralrat orientierte sich – mit seinem Erziehungsziel und damit mit seinem Modell von psychischer Gesundheit – in der Tat an den KZ-Kindern.

Das Sozialistische Patientenkollektiv

Ein anderes Beispiel von Psychologie als Befreiungswissenschaft ist das »Sozialistische Patientenkollektiv« (SPK), das Anfang 1970 in Heidelberg entstand: Dessen Programm war es, »aus der Krankheit eine Waffe zu machen«. Diese Einrichtung ging aus der psychiatrischen Ambulanz der Heidelberger Universitätsklinik hervor und wurde im wesentlichen »von unten«, d. h. von den Patienten selbst initiiert. Wie in keinem anderen Fall zeigt sich hier der Zusammenhang von Therapie und gesellschaftlicher Revolution. Seine theoretische Begründung fand das SPK in der Psychoanalyse (insbesondere in dem Ansatz von Reich), der politischen Ökonomie von Marx und der Dialektik von Hegel.

Ein zentrales Anliegen des SPK war die Ausarbeitung einer »revolutionären« Krankheitstheorie. Entgegen dem medizinischen Krankheitsmodell wollte man Krankheit aus dem Produktionsprozeß ableiten – wobei das SPK keinerlei Differenzierungen zwischen körperlichen und psychischen Erkrankungen machte. Das Kapital wurde als Ursache aller Krankheiten angesehen, diese waren die Folge zerstörerischer kapitalistischer Produktionsverhältnisse, die sich immer gegen die Arbeitenden richten. Krank, so wurde festgestellt, macht der kapitalistische Verwertungsprozeß. In einem solchen Schema hat Diagnostik keinen Platz mehr, sie wurde dann auch vom SPK als Relikt aus der bürgerlichen Mottenkiste geächtet. Vielmehr sind Kranke nach Auffassung des SPK die revolutionäre Klasse im Kapitalismus, denn: »Objektiv ist Krankheit als defekte (= nicht verwertbare) Arbeitskraft Totengräber des Kapitalismus« und »Als kollektiv bewußter Prozeß ist Krankheit die revolutionäre Produktionskraft...« (SPK, 1972). Das hieß, Krankheit enthält progressive Momente, die – bewußt gemacht und gebündelt – zum Kampf der Betroffenen gegen den Kapitalismus führen. Die Leitidee für die Psychotherapie läßt sich denn auch treffend, wenngleich sprachlich etwas mißverständlich, mit dem Slogan des SPK beschreiben: »Der Stein, den jemand in die Kommandozentralen des Kapitals wirft, und der Nierenstein, an dem ein anderer leidet, sind austauschbar, schützen wir uns vor Nierensteinen.« Aus der Krankheit sollte eine Waffe gemacht werden: Therapie wurde mit Agitation gleichgesetzt. Im Gegensatz zu den Annahmen traditioneller Psychotherapeuten, deren Therapien das SPK als »Geschwätz, Konkurrenz und moralische Verurteilung« denunzierte, waren persönliche Schwierigkeiten als Ausdruck gesellschaftlicher Verhältnisse zu begreifen. Drei Instrumente wurden hierzu eingesetzt: die Einzel- und die Gruppenagitation sowie die wissenschaftlichen Arbeitskreise. Dabei ging das SPK von drei Grundsätzen aus: 1. Das Arzt-Patient-Verhältnis wird abgeschafft; 2. die Behandlung gehört unter Patienten-Kontrolle und 3. jeder Kranke hat ein Recht auf Behandlung. Begonnen wurde mit Einzelagitationen, die ein »ärztlicher Funktionsträger« durchführte, allerdings konnten später auch andere Patienten als Agitationspartner solche Gespräche durchführen. Um sich hierfür das nötige Rüstzeug anzueignen, gab es die wissenschaftlichen Arbeitskreise. Durch gemeinsame Lektüre und Diskussion von Hegels »Phänomenologie des Geistes« und »Wissenschaft der Logik«, des »Kapital« von Marx, der »Einführung in die Nationalökonomie« von Rosa Luxemburg sowie von Texten von Mao Tse Tung, Lenin, Marcuse wurden die Patienten geschult. Therapieziel war »politische Identität«, die als Einheit von Bedürfnis und politischem Kampf bestimmt wurde. Das SPK sah sich dabei in einer Front mit den Befreiungsbewegungen der Dritten Welt, der IRA und den Black Panthern in den USA, die für die Befreiung der Schwarzen kämpften. Ziel des SPK war die schrittweise Umwälzung der Gesellschaft – nicht nur die Therapie oder Bewußtwerdung des einzelnen: »Aufhebung und die optimale Entfaltung des Einzelnen im Kollektiv, die Schaffung weiterer Kollektive an anderen Orten und die Sozialisierung der SPK-Methoden in bereits bestehenden Organisationen und Gruppen (...) und die Aufhebung aller Kollektive in der Allgemeinheit der Sozialistischen Revolution« (SPK, 1972, 18). Einige der SPK-Mitglieder gingen anschließend zur Roten Armee Fraktion, um den Kapitalismus mit der Waffe zu bekämpfen. Die tradierte Psychotherapie und Psychiatrie bekämpfte das SPK aufs heftigste. Schließlich wurde im Juli 1971 das SPK durch einen Polizeieinsatz aufgelöst.

Ein bestimmtes Denken über psychische Störungen und Irresein, das die Verhältnisse umkehrte – nicht der Normale war normal, sondern der Irre –, überlebte allerdings den Niedergang des SPK. Heute finden sich im Umkreis der Psychiatrie »Irrenoffensiven«, die als eine Art »Bürgerinitiative« von Betroffenen in ähnlicher Weise wie das SPK die traditionelle wie auch die Reformpsychiatrie kritisieren und in jeder Art von Behandlung von psychisch Kranken eine Anpassung an unmenschliche Verhältnisse sehen.

Literatur

Kursbuch 82: Therapiegesellschaft, Berlin: Rotbuch, 1985

SPK, Aus der Krankheit eine Waffe machen, München, Trikont 1972

2. Klinische Psychologie im Übergang: von der kollektiven Befreiungs- zur individuellen Bereicherungswissenschaft

Aus heutiger Sicht ist besonders deutlich, daß die ausgehenden sechziger und beginnenden siebziger Jahre die bundesdeutsche Gesellschaft drastisch veränderten. Alles stand zur Disposition: Ehe, Familie, Beruf, Wohnort und Gesinnung – alles wandelte sich. Diese Umwälzung hatte zwei Seiten; zum einen die Herauslösung aus und den Bruch mit traditionellen Bindungen, mit Wertmustern sowie hergebrachten Institutionen und zum anderen die Freisetzung und somit die Erweiterung von Wahlmöglichkeiten und Lebenschancen. Es entstanden aber auch neue Unsicherheiten und Risiken – oder, wie es in einem Buch von Gisela von Wysocki heißt, »Fröste der Freiheit«. Zwei Entwicklungen spielten dabei zusammen: Der Niedergang der Utopien von der Befreiung der Gesellschaft und des Individuums und der sich ausbreitende Kult der Erfahrung. Die großen Utopien von der Befreiung – Marxismus, kritische Gesellschaftstheorie und andere Programme gesamtgesellschaftlicher Veränderungen – verloren an Attraktivität. Namen wie Marx, Stalin, Mao Tse-tung, Che Guevara und Fidel Castro, die Heroen und Autoren der Revolution, verblaßten oder verloren an Glaubwürdigkeit. Auch den Theorien der Klinischen Psychologie, die das Wechselspiel von Neurose, Klassenkampf und Revolutionierung des Menschen zum Thema hatten, ging es nicht anders: Sie kamen aus der Mode. Die Zeit des SPK, der Psychotherapie als kollektiver Praxis, war vorbei. Psychotherapie und politisches Handeln fielen auseinander, und an die Stelle der Befreiungsutopien trat der Psychoboom: Eine Vielzahl kleiner, unzähliger Erzählungen von der individuellen Bereicherung.

Allerdings gelang dieser Schritt von der Psychotherapie als Befreiungs- zur Bereicherungswissenschaft nicht ohne einen kleinen Zwischenschritt, auf den wir später noch eingehen wollen. Es entwickelte sich nämlich unter den Stichworten der Gemeindepsychiatrie sowie der Gemeindepsychologie eine eigentümliche Zwittergestalt zwischen Befreiung und Bereicherung, die die Emanzipation psychisch Kranker zum Inhalt hatte. Auch eine andere Linie, die im Bruchfeld zwischen Befreiung und Bereicherung entstand, soll wenigstens kurz skizziert werden: die Entwicklung feministischer Therapien, auf die u. a. Chesler mit dem Buch »Frauen, das verrückte Geschlecht (1977) sowie Rush (1978) mit »Getting Clear« einen großen Einfluß hatten. Im Mittelpunkt standen spezifische Frauenprobleme – z. B. der weiblichen Sexualität, Körperbild- und Eßstörungen –, für die auch spezifisch feministische Deutungen gegeben wurden. Einerseits sah ein radikaler Flügel die Ursache für Frauenprobleme in dem Bestehen einer patriarchalischen Gesellschaftsordnung, die es durch politischen Kampf zu beenden galt. Der gemäßigte Flügel setzte auf Therapie bzw. »Consciousness Raising«, wo unter Ausschluß von Männern – nur Frauen können Frauen therapieren! – Frauen lernen sollten, die tradierte Frauenrolle zu überwinden und sich selbst zu »entdecken«. Basis jeder feministisch therapeutischen Beziehung war die gemeinsam erlebte Frauenunterdrückung, die die Grundlage für eine solidarische Beziehung zwischen Klientin und Therapeutin bot. Therapiemittel war hier eher eine Mixtur bekannter Verfahren; sie stammten vor allem aus der Gestalt- und den sanften Körpertherapien.

Welche gesellschaftlichen Veränderungen hatten zum Niedergang der Klinischen Psychologie als Befreiungswissenschaft geführt? Vor allem wohl das Scheitern der Studentenbewegung. Die Marxismusutopie, d. h. die Befreiung von knechtenden Produktionsverhältnissen, wurde von den Massen nicht dankbar aufgenommen. Hatte noch bis Mitte der sechziger Jahre die Klinische Psychologie ihr Dasein als ein Orchideenfach gefristet, begann sie nun im Gefolge der sozialliberalen Koalition mit deren Ausbau des Sozialstaats rasch zu expandieren. Lehrstuhl auf Lehrstuhl wurde eingerichtet, und nach der veränderten Prüfungsordnung von 1973 studierte eine überwältigende Mehrheit aller Psychologiestudenten Klinische Psychologie. Entgegen der Prognose von Hoyos (1964), der der Werbe- und Betriebspsychologie eine große Zukunft vorausgesagt hatte, entfaltete sich die Klinische Psychologie als das dominante Berufsfeld. Beratung und Therapie im ambulanten und zum Teil auch im stationären Sektor wurden die bevorzugten Tätigkeitsfelder von Psychologen. Nach einer Studie von Wittchen und Fichter (1980) waren 1977 etwa 5800 Psychologen in der Bundesrepublik klinisch psychologisch tätig. Dabei stand die Arbeit in Beratungsstellen – im Bereich der Erziehungs-, Drogen-, Alkohol- und Sexualberatung – an erster Stelle; erst danach folgten Tätigkeiten in stationären psychosomatischen und psychotherapeutischen Einrichtungen. Dieser von den revolutionären Studenten geforderte »Marsch durch die Institutionen« nahm den Psychologen ihren Elan.

Das Schlüsselwort der Bereicherungswissenschaft ist der »Erfahrungshunger«. An die Stelle allgemeiner Begriffe wie Revolution, Gesellschaft und Praxis rückte nun das Ich, und an die Stelle der Außenwelt trat die Innenwelt. Das zeigt sich auch an den Veränderungen der Theorien der Klinischen Psychologie. Dies soll an drei Beispielen deutlich gemacht werden: Am Verschwinden von Begriffen der Ätiologie* psychischer Störungen, an der Ausdifferenzierung der psychotherapeutischen Praxis und am Phänomen des »Psychobabble« als einer neuen Begrifflichkeit auf der Suche nach sich selbst.

Der Psychoboom nämlich kündigte sich in einem unerwarteten Ereignis an: im Protest der SDS-Frauen, die nicht mehr als Revolutions-Groupies mitlaufen wollten. Daraus entwickelte sich der Feminismus, der alle Beziehungen umkrempelte. Eine neue Front entstand dort, wo man sie nicht erwartete, zwischen den Geschlechtern; von nun an geriet der Klassenkampf zum Geschlechterkampf. Dazu das Frankfurter Frauen Kollektiv (1976): »Wir wissen, daß der Widerspruch zwischen Männern und Frauen für uns eine andere, direktere Bedeutung hat, als der zwischen Imperialist und Dritte Welt« (zitiert nach Pohrt, 1980). Damit rückten auch subtile psychologische Verstrickungen und Bindungen in den Mittelpunkt. Statt Schizophrenie, Neurose und Wahnsinn ging es nun um den alltäglichen Wahnsinn der Beziehungen. An die Stelle des Leidens an der Gesellschaft trat das Leiden an der Beziehung. Der Kommunarde Kunzelmann brachte das bereits 1967 prägnant auf die Formel: »Was geht mich der Vietnam-Krieg an, solange ich Orgasmusschwierigkeiten habe?« Damit gerieten auch neue Störungen in das Blickfeld der Klinischen Psychologie: Orgasmusschwierigkeiten, mangelnde Sensibilität, das Unvermögen, zärtlich, sanft und einfühlsam zu sein, sowie generell die Unfähigkeit, Gefühle wie Traurigkeit, Wut und Zorn auszudrücken. Die Ursache der Pathologie wird undifferenziert »irgendwo innen« gesucht. Jeder ist von fast jedem Problem betroffen, eine Ätiologie im klassischen Sinne muß es daher nicht mehr geben. In Zeiten, wo Ansichten und Verhältnisse über Bett und Beziehungen immer chaotischer wurden, wurde Psychotherapie nicht mehr nur zur Therapie von klinischen Neurosen und Störungen eingesetzt. Sie kann, so wurde argumentiert, jedem helfen und jedem etwas bringen. In dem gleichen Maße wie die Therapie entgrenzt wurde, wuchs auch das Heilsversprechen. Freud war hinsichtlich des Heilsanspruchs von Psychotherapie noch vorsichtig gewesen, als er darauf hinwies, »... daß viel damit gewonnen ist, wenn es uns gelingt, (ihr) hysterisches Elend in gemeines Unglück zu verwandeln. Gegen das letztere werden sie sich mit einem wiedergenesenen Seelenleben besser zu Wehr setzen können« (Freud, GW, Studien über Hysterien, 312). Von dieser Zurückhaltung halten die neuen Psychotherapieväter nichts. Gestalttherapie, Encounter, Bioenergetik, Primärtherapie, Psychosynthese, Rebirthing und andere Verfahren zielen darauf ab, das Bewußtsein zu erweitern, unentdeckte Bereiche des eigenen Ichs zu erkunden, die Persönlichkeit zu bereichern und wachsen zu lassen; also alles in allem: ein besserer, ein neuer Mensch zu werden. Die veränderte Stoßrichtung ist deutlich: Es geht nicht mehr darum, die Gesellschaft zu verändern, verändert werden soll das eigene Selbst. So entstehen auch neue Tempel und Wallfahrtsorte: Big Esalen, wo Fritz Perls, der Begründer der Gestalttherapie, lebte, das Center for the Study of the Person in La Jolla (Rogers), Ashrams in Indien, Therapie-Center in Frankfurt, Amsterdam, London und Berlin und vor allem immer wieder in Kalifornien. Hier wurden die neuen Therapien entwickelt und Workshops, Psychokuren und Ausbildungs-Marathons durchgeführt. Via London und Amsterdam führte die Therapieschiene in die Bundesrepublik. Noch heute finden sich Hinweise auf alle Arten von Psycho-Veranstaltungen selbst in den Stadtillustrierten von Flensburg bis Ulm.

Von nun an tritt die Humanistische Psychologie, als dritte Kraft, neben der Psychoanalyse und dem Behaviorismus hervor. Ihre Vertreter, u. a. Perls, Casriel, Schutz, Rogers, ursprünglich Außenseiter im Psychotherapiegeschäft, gewinnen an Bedeutung. Ihre Lebenswege ähneln sich in gewisser Weise. Erst als sie akademische Institutionen und reglementierte Heilberufe verlassen und sich der Jugend und der Hippie-Bewegung annähern, werden sie zu Triebkräften des Psychobooms. Sie propagieren – jenseits von Diagnostik, anerkannten Krankheitsgruppierungen und geordneter psychosozialer Versorgung – Selbsterfahrung für jedermann, d. h. Anleitungen für die Suche nach dem geglückten Menschsein. Wie unterschiedlich auch die verschiedenen Ansätze und Verfahren sind, drei Charakteristika lassen sich immer wieder feststellen: Kopf versus Bauch, Ganzheitlichkeit und der Körper als das »wahre Medium« der Psyche.

Der Mensch ist zu sehr Kopf. Was die Psychoanalyse als eine Abwehrform beschreibt, die Rationalisierung und Intellektualisierung, wird hier verabsolutiert. Kopf-Sein ist Sündenfall und Grundübel zugleich; der verkopfte Mensch ist nicht in der Lage, auf seine Gefühle zu hören, er vermag seine Bedürfnisse, die die Sprache seines Körpers sprechen, nicht zu erkennen und nicht zu leben. So gerät er zu einem einseitigen, unvollständigen und manipulierbaren Wesen, das am Lebensglück vorbei lebt. Die Therapie ist einfach: Der verkopfte Mensch soll seinen »Bauch« entdecken, soll lernen, seine Gefühle unmittelbar und direkt auszudrücken. Nur der ganze Mensch ist der wahre Mensch, wobei Ganzheit und Echtheit bedeuten, alle Gefühle auszudrücken; so wie sie sind, sollen sie gelebt werden. Damit scheinen dreihundert Jahre Geschichte der Selbstbeherrschung überholt. Das aber irritiert die neuen Gurus nicht. Unbeirrt vertreten sie das Ideal, das sie für lebbar halten: gefühlshafter, näher, weicher und offener miteinander umzugehen. Eine Szene, die noch einige Jahre zuvor auf nichts anderes als die Revolution gesetzt hatte, glaubt ihnen. Nun gilt die alte bürgerliche Doppelmoral wieder: die Therapie fürs Private und die Politik für die Öffentlichkeit.

Ein neuer Kult der Betroffenheit entsteht, den Sennett (1983) als »Tyrannei der Intimität« beschreibt. Die Encountergruppe* wird zum Maßstab sozialen Zusammenlebens. Was – so lautet die Frage – bedeuten die Ereignisse für mich? Wie fühle ich mich dabei? Und nichts ist mehr privat: Jede Gefühlsregung – einfach weil sie da ist – hat ihr Recht und muß geäußert werden. Nähe wird zu einem moralischen Wert an sich.

Sennett sieht aber auch die Schattenseiten solch neuer Gefühlshaftigkeit – denn Ganzheit bedeutet ebenso, alle »häßlichen kleinen Geheimnisse des Begehrens, der Habgier und des Neides« auf den Tisch zu legen. Für ihn verliert eine auf Selbstoffenbarung angelegte Gesellschaft an Zivilisiertheit. Denn »Zivilisiertheit zielt darauf ab, die anderen mit der Last des eigenen Selbst zu verschonen« (Sennett, 1983, 299).

Neben der Ganzheitlichkeit und Echtheit steht die Betonung des Körpers als Ausdrucksmedium. Die Sprache, und mit ihr Logik und Vernunft, gilt als korrumpiert, in ihr und durch sie ist keine Selbsterfahrung möglich. Der vernünftige Diskurs wird zum »Mindfucking« erklärt – Reden heißt Lügen, Drumherumreden und Zerreden. Allein der Körper lügt nicht. Die Körpersprache wird als direkter, ursprünglicher und unverstellter angesehen – sie erst ermöglicht den wahren Ausdruck von Spannungen, Gefühlen sowie Zu- und Abneigungen. Gefordert wird die direkte Aktion: Umarmen, Weinen, Schreien und Tasten. Nicht mehr Hören und Reden, sondern Einfühlen ist zu lernen. Damit einher geht der Verlust von Sprache. Ein »Om« und »Uhm« als Mantra bei der Meditation gibt mehr her für die Selbstbefreiung als alle kritischen Texte, und seien sie auch noch so bestechend in ihrer Prägnanz und Eloquenz. Die Sprache verliert nicht nur an analytischer Schärfe, sondern vom emphatischen Ich bestimmt verliert sie paradoxerweise außerdem an emotionaler Qualität und wird sentimentaler Kitsch. Diese Entwicklung wurde als »Befreiung« von der Sprachbesessenheit der Studentenbewegung begriffen. Das aber ist, wie Pohrt offenlegt, »ein furchtbarer Fehler in einer Zeit, wo der Wortschatz des Normalbürgers auf die ca. 150 Bildzeitungsvokabeln, derjenige der Krishna-Jünger auf ›Hare-Krishna‹ und der der Spontis auf das eine Wörtchen ›Scheiße‹ reduziert ist« (Pohrt, 1980, 47).

Mit »Psychobabble« ist eine eigentümliche »Plastik«-Sprache gemeint, ein therapeutischer Jargon, der in die Alltagssprache einfließt und sie – neutral formuliert – umbiegt. Diese Sprache ist universell einsetzbar – für alle Bereiche des persönlichen Lebens. Das erste und wohl wichtigste Kennzeichen ist der Selbstbezug: Gegenstand ist die eigene Innenwelt – die Gefühle, Empfindungen, Phantasien und Vorstellungen einer Person. Andere Menschen – bzw. Ereignisse in der Außenwelt – sind nur insofern von Bedeutung, als sie Stichwortgeber und Auslöser für die eigene Betroffenheit sind. Die ichbezogene Sicht dominiert die Kommunikation. Damit einher geht eine Abweichung von sonst üblichen Formen des Miteinander-Redens. Die Verhältnisse und Zielsetzungen von Kommunikation werden geradezu umgekehrt: Nicht mehr der Inhalt steht im Vordergrund, sondern die Beziehung. Jeder Themeninhalt wird in eine sogenannte Betroffenheitsthematik umgewandelt. Damit beginnen sich auch die öffentlichen Diskussionen zu verändern, wie man heute in jeder beliebigen Talk-Show feststellen kann.

Psychobabble ist hilfreich und verspricht viel: den Weg zu sich selbst – Ich bin o. k., Du bist o. k. –, Selbstentfaltung durch Meditation, Freude und kinderfreundliche Erziehung in der Dreizimmerwohnung (vgl. die Buchtitel: Dessel, E.: Kinderfreundliche Erziehung in der Dreizimmerwohnung; Th. A. Harris: Ich bin o. k., Du bist o. k.; W. C. Schutz: Freude). Unzählige Ratgeber für die Entdeckung des wahren Selbst erscheinen auf dem Büchermarkt. Typisch ist die »Anleitung zum sozialen Lernen für Paare, Gruppen und Erzieher« von Schwäbisch & Siems (1974). Dieses Buch beginnt – und das spricht für die geistige Haltung – mit Zitaten von Rogers und Perls, zwei der großen Propheten der Humanistischen Psychologie. Das Rogers-Zitat beschwört die Bedeutung der Erfahrung: »Erfahrung ist für mich die höchste Autorität. Der Prüfstein für die Gültigkeit ist meine eigene Erfahrung. Keine Idee eines anderen und keine meiner eigenen Ideen ist so maßgeblich wie meine Erfahrung...« Darunter findet sich das »Gestaltgebet« von Fritz Perls: »Ich tue mein Ding und Du tust Dein Ding. Ich bin nicht auf dieser Welt, um nach Deinen Vorstellungen zu leben. Und Du bist nicht auf der Welt, um nach meinen Vorstellungen zu leben. Du bist Du, und ich bin ich. Und wenn wir uns zufällig finden, ist das schön, wenn nicht, ist es auch nicht zu ändern« (eigene Übersetzung). So beginnt also ein Buch über »soziales Lernen«. Es ist offensichtlich, wie sehr sich hier der Begriffsinhalt von »sozial« verschoben hat. In der Studentenbewegung noch assoziiert mit »gerecht« und »gesellschaftlich«, ist es nun ein Synonym für »zwischenmenschlich« bzw., genauer, für die individuelle Fähigkeit, Beziehungen für sich selbst befriedigend zu gestalten.

Die Klinische Psychologie als Bereicherungswissenschaft trat ihren Siegeszug durch die Gesellschaft an. Polizisten wurden auf ihre neue Rolle als Sozialberater hingetrimmt, Lehrer zu Schultherapeuten und Gefängniswärter zu Sozialhelfern. Psychotherapie wurde entgrenzt – alles war nun therapierbar, überall waren Therapieformeln einsetzbar und nützlich. So geriet Psychotherapie zunehmend in die Volkshochschulen, die Landjugendheime und Freizeit-Zentren, den Kirchenfunk und in die dritten Programme des Fernsehens. Seglertouren mit Selbsterfahrung im Mittelmeer, Partnerschulen für einen besseren Umgang miteinander, Betroffenheits-Talk-Shows und eine neue Art der Briefkasten-Kummer-Tante in der Regenbogenpresse waren nun en vogue. Damit gelangten die neuen Vokabeln und Ansichten auch zu Lehrern, Hausfrauen und Sozialarbeitern. Auch das Management blieb davon nicht verschont. Heute sind die Ansichten und damit die Sprache der Selbsterfahrung und Selbstverwirklichung in der Welt des Unternehmens auf der Ebene der kreativen Mitarbeiter bereits mehr oder weniger fest verankert. Psychologisierung und Psychobabble tragen dem Bedürfnis nach Nähe auf der einen Seite und nach Freiheit und Individualität auf der anderen Seite Rechnung. Als Mittel der Unternehmens-Kultur bzw. Unternehmens-Kommunikation tragen Psychoboom und Psychobabble dazu bei, dem Unternehmen ein »Wir-Gefühl« zu verschaffen, vermitteln Sinn und Identität (Holleis, 1987).

Eine glänzende Kritik der Klinischen Psychologie als Bereicherungswissenschaft hat Bopp (1979) gegeben. Er hält sie für ein »linkes Psychosyndrom« – womit er deutlich macht, wie sehr gerade die Linke vom Psychoboom betroffen war und (ist). Aber bei aller Kritik: Der Psychoboom als Entgrenzung und Vergesellschaftung von Therapie hat mit dazu beigetragen, die Kultur der Bundesrepublik umzuwandeln. Neue Männer bekam das Land, es durfte Schwäche gezeigt werden, weiche Seiten und Gefühle. Der narzißtische Sozialisationstyp (Häsing et al. 1979) wurde modern, und mit ihm wurden neue Störungsbilder entdeckt. Für die Psychotherapie als Heilverfahren hatte das Konsequenzen. Der Markt veränderte sich – die YAVIS-Patienten (*Y*oung, *A*ttractive, *V*erbal, *I*ntelligent und *S*uccessful) partizipierten an den Encountergruppen und Erlebnistherapien und fielen so als Klientel für die niedergelassenen Psychoanalytiker und Psychotherapeuten aus. Deren Patienten wurden »gestörter«. – Nicht ohne Grund fällt in diese Zeit die theoretische Beschäftigung mit neuen Störungsformen, wie zum Beispiel den Borderline*-Fällen. Im Zuge der Narzißmus*-Welle haben u. a. Kohut (1973, 1979) und Kernberg (1980) solche Störungsbilder, die zwischen Neurose und Psychose angesiedelt werden, beschrieben.

Ein Teil der kritischen Psychologen, die gegen den Psychoboom ankämpften, versuchte die Klinische Psychologie mit ihren gesellschaftlich relevanten Aspekten zu erhalten, ohne, wie das SPK, gleich die Revolution zu wollen. Diese »sozialdemokratische« Variante der Befreiungswissenschaft übernimmt aus den USA die »Community«-Psychologie, die sie in »Gemeindepsychologie« umtauft. Interessanterweise sind es in der Bundesrepublik vor allem Verhaltenstherapeuten und die »Deutsche Gesellschaft für Verhaltenstherapie«, die sich um diesem Ansatz versammeln. In guter deutscher Manier sind die neuen Gemeindepsychologen erst einmal »kritisch« und beschäftigen sich mit den Absurditäten des Psychobooms, räsonieren darüber, ob psychische Störungen wirklich Krankheiten sind und erkunden den Zusammenhang von Sozialstruktur und Verhaltensstörungen. So behalten sie einen emanzipatorischen gesellschaftlichen Anspruch und fordern die

Evolution sozialer Verhältnisse, gerade für die sozial Schwachen und Ausgegrenzten, die »Drehtür-Patienten« der Psychiatrie, die Obdach- und Arbeitslosen, die Street-Kids und die Trebegänger, die Alkohol- und Drogensüchtigen. In der BRD vertreten vor allem die Münchner H. Keupp, E. von Kardorff und W. Stark, in Berlin H. Legewie und M. Zaumseil und in Marburg G. Sommer einen gemeindepsychologischen* Ansatz. Im Gegensatz zu ihren ärztlichen Kollegen, die ihre Sozial- bzw. Gemeindepsychiatrie nicht nur in Lehre und Forschung, sondern auch in der Praxis vertreten, befinden sich Gemeindepsychologen jedoch in einer »Professionalitäts«-Falle und können schlecht bestimmen, ob und wie ihre beruflichen Kompetenzen gebraucht werden.

Erstens ist umstritten, ob es überhaupt eine gemeindepsychologische Praxis geben kann. Zweitens fehlen die institutionellen Anbindungen an Krankenhäuser oder andere, bereits bestehende psychosoziale Versorgungseinrichtungen. Drittens wird die Klinische Psychologie, insbesondere Psychotherapie, als Leitvorstellung abgelehnt. An die Stelle von therapeutischer Hilfe soll die Hilfe zur Selbsthilfe – das Empowerment der Schwachen – treten.

Die Treffpunkte und gemeindenahen »psychosozialen« Stützpunkte, in denen die Gemeindepsychologen nun ihre Dienste anbieten, leiden aber oft unter dem Hin und Her der Konzepte. Eine erste Gruppe löst den Professionalitätskonflikt konservativ. Sie hat nichts anderes im Sinn, als die psychologisch unterversorgten sozialen Schichten in den Genuß von traditioneller Psychotherapie kommen zu lassen. Der anderen Gruppe ist das nicht radikal genug, sie optiert für neue partnerschaftliche Verhältnisse von Klient und Therapeut, für Selbsthilfe und für Unterstützung bei der Bewältigung alltäglicher Probleme. Nicht mehr die Defizite der »Unterschicht«-Klientel, sondern die besonderen sozialen und psychischen Ressourcen, die diese Menschen einsetzen, um ihren Alltag zu bewältigen, stehen nun im Mittelpunkt des Interesses. Diese Ressourcen gilt es zu stärken und ihren Austausch zu erleichtern, um psychische Störungen zu verhindern, aber auch um Lebensqualität zu vermitteln. Mit anderen Worten: Auch hier steht neben der »Heilung« bereits die »Bereicherung« als Ziel gemeindepsychologischen Handelns.

Psychologie als Bereicherungswissenschaft traf offensichtlich auf einen gesellschaftlichen Bedarf. In Zeiten rapider Veränderung und größerer individueller Freiheit – die Soziologie nennt das den Modernisierungs- und Individualisierungsschub der westlichen Gesellschaften –, in denen alle Verhältnisse »entzaubert« wurden, gewinnt die Suche nach Sinn eine besondere Bedeutung. Und »Sinn« kann nicht mehr in den kollektiven Ideen liegen, sondern nur noch beim einzelnen selbst. Hier bietet die neue Psychologie Halt in einer offenen Gesellschaft. Damit deutet sich aber auch der Übergang in eine neue Phase an. Psychologie als Bereicherungswissenschaft ist zwar selbst noch Teil des Modernisierungsschubs, aber sie bereitet schon den Boden für ihre Gegenbewegung – für den Fundamentalismus –, der gegen die Moderne wieder alte Mythen und Werte stellt. Und damit beginnt die Ära der Klinischen Psychologie als Erleuchtungswissenschaft.

Wichtige Literatur:

Ash, M. und *U. Geuter* (Hrsg.): Geschichte der deutschen Psychologie im 20. Jahrhundert. Opladen: Westdeutscher Verlag, 1985

Baier, L.: Lob der Extreme – ein Rückblick aus dem Reich der Mitte. In: *L. Beier* et al. (Hrsg.): Die Früchte der Revolution. Berlin: Wagenbach, 1988, 73–92

Bopp, J.: Das linke Psychosyndrom, Kursbuch 55, 1979, 73–94

Jacoby, R.: Soziale Amnesie. Eine Kritik der konformistischen Psychologie von Adler bis Laing. Frankfurt/M.: Suhrkamp, 1978

Keupp, H. und *M. Zaumseil* (Hrsg.): Die gesellschaftliche Organisierung psychischen Leidens. Frankfurt/M.: Suhrkamp, 1978

Zygowski, H.: Psychotherapie und Gesellschaft. In: *H. Zygowski* (Hrsg.): Psychotherapie und Gesellschaft. Reinbek: Rowohlt, 1987, 9–45

3. Die Klinische Psychologie als Erleuchtungswissenschaft

Neben und nach der Psychologie als Befreiungs- und als Bereicherungswissenschaft könnte man seit einigen Jahren von der Psychologie als Erleuchtungswissenschaft sprechen. Mit diesem Schlagwort wäre die eindrucksvolle Ausbreitung von Anschauungen und Verhaltensweisen zu belegen, »die vor einigen Jahren wegen ihrer Exotik und Archaik beim breiten Publikum noch auf völliges Unverständnis gestoßen und einem längst überholten Weltbild zugeordnet worden wären« (Ruppert, 1990).

Die Rede ist vom anbrechenden Wassermann-Zeitalter, dem New Age und den Denkweisen und Praktiken, die in diesem kraftvollen Schub von »Entmodernisierung« (P. L. Berger) en vogue sind: Magie, Okkultismus, Ufologie, Spiritismus, Alchimie, Tarot, Astrologie, Parapsychologie, Chirologie, Theosophie, Anthroposophie, neues Heidentum, Schamanismus, Geistheilung, Mutter-Erde-Kulte, Hexentum, Geomantik, Runenmagie, Pyramidenenergie. Dies ist – wie der Kenner der Materie versichert – nur der Grundstock eines überbordenden Angebots.

Ganz im Sinne der erreichten Bewußtseinsstufe des Wassermann-Zeitalters herrscht zwischen den unterschiedlichsten Varianten freundliche Toleranz und friedliche Koexistenz – Dogmatismus, Glaubensspaltungen sowie aggressiver Nationalismus usw. gelten schließlich als Markenzeichen des vorigen Fische-Zeitalters. In diesem bunten Flickenteppich ist auch problemlos Platz für eine Reihe »magischer Techniken« aus dem Bereich der Psychotherapie: bevorzugt natürlich aus den hinlänglich bekannten – der Akademischen Psychologie eher fernliegenden – Verfahren (Meditations- und Ekstasetechniken) der Humanistischen Psychologie, der Jungschen Analytischen Psychologie usw. Die Vorstellung vom Strömen und Blockieren einer »Urenergie«, wie sie z. B. bei der Bioenergetik vorzufinden ist, korrespondiert sehr gut mit einem magischen Weltbild. Von der neuesten Entwicklung der Humanistischen Psychologie, der Transpersonalen Psychologie, soll etwas später die Rede sein.

Was unter dem Titel New Age firmiert, ist keine homogene oder organisierte Bewegung. Prosaischer ausgedrückt: »Das ist ein Sack voll unterschiedlicher Glaubensrichtungen und Methoden, einige vernünftig, einige verrückt ... eine seltsame Mischung einer Handvoll wahrhaft transpersonaler Seelen mit Massen von präpersonalen Süchtigen.« So die Auskunft von Stanislav Grof und Ken Wilber, Prominenten der Bewegung.

Um sich als Mitglied des New Age-Netzwerkes fühlen zu können und den einschlägigen Jargon zu beherrschen, sollte man (mindestens) folgende Lektüre absolviert haben: »Wendezeit« und »Tao der Physik« von Fritjof Capra, Ken Wilbers »Halbzeit der Evolution« und Marily Fergusons »Sanfte Verschwörung«.

Die sanfte Verschwörung hat programmatischen Charakter und wird von Ferguson so charakterisiert: »Ein führerloses, aber dennoch kraftvolles Netzwerk arbeitet, um in dieser Welt eine radikale Veränderung herbeizuführen. Seine Mitglieder haben sich von gewissen Grundkonzeptionen westlichen Denkens losgesagt. Dieses Netzwerk ist die sanfte Verschwörung im Zeichen des Wassermanns. Eine Verschwörung ohne politische Doktrin. Ohne Manifest.«

- Die Lossagung von gewissen Grundkonzeptionen westlichen Denkens, die »Entmodernisierung« (Berger), bedeutet »faktisch eine Rehabilitierung all dessen ..., was Wissenschaft und Christentum im 19. Jahrhundert in schöner Einmütigkeit als Aberglauben abqualifiziert hatten ... Rehabilitiert wird zwar nicht jedes Detail ..., wohl aber das zugrundeliegende mythisch-magische Weltbild« (Hummel, 1990).
- »Die New Age-Praxis besteht zu einem nicht geringen Teil in dem Bestreben, diese Philosophie zu bestätigen und die Macht des Bewußtseins über die Materie sichtbar zu demonstrieren. Darum das tiefsitzende Bedürfnis – um nicht zu sagen: die Sucht – nach dem Paranormalen und Parapsychischen und nach der erfolgreichen Demonstration verborgener Kräfte« (Hummel, 1990, 21).
- New Age ist nicht einfach als neue Religiosität oder als Glaubenssystem zu deuten. Sie unterscheidet sich von der christlichen Glaubenslehre in verschiedenen Punkten:

– Gott wird als unpersönliche Kraft gedacht;
– Erlösung wird durch verschiedene Techniken und Rituale als Erleben der göttlichen Erleuchtung begriffen.
– Das Böse ist identisch mit dem Zustand des Nicht-Erleuchtet-Seins.

Zur Beschreibung dieses neuartigen Phänomens gibt es den wenig schmeichelhaften Begriff »vagabundierende Religiosität«

(Küenzlen 1990). Damit soll unterstrichen werden, daß diese Form von Religiosität außerhalb der eigenen kulturellen Tradition, unabhängig von der eigenen Sozialisation steht, sich nach individuellen Vorlieben richtet und sich häufig ändert. Nicht erstaunlich ist, daß »das Vergnügen«, seine eigene Religion zu haben, sowohl von kirchlicher Seite als auch von gesellschaftskritisch-materialistischen Positionen als ein gefährliches Laster beschrieben wird.

- Der breite kulturelle Wandel, der sich in gewachsenem Bewußtsein ökologischer Bedrohung, Wissenschaftsskeptizismus, Interesse an alternativen Lebensstilen, neuer Innerlichkeit usw. äußert, ist keineswegs einfach mit New Age gleichzusetzen. »Nicht jede Hausfrau mit Körnermühle glaubt an den Wassermann.« (Hemminger 1990)

Wichtige Erkennungsmerkmale des New Age sind ein evolutionäres Weltbild und eine »wendezeitliche« Ausrichtung, der Glaube an ein kosmisches Bewußtsein und die Überwindung des individuellen Ich mit dem Ziel der Partizipation am Göttlichen, das Interesse an esoterischem Wissen und okkulten Praktiken (»Bewußtseinstechnologien«) für diesen Zweck.

In diesen Kontext ist auch die *Transpersonale Psychologie** (TP) einzuordnen. TP ist ebenfalls eine Bezeichnung für eine bunte Vielfalt von Ansätzen, die sich interessieren für die Untersuchung von »veränderte[n] Bewußtseinszustände[n], spirituelle[n] Erfahrungen, Gipfelerlebnisse[n], Erleuchtung, Ekstase, Grenz- und Sterbeerfahrungen, außersinnliche[r] Wahrnehmung/ Erkenntnis usw. einschließlich der Praktiken (z. B. Meditation) und/oder Stoffe (z. B. Drogen), die solche Phänomene hervorrufen. Im wesentlichen geht es um die Erfahrungen und die Erklärung von Veränderung und/oder Ausdehnung des ›normalen‹ Wach-Bewußtseins und der ›üblichen‹ Ich-Grenzen« (Kriz, 1989).

Die TP versteht sich dabei als der Humanistischen Psychologie verwandt bzw. in ihrer Tradition stehend. Programmatisch ist die Offenheit für nicht-akademische und nicht-abendländische Ansätze, Philosophien, Therapien usw.

Trotz Ansätzen professioneller Selbstorganisation (1969 Gründung des »Journal of Transpersonal Psychology«, 1972 Gründung der »International Transpersonal Association«, 1986 Gründung der deutschen Tochtergesellschaft »Deutsche Transpersonale Gesellschaft«) ist die TP als Wissenschaft keinesfalls institutionell etabliert. Auch innerhalb der TP ist die Frage des wissenschaftlichen Selbstverständnisses heftig umstritten (vgl. die unterschiedlichen Standpunkte von Wilber und Tart [Walsh & Vaughan, 1987]).

Als einige bekannte klinisch-therapeutische Konzepte, die unter dem Dach der TP gehandelt werden, sind zu nennen: das Konzept der Individuation von C. G. Jung, die Psychosynthese von Roberto Assagioli, die initialische Therapie von Dürckheim, die LSD-Therapien von Stanislav Grof.

Die gegenwärtige Esoterikwelle und New Age-Bewegung ist der letzte Schub in einer Reihe moderner Okkultbewegungen (1848 der Spiritismus, 1875 die Ufologie). Das Deutungsmuster ist grundsätzlich dasselbe: Diese Bewegungen werden als Reaktionen, als Protest und Selbstheilungsversuche angesichts vorausschreitender Säkularisierungsprozesse angesehen, als Versuche, ein entstandenes Sinnvakuum aufzufüllen. Das ist jedoch in der Regel nicht als religiöse Sinngebung aufzufassen, da gerade das Grundelement jeder Religion – die Gnade Gottes in ihrer Unverfügbarkeit – negiert und durch das Anstreben der individuellen Erleuchtung = Erlösung ersetzt wird (Ruppert, 1990).

Bemerkenswert ist, daß es, obwohl sich die Esoterik von der Moderne abwendet, doch wichtige Elemente der Kontinuität gibt. »In Wahrheit wird der gleiche Traum geträumt, nämlich der vom technisch denkenden Homo faber, dessen wahre Aufgabe darin besteht, Beherrscher der Natur zu werden, sie zu vervollkommnen und erlösen« (Gruber, 1985). Die Ideologie der technischen Machbarkeit wird auf den Bereich des Geistigen und Spirituellen ausgedehnt – von Menschen, die glauben, Sinnfindung und Erleuchtung sei erlernbar. Die in New Age-Kreisen übliche Rede von »Bewußtseinstechnologien« drückt das aus.

Wie viele andere Strömungen der Gegenkultur lassen sich die Anfänge von New Age nach Kalifornien zurückverfolgen. Nach P. L. Berger entstand New Age aus dem Zusammenfluß zweier Strömungen: der amerikanischen Jugendkultur der sechziger und siebziger Jahre und dem starken Einfluß von Esoterik, Okkultismus und östlicher Religiosität. Das Entstehen der New Age-Bewegung ist unvorstellbar ohne die Hippie-Bewegung Ende der sechziger Jahre, die im Kontrast zur zeitgleichen Studentenbewegung »die Errichtung einer ›Gegenkultur‹ mit Drogenerfahrung und... mit einem religiösen Selbstverständnis probte« (Ruppert, 1990).

Angesichts der spektakulären Entwicklung der Studentenbewegung und der neuen Linken wurde (zumindest in Europa) übersehen, daß sich die okkult-mystische Strömung in den USA kontinuierlich verstärkte, bis sie aus dem Bereich der Subkultur in die Gesamtgesellschaft überging und auch nach Europa übergriff.

Natürlich bietet New Age eine »neue Übersichtlichkeit«, verbunden mit einem ungeheuren Optimismus. Es geht gerade um das Heilsversprechen, das in der Überwindung des Individualismus liegt. »Die Ich-Überwindung ist eine Rettungschance für das gefährdete Ich« (Küenzlen, 1990). Wenn Merkmale des Psychobooms eine »Kultur des Narzißmus« und ein alles überlagernder Selbstbetrug sind (Keupp), dann verspricht New Age eine große Entlastung des Subjekts, das nun nicht mehr in derselben Weise mit der Last von Selbstverwirklichung, autonomen Entscheidungen, der Verantwortung für das eigene Glück usw. beschwert ist. (Das ist auch ein Bedeutungsgehalt von transpersonaler Psychologie.) Und insofern könnte man New Age – bei aller Ähnlichkeit zum Psychoboom – eher als eine Gegenbewegung zum Psychoboom im konventionellen Sinne auffassen.

New Age bietet gegen das Gefühl von Fragmentierung und Segmentierung in der Gesellschaft nicht nur die Mitgliedschaft in einer Gruppe oder Subkultur, sondern die Mitgliedschaft in einem globalen Netzwerk der »sanften Verschwörung«, das die Avantgarde des Neuen Zeitalters bildet. Diese schöne narzißtische Gratifikation ist zudem ohne die Konsequenzen und Risiken zu haben, die sonst in Religionen oder politischen Bewegungen als Preis für die Mitgliedschaft in der Avantgarde zu entrichten sind. Kein Bruch mit der Vergangenheit oder gegenwärtigen Lebensform ist nötig. »Man kann vielmehr in seinem bisherigen Lebenskontext, auch in seinen bisherigen sozialen Beziehungen verbleiben und sich trotzdem in der New Age-Orientierung von allem Alten absetzen. So muß zum Beispiel der Manager seine Position nicht aufgeben, er kann vielmehr von dort an der Umgestaltung der Wirtschaft aus dem Geist des New Age mitwirken. Auch das Kirchenmitglied muß seine Kirchenmitgliedschaft nicht aufgeben« (Küenzlen, 1990).

Vor allem bietet New Age das Versprechen einer heilen (und nahen!) Zukunft. Angesichts verbreiteter Zukunftsängste – nach Tschernobyl hat sich New Age sehr ausgeweitet – ist ein solches Angebot besonders verlockend, zumal man es annehmen kann, ohne für diese Eschatologie mit seinem Wissenschaftsglauben in

Konflikte zu geraten. Der erste Satz im Buch des Physikers Fritjof Capra (»Wendezeit«) lautet, daß Krise immer den Doppelcharakter von Gefahr und Chance habe. Keupp, ein entschiedener Gegner dieser Richtung, allerdings diagnostiziert angesichts von New Age die Gefahr vertaner Chancen: »Die Chance zu selbstbestimmten Lebensformen, die der gesellschaftliche Freisetzungsprozeß enthält, reduziert sich auf postmodern drapiertes psychologisches Biedermeier, das sich allerdings in einem Jargon der Selbstbefreiung, -erlösung und -erhöhung zu vernebeln weiß.«[1]

Empfohlene Literatur zu »Psychologie als Erleuchtungswissenschaft«:

Hemminger, H. (Hrsg.): Die Rückkehr der Zauberer. New Age – Eine Kritik. Reinbek: Rowohlt, 1990

Knoblauch, H.: »New Age«, privatisierte Religion und kultisches Milieu. Kölner Zeitschrift für Soziologie und Sozialpsychologie, 1989, Jg. 41, 504–525

Mörth, I.: New Age – neue Religion? Theoretische Überlegungen und empirische Hinweise zur sozialen Bedeutung des Wendezeitsyndroms. In: *Haller, M. et al* (Hrsg.): Kultur und Gesellschaft. Frankfurt: Campus, 1989

[1] Ob Keupp mit seinem Urteil auf der ganzen Linie recht behält, läßt sich sicher leichter beurteilen, wenn das Neue Zeitalter ein bißchen älter geworden ist.

4. Der Wert von Modellbildungen: Modelltischler und Propheten

Die sozialwissenschaftlichen Modelle über Entstehung und Aufrechterhaltung von psychischen Krankheiten (bzw. psychischer Gesundheit) haben das moderne Denken in recht unterschiedlichem Maß beeinflußt – manche haben wenig Spuren hinterlassen, manche sind bis in die »Kummerspalten« von Frauenzeitschriften gelangt. Daß manches abnorme Verhalten heutzutage überhaupt unter dem Etikett »krank« abgehandelt wird, kann man positiv und negativ sehen. Positiv, weil ein Gutteil moralischer Verurteilung von psychischen Störungen damit entfällt. Andererseits aber – das wäre die negative Seite – übersetzen viele Menschen das Wort »krank« mit »andersartig« und sind daher schnell geneigt, psychisch »Kranke« auszugrenzen, in »Kranken«-Häuser abzuschieben. Die von vielen modernen Krankheitsmodellen mitgelieferte Erkenntnis, daß der Unterschied zwischen »normalen« und »abnormen« Persönlichkeiten nur ein gradueller ist (Freud hat in dieser Hinsicht bahnbrechende Erkenntnisse beigesteuert), wird dabei übersehen. Eine versuchte Analogisierung zum Organischen stiftet dabei immer wieder Verwirrung; auch im organischen Bereich sind ja absolute Fixpunkte von »gesund« und »krank« nicht gegeben, auch dort finden wir »Grauzonen«. Allerdings – und dieser Unterschied erleichtert das Denken im dichotomen Modell von Gesundheit/Krankheit – haben wir es im organischen Bereich mit viel klarer abgegrenzten Funktionsbereichen zu tun (ein schwer Nierenkranker kann sehr gute Augen haben) und besitzen relativ gute Kriterien dafür, was einzelne Organsysteme leisten müssen. Eine Abgrenzung von gesund und krank – dem Physiologen oder Biochemiker oft viel weniger klar als dem praktischen Arzt – fällt daher im organischen Bereich zumindest kursorisch betrachtet viel leichter als im psychischen. Schon Worte wie »krank« oder »Patient« verführen daher zu einer Übernahme eben jenes grob dichotomen Denkens mit all seinen Nachteilen. Einzelne Therapieschulen (z. B. die Humanistischen) waren sich dieses Problems schon sehr früh bewußt und haben denn auch von »Klienten« und »Störung« bzw. »psychischen Problemen« oder »Fehlverhalten« gesprochen. Ob dies das allgemeine Bewußtsein entscheidend geändert hat, mag dahingestellt bleiben.

Welche Modelle aber haben für Laien wichtige Wirkungen gehabt? Woran liegt es, daß manche Modelle relativ wirkungslos bleiben und manche in die Öffentlichkeit gelangen? Sieht man sich diejenigen Modelle an, die »meinungsbildend« sind – also z. B. die psychoanalytischen oder die Humanistischen –, dann fällt auf, daß in ihnen jeweils ein prägender »Grundgedanke« wirksam ist, ein neuer und überraschender Blick auf menschliche Grundbefindlichkeit, der zum Aufmerken und Nachdenken zwingt. So ist der Gedanke, daß jedes erlebbare und beobachtbare seelische Geschehen eine Art »Kompromiß« zwischen einem äußerst primitiven lustsuchenden Streben und einem strengen Verbot dagegen darstellt, an sich schon interessant. Postuliert man dazu noch die Existenz des »Unbewußten«, wodurch diese Prozesse dem Erleben entzogen werden und nur durch subtile Hinweise der sogenannten »Alltagspathologie« oder durch den Traum »dechiffrierbar« sind, dann bekommt das menschliche Seelenleben eine Art geheimnisvollen Zaubers, der die Phantasie von Dichtern ebenso anregen kann wie die von Alltagsmenschen. Daß etwas Seelisches eine »ganz andere Bedeutung« haben kann, als man auf den ersten Blick erkennt, und daß dieses »ganz Andere« auf wichtige und zentrale Triebkräfte deutet – das hat den Blick auf die menschliche Seele gewaltig verändert. Abwandlungen und Ausformungen dieses Grundkonzepts in andere Richtungen ließen immer wieder Neues erkennen. So hat z. B. C. G. Jungs Gedanke, daß das Unbewußte nicht nur, wie bei Freud vorzugsweise, das »Verdrängte« enthalte und wirksam werden lasse, sondern daß dieses Unbewußte Gestaltungskräfte in sich trage, die (teils aus vorhistorischer Zeit gespeist) zur Vervollkommnung drängen und Kompensation bereithalten, modernes Bewußtsein gerade der letzten Jahre recht nachdrücklich geprägt. Phantasiereise-Workshops und Tonband-Kassetten wiederholen (und verflachen) diese Gedanken zu oftmals lukrativen Zwecken. Solche phantasievollen, kreativen Überlegungen sind genügend differenziert, um viele Manifestationen des Psychischen adäquat zu erfassen. Die Frage, ob das denn alles »stimmt«, verfehlt allerdings die Funktion solcher Modelle. Natürlich sind sie im streng positivistischen Sinn weder zu beweisen noch zu widerlegen, das sind sozialwissenschaftliche Modelle nie. Zu fragen ist daher vielmehr, wie groß ihre Reichweite, wie gut ihr Erklärungswert auch für subtile Phänomene ist, und ob sie imstande sind, in sich stimmige Erklärungen auch für größere Zusammenhänge des Seelischen zu geben. Hier berühren sich psychologische und ästhetische Aspekte. Deshalb werden solcherart »treffende« psychologische Theorien meist auch von Künstlern rezipiert.

Dies trifft für formale oder auch für »integrative« Modelle kaum je zu. Ein Beispiel für viele wäre z. B. das Angstentstehungsmodell von R. S. Lazarus (1972). Er unterscheidet dabei zwischen: 1. Antezedenten Bedingungen, 2. Psychischen Mediatoren, 3. Allgemeinen Verarbeitungsformen und 4. Spezifischen Verarbeitungsmöglichkeiten. Zu den antezedenten Bedingungen gehören ökologische und Reizbedingungen (Situationsvariablen) sowie Persönlichkeitseigenschaften und Einstellungen (Dispositionsvariablen). Die Psychischen Mediatoren – das Kernstück der Theorie – sind in drei aufeinander aufbauende kognitive Bewertungen zu unterscheiden: a) eine primäre Bewertung eines (bedrohlichen) Ereignisses, b) eine sekundäre Bewertung der Bewältigungsmöglichkeiten, c) eine Neubewertung aufgrund neuer Erlebnisse. Die allgemeine Form der Verarbeitung besteht entweder in direkten Handlungen, die eine Bedrohung beseitigen, oder in kognitiven Formen von Konfliktlösungen. Zu den spezifischen Verarbeitungen gehören z. B. Angriff, Vermeidung, Untätigkeit oder Aufmerksamkeitsveränderungen wie Wunschphantasien. Der Entstehungsort der Angst wird vor allem in den drei »Bewertungsprozessen« gesehen, die antezedenten Bedingungen sowie die Konsequenzen stellen einen allgemeinen Rahmen dar. Unabhängig davon, ob diese »Theorie« mit beobachtbaren Phänomenen übereinstimmt (sie scheint vielen Psychologen allzu »kognitivistisch«) und ob sie mehr als akut auftretende Ängste erfaßt (was viele bezweifeln), wird schon beim ersten Lesen klar, daß diese Art Modell nichts Prophetisches, keinen »zündenden Gedanken« an sich hat. Es ist vielmehr eine sorgsame Aufzählung aller Faktoren, die dem Phänomen Angst vorhergehen oder es begleiten – gut geeignet, sich aller möglichen Aspekte, unter denen Angst auftritt, zu vergewissern, doch kaum prädestiniert, etwa in das Werk eines Dichters einzugehen. Während man die vorher genannten Modelle als gute Entwürfe von »Propheten« bezeichnen könnte, entsprechen diese eher dem handwerklich sorgfältigen Zusammenfügen bekannter Bestandteile, was man mit dem Begriff des »Modell-Tischlers« erfassen könnte. (Für die Prüfungsvorbereitung von Psychologen scheint die letztgenannte Art von Modellen allerdings wichtig!)

Im anschließenden Kapitel werden etliche »prophetische« Modelle besprochen, da sie weit über enge Fachkreise hinausreichen, was wir – der Konzeption des Buches entsprechend – als ein wichtiges Kriterium für ihre Auswahl ansehen.

Welche Bedeutung aber haben diese Krankheitsmodelle für die Handhabung psychischer Störungen in Beratung und Therapie? Idealiter müßte die theoretische Kenntnis darüber, wie psychische Störungen entstanden sind und wie sie sich verändern lassen, in direkter Form die praktische Handhabung beeinflussen. Zu Zeiten, als man die Theorie-Praxis-Frage noch recht optimistisch im Sinne der damals vorbildhaften Naturwissenschaften betrachtete, haben Ford und Urban (1967) das Verhältnis zwischen psychotherapeutischer Praxis und psychologischer Theorie in folgender Weise gesehen:

Psychotherapie – Praxis
↕
Psychotherapie – Theorien
↕
Theorien der Verhaltensänderung
↕
Allgemeine Theorien über menschliches Verhalten

Implizit steckt in diesem Schema die Annahme, daß es möglich sei, aus der praktizierten Therapie heraus die Theorie weiterzuentwickeln, und vice versa. Die Realität des Therapierens in unterschiedlichen Therapie- und Störungsmodellen hat uns allerdings gezeigt, daß es solch klare Ableitungsrelationen nicht gibt; die Ablösung der Klinischen Psychologie vom naturwissenschaftlichen Erklärungsdenken hin zu einem sozialwissenschaftlich-hermeneutischen Denken hat es mit sich gebracht, daß das Verhältnis Theorie – Praxis sehr viel komplizierter gesehen wird. So wurde im Laufe der Herausbildung der recht unterschiedlichen Therapieschulen klar, daß Verhaltens- (und Erlebens-)änderungen auf sehr unterschiedlichen Wegen erzielt werden können, so daß sich aus der Praxis heraus auch unterschiedliche Theorien »verifizieren« lassen.

Dies ist, wie man bald einsehen mußte, Folge der großen Komplexität menschlichen Verhaltens und Erlebens – *welcher* Bestandteil therapeutischer Praxis Veränderungen auslöst, ist jeweils nur sehr schwer zu konstatieren. Man kann daher immer wieder andere Deutungen »ausprobieren«, um Veränderungen zu erklären – und selbstverständlich sind die jeweiligen Deutungen abhängig von der bevorzugten Theorie. (So ist beispielsweise die Aufhellung einer Depression von der Rogersschen Position her dem warmherzigen »unbedingten Akzeptieren« des Patienten von seiten des Therapeuten geschuldet, wobei die sehr einfühlsame Art, in der der Therapeut die Erfahrungen seines Patienten begleitet, als therapeutisches Agens betrachtet wird. Ein Psychoanalytiker würde dieselbe Therapie eventuell unter dem Gesichtspunkt der Bedürfnisversagung betrachten – der Patient erhält weder Rat noch Trost! – und postulieren, daß gerade durch die Frustration eine kreative Neugestaltung der psychischen Situation möglich wird – und so lassen sich auch noch andere Deutungsmuster ausdenken.)

Scheele (1981) hat versucht, Ableitungsrelationen von Theorie zur Praxis hin zu »retten«, indem sie zwischen »strikten Ableitungen«, »partiell strikten Ableitungen« und »heuristischen Ableitungen« unterscheidet. Strikte Ableitungen wären dann gegeben, wenn Aussagen über allgemeine Gesetze logisch zu genau definierten Handlungen führen. Scheele führt hier als Beispiel die Psychoanalyse an – ein Verfahren, das allerdings unter besonders scharfen Beschuß gerade von nomothetischer* Psychologie geraten ist und bei dem auch in den eigenen Reihen für jede Interventionsform mehrere einander teils widersprechende, teils sich überschneidende Begründungen gegeben werden. Ähnliches gilt für die partiell strikten Ableitungen (ohnehin ein Verlegenheitsbegriff), so daß man redlicherweise eigentlich nur davon sprechen kann, daß therapeutische Theorien (ätiologische und solche über Veränderungswirksamkeit) lediglich heuristischen Wert für therapeutisches Handeln haben. Das mag resignierend klingen – es zeigt aber einfach einmal mehr auf, daß wir es in der Klinischen Psychologie nie mit strikten Gesetzen zu tun haben, daß unser Handeln als jeweils ganzheitliches und interaktives Geschehen dem Ursache-Wirkung-Denken entzogen ist. Bilder davon, wie Menschen sich entwickeln und fehlentwickeln, leiten unser therapeutisches Handeln. Ob es und wann es Erfolg hat, hängt längst nicht nur von der Richtigkeit dieser Bilder ab, sondern auch davon, wie solche Vorstellungsbilder sich im gesellschaftlichen Kontext ausnehmen und mit welcher persönlichen Kraft sie in die therapeutische Interaktion hineingetragen werden.

KAPITEL III
Störungsmodelle

1. Was ist »psychisch krank« und was ist »psychisch gesund«?

Vorbemerkung

Es bedarf einer Erläuterung, weshalb die Kapitel »Störungsmodelle« und »Therapiemodelle« getrennt dargestellt werden und warum sie nicht in allen Fällen korrespondieren. Folgende Gründe sind dafür maßgebend: Sieht man sich in der durch die »Psychoszene« geprägten Welt um, dann läßt sich beobachten, daß bestimmte ätiologische Modelle im Denken auch von psychologischen Laien gravierende Spuren hinterlassen haben, wo dies für therapeutische Verfahren nicht unbedingt zutrifft. Dies gilt z. B. für psychoanalytische Ätiologiemodelle, aus denen sehr viel Gedankengut in die Laiensprache übergegangen ist (»Verdrängung«, »Vaterkomplex« usw.). Andererseits gibt es therapeutische Verfahren (z. B. Phantasiereisen ins Unbewußte, Meditationspraktiken), die einem großen Kreis von Menschen bekannt sind, wo aber ätiologische Modelle entweder fehlen oder nicht weiter beachtet werden. (Wer z. B. zerbricht sich den Kopf über die Ursachen psychischer Störungen, wenn er ein therapeutisches Rollenspiel vorschlägt?)

Durch die Trennung der Kapitel wollen wir einerseits akzentuieren, daß zwischen Ätiologie und Therapie bei keinem Therapiesystem ein in sich geschlossener Ableitungszusammenhang besteht. Wir wollen andererseits zeigen, daß die Rezeption von Ätiologie und Therapieverfahren recht unterschiedlich ausfallen kann. Außerdem gibt es eine Reihe von Systemen, die ihren Akzent stärker jeweils auf den ätiologischen oder auf den therapeutischen Teil gesetzt haben und bei denen es daher unsinnig gewesen wäre, sozusagen künstlich etwas »hervorzuzaubern«, was von den Urhebern der Systeme gar nicht intendiert war. Dies gilt z. B., was die Ätiologie angeht, für C. G. Jungs (fehlende) Neurosenlehre und in gewissem Maß auch für die Körpertherapien –, in bezug auf die Therapie gilt es für manche kognitiven Systeme (z. B. das von Seligman).

Empfehlenswerte Literatur zu »Ätiologie« und »Therapie« insgesamt:

Corsini, R. J.: Handbuch der Psychotherapie. Bd. 1 und 2. Weinheim: Beltz, 1983

Ellenberger, H. F.: Die Entdeckung des Unbewußten. Bern, Stuttgart, Wien: Huber, 1973

Jacoby, R.: Soziale Amnesie. Eine Kritik der konformistischen Psychologie von Adler bis Laing. Frankfurt/M.: Suhrkamp, 1980

Jaeggi, E.: Zu heilen die zerstoß'nen Wunden. Die Hauptrichtungen der Psychotherapie und ihre Menschenbilder. Rowohlt, Reinbek, 1995

Kriz, J.: Grundkonzepte der Psychotherapie. München: Urban & Schwarzenberg, 1985

Reinelt, T. und *W. Datler:* Beziehung und Deutung im psychotherapeutischen Prozeß. Aus der Sicht verschiedener therapeutischer Schulen. Heidelberg: Springer, 1989

Zygowski, H. (Hrsg.): Psychotherapie und Gesellschaft. Reinbek: Rowohlt, 1987

Problemlage

Daß es heutzutage den meisten Menschen einleuchtet, wenn man die Frage »was ist psychisch krank?« als ein vielschichtiges Problem darstellt, ist schon Teil des Problems selbst. Es bedeutet, daß man sich selbst im Alltagsverständnis nicht mehr über psychische Normalität und psychische Abweichung einigen kann – allzu viele heterogene Werte und Idealbilder bestimmen unser Leben, als daß wir noch – wie etwa vor hundert Jahren – eindeutig konstatieren könnten, daß ein psychisch intakter Mensch einer ist, der autonom sein Leben bestimmt, sich durch Leistung hervortut, eine Familie gründet etc. Inzwischen sind nicht nur diese der protestantischen Leistungsethik geschuldeten Leitbilder suspekt geworden; es wurde auch immer klarer, daß eindeutige »Gegen-Ideale« nicht mehr existieren und daß man damit die Frage, was wir als »abweichend« (krank, gestört) bezeichnen, nur jeweils in Relation zu unterschiedlichen maßstabsetzenden Instanzen beantworten kann. Das aber heißt, daß die Bezeichnung »psychisch krank« relativierbar ist.

Welches sind nun jene »maßstabsetzenden Instanzen«? Natürlich sind es, neben einem eher privat-diffusen Alltagsverständnis einzelner (»das ist nicht mehr *normal*, wie streng die ihre Kinder behandelt!«) wissenschaftliche Erklärungen, allen voran die einer naturwissenschaftlich orientierten Psychiatrie; doch auch die der unterschiedlichen psychologischen Wissenschaften wie etwa die

Psychoanalyse oder die Lerntheorie sowie die von Soziologie/Ethnologie sind für unser Verständnis von Normalität und Abweichung relevant.

Es gibt aber noch andere Instanzen, die »Normalität« definieren: nämlich diejenigen Institutionen und Professionen, die sich der Verwaltung und Versorgung psychischer Krankheit widmen. Ihre Maßstäbe decken sich nicht unbedingt mit denen der verschiedenen Wissenschaften. Berufsunfähigkeit z. B. ist für das Sozialamt ein herausragendes Kriterium; für eine Psychiatrische Klinik ist es viel eher der geglückte oder mißlingende Umgang mit wichtigen Bezugspersonen, an dem sich psychische Krankheit mißt. Für den Juristen andererseits gilt die dubiose »Schuldfähigkeit« als ein wichtiges Kriterium. Innerhalb einer Institution wiederum gehen die einzelnen Berufsgruppen mit recht unterschiedlichen Kriterien an die Feststellung psychischer Normalität oder Abweichung heran.

Die Relativierung des »medizinischen Modells«

Das oben erwähnte Eindringen nicht-medizinischer Berufe in diejenigen Institutionen, die psychische Störungen »verwalten«, hat in den letzten Jahrzehnten die Problemstellungen rund um den Normalitätsbegriff verfeinert und aktualisiert. Ein relativ einfaches Modell psychischer Störung ist das sogenannte »medizinische«, in dem psychische Abweichung analog der organischen Krankheit als eine Entität mit eindeutig organischen Grundlagen gesehen wird. An der naturwissenschaftlichen Medizin orientiert, prägte im vorigen Jahrhundert der Psychiater W. Griesinger den Leitsatz: »Geisteskrankheiten sind Gehirnkrankheiten.« Mit dieser Ursachenfestsetzung mitgegeben sind Vorstellungen, daß psychische und soziale Gegebenheiten nur eine akzidentielle Rolle spielen und keine ätiologische, daß psychische Krankheit ein Individuum »befalle« (Noxendenken) und als ein objektivierbarer Zustand diagnostiziert und beschrieben werden solle. Dieses Denkmodell durchzieht – variiert in bezug auf die Endokrinologie – auch heute noch einen Teil der psychiatrischen Literatur und beeinflußt die allerdings mehr und mehr ins Kreuzfeuer der Kritik geratene »Tabletten-Psychiatrie«. Vehemente Kritik an einem solchen Krankheitsverständnis leistete zuerst Thomas Szasz zu Beginn der sechziger Jahre (Szasz, 1960, Keupp, 1972). Seine Argumentation – psychische Krankheit sei ein »Mythos« der Ärzte und berücksichtige nicht die diversen »Etikettierungen« und Krankenkarrieren, die jenen Zustand der psychischen Störung eventuell erst »herstellen« – hat im Laufe der Zeit das Denken im medizinischen Modell wesentlich modifiziert. Berufsgruppen, deren Denken sich mehr nach sozialen und psychologischen Kategorien als nach organischen ausrichtet, haben die Diskussion um Entstehung und Aufrechterhaltung psychischer Krankheit und Normalität in solch vielfältiger Weise bereichert, daß sogar das bisher letzte psychiatrische Klassifikationssystem – DSM IV (s. S. 264ff.) – davon mitgeprägt wurde. Die psychische Störung als ontologische Einheit wurde aufgegeben: Streßtheoretische, psychoanalytische und lerntheoretische Erkenntnisse wurden integriert und verhindern ein allzu schematisches »Diagnostizieren«.

Zwar gibt es noch immer »Kern«-Konstrukte (z. B. die Einteilung der Psychosen in »Schizophrenien« und »Manisch-Depressive Psychosen*« u. ä. m.), doch werden sie durch sehr viele lebensgeschichtliche und aktuelle Momente sowie soziale Faktoren voneinander differenziert gesehen. Vor allem aber hat die Diskussion um das medizinische Modell klargemacht, daß es letztlich gültige Klassifikationen im Sinne ontologischer Entitäten im Bereich der psychischen Störung nie geben wird, da das Phänomen selbst nicht nur geprägt wird von sich wandelnden gesellschaftlichen Zuständen, sondern auch seinerseits Rückwirkungen hat auf die Normalitätsvorstellungen. So ist, um dies mit einem Beispiel zu belegen, die Feststellung einer angeblich neuen Störungsform, nämlich der »Narzißtischen Neurose«, einerseits gekoppelt an Spekulationen darüber, daß das Fehlen von Autorität (»vaterlose Gesellschaft«), die mediale Reizüberflutung, die Doppelrolle der Mütter etc. einen solchen Zustand mitverursachen; es wird aber andererseits dadurch die bisherige Normalitätsvorstellung verändert: Sicher wäre zu Beginn des Jahrhunderts niemand nur deshalb zum Therapeuten gegangen, weil er sich trotz guter sozialer Erfolge »leer«, »beziehungslos« und »selbstentfremdet« fühlte – obwohl es diese Zustände, wie literarische Zeugnisse belegen, durchaus gegeben hat.

Beispiele für unterschiedliche Normalitätsdefinitionen (Krankheitsdefinitionen) aus den Einzeldisziplinen

Es ist nicht möglich, hier alle existierenden Vorstellungen über Normalität und Abweichung zu beschreiben. Paradigmatisch und holzschnittartig sollen einige wichtige Konzepte dargestellt werden, wobei immer nur ein »Kerngedanke« behandelt wird. Wir müssen dabei Theorien, die inhaltliche Vorschläge zur Normalitätsdefinition machen, unterscheiden von solchen, die die Art der gesellschaftlich normsetzenden Instanzen thematisieren. Inhaltliche Vorstellungen werden von den meisten therapeutischen Schulen geliefert; soziologische Perspektiven konzentrieren sich auf die Art und Weise, wie Normalität definiert wird, und geben höchstens implizit einige inhaltliche Bestimmungsstücke. Natürlich besteht eine enge Verzahnung von Normalitätsdefinition und ätiologischen Konzepten.

Psychoanalyse

Der von Freud überlieferte Ausspruch, ein gesunder Mensch sei »liebesfähig« und »arbeitsfähig«, entspricht nicht unbedingt einem genuin psychoanalytischen Denken, sondern ist eine Allerweltsweisheit. Insofern als fast jede psychische Störung als ein Kompromiß zwischen Triebwunsch und Abwehr anzusehen ist, ist die psychoanalytische Gesundheitsvorstellung davon geprägt, daß ein Mensch sich seine eigene Geschichte reflexiv so aneignet, daß ihm viele seiner Antriebe bewußt werden. (»Wo ›Es‹ war, soll ›Ich‹ werden«.) Da dies eine Idealvorstellung darstellt, ergibt sich daraus das Konzept des fließenden Übergangs zwischen »gesund« und »krank«. Wesentliches Postulat für eine möglichst gesunde Persönlichkeit bleibt aber doch die Bewußtwerdung. Die Abwehr unbewußter Wünsche kann allerdings auf »sozial erlaubtem« Weg durch gesellschaftliche Anpassungsmechanismen so erfolgen, daß ein Mensch auch ohne jede Kenntnis seiner eigenen unbewußten Motive gesund und erfolgreich erscheinen kann (Parin, 1983, Erdheim, 1984). Dies wird in der neueren psychoanalytischen Literatur als »Normalpathologie« bezeichnet und bringt vielfältige neue Überlegungen zur Relativität des Normalitätsbegriffs mit sich.

C. G. Jung und die Humanistischen Psychologien

Ausgehend vom Jungschen Konzept des Unbewußten als eines Reservoirs geheimer Kräfte, die nach Vervollständigung der Person drängen, ergeben sich nicht nur für die Jungianer, sondern auch für Kohutianer, z. T. auch für die Humanistischen Psychologen, neue Vorstellungen vom »gesunden« bzw. »kranken« Menschen. Ein gesunder (»individuierter«, »selbstaktualisierter«) Mensch ist einer, der eine innere Komplettierung und Integrierung einander vordergründig widersprechender Kräfte vornimmt.

Zur psychischen Gesundheit gehört nicht nur das Freisein von psychischer Störung, sondern eine kreative Neuorientierung der Person, die sich nicht selten auch in einem neuen schöpferisch-gestalterischen Zugang zur Welt kundtut.

Lerntheoretische Konzepte

Jedes Verhalten – ob »gestört« oder »gesund« – ist aufgrund der gleichen Lerngesetze entstanden, Normalität bzw. Abweichung wird durch gesellschaftliche Etikettierung definiert. Die jeweils herrschenden Normvorstellungen können mit dieser nur formalen Theorie nicht hinterfragt werden, so daß sich auch keine inhaltlichen Vorstellungen von Normalität und Abweichung ausmachen lassen.

Kognitive Konzepte nach Ellis und Beck

Normalität definiert sich bei Ellis und Beck durch einen nicht weiter hinterfragten Begriff von »Rationalität«. Da dieser Begriff implizit aus einer hier vorherrschenden Vorstellung von »Gesundheit« ableitbar ist, könnte man auch von einer zirkulären Definition sprechen: Rational ist, was gesund erhält; man erhält sich gesund durch Rationalität.

Gesellschaftliche Konzepte

Eine historisch-soziologische Betrachtungsweise des Normalitätsbegriffs stößt immer wieder auf neue Perspektiven, unter denen man »gesund« und »krank« definieren kann. Neben der Transkulturellen Psychiatrie* (und der Ethnopsychoanalyse), die unterschiedliche Normalitätsvorstellungen in unterschiedlichen Kulturen sehr pointiert darstellt, könnte man noch nennen: die ökologische Perspektive, das Streßparadigma, das Entfremdungsparadigma und die Stigma-Perspektive. Das Streßparadigma, das empirisch besonders gut gestützt ist (life-event-Forschung, Sozialepidemiologie, Netzwerkforschung), bezieht sich auf den Zusammenhang zwischen belastenden Erlebnissen und psychischen Störungen; die ökologische Perspektive betont die Transaktionen zwischen dem Menschen und seinen natürlichen und sozialen Umwelten, und im Entfremdungsparadigma wird die Struktur einer modernen Leistungsgesellschaft in den Mittelpunkt gerückt, die den einzelnen (durch Ausbeutung, inhumane Arbeitsteilung etc.) seiner individuellen Erlebensmöglichkeiten beraubt und für psychische Störungen verantwortlich gemacht werden kann. Die Stigma-Perspektive besagt Ähnliches wie der Labeling-Ansatz.

Aus diesen Ansätzen heraus wird eine überindividuelle Handlungsperspektive sichtbar, die die Verringerung psychischer Störungen durch die Veränderung gesellschaftlicher Verhältnisse betont. Daß diese Handlungsperspektive als einzelne allerdings nicht ausreicht, ist nach einem gewissen Überschwang der 68er Jahre seit längerer Zeit evident.

Der Labeling-Ansatz

Man könnte den Labeling- (oder »Etikettierungs«-)Ansatz unter die »Gesellschaftlichen Konzepte« rechnen, speziell unter die »Stigma-Perspektive«. Umfang und Differenziertheit der Diskussion rund um diesen Ansatz rechtfertigen aber eine eigenständige Behandlung (Keupp, 1988).

Labeling-Theoretiker gehen davon aus, daß Abweichung sozial »hergestellt« wird. Hinsichtlich eines gegebenen auffälligen Verhaltens (»Primärabweichung«) fragt man sich, wie die Sozietät damit umgeht und wie ein solcher Umgang den »Auffälligen« in seinem weiteren Handeln und Erleben bestimmt. Mit dieser Betrachtungsweise lassen sich sehr konkrete Forschungsfragen verbinden, so z. B. die Frage, von welchem Punkt an ein bestimmtes Verhalten als auffällig klassifiziert wird, ob unterschiedliche gesellschaftliche Schichten evtl. unterschiedliche Klassifizierungen vornehmen, wie der Prozeß der Übernahme von »Etiketten« geschieht und wie sich diese Übernahme auf das Selbstbewußtsein auswirkt, das weitere Handeln bestimmt usw. Das Problem der »Krankenkarriere«, speziell auch das des Hospitalisierungssyndroms wurde, ausgehend von der Labeling-Perspektive, öffentlich bis in die Medien hinein behandelt. (Filme: »Einer flog über das Kuckucksnest«; »Familienleben«, »Hans Monn« etc.)

So wertvoll die Labeling-Perspektive auch für das Verständnis psychischer Störungen sein mag: ihre Popularisierung wirkt eher problematisch, wenn man davon ausgeht, daß die durch sie ausgelöste Psychiatrie-Kritik oft in pauschaler Weise die Ärzte persönlich für den Fortbestand psychischer Störungen verantwortlich erklärt und sie moralisch belastet hat.

Bewertung und Konsequenzen der Normalitätsdiskussion

Die Kontroverse um ein enges medizinisches Modell bzw. um Relativierungen verschiedener Art in den sechziger und siebziger Jahren fällt zusammen mit dem großen Professionalisierungsschub der psychosozialen Berufe, speziell der Klinischen Psychologen. Berufspolitische Implikationen waren daher unvermeidlich. Der Versuch, die Macht des medizinischen Modells zu brechen, war Folge einer scharfen Kritik an der »Tabletten-Psychiatrie«, der langfristigen Hospitalisierung psychisch auffälliger Menschen, der einseitigen Förderung naturwissenschaftlich orientierter Forschungsprojekte im Bereich der Psychiatrie, der Pathologisierung und Individualisierung gesellschaftlich bedingter Leiden sowie der traditionellen Standesprivilegierung von Ärzten mit dem dazugehörigen Machtgefälle zwischen Patienten und Therapeuten. Außerordentlich fruchtbare Neuorientierungen waren die Folge: die Öffnung von Großkrankenhäusern (prägnantestes Beispiel: die Initiative Basaglias in Triest und die damit verbundene »Demokratisierung« der Psychiatrie), der Versuch einer Eindämmung allzu freigiebiger Verabreichung von Psychopharmaka, die Einführung von verschiedenen Psychotherapie-Formen auch in psychiatrischen Krankenhäusern, die Diskussion um soziale Auslöser und Folgen von psychischen Auffälligkeiten. All dies resultiert letztlich daraus, daß ein enges Organ-Denken im Bereich der psychischen Störung aufgebrochen wurde. Auf institutioneller Seite finden wir als Folge die Etablierung gemeindenaher Beratungsstellen und Kontaktläden mit Betreuungsmöglichkeiten im Vorfeld der Hospitalisierung und als Nachsorge (Patienten-Clubs).

Mehr als in anderen psychologisch-medizinischen Bereichen fällt bei der Normalitätsdiskussion auf, wie eng angeblich »rein theoretische« Überlegungen sich mit der Bewahrung beruflicher Privilegien, der Einführung neuer Berufsgruppen, mit sozialpolitischen Neustrukturierungen und ähnlichen »wissenschaftsfremden« Faktoren vermischen. Deutlich wurde an dieser Debatte, daß Normalität (Abweichung) mindestens auf drei Ebenen, der organischen, der psychischen und der sozialen, betrachtet werden muß. Deshalb erfreut sich das »biopsychosoziale Modell« von Engel (1979), das diese drei Ebenen ausdrücklich berücksichtigt, in der wissenschaftlichen Debatte großer Beliebtheit.

Ende der achtziger Jahre nun scheint es wieder einen neuen Pendelausschlag in Richtung auf ein »biologisches« Krankheitsmodell zu geben. Es ist allerdings schwer vorstellbar, daß die in den vorhergehenden Jahrzehnten gesammelten Erkenntnisse über psychische und soziale Determinierungen der psychischen Störung gänzlich verloren gehen, so daß die mit Thomas Szasz begonnene Debatte nach wie vor als ein wichtiger Anstoß in der Geschichte der Normalitätsdiskussion angesehen werden muß.

Empfehlenswerte Literatur zum Thema »Normalität«

Keupp, H.: Normalität und psychische Störungen. In: R. Asanger und G. Wenninger (Hrsg.): Handwörterbuch der Psychologie. München: Psychologie Verlags Union, 1988

Keupp, H. (Hrsg.): Normalität und Abweichung. München: Urban & Schwarzenberg, 1979

2. Die wichtigsten Störungsmodelle

In den folgenden Kapiteln sollen einige Störungsmodelle dargestellt werden, die das Denken und Handeln moderner Psychotherapeuten sowie psychologisch interessierter Laien vornehmlich beeinflussen. Wenngleich wir dauernd von den »unübersehbar vielen« Therapieschulen zu sprechen gewohnt sind, läßt sich letztlich diese Mannigfaltigkeit doch drastisch reduzieren auf einige Denkmodelle, die in unterschiedlichen Varianten und Mischungen immer wiederkehren. Über jedes dieser Modelle liegen in Kurz- und Langfassungen natürlich genügend Informationen vor, weshalb hier der Anspruch auf Vollständigkeit der Darstellung nicht einmal bei diesen wenigen Modellen erhoben wird. Wichtiger ist uns an dieser Stelle vielmehr:

1. eine möglichst umfassende Darlegung der Reichweite des jeweiligen Modells, 2. die Herausarbeitung der historischen Situation und der sozialen Hintergründe, die ein jeweilig spezifisches Denken über psychische Störung ermöglicht haben, 3. die Einschätzung der Bedeutung des Modells für gegenwärtiges psychosoziales Denken und Handeln. Das aber heißt: Wir werden diese Störungsmodelle *auch* wertend betrachten – sowohl in Hinblick auf ihren Beitrag zum Geistesleben einer Zeit als auch in Hinblick auf das, was sie für die Versorgung von Menschen in schwierigen Lebenssituationen zu leisten vermögen.

Das Psychoanalytische Modell

Historischer Kontext

Es ist schon oft erklärt worden, daß Freuds Ideen als das Produkt eines bürgerlichen, sexuell-verklemmten Klimas der Habsburgermonarchie, speziell Wiens, zu betrachten seien. Freud hätte dann die Rolle des Aufklärers und Befreiers inne. Das ist sicher allzu global, allzu kursorisch gesehen und wird weder der Komplexität der Psychoanalyse noch der Lebendigkeit des Wiens der Jahrhundertwende gerecht. Wenn wir einen genialen Denker wie Freud richtig einordnen wollen, müssen wir ihn als den Exponenten sehr vieler, z. T. sogar widersprüchlicher geistiger Strömungen seiner

Zeit sehen. Wir müssen außerdem beachten, daß er teils in Anlehnung an diese geistigen Strömungen, teils in Kontroverse dazu bahnbrechend neue Anwendungsfelder und eine neue Handhabung der Ideen seiner Zeit gefunden hat. Dies unterscheidet das Genie vom begabten Sammler, Eklektiker oder einfach »Sprachrohr« einer Epoche. Mit Freud ist, um es zeitgemäßer auszudrükken, ein neues Paradigma aufgetreten. Dies ist ein Leitbild, das das Denken über bestimmte Gegenstandsbereiche formt. Es zeichnet sich dadurch aus, daß es neue Fragen aufwirft und auf alte Fragen neue Antworten gibt.

Welches aber sind grundlegende Ideen und Denkmuster, die Freud vorfindet? Als erstes fällt einem dabei das Konzept des »Unbewußten« ein. Freud ist natürlich nicht, wie manchmal behauptet wird, der Entdecker des Unbewußten, er hat noch nicht einmal den Begriff geprägt. Dieser gehörte schon zum Allgemeingut des romantischen Denkens und Empfindens: Die »Nachtseite« des seelischen Lebens mit ihren Träumen, Phantasien und Perversitäten wurde ja damals gründlich studiert und analysiert. Um die Jahrhundertwende bis zum Ersten Weltkrieg wird die Beschäftigung mit dem Unbewußten unter dem starken Einfluß von Nietzsche, Schopenhauer und Richard Wagner ein Lieblingsspiel der politisch machtlosen Intellektuellen Österreichs. Die schwerfällig-altmodische Habsburger-Monarchie mit ihrem scheinbar auf ewige Zeiten bestallten Kaiser Franz Joseph (der zutiefst vom Gottesgnadentum der Herrscher überzeugt war) konnte zwar intellektuell kritisiert werden – die politische Teilhabe aber war für den bürgerlichen Intellektuellen schwieriger als vielerorts sonst in Europa. Eine der Möglichkeiten des Intellektuellen, dem man politische Partizipation verwehrt, ist häufig die Wendung nach innen. Dabei entdecken begabte Schriftsteller und Wissenschaftler als Faszinosum immer wieder diese »Nachtseiten« des Menschen. Die Beschäftigung mit Irrationalem war denn auch im Kreis der Wiener Literaten en vogue. Hugo von Hofmannsthal, Arthur Schnitzler, Hermann Bahr sind die herausragendsten Beispiele für eine neue und subtile Art der Seelenanalyse, wobei, wie M. Erdheim hervorhebt, mehr eine ästhetisierende und intellektualisierende Betrachtung des Individuums und *nicht* eine politische vorherrscht. Diese Wendung zum Seelenleben des einzelnen hin hat viele Facetten: die luzide Aufklärungsarbeit der Schnitzlerschen Dramen und Novellen (Freud bezeichnete ihn später einmal als seinen »Doppelgänger«), die Identifizierung mit dem Feudaladel bei Hofmannsthal, der dem »Pöbel« jegliche Feinheit abspricht, dafür aber subtile Analysen des Seelenlebens dekadenter Wiener Adeliger gibt (»Der Schwierige«, »Der Unbestechliche«) und gegen Ende der sogenannten »Décadence« eine verstärkte Hinwendung zu einem romantisch verklärten Katholizismus (Bahr, der späte Hofmannsthal).

Solche Analysen wären unmöglich gewesen ohne den expliziten oder impliziten Bezug auf ein unbewußtes Seelenleben.

Ein weiteres vieldiskutiertes Thema ist die Sexualität, was wir in besonders subtiler Weise an den damals umstrittenen und oftmals verbotenen Schnitzler-Dramen sehen können (»Anatol«, »Reigen«). Das schon bei den Naturalisten (Ibsen, Zola) beliebte Thema der sexuellen Heuchelei und Doppelmoral wird auch in Wiener Literatenkreisen ausgiebig diskutiert und dokumentiert. Die irrationale und persönlichkeitssprengende Kraft sexuellen Begehrens wird in vielerlei Nuancen dargestellt.

Perversität und Inzest werden thematisiert (Wedekind, Bahr) und bezeugen die Lockerung traditioneller Moralbegriffe in bezug auf Ehe und Sexualität. Die größte Aufregung aber verursachte das 1903 erschienene Buch von Otto Weininger »Geschlecht und Charakter«. Er sieht im »Weib« das Prinzip der Unbewußtheit und des sexuellen Triebes, im Mann hingegen kommen seiner Meinung nach Bewußtheit und Rationalität zu ihrem eigentlichen Ausdruck. Der Geschlechterkampf wird so zum Ringen zwischen den dunklen Kräften des Sexus und den lichten Kräften der Rationalität. Weininger versucht eine neue Wissenschaft vom Menschen zu begründen. Die zentralen Punkte jeder Biographie sind das Unbewußte und die Sexualität. Über Krankheiten schrieb er z. B. folgenden bemerkenswerten Satz: »Jede Krankheit hat psychische Ursachen und jede muß vom Menschen selbst, durch seinen Willen, geheilt werden: er muß sie innerlich selbst zu erkennen suchen. Alle Krankheit ist nur unbewußt gewordenes und in den Körper gefahrenes Psychisches; so wie dieses ins Bewußtsein hinaufgehoben wird, ist die Krankheit geheilt« (zit. nach Erdheim, 1984, 156).

Auch die Beschäftigung mit dem Traum ist in jener Zeit sehr verbreitet. Literaten wie Schnitzler haben sogar die Wunscherfüllung im Traum gesehen – was übrigens auch der Physiker, Biologe und Psychologe Ernst Mach in seinen vielbesuchten Vorlesungen darlegte.

Hat Freud alle diese Themen und Diskussionen gekannt, und

was hat er daraus gemacht? Obwohl Freud als Wissenschaftler und später vielbeschäftigter Arzt den diversen Lesezirkeln und Kaffeehaus-Literatenkreisen nicht angehörte, war er doch mit einigen dieser Literaten bekannt oder befreundet, und er war, als umfassend gebildeter Angehöriger des intellektuellen Bürgertums, natürlich mit den wichtigsten Ideen seiner Zeit vertraut.

Person

Freud war ein jüdischer bürgerlicher Intellektueller der ersten Generation nach der Zuwanderung nach Wien. Seit seinem vierten Lebensjahr lebte er – die Familie war aus Mähren eingewandert – in der Hauptstadt Österreich-Ungarns. Obwohl wir wenig Genaues über Freuds Ursprungsfamilie wissen, kennen wir doch sehr viele Berichte über jüdische Familien der gleichen sozialen Lage. Es handelt sich bei Freuds Vater um einen noch im Ghetto in Galizien aufgewachsenen Juden, der sich später im liberalen Klima Österreichs (seit 1852 wurde die Emanzipation der Juden aktiv von behördlicher Seite gefördert) als Wollhändler betätigte. Die Einwanderung nach Wien war für viele Familien verbunden mit dem Traum vom sozialen Aufstieg und der Teilhabe an der Kultur der Großstadt. Die Situation wird von Ellenberger (1973) mit derjenigen der europäischen Einwanderer in die Vereinigten Staaten verglichen. Das aber heißt: die Konflikte zwischen den meist noch religiösen Eltern mit ihren verschiedenartigen Idiomen (Jiddisch, Polnisch, das sog. »Judendeutsch« etc.) und den häufig areligiösen, nunmehr weltstädtisch gebildeten assimilierten Kindern, denen Antisemitismus kruder Art kaum mehr begegnete (das änderte sich nach der Jahrhundertwende), brachen in vielfältiger Form auf. Andererseits aber war der Respekt vor der väterlichen Autorität oft noch sehr stark; die traditionelle Frauenrolle findet man in unterschiedlicher Weise in Freuds Leben und Werk widergespiegelt. Daraus erklärt sich die zentrale Stellung, die die Ödipus-Problematik in Freuds Werk einnimmt. Freud war – dies mag ein glücklicher Ausgangspunkt für künftige genialische Entwicklung gewesen sein – der sehr geliebte und bewunderte Erstgeborene einer jungen Mutter, die ihm jedes Privileg einräumte. Offensichtlich wurde kein finanzielles Opfer gescheut, um dem Jugendlichen alle Bildungsmöglichkeiten zu verschaffen. Er erfüllte denn auch alle Hoffnungen seiner Eltern und zeigte schon früh seine intellektuelle und schriftstellerische Begabung. Seine jugendlichen Phantasien von Macht und Einfluß in der Politik wurden sehr plötzlich zugunsten des Entschlusses, Naturwissenschaften zu studieren, aufgegeben. Interpreten haben diesen Gesinnungswechsel unterschiedlich erklärt: »Beherrschung der Natur statt der Menschen« lautet die eine Erklärung, die andere spricht von »Schwärmerei und Naturmystik« als wichtigster Ursache. Wie dem auch sei – Freud wurde einige Jahre lang ein engagierter Forscher und machte einige nicht unbedeutende Entdeckungen. Sein Engagement für naturwissenschaftliches Denken im damaligen positivistischen Sinne bricht immer wieder durch und zeigt sich auch in seiner Sprache, wo von »Besetzungsenergien«, »psychischem Apparat« u. ä. die Rede ist. Da Freud andererseits der geniale Überschreiter eines naturwissenschaftlich gebundenen Denkens in der Psychologie ist, wurde von Habermas für ihn der Begriff des »szientistischen Selbstmißverständnisses« geprägt.

Freud mußte das Forschungslabor verlassen, weil sein Heiratswunsch ihn, den mittellosen Mediziner, in die freie Praxis verwies, wo man mit einigem Glück und Geschick auch den finanziellen Aufstieg bewältigen konnte. Ein Reisestipendium brachte ihn für ein halbes Jahr nach Paris an die berühmte Salpêtrière, wo ihn die magisch-charismatische Persönlichkeit Charcots stark beeindruckte. Obwohl er schon vorher die »Studien zur Hysterie« (zus. mit Breuer) mit einer detaillierten Fallbeschreibung der berühmten Anna O. herausgebracht hatte, bezeichnete er in den folgenden Jahren oft Charcot als seinen Lehrer. Einige von Freuds Biographen – so vor allem Jones und Ellenberger – sehen darin weniger eine wissenschaftliche Verbindung als persönliche Verehrung. Erdheim (1984) hat in seinem langen Essay über Freud herausgearbeitet, daß Charcot für Freud eine Art »Verführung« zum Magiertum bedeutet habe, dem er fast erlegen wäre. Entgegen einigen Mutmaßungen konnte Freud nämlich recht gut hypnotisieren, und die auf diesem Wege erreichbaren Scheinerfolge (vor allem bei Hysterie) hätten ihm sicherlich Prestige und Geld einbringen können. Wäre er dieser Versuchung erlegen, gäbe es mit großer Sicherheit keine Psychoanalyse.

Das Neue an der Psychoanalyse

Was ist das Neue an der Psychoanalyse? Was macht sie zu einer Bewegung, von der Ellenberger (1973) und andere behaupten, sie bedeute eine »kulturelle Revolution, ... die in ihrem Umfang der von Darwin ausgelösten vergleichbar ist«? (Ellenberger, 1973) –

wenn wir doch sehen können, daß einige ihrer Grundideen so neu gar nicht waren?

Um dies zu erkennen, muß man Freuds Selbstanalyse genauer betrachten. Wir verdanken M. Erdheim (1984) einige wichtige Gedanken zum persönlichen und wissenschaftlichen Stellenwert dieses einzigartigen Unternehmens, das von Ellenberger als »schöpferische Krankheit« bezeichnet wird, ein Phänomen das man nicht selten bei sehr begabten Menschen vor dem Entstehen ihrer wichtigsten Werke antrifft (so z. B. auch bei M. Luther und C. G. Jung).

Freud befand sich am Beginn seiner ärztlichen Tätigkeit in einer finanziell und sozial bedrückenden Lage. Er hatte nicht genügend Patienten, seine Heilerfolge waren eher bescheiden, als Wissenschaftler wurde er nicht beachtet. Sowohl Gay (1989) als auch Ellenberger (1973) betonen allerdings, daß in Wirklichkeit Freuds Isolierung nicht sehr groß gewesen sei, daß er – in moderierter Form – Anerkennung gefunden habe und daß seine finanzielle Lage derjenigen von Hunderten anderer junger Ärzte glich. Trotzdem: Freud hat in späteren Jahren immer wieder von einem »Jahrzehnt der Isolierung« gesprochen, und so müssen wir folgern, daß es vor allem eine subjektiv empfundene Einsamkeit war, die ihn damals quälte, und daß er – verglichen mit den hochfliegenden Plänen früherer Jahre – seine soziale Existenz als niederschmetternd empfand. Erdheim nennt den Untergang seiner Phantasien von Größe und Macht die Bedingung für seine Selbstanalyse und bezeichnet diese als die Wurzel des Entstehens der Psychoanalyse. Größen- und Machtphantasien, so zeigt Erdheim auf, sind besonders schwer zu durchbrechen, weil sie gesellschaftlich gestützt werden und weil dem einigermaßen begabten Menschen oft auch narzißtisch befriedigende Rollen zur Verfügung gestellt werden. Ist ein Mensch integriert in den Machtapparat, dann gelingt es ihm nur mehr schwer, die unbewußte Seite seiner Größenphantasien und Machtansprüche wahrzunehmen. Findet man keine Möglichkeit, solche Machtphantasien sozial zu befriedigen, dann wird die Wahrung des Realitätsbezugs schwer, es bleibt nur noch die Rolle des »verkannten Genies«, und man läuft Gefahr, in Absonderlichkeiten des Verhaltens und Erlebens auszuweichen.

Freud, mit besonderer Ich-Stärke und Begabung ausgestattet, schuf sich durch die Auflösung seiner Machtphantasien Zugang zum Unbewußten. In einem äußerst konsequent durchgehaltenen jahrelangen Prozeß der Selbstreflexion (er entdeckte dadurch für sich selbst die schöpferischen Potenzen der freien Assoziation) gelang es ihm, die für ihn naheliegenden Rollen des Charcotschen »Zauberkünstlers« und »Charismatikers« zu begreifen und zurückzuweisen und dafür gerade denjenigen selbstreflexiven Prozeß, mittels dessen ihm das gelungen war, zum Angelpunkt seines Denkens zu machen. Es gelang ihm, seine eigenen Wünsche zu hinterfragen und dabei die verschiedenen Abwehrmanöver zu sehen, die ihm bisher verboten hatten, die sexuellen Wurzeln, die auch hinter diesen Machtphantasien stehen, zu begreifen. Die Überwindung dessen, was Erdheim als »sozialen Tod« bezeichnet, ermöglichte ihm in einzigartiger Weise Einblick nicht nur in die Statik des unbewußten Seelenlebens (das konnten distanzierte, subtile Beobachter auch!), sondern in seine Dynamik. Er erlebte, daß die Bewußtmachung eine Dynamik in Gang setzte, die nicht nur seine neurotischen Leiden behob (dazu scheinen hypochondrische und depressive Beschwerden gehört zu haben), sondern auch einen ungeahnten Kreativitätsschub nach sich zog (so erleben auch heute Menschen in ihrer Analyse häufig neben dem Abklingen von Symptomen eine Aufhebung neurotischer Denkhemmungen, neurotischer Arbeitsstörungen u. ä. m.). Freud gelang, durch die Auflösung seiner erträumten Rollen (»sozialer Tod«) die einzigartige Leistung, sich an den eigenen Haaren aus dem Sumpf zu ziehen; er schlug aus seinem Scheitern Kapital, indem er seine verdrängten und entstellten Größenwünsche analysierte und sich eben dadurch eine völlig neue Identität aufbaute: die des Psychoanalytikers.

Wie durch diesen Geniestreich bisher schon bekannte Ideen plötzlich eine völlig andere Relevanz bekommen konnten, zeigt vielleicht am besten die Gegenüberstellung des Empiriokritizisten Mach mit Freud – zwei Männer, die sich kannten, schätzten und sich ab und zu auch gegenseitig zitierten. Mach war ursprünglich Physiker gewesen, hatte sich aber weit über eine enge fachwissenschaftliche Ausrichtung hinaus mit erkenntnistheoretischen und psychologischen Problemen befaßt. Seine Ideen waren vieldiskutiert, seine Vorlesungen an der Wiener Universität stellten gesellschaftliche Ereignisse dar. Im Zentrum seiner geistigen Bemühungen stand der Versuch, das »Ich« aufzulösen. Er nannte das Ich »unrettbar«, da es sich durch die Analyse der Empfindungen als ein illusionäres Konstrukt erwies, das nur heuristischen Wert zur Ordnung dieser Empfindungen hatte. Die Auflösung dessen, was frühere Denker als eine Art von »festem Kern« gesehen hatten, gab den Weg frei zur Beschäftigung mit Phänomenen der »Entgrenzung«: dem Traum, dem Unbewußten, der Wunschwelt, die sich durch freies Assoziieren kundtat. Die Grenze zwischen Schein und Realität fiel; die Unerkennbarkeit der Welt entsprach der Auflösung der Person in subjektive Empfindungen. In diesem nun auch von der offiziellen Wissenschaft neu erschlossenen Raum gelangen Mach eine Reihe von bedeutsamen Entdeckungen: daß Vorstellungen im Unbewußten weiterexistieren können und Wirkung entfalten, daß alltägliche Assoziationsreihen sich im Traum fortspinnen können, ja sogar Überlegungen zur Wunscherfüllung im Traum und zur damit verbundenen »Zensur« finden sich bei Mach. Der Positivist Mach ist aber dem Gesetz der Naturwissenschaft – Distanzierung des Subjekts von seinem Erkenntnisgegenstand – streng verhaftet. Er verfehlt daher das selbstreflexive Moment der Erkenntnis.

Gerade das jedoch ist es, was Freud in die sorgsame wissenschaftliche Betrachtung einbezieht. In seiner Selbstanalyse macht er sich selbst zum Gegenstand der Erkenntnis und gewinnt auf diese Weise reflektierend-teilhabend Zugang zum Unbewußten – zu seinem eigenen und zu dem der anderen. Denn hier liegt ja die Voraussetzung auch für seinen späteren Umgang mit dem Patienten: Dieser ist nicht mehr objektivierbarer Gegenstand des Denkens und Analysierens, sondern Subjekt, das – selbst erkennend – einem selbstreflexiven Subjekt gegenübersteht und sich in dieser Eigenschaft kennen und verändern kann durch die Erkenntnis der Beziehung. Mach bleibt letztlich bei Beschreibungen der Oberfläche des psychischen Lebens stehen, auch wenn er sich mit dem Unbewußten befaßt. Freud dringt in das Seelenleben ein – und dies nicht als Freund, Liebender und alltäglicher Mitmensch: sondern als Arzt und Wissenschaftler.

So überwindet Freud einige der ihm von der Wiener Gesellschaft zur Verfügung gestellten Denkmuster, indem er sie andererseits benutzt; er verfällt *nicht* in illusionäre soziale Utopien oder in kulturkritisches Ästhetisieren; er verfällt nicht dem positivistischen Objektivitätsdenken. Er benutzt aber die Hinwendung zum Inneren, zum Irrationalen, die Interessen an der Tatsache der sozialen Determination des Individuums, er benutzt auch die illusionslose Sicht auf das Individuum, das der Machsche Kreis vertritt. All dies wird sozusagen konkretisiert und handhabbar gemacht durch die Aufhebung der traditionellen Abstinenz des Ästheten oder des Wissenschaftlers. Was die intellektuelle Bourgeoisie Wiens lebte: die Distanz, die Relativierung, die Resignation, die Flucht ins Allgemeine oder ins Innere, mit einem Wort, die eigentliche *Nicht-Teilhabe*, das hat Freud überwunden. Als Privatmensch und als Träger einer höchst differenzierten Kultur ist es ihm gelungen, eine Wissenschaft zu schaffen, deren oberstes Gebot *Teilhabe* ist; eine Wissenschaft, deren Wesentlichstes darin besteht, daß der Wissenschaftler Teil des Erkenntnisprozesses ist; es ist dies die konkreteste Form der Etablierung des selbstreflexiven Subjekts, die je realisiert wurde – wodurch die Psychoanalyse vorrangigen Anspruch auf den Ehrentitel einer emanzipativen Wissenschaft hat.

Das Störungsmodell der Psychoanalyse

Das Störungsmodell der Psychoanalyse ist ein Konfliktmodell. Die Wurzel der psychischen Störung liegt im Konflikt – die Störung selbst ist die Darstellungsform dieses Konflikts, den es zu dechiffrieren gilt. Um welchen Konflikt handelt es sich? Es geht um den Konflikt zwischen drängendem Triebwunsch und gesellschaftlichen Verboten. Anders ausgedrückt: Das Störungsmodell ist so angelegt, daß hier Gesellschaftskritisches *konkretisiert* werden kann; das Verhältnis des einzelnen zur Gesellschaft ist in der Störung konkret und inhaltlich thematisiert und thematisierbar. Worin aber liegt die ganz spezielle und psychoanalyse-spezifische kritische Qualität? Es ist die Tatsache, daß hier unbesiegbare Triebwünsche in Konflikt geraten *müssen* mit notwendigen gesellschaftlichen Verboten und daß die Form der Konfliktlösung via Abwehr, Verdrängung und Symptombildung ein dechiffrierbares Bild sowohl der Triebwünsche als auch der Gesellschaft darstellt. Freud hat dies – natürlich eingeengt auf die ihm bekannte bürgerliche Gesellschaft – aufgezeigt. Seine Begrifflichkeit ist aber so angelegt, daß dieselbe Dechiffrierbarkeit auch in ganz anderen Kulturen geleistet werden kann (Parin und Morgenthaler, 1971, Erdheim, 1984, Nadig, 1986).

Dieses Modell stellt etwas anderes dar als eine nur abstrakte Kritik an den »Hindernissen«, die die Gesellschaft dem Individuum in den Weg stellt. (Diese Form von Gesellschaftskritik finden wir in späteren tiefenpsychologischen Modellen sowie in der Humanistischen* Psychologie. In solchen Modellen wird das Individuum idealtypischerweise als »unverletzt« angenommen; Therapie ist der Versuch, wieder zu diesem unverletzten Individuum zu gelangen. Der Unterschied zur Psychoanalyse liegt darin, daß diese ein solch »unverletztes« Individuum nicht kennt.)

Ein konfliktfreies Individuum ist nach Freud nicht denkbar. Gesunde und kranke Menschen unterscheiden sich hinsichtlich ihrer Konfliktverarbeitung, aber nicht in bezug auf ihre Konflikthaftigkeit.

Das »Urbild« des Konfliktes fand Freud im ödipalen Konflikt des Kindes: im Begehren des gegengeschlechtlichen Elternteils und der daraus resultierenden Eifersucht gegen den gleichgeschlechtlichen. Starke gesellschaftliche Normen und seine Abhängigkeit bringen das Kind in eben jenen Konflikt, den es durch verschiedene Formen von Verdrängung in das Unbewußte verarbeiten muß. Hat das Kind vor Erreichung der sogenannten »ödipalen Phase« (4.–6. Jahr) eine stabile Entwicklung hinter sich gebracht, in der auch die Vorformen der phallischen Sexualität (die orale und die anale) in befriedigender Weise integriert wurden, dann wird es daraus kräftig und gereift hervorgehen, indem es sich mit gesellschaftlichen Geboten identifiziert (Bildung des sogenannten Über-Ichs), ohne einer allzu starren Verdrängung jeglicher Triebwünsche zu verfallen. Ist das Kind aber schwach, und wurde es schon in sehr jungen Jahren zu vielen Verdrängungen gezwungen (z. B. zur Verdrängung der analen Trotzreaktionen durch eine rigide Sauberkeitserziehung), dann ist der ödipale Konflikt »zuviel« für das zu schwach entwickelte Ich des Kindes. Es kann die widerstrebenden Regungen von Liebe, Haß und Eifersucht nicht ertragen, die Angst wird zu groß, und es werden Abwehrstrategien gesucht, mittels derer dieser Konflikt seine unmittelbare Schärfe verliert. Die Abwehr dient der Verdrängung des Konfliktes selbst, wobei aber entweder Angst übrigbleibt oder aber auch diese Angst noch verdrängt wird und Symptome auftreten, die als symbolische Erfüllung des Triebwunsches fungieren bzw. auch eine Art »Versöhnungssymbol« darstellen. Die wichtigste Arbeit des Psychoanalytikers ist nicht nur die Aufdeckung des »verdrängten Triebwunsches«, sondern vor allem die »Enttarnung« der Abwehr.

Für Freud selbst ist der ödipale Konflikt die Hauptbezugsachse für jede Störung bzw. für jede Form der Charakterentwicklung. In der nächsten und übernächsten Generation der Analytiker wurde diese Fixierung auf die Dreieckssituation gelockert. Es wurden damit auch die sogenannten »präödipalen« dualen Beziehungsformen als störungsrelevant empfunden, wodurch man die Wichtigkeit der Mutter-Kind-Beziehung betonte. Hier setzt eine Weiterentwicklung der Psychoanalyse ein, die die normale und die gestörte Entwicklung vorwiegend unter dem Gesichtspunkt der realen Beziehung und nicht nur unter dem der »Triebbesetzung« sieht. Das reale Verhalten der ersten Bezugsperson wird bedeutungsvoll für die Entwicklung des Selbstgefühls bzw. auch des Selbstwertgefühls.

Dabei wurde das Konfliktschema Es-Ich-Über-Ich überschritten, und es wurden weitere Konfliktformen eingeführt, also z. B. Es-Es-Konflikte, Es-Ich-Konflikte u. ä. m.

Solche Erweiterungen stehen meist nicht im Gegensatz zum ursprünglichen psychoanalytischen Modell, sondern sind als Ergänzung zu denken – zum Teil wurden sie von Freud selbst schon angedeutet, teilweise hat er sie als wichtige eigenständige Beiträge seiner Schüler betrachtet. Konflikt und Bearbeitung des Konflikts via Abwehr: Das ist bei Freud das Gesetz der psychischen Entwicklung, des psychischen Lebens und der psychischen Störung.

Es ist nicht leicht, die von diesem Grundmodell abzweigenden unterschiedlichen Denkrichtungen zu bewerten und dabei festzustellen, ob es sich jeweils um eine Weiterentwicklung, eine Abirrung oder schon um eine ganz neue Schulrichtung handelt. Da die Psychoanalyse ein in sich subtil verzweigtes, kontrast- und entwicklungsreiches Denksystem darstellt, finden wir recht unterschiedliche Bewertungen einzelner Positionen. So wird z. B. von einem Teil der Psychoanalytiker die Kohutsche Narzißmustheorie als wichtige Neuerung gepriesen; andere sehen in ihr einen eher modischen Schnickschnack, der nichts Neues bringt; wieder ein anderer Teil der Analytiker sieht in ihr schon eine den psychoanalytischen Raum verlassende Form der Humanistischen Psychologie. Ähnliches können wir bei der Bewertung der Kulturtheoretischen Schule von Fromm, Fromm-Reichmann und Horney beobachten.

Freudianisch orientierte Psychoanalytiker grenzen sich von anderen »Tiefenpsychologen« meist in drei typischen Punkten ab; will man die verschiedenen Diskussionen im psychoanalytischen Lager ein wenig besser verstehen, kann man sich orientieren, wenn man diese drei Punkte ins Auge faßt:

1. als »traditionell« geltende Analytiker im Freudschen Sinn betrachten jede Art der »Trauma«-Theorie als kurzschlüssig und unwesentlich. Wenngleich frühkindliche Traumen (etwa: sexuelle Verführung als das bekannteste) bei der Entwicklung psychischer Störungen oft eine Rolle spielen mögen, werden sie doch nicht als die letzte »Wurzel« betrachtet. Freud selbst sah bekanntlich zunächst in der tatsächlich vollzogenen sexuellen Verführung des

Kindes die Ursache der psychischen Störung. Im Laufe der ersten Analysen entdeckte er aber, daß sich diese Verführungen meist gar nicht wirklich ereignet hatten, sie waren von den Patienten phantasierte Ereignisse, die unbewußten Wünschen entsprangen. Der Vorrang der Phantasie vor der Realität war damit konstatiert, und dies ist denn auch ein wichtiges Credo aller traditionellen Psychoanalytiker. Da die ödipalen Wünsche als ein kulturunabhängiges anthropologisches Grundkonstrukt angesehen werden, ist die Bearbeitung dieses Konflikts das zentrale Movens jeden psychischen Lebens. Diese Bearbeitung geschieht durch Phantasie: Die Wahrnehmung von Triebregungen wird umgedeutet, Wunscherfüllungen finden auf symbolischer Ebene statt etc. In der Abwehr des Triebwunsches liegt die Vielfalt der Entwicklungen – hier wird Phantasie frei, um im Konflikt von Wunsch und Verbot annehmbare Kompromisse zu finden. Unter Umständen aber ist die psychische Störung der bestmögliche Kompromiß.

Psychoanalyse im engeren Sinne steht unter dem Primat der Phantasie. Die letzten heftigen Debatten um diesen Punkt gibt es im deutschsprachigen Gebiet seit dem Erscheinen der Bücher von Alice Miller. Sie vertritt – in neueren Publikationen immer dezidierter – den Standpunkt der Traumatheorie; im Zentrum ihres Denkens stehen daher sexuelle Verführung, körperliche Mißhandlung u. ä. m. Nun ist sicher kein Psychoanalytiker der Meinung, daß solch grobe Erziehungsfehler etwa *nicht* schädlich wären für die psychische Entwicklung. Der Unterschied zu Millers Ansicht besteht nur darin, daß a) nicht das Faktum an sich, sondern seine Verarbeitung in der Phantasie bedeutsam ist, b) psychische Störungen auch ohne solche Traumen entstehen.

2. Traditionelle Psychoanalytiker betrachten als wesentlichen und wichtigen Kern ihres Menschenbildes (und damit auch ihrer Störungstheorie) die einzigartige Wichtigkeit der (körpergebundenen) sexuellen Entwicklung. Triebregungen werden am Modell der Sexualität untersucht, der Sexualtrieb treibt die Entwicklung voran. Die Bindung des Sexualtriebes an jeweils verschiedene Körperzonen wird in der Entwicklungslehre (orale – anale – phallische Sexualität) klar akzentuiert. Psychische Störung ist in ihrem Kern *immer* entstanden durch irgendeine Form der Abwehr sexueller Impulse. Jedes drängende Motiv, wie immer es im Bewußtsein repräsentiert ist (als Ehrgeiz oder als Erkenntnisdrang z. B.), wird als Abkömmling sexuellen Begehrens gedacht. Demgegenüber werden alle tiefenpsychologischen Schulrichtungen,

die der Sexualität einen Platz *neben* anderen Trieben oder Motiven einräumen, als »Verirrungen« angesehen. Schon in den ersten Zeiten der Psychoanalyse sind bekanntlich an der Frage der Sexualität Freuds Freundschaften zu Adler und Jung zerbrochen. Machtstreben neben oder an Stelle der Sexualität oder ein »Expansionsstreben« (H. Schultz-Hencke) als wesentliches Movens der Entwicklung auch der psychischen Störung stellen das Grundkonzept der Psychoanalyse in Frage. Nun ist die Frage, ob Sexualität wirklich »alles« sei, im Sinne des Alltagsdenkens natürlich längst entschieden. Freud hat sich denn auch gegen Adler gewandt mit dem Vorwurf, dieser hätte sich (mit der Entthronung der Sexualität) wieder der Alltagspsychologie zugesellt. Wichtig ist demnach die weitergehende Frage, ob die Vielfalt der im Bewußtsein angetroffenen Strebungen nicht *letztlich* in der Sexualität verankert ist – und diese Frage läßt sich nicht entscheiden mit dem Blick auf eben jene zu hinterfragenden Bewußtseinsphänomene. Eine Entscheidung läßt sich hier eher treffen durch die psychoanalytische Methode – z. B. im Hinblick darauf, ob die Ableitung der in der Analyse berichteten Phänomene aus sexuellen Strebungen eine sinnvollere Einordnung ermöglicht, ob also unterschiedliche biographische Details sich lückenloser zusammenfügen lassen, ob Träume mit mehr Evidenz beitragen zur Erhellung von Problemstrukturen und ähnliches mehr.

3. Wie schon weiter oben bei der Behandlung des Konfliktmodells erläutert, ist für den traditionellen Psychoanalytiker ein »unberührtes« Individuum, dem sich die (oftmals) »böse« Gesellschaft (u. a. durch Erziehungsmaßnahmen) in den Weg stellt, nicht denkbar. Vielmehr besteht für ihn die Conditio humana in der prinzipiellen Unvereinbarkeit von individuellem Begehren und gesellschaftlichen Bestimmungen, da das Individuum als ein in seinem innersten Wesen soziales gesehen wird. Zwar hat Freud innerhalb der bürgerlichen Gesellschaft gelebt und gedacht: Es ist aber nicht so sehr die spezifische Gesellschaftsform, die das Individuum krank macht – es ist das Gesellschaftliche schlechthin. Dies trennt Freudsches Denken vom Denken der Kulturtheoretischen Schule (und gar erst recht von dem der Humanistischen Psychologie). Dort sind es die »neurotischen Eltern, die neurotische Kinder erziehen« (Horney), oder die spezifischen Merkmale der kapitalistischen »Haben«-Gesellschaft, die die »Seins«-Werte erstickt (Fromm). In der Kulturtheoretischen Schule herrscht ein optimistisches Menschenbild vor – Aufklärung, Veränderung der Gesell-

schaft, präventive Maßnahmen in der Erziehung usw. werden als mögliche Barrieren gegen die Entstehung psychischer Störung angesehen. Freud selbst war viel pessimistischer, da er die Neurose als den notwendigen »Preis« ansah, den der einzelne für die Entstehung und Aufrechterhaltung der Kultur zahlen müsse. Auch Erziehungsratschlägen gegenüber äußerte er sich eher skeptisch. Wenngleich auch bei seinen späteren Anhängern im engeren Sinne die Lehre vom Menschen, der von allem Anfang an im Konflikt leben muß, dominiert, haben diese doch die Vorstellung von neuroseförderlichen gesellschaftlichen Bedingungen und Erziehungsverhalten differenziert und damit die Erziehungsideologien der westlichen Welt sehr stark mitgeprägt.

Konsequenzen der Psychoanalyse

Es wird hier, wie einleitend dargelegt, auf eine vollständige Darstellung des psychoanalytischen Modells verzichtet. Die psychoanalytische Entwicklungstheorie, das Instanzenmodell (Es-Ich-Über-Ich), die Lehre von den verschiedenen Abwehrmechanismen: All dies kann ausführlich in entsprechenden Lehrbüchern der Psychoanalyse nachgelesen werden (Toman, 1978).

Es ist schwierig, das Denken der Psychoanalyse zu validieren. Nimmt man es als Heurismus, also quasi als eine Art »Suchraster«, dann wird man zwar bestimmt viele beweiskräftige Fakten finden können – meist aber sind die als »ursprünglich« angenommenen Erlebnisse eben doch dem Bewußtsein nicht mehr zugänglich, und man ist auf symbolische »Wiederholungen« in der Therapie angewiesen. Anders als viele andere Modelle bietet die Psychoanalyse mit einem solchen Denksystem eine differentielle * Störungstheorie. Besonders interessant ist dabei, daß auf dieser Basis nicht nur Störungen, sondern auch die dazugehörigen Charakterstrukturen erklärt werden können.

Damit ergibt sich die Frage nach der Charakterisierung des »Modells«, das die Psychoanalyse benutzt. Von manchen Autoren wurde darauf hingewiesen, daß es sich um ein medizinisches Modell handle, da ja die störenden Verhaltensweisen/Symptome nur als äußerliche Manifestationen eines »eigentlichen« Krankheitsverursachers (nämlich des verdrängten Konflikts) angesehen werden; daß es also dem »Bakterien-Fieber«-Modell ähnele. Dem ist entgegenzuhalten, daß nicht einfach »der Konflikt« oder gar »der Ödipuskonflikt« als »Ursache« der Störung angesehen wird. Es werden im Gegenteil vielerlei Bedingungen geschildert, die diesen

Konflikt transformieren, abwehren und verschieben und wieder inszenieren, d. h.: Ein solches Modell beschreibt einen Prozeß, in den sehr viele soziale Umstände eingehen (wobei diese auch schon im »Urkonflikt« vorhanden sind!), so daß hier die eher mechanistische Formel vom »medizinischen Modell« überhaupt nicht mehr stimmen kann. Es handelt sich eindeutig um ein sozialwissenschaftliches Modell (vgl. Bastine, 1984); diese Tatsache läßt der immer wieder geäußerte Vorwurf, die Freudsche Psychoanalyse sei »biologistisch«, außer acht.

Die Validierung der Psychoanalyse geschieht vorwiegend anhand ihrer interpretierenden Methode, wobei die Patientenberichte immer noch das wichtigste Material darstellen. Dieser »hermeneutische« Zugang stellt einen vollkommen anderen wissenschaftlichen Validierungsweg dar, als eine naturwissenschaftliche Psychologie es verlangt. Für diese sind die in sich stimmige Falldarstellung, die logisch evidente Ableitung, der Hinweis auf Parallelitäten etc. nicht ausreichend. Seit einigen Jahren hat sich auch innerhalb der Psychoanalyse eine Gruppe gebildet, die einem positivistischen Wissenschaftsverständnis nahesteht und eine andere Art von Operationalisierung und Forschung auch für die Psychoanalyse verlangt (Grünbaum, 1984).

Warum die Psychoanalyse in allen totalitären Staaten immer wieder unterdrückt wird, ist offensichtlich: Die Unterdrückung des einzelnen durch gesellschaftliche Normen soll auch im Privatraum der Psychoanalyse nicht reflektierbar werden. Das subversive Potential einer selbstreflexiven Wissenschaft, in der der einzelne sich nicht kommandieren, konditionieren und »einfügen« läßt, ist offensichtlich allen Machthabern instinktiv klar.

Es ist fast überflüssig zu betonen, in welch weitreichender Weise die Psychoanalyse das psychologische Denken der westlichen Welt geprägt hat. Literatur- und Kunstbetrachtung haben von ihr ebenso profitiert wie Pädagogik, Roundtable-Runden im Fernsehen oder Ratgeber-Ecken in Frauenzeitschriften. Die Lehre von der kindlichen Sexualität ist längst kein »Skandalon« mehr, sondern Allgemeinwissen. Daß in früher Kindheit die Wurzeln gelegt werden können für psychische Störungen, ist erstmals zwar sicher nicht von Freud aufgezeigt worden; er hat jedoch als erster die Ereignisse präzisiert, die zur Neurose führen. Dadurch hat er auch viele Konzepte in die Lebenslaufbetrachtung neu eingebracht. Wenn man all dies überlegt, bleibt schwer verständlich, weshalb es einen Bereich gibt, in den psychoanalytisches Denken nur zögernd, verzerrt oder fast gar nicht Eingang findet: Es ist dies die Universität, und dort speziell das Fach Psychologie.

Es wurden über dieses merkwürdige Faktum natürlich schon etliche Überlegungen angestellt. Jahoda weist u. a. auf die Unvereinbarkeit der Sprachen hin (die Sprache der Psychoanalyse ist voll von Metaphern und Analogien, während in der akademischen Psychologie, vor allem im behavioristischen* Lager, eine unsinnliche Formelsprache vorherrscht!), auf die Unterschiede zwischen naturwissenschaftlicher und hermeneutischer Methode und auf eine andere Art der Ergebnisüberprüfung. Dies stimmt zweifellos, jedoch beschreibt Jahoda (1977) hier nur das Ergebnis eines Prozesses, der eben als solcher aufklärungsbedürftig ist. Denn: Warum hat sich die Akademische* Psychologie in jener bekannten, den Naturwissenschaften nachgeäfften Weise entwickelt und hat auch heute noch beträchtliche Mühe, sich daraus zu befreien? Warum haben akademische Psychologen nicht von Anfang an für die Begrifflichkeit und Methodik der Psychoanalyse Interesse gezeigt? Thomä (1977) gibt eine gruppendynamische Erklärung: Die Psychoanalytiker der ersten Generation hätten finanziell allzu sehr von ihren wenigen Patienten abgehangen, hätten so nur mühsam ihr Forschungsmaterial gefunden und dadurch keine Möglichkeit gehabt, sich mit den akademischen Institutionen zu befassen. Dies aber hätte sich doch heute, wo Psychoanalytiker ein hohes Sozialprestige und Einkommen genießen, schon längst ändern können.

Wir denken, daß ein wichtiger Erklärungsansatz für das befremdliche Auseinanderklaffen von Akademischer Psychologie und Psychoanalyse von Anfang an im »Schulendenken« der Psychoanalyse liegt. Ellenberger (1973) bemerkt, daß Freud eine Neuauflage der alten Philosophenschulen der griechisch-römischen Antike intendiert habe: Er und seine Schüler waren von Beginn an eine verschworene Gemeinschaft, die gemeinsam diskutierte und publizierte, die strenge, wenn auch keine starren Aufnahmeregeln kannte und vor allem: in Form der Lehranalyse einen Initiationsritus einführte. Diese Form des Meister-Schüler-Verhältnisses (das wir später bei vielen Therapierichtungen wiederfinden) ist der Bürokratisierung des Geisteslebens in der modernen Universität zutiefst verdächtig. Wo das reflektierte Erleben einer emotionalen Beziehung den Boden auch des systematisch-theoretischen Denkens bildet, wo die eigene Erfahrung vom »Meister« oder den »Mitbrüdern« begutachtet und eingeordnet wird, läßt sich mit unpersönlichen Vorschriften, internalisiertem Publikationszwang, Forschungsförderungsanträgen und Zeitverträgen schlecht leben. Die Massenuniversität ist solchen Verhältnissen feindlich gesonnen. Es sieht so aus, als bliebe die Tradierung psychoanalytischen Gedankenguts (wie auch anderer Therapierichtungen) daher auch in Zukunft privaten Initiativen und Instituten überlassen.

Die Relevanz der Psychoanalyse für das Geistesleben ist unübersehbar und oft dokumentiert. Ihre Relevanz für die psychosoziale Versorgung hingegen ist nicht so eindeutig geklärt. Daß die »große Analyse« nur wenigen Patienten nützen kann, ist bekannt. Psychoanalytische Fokaltherapie*, tiefenpsychologisch fundierte Psychotherapie (meist mit einer wöchentlichen Sitzung), Analytische Gruppentherapie: Dies alles sind Modifikationen der Psychoanalyse mit dem Ziel, sie »patientengerecht« zu gestalten. Seit der Neufassung der Therapiekonzepte durch Objektbeziehungs- und Narzißmustheoretiker (wodurch auch sogenannte schwere »präödipale Störungen« behandelbar wurden) werden weniger Patienten als »unbehandelbar« zurückgewiesen.

Trotzdem liegt, unserer Einschätzung nach, die größte Relevanz der Psychoanalyse im Versorgungsbereich nicht nur in der lege artis ausgeführten Therapie ausgebildeter Psychoanalytiker. Sie liegt vielmehr darin, daß eine sehr große Zahl von Psychologen und Sozialarbeitern in psychoanalytischen Konzepten denken und – selbst wenn sie in anderen Therapierichtungen ihre Ausbildung genossen haben – diese Konzepte in ihre Therapie einbeziehen. Einer der Gründe dafür liegt vermutlich darin, daß die Psychoanalyse – anders als viele andere Schulen – ein differentielles Störungskonzept liefert. Auch wenn man therapeutisch ohne ein solches auskommen kann – weil man z. B. davon ausgeht, daß alle Störungen auf einem Mangel an Akzeptanz der gesamten Person beruhen, was in der Therapie korrigiert werden soll (Rogers) –, so ist doch für jeden Therapeuten ein gewisser Zwang vorhanden, sich gerade die jeweils vorgefundene spezielle Störung zu erklären. Dabei bieten sich dann aus dem Ganzen herausgelöste psychoanalytische Konzepte mit ihren lebenslaufbezogenen Konstrukten an. – Ein solches Vorgehen trägt nicht immer zum besseren Verständnis der Psychoanalyse bei. Arbeitet man nämlich nicht im ganzen mit der analytischen Methode, dann erweisen sich herausgegriffene Erklärungsmuster vom »Verdrängen«, vom »Ödipuskomplex« oder von der »Affektisolierung« als recht grobe

Deskriptionen, die den Zusammenhang mit dem Erlebten oft kaum mehr herstellen können. Psychoanalytisches Diagnostizieren gerät dann in gefährliche Nähe zu einer psychiatrischen Klassifikation, der ja eben jenes besondere Moment des erlebten Beziehungsgefüges zwischen Patient und Therapeut fehlt.

Empfehlenswerte Literatur zum Thema »Psychoanalyse«:

Freud, S.: Vorlesungen zur Einführung in die Psychoanalyse. GW XI

Hoffmann, S. O. und *Hochapfel, G.:* Neurosenlehre, Psychotherapeutische und Psychosomatische Medizin. Stuttgart – N. Y., Schattauer Verlag, 1991 (5. Aufl. 1995)

Kutter, P.: Moderne Psychoanalyse. Wien/München: Verlag Intern. Psychoanalyse, 1989

Mentzos, St.: Neurotische Konfliktverarbeitung. Einführung in die psychoanalytische Neurosenlehre unter Berücksichtigung neuer Perspektiven. Frankfurt/M.: Fischer, 1982

Thomä, H. und *H. Kächele:* Lehrbuch der psychoanalytischen Therapie. 1. und 2. Bd. Berlin: Springer, 1985, 1988

Alfred Adler – die Individualpsychologie

Leben

Adler, vierzehn Jahre jünger als Freud, wuchs zwar im gleichen Wien in ähnlicher sozialer Lage auf wie Freud, war aber von Beginn an anderen sozialen und geistigen Einflüssen ausgesetzt als dieser. Sein Judentum war ihm weder problematisch noch wichtig, da schon seine Eltern aus einer völlig liberalen österreichischen Gemeinde stammten und Alfred Adler nie einem »typisch jüdischen« Milieu ausgesetzt war. Er verbrachte die meiste Zeit seiner Kindheit und Jugend – anders als Freud – nicht in einem jüdischen Viertel und führte das durchschnittliche Leben eines Wiener Vorstadtkindes. Dies alles machte es ihm wahrscheinlich leicht, später zum Protestantismus zu konvertieren. Nie empfand er daher seine Wissenschaft als eine jüdische – auch dies anders als Freud, von dem es immer wieder Bemerkungen gibt, daß möglicherweise nur Vertreter des Judentums sich das psychoanalytische Denken wirklich aneignen könnten (das talmudische »Hinterfragen« könnte dem psychoanalytischen Denken Pate gestanden haben!), der andererseits aber eben deshalb auch die Ghettoisierung der Psychoanalyse befürchtete. All dies war für Adler, der eher eine phänomenologische Bewußtseinspsychologie als eine Tiefenpsychologie betrieb, kein Problem.

Ein anderer Unterschied zu Freud liegt darin, daß Adler dem naturwissenschaftlichen Denken seiner Zeit nicht eng verhaftet war. Sein Wunsch, Arzt zu werden, entsprang dem Motiv des Helfens, der sozialen Macht über andere Menschen, und nicht einem besonderen Interesse an den exakten Wissenschaften, sondern seinen sozialen Neigungen: Das soziale Leben, politische Überlegungen und ein starkes Engagement für sozialistische Ideen bewegten ihn in seiner Jugend und wirkten in sehr nachdrücklicher Weise auf sein Werk ein. Auch Adler war ein literarisch gebildeter Mann – in gewisser Weise sogar auf eine »wienerische« Art selbst ein künstlerisches Temperament; er spielte gerne Theater, konnte singen und deklamieren und nahm teil am Wiener Theaterleben.

Trotz ähnlicher sozialer Ausgangslage wie Freud war Adler nur in begrenztem Maß ein »Aufsteiger«. Er blieb lange Zeit der Arzt mittelloser Patienten (während Freuds Patienten und Schüler der mittleren und Oberschicht entstammten), war zeitlebens seinem Wiener Vorstadt-Dialekt verhaftet und blieb in Diktion und Lebenszuschnitt ein Kleinbürger. Auch das prägte sein Denken. Er war die meiste Zeit seines Lebens praktischer Arzt und betrachtete diesen Beruf als einen zentralen Bestandteil seines Lebens. Der praktische Umgang mit vielen verschiedenen Patienten war ihm ein wichtiges Anliegen; jeder, der ihn kannte, rühmte seine »Menschenkenntnis« (etwas, das Freud weitgehend abging), und die damit verbundene Fähigkeit zur subtilen Beobachtung anderer Menschen ist es auch, die sein Werk sehr viel eher prägt als ein Denken über das, was »dahinterliegt«. Für Freud war dies später Anlaß, sich abfällig über die »Alltagspsychologie« von Adler zu äußern, die in seinen Augen sozusagen alles wieder »zurücknahm«, was Freud sich erarbeitet hatte. Die vierzehn Jahre Altersunterschied zwischen den beiden Männern wirkten sich infolge des dramatischen Umsturzes der westlichen Welt durch den Ersten Weltkrieg sehr viel krasser aus, als dies normalerweise der Fall hätte sein müssen. Freuds Gedankengebäude war in wesentlichen Teilen vor der großen Weltkatastrophe bereits fertig. Seine Praxis war weitgehend zugeschnitten auf wohlhabende und gebildete Patienten, die fünfmal in der Woche eine Privatpraxis aufsuchen konnten, um dort in elaborierter Weise ihre Gedanken und Erinnerungen zu analysieren. Adlers wichtigste Jahre fallen in die Zeit nach dem Ersten Weltkrieg, wo ein sozialdemokratisches Regime im nunmehr verkleinerten und verarmten Österreich versuchte, die Not der »kleinen Leute« aufzufangen. Unter dem Einfluß Adlers wurden im Wien der Nachkriegszeit mehr als 30 Erziehungsberatungsstellen sowie eine pädagogisch-therapeutische Versuchsschule gegründet. Diese Hinwendung zum pädagogisch-beraterischen Bereich, die für Adler so typisch ist, verlangte folgerichtig auch nach entsprechender Aufklärungsarbeit. Adler soll, den Berichten vieler Zeitgenossen nach, ganz unvorstellbar aktiv darin gewesen sein. Eloquent, brillant, diskutierfreudig: So lernte ihn auch sein nachmals bedeutender Zeitgenosse, Manès Sperber, bei einem Volkshochschul-Kurs kennen und bewundern. (Von ihm stammt ein literarisch wie wissenschaftlich wichtiges Buch über Alfred Adler.)

Daß seine erste Veröffentlichung eine empirische Arbeit über die (miserablen) Lebensbedingungen der Schneider darstellt, fügt sich in diesen, vom Impetus einer sozial engagierten Aufklärung getragenen Lebenslauf, gut ein. Später, im katholisch-faschistischen Österreich, wurden die meisten der von ihm begründeten Einrichtungen wieder geschlossen, und auch in Deutschland begannen ab 1933 die Repressionen gegen den Juden Adler.

Die Psychologie Alfred Adlers

Adler sieht den Menschen »ganzheitlich«, nicht mehr – wie Freud – als einen, dessen innerstes Wesen der Konflikt ist. Der Mensch ist vielmehr beherrscht von einer unbewußten Zielstrebigkeit, seine psychischen Kräfte ziehen »an einem Strang«. Allerdings – und hier liegen die Wurzeln der Neurose* – erfährt er in der Kindheit in überwältigender Weise seine Ohnmacht, woraus sich den Erwachsenen gegenüber ein Gefühl der Minderwertigkeit entwikkelt. Dies kann organisch begründet sein oder auch psychisch. Mit diesem Minderwertigkeitsgefühl muß der Mensch fertigwerden: Wie er das schafft, bestimmt sein Leben. Der »Lebensstil« – ein wichtiger Begriff im Adlerschen Denken –, der sich im Alter von vier, fünf Jahren herausgebildet hat, ist die individuumspezifische Art, sich der Welt zu stellen und mit der eigenen Unzulänglichkeit fertigzuwerden. Dieser Lebensstil umfaßt das Selbstkonzept und die Zielrichtung. Alle Erfahrungen, die ein Mensch macht, werden so selektiert, daß sie sich dem Selbstkonzept und der Zielrichtung anpassen. Dies nennt man tendenziöse Apperzeption. (Beispiel: Das Selbstkonzept eines Menschen kann bestimmt werden von der Erfahrung: »Ich bin ein armer, hilfloser Wurm, auf den alle treten«; die Zielrichtung könnte heißen: »Ich ziehe mich zurück, mache mich unauffällig, hänge mich an Führerfiguren an.«

Es beginnt damit eine sich selbst verstärkende Spirale, wobei aber nur solche Erfahrungen benutzt werden, die »passen«. Würde dieser Mensch z. B. von jemandem als kräftig und stark angesehen, dann würde er evtl. den anderen abwerten und/oder gleich in eine Krankheit flüchten, damit alles wieder »stimmt«.) Die Grundfrage bei jedem Verhalten/Erleben ist daher nicht: »Woher kommt es?«, sondern »Wozu dient es?«

Zwei weitere wichtige Konzepte der Adlerschen Psychologie sind das Geltungsbedürfnis und das Gemeinschaftsgefühl. Das Geltungsbedürfnis (Machtstreben) zwingt uns zur Auseinandersetzung mit dem Minderwertigkeitsgefühl, worin die Gefahr einer Neurosenentstehung liegt. Gelingen nur Überkompensation oder Rückzug – auch bei diesem kann man sich durchaus andere Menschen dienstbar machen, speziell durch psychoneurotische Symptome –, wird der Mensch neurotisch. Wenn die Spannung zwischen Geltungsstreben und Minderwertigkeitsgefühl zu groß ist, kann ihm als »Entschuldigung« nur mehr das neurotische Symptom gelten.

Das »Gemeinschaftsgefühl« ist ein durch gelungene Erziehung erzieltes kooperatives und solidarisches Umgehen mit anderen Menschen, Fürsorge, Rücksicht u. ä. m. Es ist dem Menschen nicht angeboren, stellt aber doch sein höchstes Ziel dar; das, wohin ein Mensch sich entwickeln sollte.

Adler hat der realen Familiensituation, so z. B. der Stellung in der Geschwisterreihe, gerade auch unter den Aspekten von Minderwertigkeitsgefühl bzw. »Machtverteilung« viel Beachtung geschenkt.

Da jede psychische Störung eine Resultante der obengenannten Bedingungen ist, gibt es keine Differentialätiologie* wie bei Freud. Adlers Menschenbild wird von Ulrich Seidel so geschildert: »Der Mensch ist ein ganzheitlich zu verstehendes, zielgerichtetes und schöpferisches Individuum, welches im gesunden Zustand in einer positiven, konstruktiven, ethischen Beziehung zu seinen Mitmenschen steht« (Seidel, 1983, 397).

Alles in allem haben wir es bei der Psychologie Adlers mit einem optimistischen Verständnis vom Menschen zu tun: Zwar werden Organminderwertigkeiten und das allgemeine »Minderwertigkeitsgefühl« des Kindes (zusammen mit ungünstigen äußeren Bedingungen) immer wieder neurotische Entwicklungen einleiten, aber die quasi natürliche Verankerung des Gemeinschaftsgefühls als Garant für das Überleben bürgt dafür, daß die

Kräfte des Menschen sich doch wieder zielstrebig auf eine gesunde Entwicklung hin »bündeln«, wenn man nur glückliche Erziehungsbedingungen schafft. Diese aber sind durch Aufklärung zu erreichen. Die prinzipiell unaufhebbaren Triebkonflikte, die den Menschen auch unter günstigen Bedingungen bedrängen, zieht Adler nicht in Betracht. Daß er auch den Sexualtrieb als Konfliktherd nicht beachtet, bedeutet sozusagen eine »zahmere« Prognose für das menschliche Geschlecht, da es ja gerade die Unbezwingbarkeit des Geschlechtstriebes ist, die Freud zum Pessimisten macht. Es ist daher verständlich, daß Freud seinem ehemaligen Schüler Adler jedes Recht abstritt, sich »Tiefenpsychologe« zu nennen. Da der Konfliktbegriff nicht zentraler Bestandteil seines Denkens ist, hat Adler keine spezielle Abwehrlehre benötigt, was seine Psychologie in weiten Teilen wirklich zu einer Bewußtseinspsychologie stempelt, wenngleich er doch unbewußte Motive als Triebfeder des Handelns selbstverständlich annimmt.

Die Bedeutung Adlers als Pädagoge und Organisator von Sozialeinrichtungen zeigt sich heute noch in nicht mehr ausdrücklich mit seinem Namen verbundenen, aber spürbar von ihm geprägten allgemeinen Erziehungsmaximen. Auch heute noch einflußreiche Handbücher für Laienerzieher stammen häufig von Anhängern Adlers. Die Bedeutung des »Minderwertigkeitskomplexes«, die Wichtigkeit der Geschwisterkonstellation, der »Machtkampf« in der Familie: Das alles geht auf Adler zurück, auch wenn er oft nicht mehr ausdrücklich als Urheber der Begriffe genannt wird.

Adlers Optimismus hat die zeitgenössische Auffassung von psychischer Störung bzw. Gesundheit stark geprägt. Es wird die Vorstellung einer Art von innerer Bewegtheit auf Gesundheit hin entwickelt (symbolisiert im Gemeinschaftsgefühl, aber auch im gesamten finalen Denken). Menschen »wollen« gesund und stark sein, und diesem Streben muß der Therapeut zum Durchbruch verhelfen – ein Gesundheitsmodell, das die Humanistische Psychologie später zur Vollendung bringt.

Erst in letzter Zeit (etwa Mitte bis Ende der siebziger Jahre) hat es einen klar erkennbaren Aufstieg der Adlerianer in den USA und in der BRD gegeben, wobei sich zwei Richtungen herausbilden, die möglicherweise Spaltungstendenzen anzeigen. Beide können sich mit gewissem Recht auf ihren Gründungsvater berufen. Die eine Richtung ist (in den USA stärker vertreten) eine kognitivistische, die andere (europäische) wendet sich eher der Psychoanalyse, speziell in ihren modernen Varianten der Objektbeziehungs- und Narzißmustheorie, zu. Der kognitivistischen Variante der Adlerianer liegt eine Betonung der bewußten Arbeit am »Lebensstil« zugrunde sowie die Betonung der Finalität aller Lebensäußerungen des Individuums, die in häufig belehrender Weise aufgedeckt und damit verändert werden soll. Demgegenüber beruft sich die tiefenpsychologische Richtung auf die Herausarbeitung des Zärtlichkeitsbedürfnisses, das – sofern nicht adäquat gestillt – schon in frühester Kindheit zur Akzentuierung des »Minderwertigkeitsgefühls« führt und im Gefühl der Ohnmacht wesentliche Schritte zur Entwicklung des Selbst versäumt. In diesem Punkt können wir die Nähe zu den Objektbeziehungstheorien erkennen.

Die (noch) begrenzte Renaissance der Adlerianer verdankt sich möglicherweise auch dem modernen »Ganzheitskonzept« des Adlerschen Persönlichkeitssystems. Aktuelle Überlegungen über Ökologie und Systemzusammenhänge können dort ihren Platz finden. Daß in den Adler-Gesellschaften die Dominanz von Ärzten und Psychologen zugunsten anderer sozialpädagogisch orientierter Berufsgruppen vermindert wurde, mag ein weiterer Grund für die zunehmende Beliebtheit der Adlerianer sein – entspricht es doch modernem Denken über die notwendige Team-Arbeit im psychosozialen Feld wesentlich besser, als das stark berufsständisch geprägte Denken der Psychoanalytiker es vermag.

Empfehlenswerte Literatur zu Alfred Adler:

Bruder-Bezzel, A.: Die Geschichte der Individualpsychologie. Frankfurt/Main, Fischer, 1991

Sperber, M.: Alfred Adler oder das Elend der Psychologie. Wien: Molden, 1970

Moderne Entwicklungen der Psychoanalyse – Ich-Psychologie, Objektbeziehungstheorien und Narzißmustheorien

Es ist für ätiologisches und therapeutisches Denken in der Nachfolge Freuds von großer Bedeutung gewesen, daß Freud in seiner Strukturtheorie 1923 (= die Lehre von Es, Ich und Über-Ich) selbst noch den Grundstein gelegt hat für eine genauere Befassung mit den sogenannten Ich-Funktionen (Wahrnehmung, Denken, Motorik, Vorstellung, Gedächtnis etc.). Um die Entwicklung dieser Ich-Funktionen sowie um eine gute Differenzierung zwischen den drei Strukturen Es – Ich – Über-Ich dreht sich seither ein wichtiger Teil der Diskussion. Es verbinden sich hier tiefenpsychologische mit sozialisationstheoretischen Überlegungen. Die wenigen Beziehungen, die es zwischen der Psychoanalyse und der akademisch begründeten Psychologie gibt, laufen über diese Entwicklung der Psychoanalyse. So finden wir z. B. bei Jean Piaget und Charlotte Bühler einen gewissen Einfluß der Ich-Psychologie, die Säuglingsstudien des Psychoanalytikers D. Stern machen methodische Anleihen bei der behavioristisch orientierten Entwicklungspsychologie, und sowohl Heinz Hartmann als auch H. S. Sullivan haben zu ihrer Zeit versucht, Erkenntnisse der Kinderpsychologie in ihr System zu integrieren. Bei den neueren Entwicklungen der Psychoanalyse geht es immer wieder um den Versuch, neben der Triebentwicklung eigene Entwicklungsgesetzlichkeiten des Ichs, der Objektbeziehung oder des Selbstwertgefühls aufzufinden. Einer der wichtigsten Theoretiker in bezug auf die Ich-Entwicklung ist

Heinz Hartmann (1894–1970). Er gilt als einer der begabtesten Psychoanalytiker der zweiten Generation. In ihm spiegelt sich – ähnlich wie bei Horney und Fromm – der Kulturbruch wider, den ihm die Emigration aufgezwungen hat. Auch bei ihm (wie bei Kris und Loewenstein, seinen beiden engsten Mitarbeitern) ist die amerikanische Ideologie des anpassungsfähigen und -willigen Individuums ein wichtiger Wegweiser durch seine theoretischen Überlegungen. Es zeigt sich eine Entradikalisierung des Freudschen Menschenbildes und eine Bereitschaft, den Menschen mit optimistisch-fortschrittsgläubigen Augen zu sehen.

Seine Herkunft aus alt-österreichischem Großbürgertum ist bemerkenswert: Väterliche und mütterliche Herkunftslinie weisen bedeutende Politiker, Geisteswissenschaftler, Literaten und Naturwissenschaftler auf. Hartmann wurde bis zum 14. Lebensjahr privat von hervorragenden Lehrern unterrichtet, wobei der spätere berühmte Wiener Bürgermeister Seitz eine Präzeptorenrolle innehatte. Hartmann wurde fast wie ein »kleiner Prinz« erzogen; eine Form von Erziehung, die im Vorkriegs-Wien bei jüdischen Familien mit ihrem hohen intellektuellen Niveau nicht selten war. Die große Reichweite seiner Bildung spiegelt sich auch in seinen zahlreichen Schriften wider; obwohl von Studium und Ausbildung her Mediziner, war er doch sehr bewandert in allen Geistes- und Sozialwissenschaften seiner Zeit. Er setzte sich mit den Ansätzen der »verstehenden« Psychologie von Jaspers, Husserl, Dilthey auseinander, studierte experimentelle Psychologie und wies in der Emigration – an der berühmten New School for Social Research lehrend – immer wieder auf die Notwendigkeit der Integration aller Sozialwissenschaften hin.

Sein besonderes Interesse aber richtete er auf die sogenannten Ich-Funktionen. Schon Freud hatte, als ihm die verschiedenen Formen der Abwehr von bedrängenden Es-Impulsen klarwurden, das Ich als eine eigenständige Instanz angesehen, die eigene genetische Wurzeln aufgrund sublimierter oder desexualisierter Energien hat.

In seiner Arbeit »Hemmung, Symptom und Angst« schrieb Freud dem Ich z. B. die Fähigkeit zu, auf innere oder äußere Gefahren hin Angst-Signale zu entwickeln, die Abwehrvorgänge in Bewegung setzen. Dazu bedarf das Ich eigenständiger Fähigkeiten des Denkens und der Affektivität.

Hartmann setzte in seiner Theorienbildung an diesem Punkt ein und berührte damit auch Probleme der allgemeinen experimentellen Psychologie des Denkens und Wahrnehmens. Er hat daher zeit seines Lebens immer wieder auf die Ergebnisse dieser Wissenschaft hingewiesen und noch von den Psychoanalytikern direkte Beobachtungen (z. B. am Kind) verlangt. Hartmann spricht von einer primären und einer sekundären Autonomie des Ichs. Das heißt: Die Wahrnehmung, die Motorik, die Funktionen des Gedächtnisses und später des Denkens sind nicht durch Triebimpulse »entstanden«, sondern sie sind autonom und haben auch ihre eigenen autonomen Gesetzmäßigkeiten, die parallel zur Triebentwicklung stehen. Dies ist die primäre Autonomie des Ichs. Geraten diese Ich-Funktionen in den Dienst des Triebkonfliktes, dann organisieren sie sich rund um die Abwehr, aber – und dies ist die sekundäre Autonomie – daraus kann sich wiederum eine für sich selbst bestehende Einheit bilden, die einen Funktionswechsel durchmacht und ihrerseits nach eigenen Gesetzen organisiert wird. (Als konkretes Beispiel: Ordnungsliebe mag der Abwehr analer Triebimpulse dienen. Hat sich das Ich aber einmal z. B. so organisiert, daß es besonders genau und scharf denken, ordnen und abstrahieren lernt, dann wird dieses Repertoire an Ich-Funktionen auch ganz unabhängig von seinem ursprünglichen Ziel weiterentwickelt und mit Lust besetzt. Die Ziele des Ichs können nun ganz andere – eben sekundär autonome – sein als ursprünglich vorgesehen.) Auf diese Weise wird die Person mit ihrem spezifischen Charakter ent-pathologisiert. Es ist klar, daß durch diese Betrachtungsweise auch die Umweltreaktion bzw. die Umwelt als eine durch das Individuum umzugestaltende in das Blickfeld gerät. Das psychoanalytische Denken verläßt damit den Boden eines allzu deterministischen Denkens.

Psychische Störung – dies ist eine wichtige Konsequenz – kann nun auf zweierlei Arten entstehen: 1. durch die Abwehr unkontrollierbarer Angst als (mißlungene) Konfliktlösung – wie es bisher im psychoanalytischen Modell üblich war – und 2. durch eine gestörte Realitätsprüfung, wodurch systematische Wahrnehmungs- und Denklücken entstehen, die wiederum Angst auslösen und neue Fehlverhaltensweisen produzieren.

Hartmann spricht in diesem Zusammenhang von einer »durchschnittlich zu erwartenden Umweltsituation«, die – bei normaler Ausstattung des Individuums – gewährleistet, daß Differenzierung und Entwicklung des Ichs glücklich verlaufen. Das aber heißt: Es wird nun nicht mehr nur die triebbedingte Konfliktlage des Individuums betrachtet, sondern auch die frühe Mutter-Kind-Dyade, in der ein wichtiger Grundstein für Störungen gelegt werden kann. Hier knüpfen die Arbeiten von Spitz, Mahler, Winnicott (den sogenannten »Objektbeziehungstheoretikern) an: Alle drei kommen aus der Kinderpsychologie und haben, von empirischen Studien geleitet, sehr frühe Störungsquellen ausfindig gemacht. Ihre Arbeiten bedeuten eine ungemein wichtige Erweiterung der Psychoanalyse: Früher als unbehandelbar geltende sogenannte »frühe« Störungen (psychosomatische Störungen, Borderline-Störungen*, Süchte, Perversionen* etc.) werden nun behandelbar, wobei sich die gesamte Ätiologie der psychischen Störungen um die Dimension der sogenannten Selbst- bzw. Objektentwicklung bereichert. Es wurde nämlich in den Analysen immer deutlicher sichtbar, daß die Theorie der fortschreitenden psychosexuellen Phasen mitsamt dem Konzept von Regression und Fixierung nicht immer geeignet ist, bestimmte Eigentümlichkeiten des Selbstgefühls und der damit zusammenhängenden Beziehung zu anderen Menschen zu erklären. An diesem Punkt haben die »Objektbeziehungstheoretiker« auf Hartmanns Überlegungen zur »relativen Unabhängigkeit der Ich-Entwicklung« aufgebaut und die Entwicklung von Beziehungsfähigkeit und (damit zusammenhängend) Selbstgefühl beobachtet. Schon Hartmann (immer in Zusammenarbeit mit E. Kris und R. M. Loewenstein) hatte Entwicklungsstadien der Objektbeziehungen* aufgezeigt, indem er darauf hinwies, daß in einer ersten Phase (primärer Narzißmus) die Mutter noch nicht unterschieden wird vom Selbst, daß diesem eine Phase, in der die Mutter zwar unterschieden, aber nur als »bedürfnisbefriedigendes Objekt« empfunden wird, folgt und erst später die Mutter als eine mit Eigenwelt versehene Person, die unabhängig vom Kind existiert (sogenannte »Objektkonstanz«), wahrgenommen wird.

René Spitz und vor allem Margret Mahler haben in Studien am Kind dieses Konzept inhaltlich gefüllt, mit Bedeutung für die Störungstheorie versehen und dabei vor allem den interaktionistischen Standpunkt hervorgehoben: Es wurde auch das Verhalten der Mütter genauestens studiert und dabei festgestellt, daß schon geringfügige Abweichungen von der »durchschnittlich zu erwartenden Umweltsituation« zu bestimmten Charakterpathologien oder auch zu einzelnen Symptomen führen können. Angelpunkt dieser Überlegungen sind die subtilen Prozesse von Symbioseverlangen und Autonomiebestrebungen des Kindes, denen die Mutter mehr oder weniger gut entgegenkommt. Im Zusammenhang mit der Beschreibung »früher Störungen« wird im Gefolge dieser Arbeiten immer wieder untersucht, inwieweit sich das Selbst strukturieren konnte (also: von Es und Über-Ich klar abgegrenzt erscheint). Defizite im Denken (infolge primitiver Abwehrformen) und Wahrnehmen, ein ungenaues Konzept der eigenen Person und des Körper-Ichs, schlechte Frustrationstoleranz: Das alles wird zurückgeführt auf ein schlechtes Ineinanderspielen von Mutter und Kind in bezug auf Symbiose und Autonomie. In letzter Konsequenz führen alle diese Defizite zu erheblichen psychischen Störungen.

Aber nicht nur die »frühen Störungen« werden nun anders gesehen. Auch für die »klassischen« Neurosen (sog. »ödipale« Störungen) wie Hysterie, Phobie, Zwänge etc. ergeben sich durch die Beobachtungen der Objektbeziehungstheoretiker neue Konzepte. So hat Mentzos (1982) in der zur Zeit vermutlich »modernsten« Neurosenlehre ein dreidimensionales Raster zur Beschreibung der psychischen Störung angeboten. Neben dem traditionellen Konzept von Triebwunsch und Abwehrstrategie zur Beschreibung der Neurose wird nun auch noch die strukturelle Beschaffenheit der Person diagnostiziert, d. h.: es wird gesehen, auf welchem Entwicklungsniveau von Selbst und Objektbeziehung Triebkonflikte ausgefochten bzw. abgewehrt werden. Dies ergibt für die Ausprägung von neurotischen Symptomen jeweils ganz spezifische Ausformungen. (So ist z. B. eine als »hysterisch« zu klassifizierende sexuelle Unempfindlichkeit bei gleichzeitiger Sexualisierung aller Beziehungen unter Umständen mit diffuser Angst und/oder Herzrhythmusstörungen gepaart, wenn das Ich sehr schwach entwickelt ist und die Angst vor Kontrollverlust in der Sexualität dominiert, während diese »Nebensymptome« bei einer »reifen« ödipalen Problematik fehlen.) Es ergeben sich aber auch für Prognose und Indikation unterschiedliche Aspekte, wenn man die frühen Entwicklungsschäden in die Diagnose einbezieht.

Auf ähnlicher Basis operieren die als »Narzißmustheoretiker« bekanntgewordenen Analytiker (wie Heinz Kohut), die sich explizit mit den frühen Störungen befassen, wobei es in Kohuts letzten Veröffentlichungen nicht mehr ganz klar ist, wieweit man ihn noch zu den Psychoanalytikern rechnen kann. Seine Theorie von der Entwicklung des Narzißmus als einer selbständigen, also triebunabhängigen Kraft geht vielen Psychoanalytikern zu weit. Im deutschen Sprachraum zeigen die auf ähnlicher Basis operierenden populären Werke von Alice Miller eine ähnliche Tendenz: Millers angenommenes Störungsmodell wird mehr und mehr entdifferenziert, so daß sie – ähnlich der Humanistischen Psychologie – schließlich zu universellen Verursachungsmodi der »mangelnden Empathie« bzw. des »Mißbrauchs« des Kindes durch seine Eltern kommt.

In dieser Tendenz geht ein wesentlicher Vorteil der psychoanalytischen Störungstheorie verloren, nämlich ihre differenzierende Qualität. Wo alles in gleicher Weise auf Empathiemangel zurückgeführt wird, werden Aussagen über verschiedene psychische Störungen inhaltsleer.

Empfehlenswerte Literatur:

Blanck, G. und *R. Blanck:* Angewandte Ich-Psychologie. Stuttgart: Klett-Cotta, 1985 (1974)

Kutter, P.: Moderne Psychoanalyse. Wien/München: Verlag Intern. Psychoanalyse, 1989

Mertens, W. (Hrsg.): Schlüsselbegriffe der Psychoanalyse. Verlag Internationale Psychoanalyse, 1993

Das Modell von Carl Rogers

Person und Entwicklung

Rogers wurde 1902 in einer religiös stark gebundenen Familie im Mittelwesten der USA geboren. Das Klima muß eingeengt gewesen sein, die Wahrheiten unumstößlich, und es gab keinen Anlaß, zu suchen, sich zu fragen oder zu zweifeln. Rogers schreibt über seine Kindheit, daß er nicht mehr mit Gewißheit sagen könne, ob er an die Werte, die er in seiner Familie vorfand, auch wirklich geglaubt habe, er habe sich jedenfalls danach verhalten.

Nach seiner Schulausbildung begann er an einem College in Wisconsin Landwirtschaft zu studieren, wohl dadurch inspiriert, daß seine Eltern eine Farm gekauft hatten, auf der er einen Teil seiner Kindheit verbrachte. Rogers war während dieser Zeit aktiv im christlichen Jugendverband tätig und entschied sich dann auch für eine geistliche Laufbahn. Er wechselte aber später zum Teachers' College, als er erkannte, daß er aus der Zusammenarbeit mit anderen Menschen einen Beruf machen konnte. An dieser Pädagogischen Hochschule an der Columbia University begann er sich mit Klinischer Psychologie zu beschäftigen. Er lernte dabei die »wissenschaftliche« Vorgehensweise kennen. Rogers beschreibt diese Vorgehensweise später so: Zuerst wurden Tests, Messungen, diagnostische Interviews durchgeführt, um Wissen über den Klienten zu erlangen. Danach wurde ein Behandlungsplan in Form von Ratschlägen und Vorschriften entwickelt. Diese klassische Vorgehensweise, die dem naturwissenschaftlichen Experimentieren nachempfunden war, hat Rogers' Wissenschaftsbild, wenn auch nicht seine Theorie und Therapie, geprägt. Zur gleichen Zeit lernte er im neu gegründeten Institute for Child Guidance, das hauptsächlich von Psychoanalytikern geführt wurde, eine andere Vorgehensweise kennen: Es wurde als notwendig erachtet, umfangreiche biographische Diagnostik durchzuführen, auf die Familiengeschichte und die frühe Kindheit einzugehen; sodann wurden mittels projektiver Testverfahren, wie z. B. dem Rorschach-Test*, umfangreiche Gutachten (mehr als 75 Seiten) über einen Fall geschrieben. Danach lief alles immer wieder auf das gleiche hinaus: Ein Psychoanalytiker behandelte das Kind, ein Sozialarbeiter in ähnlicher Weise die Mutter und zeitweilig wurde auch ein Psychologe zur Behandlung des Kindes herangezogen. In diesem Milieu führte Rogers seine ersten Therapien durch. Er kennzeichnet später seinen damaligen Ansatz so: »Ich will eine ungeheure Menge von Daten über diese Person sammeln, über ihre Intelligenz, ihre besonderen Fähigkeiten, ihre Persönlichkeit. Aus all dem kann ich ein ausgefeiltes diagnostisches Gutachten formen – hinsichtlich der Ursachen ihres gegenwärtigen Verhaltens, ihrer persönlichen und sozialen Hilfsmittel für die Auseinandersetzung mit ihrer Situation und der Prognose für die Zukunft. Ich will mich bemühen, all dies den zuständigen Stellen, den Eltern in einer einfachen Sprache darzulegen, auch dem Kind, soweit es in der Lage ist, das zu verstehen. Ich werde gesunde Vorschläge machen, die – wenn befolgt – das Verhalten ändern, und ich werde durch wiederholten Kontakt diese Vorschläge unterstützen. Bei alledem werde ich durchweg sachlich, professionell und persönlich distanziert von den betroffenen Personen bleiben. Nur insofern mache ich eine Ausnahme, als es in meinen Augen persönlicher Wärme für einen befriedigenden Rapport bedarf« (zitiert nach Pfeiffer, 1977).

Rogers trat, so ausgebildet, seine erste Stelle in Rochester, New York, als Mitglied einer Erziehungsberatungsstelle für Kinder aus Problemfamilien an. Hier veränderten sich seine Anschauungen, als er erkennen mußte, daß die an der Universität gelernte professionelle psychologische Haltung nicht ausreichte, um eine Heilung der Kinder zu erreichen. Oft blieb der therapeutische Erfolg aus. Rogers' therapeutische Anschauungen wandelten sich: Seine Erfahrungen zeigten, daß ein Zuhören und Mitgehen anstelle von Diagnostik und Rezeptierung erfolgreicher war – aber das bedeutete auch, ein viel persönlicheres Verhältnis zu den Klienten einzugehen.

Rogers lernte in dieser Zeit das Therapiekonzept von Otto Rank, einem Schüler von Freud, kennen. In der Auseinandersetzung mit dessen »Beziehungstherapie« entwickelte er sein non-direktives Beratungskonzept.

Er schrieb sein Buch »Counseling and Psychotherapy«, in dem er 1942 erstmals seine Erfahrungen mit der nondirektiven Beratung formulierte: Rogers' Grundidee dabei ist, daß es keine allgemeingültigen Vorstellungen darüber gibt, wie ein Mensch seine Probleme zu lösen, wie er mit Konflikten, Trauer oder Krankheit umzugehen habe. Die Wege sind vielfältig, was für den einen richtig sein kann, muß für den anderen nicht stimmen. Aber jeder kann seinen eigenen Weg entdecken. Ein Psychotherapeut hat dabei zu helfen, er sollte den Klienten bei diesem Entdeckungsprozeß unterstützen, indem er eine vertrauensvolle Beziehung schafft und dem Klienten akzeptierend zuhört.

Rogers veröffentlichte 1951 sein zweites Buch über die Klientenzentrierte Psychotherapie »Client Centered Psychotherapy«, in dem er seine Haltung als Therapeut radikalisiert. Im Vordergrund steht jetzt das genaue Verstehen der Gefühlswelt des Klienten, durch das der Klient aktiv zu einer »Selbstexploration«* geführt wird. Gegenüber dem 1942 geschriebenen Buch ist auch der Anwendungsbereich erweitert: Es finden sich Kapitel zur Gruppen-Psychotherapie, zur Spieltherapie, zum Schüler-bezogenen Unterricht und zur Gruppen-bezogenen Führung und Verwaltung. Rogers' Ansatz entwickelt sich so von einem speziellen Beratungskonzept zu einer Psychotherapieschule, die auch außerhalb des Therapiekontextes Orientierung bietet. Rogers formuliert in diesem Buch erstmals eine Theorie der Persönlichkeit und seine Überlegungen zum Therapieprozeß und den Veränderungen des Klienten.

Rogers gehörte zu den Pionieren der Psychotherapieforschung. Er beginnt als einer der ersten mit der empirischen Untersuchung von Psychotherapieprozessen (Dymond und Rogers, 1954).

In diese Zeit fällt auch die Beschäftigung mit existentialistischen Philosophien. Rogers lernt M. Buber kennen und beschäftigt sich mit dem dänischen Philosophen Søren Kierkegaard.

In Chicago flammt der Streit mit den Psychiatern wieder auf: Die Vorstände des Department of Psychiatry verlangten, das von Rogers geleitete »Counseling Center« zu schließen, da die Mitglieder »Medizin« praktizierten, ohne nach dem Gesetz dazu befugt zu sein. Rogers entschied diese Auseinandersetzung zu seinen Gunsten.

Von Chicago wechselte er zur Universität von Wisconsin, wo er auf den Lehrstuhl für Psychologie und Psychiatrie berufen wurde. In diese Zeit fallen auch die akademischen Anerkennungen: 1956 erhielt er eine der ersten Auszeichnungen für wissenschaftliche Leistungen in der Psychologie, gemeinsam mit Wolfgang Köhler, dem Begründer der Gestaltpsychologie. Er wurde Präsident der Amerikanischen Gesellschaft für angewandte Psychologie und Präsident der Amerikanischen Assoziation für Psychologie. Dennoch blieb Rogers ein Außenseiter in der akademischen Psychologie, der bei den strengen Vertretern akademischer Psychologie als »Schandfleck« für seinen Berufsstand galt. Man warf ihm Unwissenschaftlichkeit und Nachgiebigkeit gegenüber den bewährten akademischen Einrichtungen wie Vorlesung und Benotung vor.

1957 schreibt Rogers eine Arbeit über die notwendigen und hinreichenden Bedingungen der psychotherapeutischen Persönlichkeitsveränderungen: emotionale Wertschätzung, Echtheit und einfühlendes (empathisches) Verstehen.

Rogers und seine Mitarbeiter versuchten, diese drei Therapeutenvariablen und die Klientenhaltung der Selbstexploration mittels Skalen meßbar und in ihrem Ausmaß beurteilbar zu machen. Damit wird der Grundstein für eine umfangreiche empirische Forschung in den nächsten zwanzig Jahren gelegt.

1956 beginnt die Debatte zwischen Rogers und dem führenden Verhaltenspsychologen Skinner in der Zeitschrift »Science«, dem wichtigsten Wissenschaftsjournal der USA. Es geht dabei um das Problem der menschlichen Freiheit und um das Kausalitätsprinzip – das Grundprinzip der Wissenschaft. Während Skinner davon ausgeht, daß menschliches Verhalten außengeleitet und -kontrolliert ist, betont Rogers die Freiheit des Menschen. In zwei weiteren Aufsätzen, 1961 (»Der Platz des Individuums in der neuen Welt der Verhaltenswissenschaften«) und 1969 (»Auf dem Wege zu einer Wissenschaft von der Person«), baut Rogers seine Anschauungen weiter aus. Er grenzt dabei sein Menschenbild von dem behavioristischen und psychoanalytischen Bild ab und führt aus, daß erst eine existentialistisch-humanistische Betrachtung dem Menschen gerecht werde, da sie sich nicht nur mit dem äußeren Verhalten (wie der Behaviorismus es tut) beschäftigt, sondern auch mit dem inneren Erleben. Der Mensch könne doch »Herr im eigenen Haus« sein, nämlich als Person, die als »Architekt« das eigene Leben gestalten kann (was die Psychoanalyse bezweifelt).

1959 veröffentlicht Rogers die einzige systematische und rein theoretische Darstellung seines Ansatzes, die in dem berühmten von Koch herausgegebenen Handbuch »Psychology: A Study of Science« erscheint. An diesem cirka 70 Seiten langen Aufsatz hat Rogers nach eigenen Angaben mehrere Jahre lang gearbeitet; Koch hat ihn bereits um 1950 dazu aufgefordert. Neben seiner Therapietheorie entwirft er hier ein Persönlichkeitsmodell, eine Theorie menschlicher Beziehungen und ein Störungsmodell und spezifiziert die wichtigsten Grundbegriffe seiner Theorie, findet allerdings wenig Resonanz (deutsche Übersetzung 1987 von Höhner und Brüseke. Hrsg. von der GWG, Köln).

Von Wisconsin, wo er mit dem Establishment seines Departments aufgrund seiner unorthodoxen Haltungen und Anschauungen in Konflikt geraten war, wechselt Rogers an das Western Behavior Sciences Institute in La Jolla, Kalifornien, das er mit aufbaut. Dieses Institut ist keiner Universität angeschlossen, erhält aber Aufträge der öffentlichen Hand, so z. B., die Schulausbildung in Los Angeles zu reformieren. Hier beginnt er den klientenzentrierten, d. h. auf eine gestörte Person gerichteten, in einen personenzentrierten, d. h. auf eine Gesamtperson gerichteten, Ansatz weiterzuentwickeln. 1962 gründet er zusammen mit Maslow, Charlotte Bühler, A. Koestler, K. Horney die »Association for Humanistic Psychology«, die als Sammelbecken für diejenigen Psychologen gedacht war, die weder dem Behaviorismus noch der Psychoanalyse folgten, sondern glaubten, daß es einer neuen Psychologie bedürfe, um die wachsenden sozialen Probleme und die kulturelle Krise der westlichen Industriegesellschaft zu lösen. Ansatz dazu war der Glaube an die Entfaltungsmöglichkeiten des einzelnen, die es zu wecken und zu unterstützen gelte. Rogers beschäftigte sich nun mit der Umsetzung seines Ansatzes im nichtklinischen Bereich: Sein Interesse galt der Pädagogik, Selbsterfahrungsgruppen und der Partnerschaft (Rogers 1969, 1970, 1975). Diese Entwicklung wurde nicht von allen Mitgliedern des Western Behavior Sciences Institute mitgetragen. Deshalb traten Rogers und seine Anhänger aus diesem Institut aus und gründeten 1969 das Center for the Study of the Person, das sich nun ganz der Umsetzung der Humanistischen Psychologie in eine Praxis widmete. Hier arbeitete Rogers bis zu seinem Tode 1987.

Umgebung und Kultur

Keine Theorie entsteht in einem Vakuum – Abhängigkeiten und Einflüsse des Rogersschen Ansatzes sind bereits angedeutet. Sowohl Rank wie auch die in den vierziger Jahren dominierende behavioristische Psychologie haben Rogers beeinflußt. Über solche biographisch vermittelten Einflüsse hinaus ist aber noch im weiteren der kulturelle Einfluß einzubeziehen, um die Besonderheiten und damit auch die Grenzen der Klientenzentrierten Psychotherapie zu verstehen. Unter Kultur sind dabei die überlieferten, oft selbstverständlichen und damit nicht mehr bewußt reflektierten Leitideen, Normen und Anschauungen zu verstehen. Kultur ist somit der Nährboden, auf dem neue Ideen entstehen. Betrachtet man die geistigen Strömungen und Überzeugungen, die in den USA in den vierziger Jahren vorhanden waren, so waren es besonders die folgenden Ideen, die Rogers beeinflußten:

Seine Überzeugung, daß der Mensch von Natur aus gut sei, geht zurück auf Rousseau (1712–1778), den berühmten französischen

Philosophen der Aufklärung. In dessen Erziehungsroman »Emile« (1762) findet sich der unbedingte Glaube an den unverdorbenen Naturzustand des Menschen: »Alles ist gut, wie es aus den Händen des Schöpfers der Dinge hervorgeht; alles verdirbt unter den Menschen.« Rousseau vertritt ferner eine auf Freiheit basierende Erziehung, die Gehorsam, Pflicht, Zwang und Befehl verbannt, er ist somit ein früherer Vertreter der antiautoritären Erziehung. Rogers selbst ist der Meinung: »Eine der revolutionärsten Einsichten, die sich aus unserer klinischen Erfahrung entwikkelt hat, ist die wachsende Erkenntnis: Der innerste Kern der menschlichen Natur, die am tiefsten liegenden Schichten seiner Persönlichkeit, die Grundlage seiner tierischen Natur ist von Natur aus positiv – von Grund auf sozial, vorwärtsgerichtet, rational und realistisch« (Rogers, 1976, 99f.). Destruktive und antisoziale Züge des Menschen werden von Rogers – wie auch von Rousseau – auf das gesellschaftliche Milieu und die daraus resultierenden psychischen Verletzungen und Verbiegungen zurückgeführt.

Verwandtschaften finden sich ebenfalls mit dem Begründer des Pragmatismus John Dewey (1858–1952), der von 1894 bis 1905 an der Universität von Chicago das Department für Psychologie, Erziehung und Philosophie leitete. Dewey trat vor allem als Pädagoge hervor, dem es darum ging, das Kind in den Mittelpunkt der Erziehung zu stellen, ähnlich wie es etwa zur gleichen Zeit die Reformpädagogen in Deutschland propagierten.

Dewey ging es bei der Kindererziehung nicht um »skills« und »facts«, sondern um die Befähigung zum Problemlösen (»habit of inquiry«) – dazu braucht es aber die Freiheit des Lernens und einen Unterricht, der von den alltäglichen Erfahrungen der Schüler ausgeht. Der Unterricht muß außerdem als sozialer Prozeß, als Austausch zwischen den Schülern organisiert sein, nicht nur um äußere Disziplinierung unnötig werden zu lassen, auch um darüber hinaus zur Charakterbildung beizutragen. Rogers' Konzeption von Selbsterfahrungsgruppen und insbesondere deren Anwendung auf Schule und Hochschule (Rogers, 1969, »Freedom to Learn«) lesen sich wie eine Fortsetzung der Ideen von Dewey.

Weiterhin ist Rogers von den Ideen des amerikanischen Psychologen James bestimmt. James entwickelt in seinen »Prinzipien der Psychologie« (1890) das Problem der Realitätsgewißheit: Woran erkennen wir, daß wir wach sind und nicht träumen? Anders ausgedrückt: Woran mißt sich Wirklichkeit? Nach James ist die Realität immer subjektiv über die Erfahrung gegeben.

Darüber hinaus ist Rogers dem Psychologen James in der Wertschätzung des freien Willens verbunden – James hatte immer wieder die Notwendigkeit der Befreiung des Menschen aus starren Glaubenssätzen betont. Er wendet sich auch gegen eine Milieutheorie, die menschliches Verhalten nur durch äußere Lebensumstände bestimmt sieht; eine solche Auffassung weist er als fatalistisch zurück, weil sie keine Möglichkeit für Spontaneität und den Willen als Antrieb für Veränderungen zuläßt. Auch hier sind die Parallelen zu Rogers' Auffassungen deutlich.

Bei Rogers findet sich außerdem das Mißtrauen gegenüber Experten und die Würdigung des »common sense«. Seine Konzeption der Therapeutenrolle (und in weitaus stärkerem Maße noch die des Leiters von Selbsterfahrungsgruppen) ist gerade durch den Glauben an die Gleichheit der Teilnehmer geprägt, denen ein Experte nichts vorschreiben könne. Auch dies ist ein der amerikanischen Kultur eigener Gedanke.

Die Störungstheorie – der kranke und der gesunde Mensch

Jede Veränderungstheorie setzt eine Theorie der Persönlichkeit voraus, und zwar in zweierlei Form: Einmal muß erklärt werden können, wie es zu psychischen Störungen kommt. Zum anderen müssen Vorstellungen darüber existieren, was denn eine konstruktive Persönlichkeitsveränderung beinhaltet, wie also eine »gesunde« Persönlichkeit funktioniert.

Eine Persönlichkeitstheorie umfaßt demnach eine Reihe von Erklärungsbegriffen für die Veränderungstheorie. Sie ist notwendigerweise abstrakter – d. h. allgemeiner und spekulativer und deshalb auch weniger gut empirisch überprüfbar als eine Veränderungstheorie.

Rogers geht in seiner Persönlichkeitstheorie von einer phänomenologischen Sichtweise aus: Jeder Mensch lebt in seiner eigenen Wirklichkeit, und es gibt so viele Wirklichkeiten, wie es Menschen gibt. Daraus folgt: Jeder Mensch existiert in einer ständig sich verändernden Welt der Erfahrungen, deren Mittelpunkt er ist. Diese Welt der Erfahrungen ist eine private Welt, die anderen nie vollständig zugänglich ist. Weiterhin gilt, daß jeder Mensch nicht auf irgendeine »objektive« Realität reagiert, sondern auf die Welt, wie er sie wahrnimmt. Realität sind damit allein diejenigen Wahrnehmungen und Erfahrungen eines Menschen, auf die er reagiert, so selektiv diese auch sein mögen.

Es besteht ein Unterschied zwischen dem, was subjektiv bewußt erfahrbar ist, und dem, was das potentielle Wahrnehmungsfeld (und damit die Realität) eines Menschen ausmacht. Hier liegt der Ansatz für Rogers' Störungsmodell. Psychische Störungen, ganz allgemein formuliert, resultieren aus der Diskrepanz zwischen Wahrnehmungsmöglichkeiten (dem potentiellen Wahrnehmungsfeld) und tatsächlicher Wahrnehmung (dem wahrgenommenen Feld). Dabei spielt ein Teil des Wahrnehmungsfeldes eine besondere Rolle: der Bereich, der sich auf die Selbstwahrnehmung bezieht. Dieser Teil bildet sich als eine feste Struktur heraus, der eine »Pförtner-Funktion« zukommt. Neue Wahrnehmungen werden durch dieses Selbst gefiltert: Solche, die nicht mit der Struktur des Selbst übereinstimmen, werden geleugnet, verdrängt oder verzerrt. Dabei besteht das Selbst aus bewerteten Wahrnehmungen und Erfahrungen (wie z. B. »ich liebe meine Eltern«); Wahrnehmungen von andersartigen Impulsen (wie z. B. von Haß oder Aggression gegen die Eltern) werden in einem solchen Fall verzerrt.

Rogers entwickelte neben dieser Theorie der Wahrnehmung und Wahrnehmungsverzerrung auch eine Motivationstheorie. Danach ist der Mensch durch drei Bedürfnisse gekennzeichnet. Angeboren ist ein »organismischer Bewertungsprozeß«, der auf psychisches Wachstum, Entwicklung und Selbstverwirklichung ausgerichtet ist. Erfahrungen, die dieser Tendenz entsprechen, werden als positiv, solche, die ihr widersprechen, als negativ bewertet. Weiterhin hat jeder Mensch ein Bedürfnis nach positiver Zuwendung. Dieses Bedürfnis kann in Konflikt mit der durch den organismischen Bewertungsprozeß getragenen Tendenz zur Selbstaktualisierung geraten. Unter solchen Umständen kann das Bedürfnis nach Zuwendung die organismische Bewertung und damit die Selbstverwirklichung übertreffen. Hier gilt wieder, daß Erfahrungen, die dem Bedürfnis nach Wertschätzung entsprechen, gesucht werden, und solche, die ihm widersprechen, vermieden werden. Aus dem Bedürfnis nach Wertschätzung entwickelt sich das Bedürfnis nach Selbstwertschätzung. Damit ist eine Instanz gemeint, die nun unabhängig von den Bewertungen nur sich selbst bewertet. Entwicklungspsychologisch betrachtet handelt es sich um eine Internalisierung der Werthaltungen, die durch das Bedürfnis nach Wertschätzung sozial vermittelt werden.

Inkongruenz von Erfahrung und Bewertung und damit die Verzerrung, Verdrängung oder Verleugnung von Erleben entsteht dann, wenn die Selbstwertschätzung in Widerspruch zum organismischen Bewertungsprozeß gerät: Dann werden Wahrnehmungen ausgeblendet und Verhaltensweisen realisiert, die der Selbstverwirklichung entgegenstehen. Damit ist bereits im Keim eine psychische Störung vorhanden, die im wesentlichen aus einer unangemessenen Selbstwahrnehmung und -bewertung sowie aus einer verzerrten Sicht der Welt besteht. Wird die Inkongruenz größer, entwickeln sich psychische Störungen, die einen Zusammenbruch (und nicht nur eine Fehlorganisation) des Selbst und der Verhaltenssteuerung bewirken können.

Diese Konzeption der Entwicklung von psychischen Störungen erinnert an manche Vorstellungen der Psychoanalyse. Auch Rogers arbeitet mit den Konzepten des Unbewußten, der Abwehr und der Verdrängung, auch wenn er auf die offensichtliche Verwandtschaft mit psychoanalytischen Konzepten nicht eingeht. Über die Psychoanalyse hinausgehend aber sind Rogers' Vorstellungen von der Freiheit der Person. Jeder Mensch hat prinzipiell die Freiheit der Wahl. Auch schwer gestörte Personen können diese Freiheit wiedererlangen, unter Bedingungen, wie Rogers sie in seiner Veränderungstheorie beschrieben hat. Der Mensch ist keine Reiz-Reaktionsmaschine, wie es der Behaviorismus konzipiert, ist auch nicht von irrationalen Trieben bestimmt und auch nicht auf immer Opfer vergangener Kindheitserfahrungen und Frustrationen. Im Gegensatz zum Freudschen Pessimismus betont Rogers, daß der Mensch von Natur aus gut, konstruktiv, zuverlässig und vertrauenswürdig ist; erst Erziehung und andere soziale Einflüsse können ihn diesen angeborenen Tendenzen entfremden.

Das Ziel der Therapie ist der sich voll entfaltende Mensch, die »fully functioning person«. Diese ist nach Rogers durch folgende Merkmale und Fähigkeiten gekennzeichnet:

Sie ist offen gegenüber allen Erfahrungen, d. h. alles, was sie erlebt, ist ihr auch bewußt zugänglich. Sie ist durch keinerlei Verteidigungshaltungen behindert, die zu einer Verzerrung ihrer Erfahrungen führen würden. Im Sinne der Rogersschen Begriffsbildung ist sie kongruent.

Neben dieser Wahrnehmungs- und Erlebensfähigkeit ist eine solche Person flexibel in ihren Bewertungen. Es gibt keine starren Bewertungsgrundsätze, jedes Erleben wird neu und entsprechend den jeweiligen Bedürfnissen bewertet. Die Person ist offen für neue Erfahrungen und damit anpassungs- und assimilationsfähig.

Die Person ist autonom, sie erfährt sich selbst als Maßstab ihres Verhaltens, sie hat Vertrauen zu ihrem organismischen Bewertungsprozeß. D.h. sie folgt nicht starren Verhaltensregeln oder Normen, sondern ihrer Fähigkeit, innere Impulse wahrzunehmen und zu deuten: Im Kontakt mit ihrem eigenen Erleben macht sie die gefühlten Bedeutungen zur Grundlage ihrer Verhaltensentscheidungen.

Rogers betont in seinem Buch »Entwicklung der Persönlichkeit«, daß der sich voll entfaltende Mensch nicht so sehr durch feste Persönlichkeitseigenschaften, sondern durch Prozesse gekennzeichnet ist. Er bezeichnet sie als (Rogers, 1976, 7):

Abkehr von Fassaden
Abkehr vom »Eigentlich sollte ich«
Aufhören, anderen zu gefallen
Entwicklung zur Selbstbestimmung
Entwicklung zum Prozeß-Sein
Entwicklung zur Komplexität
Entwicklung zur Erfahrungsoffenheit
Entwicklung zum Akzeptieren anderer Menschen
Entwicklung zum Selbstvertrauen.

Hier finden wir eine der Wurzeln der Gestalttherapie, deren Menschenbild ebenfalls durch die Akzentuierung der Prozeßhaftigkeit gekennzeichnet ist.

Die Wirkung – Relevanz und Kritik

Periodisch spricht man immer wieder von der Krise der akademischen Psychologie: Der Verdacht wird laut, sie antworte auf Fragen, die niemand gestellt hat, und gebe somit Antworten, die niemanden interessieren (Dörner, 1983). Umgekehrt ließe sich annehmen, daß eine Psychologie – oder Psychotherapie –, sofern sie gesellschaftliches Interesse findet, auf viele Fragen Antworten geben müsse, wobei sowohl Fragen als auch die Antworten interessieren sollten.

Im Falle des Rogersschen Ansatzes gilt wohl beides. Die Rogerssche Therapie und Ideologie hat sich sowohl in der akademischen Welt als auch im Alltagsdenken durchgesetzt. Das ist eigentlich verwunderlich: Denn der Klientenzentrierten Psychotherapie fehlt das Magische, das Besondere, das ihr zum einen besondere Professionalität und zum anderen besondere Attraktivität geben könnte.

Klientenzentrierte Psychotherapie unterscheidet sich auf den ersten Blick nicht allzusehr von Alltagskommunikation, sie bietet kein besonderes Arrangement, keine Rituale, wie etwa die Psychoanalyse, die Gestalttherapie oder das Psychodrama, die damit eindeutig als »Heilverfahren« wahrgenommen werden können.

Was macht nun die Klientenzentrierte Psychotherapie attraktiv, worauf antwortet sie? Um diese Frage zu beantworten, muß etwas weiter ausgeholt werden.

Virilio (1980) sieht in der zunehmenden Geschwindigkeit einen Ausdruck heutigen Lebens: Alles wird schneller, die physischen wie auch die psychischen Bewegungen, das Auf und Ab der Moden. Die Flugzeuge fliegen in zweieinhalb Stunden von Paris nach New York, der Wechsel der Anzüge und Kleidungen überschlägt sich: Ein Banker, tagsüber im BOSS-Anzug mit Krawatte, ist am Abend im Punker- oder Macho-Outfit nicht mehr von den Zuhältern, den antibürgerlichen Rebellen, zu unterscheiden.

Auch die soziale Welt, einst statisch, unverrückbar und geordnet, ist in immer schnellere Bewegung geraten; sie ist wie ein Karussell, dessen Beschleunigung zunimmt. Nicht von ungefähr sind es heute gerade die »Un«-Begriffe, die sich am besten zur Kennzeichnung der gesellschaftlichen Situation eignen: die Unwirtlichkeit unserer Städte, die Unübersichtlichkeit der kulturellen Entwicklung, die Ungewißheit und die Undeutlichkeit der Zukunft.

David Riesman hat in bezug auf Persönlichkeiten eine anschauliche Beschreibung dieser Veränderungen, hin zur Ungewißheit gegeben. Danach entspricht jeder Gesellschaft ein Persönlichkeitstyp: Die moderne Industriegesellschaft z. B. hat einen Persönlichkeitstyp hervorgebracht, den Riesman als außengeleitet beschreibt. Er hat eine »Antenne« auf dem Kopf, um die Signale der neuesten Trends und Moden aufzunehmen. Dennoch ist die Sache, psychologisch betrachtet, etwas komplizierter. Auch die Antennen-Menschen brauchen Selbstvergewisserung, die nicht isoliert, sondern über Kommunikation, über das Gespräch und die Deutung der Ereignisse im Gespräch hergestellt wird. Denn die Signale sind nicht eindeutig – und wie soll unter der Vielzahl widersprüchlicher Deutungen und Ansichten ausgewählt werden?

Die Herstellung von Gewißheit setzt zweierlei voraus: soziale Zusammenhänge, in denen sich Gesprächspartner finden lassen, und hinreichende Verstehens- und Verständigungsmöglichkeiten. Was aber macht Verstehen möglich? An keiner Stelle geht Rogers auf diese für ihn grundlegende Problematik ein. Es ist deshalb ein Exkurs auf A. Schütz notwendig, einen deutschamerikanischen Soziologen, dessen Ausführungen weiterhelfen können.

Schütz (1971) geht von der Frage aus, wie Verstehen und Verständigung überhaupt möglich sind. Die Antwort scheint einfach: Notwendig sind gemeinsam geteilte Wissensbestände, mit deren Hilfe eine übereinstimmende Interpretation des anliegenden Gesprächsgegenstandes erfolgt. Allerdings: Die Übereinstimmung der zur Anwendung kommenden Wissensbestände ist nie vollständig und immer nur zu praktischen Zwecken erreichbar. Notwendig ist, daß die Übereinstimmung der Sichtweisen, d. h. der Deutungsmuster, ebenso wie die Austauschbarkeit der Perspektiven unterstellt wird. Es handelt sich hierbei um praktische Idealisierungen, die aller Verständigung vorausgehen und die, obwohl in Wirklichkeit nie vorhanden, Grundbedingung für jede Kommunikation sind.

Schütz geht davon aus, daß bei der Kommunikation alle Einzigartigkeiten und Besonderheiten, die das Wissen und die Interessen eines Menschen prägen, außer acht gelassen werden. Relevant ist nur die »Schnittmenge« der Wissensbestände, d. h. das gemeinsam geteilte Wissen, das zur Anwendung kommt. Vorausgesetzt ist dabei eine gemeinsame Aufmerksamkeitsausrichtung und eine gemeinsame Deutungsmöglichkeit dessen, was thematisch relevant ist.

Allerdings entwertet eine Gesellschaft, die in verschiedene Lebenswelten oder Kulturen zerfällt – wo auch der einzelne zunehmend in verschiedenen Welten lebt, soziale Beziehungen flüchtiger werden und Mobilität und Geschwindigkeit des Wechsels das Andauern von Gewißheiten unmöglich machen –, nicht nur vorhandenes Orientierungswissen, sie macht auch die soziale Produktion von Orientierungswissen immer schwerer: Das Wissen ist nicht mehr allen gemeinsam. Wer kann für mich, für meine Lebensfragen Experte sein? Wer kann verbindliche Richtlinien, Normen und Werte aufzeigen, an denen ich mich orientieren kann? Der Mensch wird so auf sich selbst zurückgeworfen. Daraus resultieren Anforderungen an den Menschen, die der Klientenzentrierten Psychotherapie eine besondere Rolle bei der Verständigung und dem Sich-Selbst-Verständlich-Machen einräumen (siehe dazu auch Gilles, 1987):

Die Zerreißung von Lebenswelten und die sich daraus ergebende zunehmende Individualisierung des Menschen birgt auch die Gefahr der Desorientierung. Das Leben selbst ist zerstückelt in verschiedene Räume und Seinsweisen (modern: Szenen), und darüber hinaus drängt die Vermassung – die Kehrseite der Individualisierung – sinnerfüllte Lebenskonstruktion in die Enklaven von Hobbies und Freizeitbeschäftigungen (Cohen und Taylor, 1978). Wo Tun keine Basis der Vergewisserung der Identität mehr ist, da übernimmt diese Aufgabe das Denken und die Zusammenschau im Gespräch. Identitätsarbeit wird Gesprächsarbeit.

Für die Verständigung bleibt, um Sinn zu bilden, nur das Miteinander-Reden. Ein Beispiel für solche Sprechgemeinschaften sind Ehen: Beide Partner haben durch unterschiedliche Berufe und Anstellung getrennte Lebenswelten, und nur im gemeinsamen Gespräch können die verschiedenen Erfahrungen miteinander geteilt werden, kann aus den Ereignissen Sinn gemacht werden (Berger und Kellner, 1965).

Bestätigung von Lebenssinn setzt aber dichte Beziehungen voraus, und solche werden immer seltener. Aus der sozialen Einsamkeit aufgrund von sozialer Mobilität folgt auch eine kognitive Einsamkeit. Viele Menschen haben niemanden, der mit ihnen vertrauensvolle und »Sinn«-produzierende Gespräche führt.

Schließlich verlangt die permanente Veränderung der Gesellschaft eine »offene« Persönlichkeit; eine, die ihre Einstellungen, Werte und Überzeugungen ständig überprüft und verändern kann, die fähig ist, Unsicherheiten, Ungewißheiten und Konflikte als Normalfall zu ertragen.

Rogers' Ansatz ermöglicht nun, Selbstgewißheit unter diesen Bedingungen zu produzieren: Indem das Gespräch als Erfahrungsrekapitulation eine flexible und unabhängige Organisationsform erhält, die letzte Instanz moralischen Urteils wird und die Person sich selbst gegenüber Vertrauen und Glaubwürdigkeit erfährt.

Bei Rogers hat der Therapeut eine besondere Stellung, er verkörpert nicht einen Experten, der dem Klienten sagen kann, wie dieser sein Leben leben soll. Er weist vielmehr den Klienten in eine besondere Frage- und Selbstreflexionsform ein, durch die er sich selbst besser verstehen lernt. Denn: Selbstexploration ist ein Monolog, der den Klienten, wenn er die Therapiebeziehung des einfühlenden Verstehens, der Echtheit und der Wertschätzung gegenüber sich selbst praktizieren gelernt hat, unabhängig von der Bestätigung durch andere macht.

Gleichzeitig macht sich der Klient frei von Normen und sozialen Bewertungen, er lernt seine eigenen Gefühlsbedeutungen zur Richtschnur seines Verhaltens zu machen. Er wird damit offener und ist besser gerüstet, mit neuen Situationen fertigzuwerden. Damit kommt es andererseits zu einem Realitätsverlust: Da nur noch die innere Realität zählt – die Gefühlsbedeutungen –, wird alles, was darüber hinausweist, nichtig. Da alles am eigenen Gefühl gemessen wird, gerät die Wahrhaftigkeit (des Fühlens) zum alleinigen Maßstab. Aber die Wahrheit von Tatsachen und Richtigkeit von sozialen Normen zur Steuerung des Verhaltens lassen sich via Wahrhaftigkeit nicht beurteilen.

Literatur

Gilles, A., Gesprächspsychotherapie, in *Zygowski, H.* (Hrsg), Psychotherapie und Gesellschaft. Reinbek: Rowohlt, 1987

Rieger, A. und *Schmidt-Hieber, E.*, Gesprächspsychotherapie, in *Grunwald, W.* (Hrsg.), Gesprächspsychotherapie. München: Fink, 1979

Rogers, C. R., Entwicklung und gegenwärtiger Stand meiner Ansichten über zwischenmenschliche Beziehungen, in *EWG* (Hrsg.), Die klientenzentrierte Gesprächspsychotherapie. München: Kindler, 1975

Die konditionierungstheoretischen Störungsmodelle der Verhaltenstherapien

Ursprünge

Über behavioristisch-funktionalistisches Denken als Ausdruck einer Gesellschaft, die der Illusion des »Machbaren« verfallen ist, ist schon viel gesagt und geschrieben worden. Auch daß diese Denkweise hauptsächlich in den USA entwickelt worden ist, erscheint nicht als Zufall. Wenn einerseits die Humanistische Psychologie als »beschwörender Gegenzauber« gegen die Vereinnahmung des Menschen durch übermächtige Technologien und unkontrollierbare Gesetze des Gesellschaftlichen erscheint, dann könnte man andererseits den Behaviorismus als sozusagen »naiven Vollstreckungsgehilfen« von Kontrolle und Machbarkeit ansehen.

In Angleichung an Technik und Naturwissenschaft wurde die Vorstellung vom »homme machine« wiederbelebt und die Hoffnung genährt, es werde gelingen, auch komplexe menschliche Verhaltensweisen durch Kenntnis der Lerngesetze so zu entschlüsseln, daß exakte Vorhersagen wie etwa in den Naturwissenschaften möglich würden. Watson, der amerikanische Begründer des Behaviorismus, hegte einen naiven Glauben an die Möglichkeiten der Weltverbesserung über die »bessere« Konditionierung von Menschen. Das folgende Zitat illustriert dies in einer für die heutige Zeit bizarr anmutenden Weise: »Das Universum wird sich ändern, wenn ihr eure Kinder in behavioristischer Freiheit aufzieht... Werden nicht diese Kinder ihrerseits mit ihren besseren Lebensgewohnheiten und Denkweisen unsere Gesellschaft ersetzen und ihre Kinder in einer wissenschaftlich noch fundierteren Weise erziehen, bis die Welt schließlich ein Platz wird, wo wahre Menschheit wohnen kann?« (1930)

Behaviorismus war in den zwanziger und dreißiger Jahren nicht nur eine Wissenschaftsauffassung, sondern eine Art Religion. Thomä (1977) bringt in seinem Buch »Psychologie in der modernen Gesellschaft« eine ganze Reihe von Anekdoten und Festreden-Zitaten, die dies eindrucksvoll belegen.

Neben dem »Machbarkeitsglauben« – ein Pendant zur Technik-Entwicklung – nennt Thomä als Grund für diese stark ideologisch gefärbte Begeisterung den amerikanischen Unabhängigkeitstraum. Nachdem Psychologie als europäischer Import Psychologie des inneren Erlebens gewesen war, wollten junge Amerikaner sich davon radikal absetzen. Der Behaviorismus ist eine »Revolte« gegen die »Alten«, die immer wieder gläubig nach Europa gepilgert waren, um sich dort belehren zu lassen. Watson ist ein junger, durch und durch amerikanischer Wissenschaftler – er verkündet eine typisch amerikanische Lehre. Hofstätter sieht außerdem als eine weitere Ursache für die begeisterte Aufnahme des Behaviorismus in den USA dessen Verwandtschaft mit dem calvinistisch-puritanischen Denken, wo es auf das *Tun* und nicht auf die *Reflexion* ankommt. Gerade die calvinistische Variante des Protestantismus ist es ja, die in den USA vorwiegend Fuß gefaßt hat. Die Früchte des Tuns – nicht etwa das differenzierte Gebetsleben oder fromme Meditation – zeigen, daß man von Gott gesegnet ist. Als einen weiteren Grund für die Behaviorismusbegeisterung nimmt der Wissenschaftstheoretiker Sigmund Koch an, daß die behavioristische Variante der Psychologie mit ihrer starken Betonung des Tierexperiments gerade für jüngere Privatuniversitäten förderungswürdiger gewesen sei als eine Geisteswissenschaft. Bei Neugründungen gar wurde sie nur dann in den Fächerkanon aufgenommen, wenn sie mit Käfigen, Laborräumen etc. auf ihre Zukunft als Naturwissenschaft, in deren Gefolge sich natürlich auch Technologien einstellen sollten, hinweisen konnte.

Das klassische Modell

Der Begriff »Verhaltenstherapie« (VT) wurde 1953 in den USA erstmals verwendet (Lindsley, Skinner und Salomon), aber davon unabhängig entstanden Ende der fünfziger Jahre in England und in Südafrika um Personen wie Shapiro, Yates, Eysenck, Wolpe, Lazarus und Rachman wissenschaftliche Zentren verhaltenstherapeutischer Forschung, wo jeweils andere methodische Vorgehensweisen favorisiert wurden. Der gemeinsame Begriff »Verhaltenstherapie« war daher schon zu Beginn ein Sammelname für recht unterschiedliche therapeutische Methoden. Dies ist heutzutage noch sehr viel ausgeprägter – bei manchen Ansätzen (speziell den kognitiv-behavioralen) fällt es schwer, noch irgendeinen Zusammenhang mit den ursprünglichen Grundsätzen der VT zu sehen.

Was ist dieser gemeinsame Nenner? Warum hat die VT in den sechziger und frühen siebziger Jahren für eine kleine Revolution im Bereich der Psychotherapie gesorgt? Es gibt natürlich viele Beschreibungen der VT, engere und weitere – sie reichen von der Behauptung, VT sei die »Anwendung« von experimentell gewonnenen Lerngesetzen (Eysenck, 1960), über die Forderung, sie solle sich »aller« Erkenntnisse der experimentellen Psychologie bedienen (Kanfer und Phillips, 1970), bis hin zu der weitherzigen Aussage, sie möge »offen« sein für Grundlagenforschung und »alle empirisch verifizierbaren Mittel und Konzepte im Sinne der bei einer Störung postulierten Zusammenhänge... einsetzen« (Braun und Schermer, 1985).

All diese unterschiedlichen Aussagen verbindet offensichtlich das Vertrauen in die akademisch-psychologische Grundlagenforschung, die imstande sein könnte, die Entstehung psychischer Störungen (und deren Behebung) so zu erklären, daß sie den im Labor gewonnenen Befunden entspricht. (In welcher Weise dies die therapeutischen Vorgehensweisen beeinflußt hat, soll im Kapitel über therapeutische Methoden erörtert werden.)

Es sind aber vermutlich weniger die einzelnen therapeutischen Methoden, die verhaltenstherapeutisches Denken ins Zentrum vieler heftiger Auseinandersetzungen gerückt haben, als ihr Störungsmodell. Viele verhaltenstherapeutische Methoden sind im Alltagssinn recht »vernünftig« und hätten vermutlich wenig Kontroversen ausgelöst. Was wirklich als »Zündstoff« wirkte, war Eysencks polemischer Satz: »Das Symptom *ist* die Neurose« oder »Heile das Symptom, und du hast die Neurose geheilt« (1960). Tiefenpsychologen und Humanistische Psychologen aller Richtungen mußten sich durch diese pointierten Aussagen (die in dieser Schärfe heutzutage kein Verhaltenstherapeut mehr unterschreiben würde!) herausgefordert fühlen. Sie warfen alles über den Haufen, was über den Zusammenhang von psychischem Symptom und irgendeinem »dahinter« liegenden Agens (Konflikt, falsche Selbstwahrnehmung... etc.) in den letzten Jahrzehnten gedacht worden war. Was sie besagten, war ganz einfach, daß ein »Symptom« (man ersetzte den Ausdruck konsequenterweise durch »gestörtes« oder »dysfunktionales Verhalten«) nichts anderes war als irgendeine x-beliebige gelernte Verhaltensweise (wie z. B. das Flötenspielen oder Zähneputzen); daß sie als »störend« erlebt wurde, war in ihrer Dysfunktionalität (oder auch in sozialen Konventionen) begründet, hatte aber nichts mit den Lernprozessen *an sich* zu tun. Es war durch irgendwelche ungünstigen Umstände (durch respondentes oder operantes Bekräftigen) eben ein Verhalten konditioniert worden, das Unbehagen verursachte. Im Prinzip war dieses »falsche« Verhalten aber nichts anderes als z. B. falsch gelerntes Klavierspielen. Therapie war dann ein »Umlernen«: Man setzte bessere Bekräftiger für gewolltes (antagonistisches) Verhalten ein, »löschte« Verhaltensweisen durch Strafe oder entzog die Bekräftiger, die bisher an der »falschen« Stelle gewirkt hattten. Dies setzte eine subtile Analyse des gezeigten »gestörten« Verhaltens voraus, war aber im Prinzip nichts anderes als etwa das Erlernen einer neuen Anschlagmethode am Klavier, wenn die alte sich als schlecht erwiesen hatte!

Man mußte also, befaßte man sich mit psychischen Störungen, nicht mehr die oftmals schwer faßbaren »wahren« Ursachen der psychischen Störung suchen, sondern die Bedingungen ihres Auftretens herausfinden. Natürlich zog daher die Verhaltenstherapie sofort das Etikett »oberflächliche Symptomkuriererei« auf sich.

Darüber hinaus wurde eine weitere Besonderheit zum Ärgernis – sie entstammt allerdings einem Mißverständnis. Dem etwas irreführenden Namen »Behavior therapy« (was an den klassischen Watsonschen Behaviorismus erinnerte) entsprechend wurde angenommen, daß die VT sich wirklich nur mit »beobachtbarem Verhalten« beschäftige und alle inneren Zustände als unerkennbar (Black-box-Modell*) nicht weiter beachte. Dies hat nie gestimmt – ist doch schon ihre erste »berühmte« Methode, die Systematische Desensibilisierung*, darauf angewiesen, Menschen über innere Zustände – nämlich die Intensität ihrer wahrgenommenen Angst – genauestens zu befragen. Allerdings – und dies setzt auch die Behandlung von innerem Erleben in ein anderes Licht – war auch der Umgang mit inneren Zuständen (Gefühle, Gedanken) ein anderer als der bisher übliche. Es wurde (und wird) versucht, inneres Erleben in möglichst gut operationalisierbares Verhalten (Gedanken in bestimmte innere Sätze z. B.) zu »übersetzen« oder zumindest (wie etwa bei Gefühlszuständen) psychophysiologische Begleitumstände zu messen. Die so gewonnenen Berichte über inneres Erleben sind einer quantifizierenden Kontrolle besser zugänglich als qualitativ noch so differenzierte Beschreibungen ohne ein strukturierend-operationalisierendes Moment. (Es wird also z. B. die »Häufigkeit« selbstabwertender Gedanken bestimmt und an deren Veränderung der Erfolg der Therapie gemessen.) Das heißt: Inneres Erleben wird möglichst nahe an beobachtbares Verhalten gebracht und dementsprechend auch ähnlich behandelt. Es ist diese objektivierende (distanzierende) Vorgehensweise dem privaten Erleben gegenüber, die der VT den Ruf eingebracht hat, »kalt« und »unempathisch« zu sein – ein Ruf, der offensichtlich falsch ist, wenn man das therapeutische Verhalten der Verhaltenstherapeuten beobachtet (Sloane, 1975).

Das ursprüngliche (»klassische«) Störungsmodell der VT berief sich auf die zwei bekanntesten Formen des Konditionierens: das respondente* und das operante*. Gestörtes Verhalten war das Produkt eines der beiden Lernvorgänge oder eine Kombination beider. Ausgehend von Pawlows Experimenten mit Hunden, die er neurotisierte, indem er sie heftigen aversiven Reizen oder Konflikten aussetzte und so durch klassische Konditionierung* vorher neutrale Stimuli zu angstauslösenden machte, und vertraut mit der »Little-Albert«-Studie von Watson, erklärte man vor allem phobische Zustände als Produkt der klassischen Konditionierung. Watson hatte einen kleinen Jungen (»Little Albert«) dahin gebracht, sich vor einem weißen Kaninchen zu fürchten, indem er gleichzeitig mit dem Kaninchen angsterzeugende Geräusche produzierte – ein Experiment, das offensichtlich nicht replizierbar ist. Mowrer (1960) versuchte in seiner »Zwei-Faktoren-Theorie« darzulegen, weshalb diese Angst-Konditionierung nicht – wie im Labor – schnell wieder verschwand. Er nahm dazu das operante Modell als Stützsystem: Danach führt die Angstreaktion (als konditionierte Form der Schmerzreaktion) zum Vermeiden der Angstquelle. Diese Vermeidung wirkt angsthindernd und stellt somit eine negative Bekräftigung für das Vermeidungsverhalten dar. Kennzeichen der Phobie* ist demnach das nichtadaptive Vermeidungsverhalten.

Wenngleich dieses Modell längst nicht alle empirischen Beobachtungen im Zusammenhang mit Neurosen im allgemeinen und mit Phobien im besonderen erklären kann, hat es doch bis heute infolge seines hohen Plausibilitätsgrades wegweisende Bedeutung.

Rachman und Bergold (1976) haben später in einer ausgefeilten Theorie der Phobie versucht, die Mängel der Mowrerschen Theorie zu beheben. Ihre integrative Theorie zeigt meiner Meinung nach in paradigmatischer Weise die Entwicklung des verhaltenstheoretischen Störungsdenkens auf: Neben dem respondenten und operanten Modell verwenden sie sozial-kognitive (Bandura) und kognitive Theoriebestandteile. Sie zeigen alternative Möglichkeiten der Entstehung einer Phobie auf: durch einfache klassische Konditionierung auf der Basis traumatischer Ereignisse, vieler subtraumatischer Ereignisse oder auch durch Konflikte. Das Modell zeigt ferner, wie durch kognitive Vermittlung diese Angstreaktionen aufrechterhalten werden, und ebenso zeigt es, wie Generalisierungen stattfinden, wobei übrigens auch der Gedanke der symbolischen Vertretung einer Reizkonstellation durch eine andere eine Rolle spielt. Es gibt heutzutage kaum Verhaltenstherapeuten, die ohne ein Modell der kognitiven Vermittlung in ihren Störungstheorien auskommen.

Wenngleich Phobien sicher am häufigsten untersucht wurden, so beschränkte sich die Anwendung der Störungstheorie doch nicht nur darauf. Depression, Zwänge, Ticks, Enuresis: Alle diese Störungsformen wurden mit den oben genannten Lernmodellen zu erklären versucht. Bei der Depression gab es schon in früher verhaltenstherapeutischer Zeit (Ferster, 1973, Lewinsohn, 1974) Überlegungen, die den »Verstärkerverlust« durch ein reales Verlusterlebnis betrafen; dadurch wird die Aktivitätsrate gesenkt, woraufhin ein Circulus vitiosus von Passivität und weiter absinkender Verstärkerrate einsetzt. Natürlich ist damit nur ein kleiner Teil depressiven Verhaltens zu erklären, weshalb später kognitive Modelle wesentlich größere Bedeutung erlangten.

Wichtiger als »allgemeine« Störungsätiologien waren und sind allerdings im verhaltenstheoretischen Lager die jeweils individuellen Herleitungen des aktuell gestörten Verhaltens aus den auslösenden Situationen und den aufrechterhaltenden Konsequenzen. Es gibt daher relativ wenige Monographien über einzelne Störungsbilder, hingegen ziemlich viele Einzelfalldarstellungen.

Erweiterungen des klassischen Modells (Kognitive Verhaltenstherapie)

Seit Mitte der siebziger Jahre werden bei den Verhaltenstherapeuten immer mehr Überlegungen zur Rolle der kognitiv-emotionalen Prozesse angestellt. Hatte man vorher Kognitionen und Emotionen einfach in derselben Weise behandelt wie offenes (beobachtbares) Verhalten (Mahoney, 1974, spricht hier von einer – falschen – »Kontinuitätsannahme«), so wurde jetzt versucht, die Eigenart des Denkens und Fühlens gegenüber den »konditionierbaren« motorischen und physiologischen Reaktionen zu betonen. Kybernetische Modelle z. B. stellten die wichtigen Rückmeldungen dar, die Kognition, Emotion und Motorik miteinander verbinden. Mahoney (1974) verwies zudem auf die kreativen und spontanen Qualitäten kognitiver Vorgänge. Ihm vor allem ist es zu verdanken, wenn die VT dem Geruch der »Konditionierungstherapie« entkommen konnte und – was für die Identität der Verhaltenstherapeuten immer wichtiger wurde – dadurch das Denken im strengen S-R-Modell* (Stimulus-Response) verlassen wurde zugunsten eines empathischen Gesprächsstils, der Äußerungen über Gefühle, Erinnerungen und Phantasien zuließ.

Immer wieder betonte man die Wichtigkeit kognitiver/emotionaler Gegebenheiten auch bei der Entstehung von Störungen – meist angelehnt an die Kognitiven Therapeuten Ellis und Beck.

Die Durchsicht amerikanischer und deutscher Lehrbücher (Mahoney, 1980; Bastine, 1984; Caspar, 1989a; Heyden u. a., 1986, u. a. m.) aus den achtziger Jahren erbringt zwar viele verfeinernde und ergänzende Feststellungen über den Zusammenhang von Kognition/Emotion und Verhalten, aber keine wirklich neuen Konzepte – weder über die Störung noch über die Therapie.

Es gilt nun als unumstritten, daß Störungen auch in fehlgeleiteten Kognitionen/Emotionen ihre Ursache haben und daß die »falschen« Verhaltensweisen damit in einer durch vielerlei Rückkoppelungsprozesse verbundenen Art und Weise in Beziehung stehen. In diesem allgemeinen Rahmen wurden und werden immer wieder ältere oder neuere kognitive Theoriebestandteile bemüht, um das Entstehen psychischer Störungen plausibel zu machen, so z. B. die Dissonanztheorie von Festinger oder die sozial-kognitive Theorie von Bandura. Kognitive Dissonanz wird von Festinger als motivierender Faktor angesehen, der den Menschen dazu »dränge«, Konsonanz herzustellen. Den Ursprung psychischer Störungen sieht man daher in Entscheidungsprozessen über Handlungsalternativen, denen oftmals unvereinbare Kognitionen zugrunde liegen. (Beispiel: Naher Kontakt zu anderen = Einschränkung der individuellen Freiheit. Sowohl Kontakt als auch Freiheit sind angenehm, aber unvereinbar.) Die Entscheidung führt dahin, daß nun die aversiv anmutende, angsterzeugende Dissonanz auf (meist) kognitivem Weg eliminiert werden muß. (Es kann z. B. eine Ideologie des »Lonely Wolfe« entwickelt werden.) Diese dissonanzreduzierenden Kognitionen führen zu einer Reihe (sich unter Umständen selbst verstärkender) Verhaltensweisen, deren dysfunktionaler Charakter aber wiederum zu neuen Beschwerden führt.

Banduras (1979) Beitrag zu Störungsvorstellungen wiederum beruht auf Beobachtungen, daß psychische Störungen über das Modellernen, d. h. durch »Ansteckung«, weitergegeben werden (phobische Mütter haben z. B. häufig sehr ängstliche Kinder), sowie auf der Feststellung, daß schon die Antizipation eines Ereignisses genügt, um Ängste und entsprechendes Vermeidungsverhalten hervorzurufen.

Wirkung und Bewertung

Verhaltenstheoretische (und auch kognitive) Störungsmodelle haben – zumindest in der BRD – wenig Einfluß auf das Alltagsdenken. Weder in der Literatur noch im Alltagsdenken über psychische Störungen wird von »Bekräftigern« oder »Auslösesituationen« gesprochen. Die stark formalisierte Sprache der Lerntheoretiker bedeutet hier sicher ein Hindernis; zum anderen kommen die Überlegungen der Lerntheoretiker und Kognitivisten – übersetzt man sie in Alltagssprache – den Vorstellungen des Alltagsmenschen so sehr entgegen, daß sie als »nichts Besonderes« angesehen werden. Allenfalls in besonders glücklicher und witziger Sprachverpackung geraten einige der darin verborgenen vernünftigen Weisheiten an den Leser (so z. B. in Watzlawicks »Anleitung zum Unglücklichsein«). Sie entbehren des »Überraschungsmoments«, das tiefenpsychologische Störungstheorien oft auslösen.

In der Fachwelt wird die Hinwendung zu den Kognitionen und Emotionen zwar immer wieder betont, da aber seit etwa fünfzehn Jahren kaum eine wirklich neue therapeutische Schlußfolgerung daraus gezogen wird, fragt sich, wo hier die Relevanz liegt. Es fällt auf, daß neuerdings – zumindest betrifft dies den Kreis um Mahoney, Lazarus und evtl. auch Davison – eine ganze Reihe von tiefenpsychologischen und sozialpsychologischen Konzepten verwendet werden, um Störungsphänomene und ihre therapeutischen Konsequenzen zu erfassen. So zeigen z. B. Meichenbaum und Butler (1980) in Anlehnung an die Arbeiten von Piaget auf, daß auch bei Erwachsenen unter Streß und Angst bestimmte formale Operationen nicht mehr ordnungsgemäß funktionieren. Sie verwenden dabei sogar explizit den Terminus »Regression«* und fordern entsprechende Hilfestellungen des Therapeuten, damit »erwachsenes« Funktionieren möglich wird. Dies erinnert jeden psychoanalytisch geschulten Therapeuten an die Narzißmustheorien und die Theorien der Ich-Analytiker (Blanck und Blanck, 1974, 1979), in denen jede psychische Störung *auch* unter dem Aspekt defizitärer Ich-Funktionen betrachtet wird. Die sehr viel längere Beschäftigung der Psychoanalyse mit diesen Problemen bringt es allerdings mit sich, daß dort schon sehr viel mehr an Erfahrungen gesammelt wurde, in welchen Bereichen, unter welchen Entwicklungsbedingungen Ich-Funktionen ausfallen, wie diese Ausfälle in der Therapie aussehen (z. B. welche Phänomene die nicht erreichte Objektkonstanz* hervorruft) und wie man darauf therapeutisch eingehen kann. Da Psychoanalytiker es gewohnt sind, sich vorwiegend mit der Erlebensseite des Psychischen zu befassen, fällt es ihnen außerdem leichter, Konflikte zwischen dem Denken und dem Erleben zu sehen, so daß sie nicht in den permanenten Trugschluß der Kognitivisten verfallen, psychische Störung als einen »Denkfehler« im engeren Sinn zu behandeln, sondern als ein Erleben, das so aussieht, als liege ein Denkfehler vor. (Natürlich denkt kein vollsinniger Erwachsener, daß sein Therapeut über das Wochenende auf Nimmerwiedersehen verschwindet; wohl aber kann er sich so fühlen, als ob dies der Fall sei, und dementsprechend irrational handeln.) Ob der Hinweis auf – zugegebenermaßen besser untersuchte – kognitive Theorien wie die von Piaget für das Störungsmodell und die Therapie wirklich substantiell Neues bringt, wäre erst noch zu beweisen.

Ähnlich geht es mit dem Konstrukt des »Unbewußten«. Mahoney, einer der vorsichtigen Befürworter dieses für Verhaltenstherapeuten dubiosen Wortes zur Erklärung psychischer Störungen (Mahoney, 1980), beläßt es allerdings bei Hinweisen auf »automatisierte« Gedankenabläufe (so, wie auch Beck es tut), etwa im

Sinne der Handlungsabläufe beim geübten Autofahrer oder der vielen einströmenden sensorischen Informationen, die nicht bewußt (und schon gar nicht verbal) registriert werden. Recht allgemein anmutende Hinweise darauf, daß viele unangepaßte Gedankenmuster und Denkgewohnheiten – von Kindheit an automatisiert (also nicht bewußt) – schwer zu identifizieren seien, liefern wenig Erkenntnisse: weder über die Art und Weise, wie psychische Fehlhaltungen und/oder Symptome entstehen, noch über ihre Korrekturmöglichkeit. (Letzteres wird bei den Verhaltenstherapeuten mit dem allgemeinen Hinweis abgetan, daß man Strategien entwickeln müsse, die den Klienten »zwingen«, seine Denkgewohnheiten zu rekonstruieren; dabei ist vermutlich an Therapien im Sinne von Ellis und Beck gedacht!) Auf diese Weise bleibt die Rede vom »Unbewußten« eine Leerformel und ähnelt dem Gebrauch dieses Wortes *vor* Freud (worauf Mahoney sich übrigens auch beruft). Sofern man sich das Unbewußte ohne eine bestimmte Dynamik vorstellt (z. B. die der Konfliktbearbeitung im Sinne der Psychoanalyse), wird damit eine Art von Negativ-Definition vorgenommen (»alles, was nicht bewußt ist«), die wenig zur Erklärung psychischer Störungen liefert.

Sicher gibt es heutzutage (zumindest in den deutschsprachigen Ländern) nur mehr wenige »klassische« Verhaltenstherapeuten. Erwachsene neurotische Klienten (speziell solche aus der Mittelschicht) sind schlecht motivierbar, wenn man nicht auch über ihre Gefühle, Gedanken, Weltanschauungen spricht. Die kognitive Variante der VT kommt diesen Klienten daher sicher entgegen. Unklar ist, ob die therapieleitenden Heurismen kognitiver Verhaltenstherapeuten wirklich dem kognitiv-lerntheoretischen Repertoire entstammen oder ob nicht sehr viele psychodynamische Ideen sich »einschleichen« – diesen Eindruck kann man zumindest aus Supervisionsgesprächen gewinnen, wo recht häufig auf »unbewußte Motive«, »Verdrängung*« oder »Verleugnung*« hingewiesen wird. Es ist aber fraglich, ob solche Konstrukte außerhalb eines psychoanalytischen Settings und ohne Zusammenhang mit einer psychosexuellen Entwicklungslehre wirklich sinnvoll sind.

Klassische Verhaltenstherapeuten haben sich schon sehr früh mit einer Klientel beschäftigt, die keinen Zugang zu den Praxen der Psychoanalytiker oder Gesprächstherapeuten hatte: mit Psychotikern, intellektuell Retardierten, schweren Angstneurotikern. Es gibt sowohl aus Erfahrungsberichten als auch aus der empirischen Forschung Hinweise darauf, daß unter den Bedingungen eingeschränkter Ich-Funktionen (sei es durch intellektuelle Hemmung, sei es durch extreme psychische Störung) die Transparenz und die klare Struktur des verhaltenstherapeutischen Vorgehens sinnvoll einzusetzen und vermutlich vielen anderen Vorgehensweisen überlegen sind. Zum Teil mag dies auch für die Behandlung kleiner Kinder gelten. Auch wenn die Störungsmodelle der klassischen VT (mitsamt den kognitiven Ergänzungen) hier wenig relevant sind, ist doch vermutlich bei der Behandlung die Beschränkung auf Auslösesituation und aufrechterhaltende Bedingungen einer Störung (ohne daß ihr »Sinn« aufgehellt würde) für viele schwer Gestörte angsterleichternd – zumindest legen die vergleichenden Therapieerfolgsstudien diesen Gedanken nahe. Ob und inwieweit hier Verhaltenstherapien und analytische Psychotherapien im Sinne der »Ichstärkung« oft ähnliche Wege einschlagen, ist zwar unklar, *daß* sie es tun, ließe sich aber mit einiger Plausibilität annehmen.

Empfehlenswerte Literatur zur konditionierungstheoretischen Therapie (VT und Kognitive Therapie)

Kanfer, F. H. und *J. S. Phillips:* Learning foundations of behavior therapy. New York: Wiley, 1970

Mahoney, M. J.: Kognitive Verhaltenstherapie. München: Pfeiffer, 1974

Mahoney, M. J. (Hrsg.): Psychotherapy process. Current issues and future directions. New York: Plenum Press, 1980

Schorr, A.: Die Verhaltenstherapie. Weinheim: Beltz, 1984

Yates, A. J.: Theory and Practice in behavior therapy. New York: Wiley, 1975

Kognitive Störungsmodelle

Ursprünge

Das Entstehen kognitiver Störungsmodelle wird zwar häufig quasi als »Ergänzung« der verhaltenstherapeutischen dargestellt, es ist aber zweifelhaft, ob wir es hier mit einer verhaltenstheoretischen Weiterentwicklung zu tun haben. Vielmehr muß in Betracht gezogen werden, daß sowohl Beck als auch Ellis Anfang bis Mitte der sechziger Jahre bereits grundlegende Ideen ihrer Theorie entwickelt hatten und daß beide von der Psychoanalyse und nicht von der Verhaltenstherapie (VT) herkamen. Erst später »merkten« sie, daß ihre Überlegungen mit denen der Verhaltenstheoretiker kompatibel (wenngleich auch nicht von diesen ableitbar) waren. So gibt es erstmals 1970 einen Artikel von Beck, der diese Zusammenschau in Betracht zieht. Die kognitiven Störungsmodelle entstehen also eher auf dem Boden eines Teils der amerikanischen Psychoanalyse als auf dem der Verhaltenstherapie. Ein Teil der amerikanischen Psychoanalyse hat in ihrer weitgehenden Verselbständigung der Ich-Analyse und einer vorsichtigen Abkehr von der Triebpsychologie einem Störungsmodell vorgearbeitet, in dem weniger verdrängte Es-Über-Ich-Konflikte den geheimen »Sinn« der Störung darstellen als vielmehr Defizite der Ich-Entwicklung. Die Weiterentwicklung dieser Überlegungen besteht in der Idee, daß schlechte Realitätsprüfung, ungenaue Wahrnehmung und falsche Verknüpfung von Denkinhalten die Ursache (und nicht die Folge) von Störungen seien. Wenngleich die Vorstellung von der »Unvernunft« als Ursache allen Übels nichts Neues darstellt (wir finden solche Überlegungen seit Descartes in der Geistesgeschichte Europas immer wieder), ist doch zu fragen, weshalb gerade in der historischen Situation der sechziger Jahre in den USA in Gestalt der »Kognitiven Therapie« neuerlich die »Vernunft« betont wird. (Daß sowohl Ellis als auch Beck u. a. immer wieder betonen, daß sie auch Emotionen in ihr Modell einbeziehen, ändert nichts am rationalistischen Herangehen an das Problem der Störung: Ist doch die Emotion bei beiden Theoretikern ein begleitender Abglanz der Kognition, eventuell sogar ein Epiphänomen und nichts Andersartig-Eigenständiges). R. Jacoby (1978) interpretiert das Aufkommen aller Therapierichtungen, die die prinzipielle Unvereinbarkeit von individuellen Bedürfnissen und gesellschaftlichen Forderungen nicht sehen wollen (wie es, seiner Meinung nach, nur die Freudsche Psychoanalyse tut), als Wegbereiter einer »Sozialen Amnesie«, die gesellschaftlich erzeugtes Leid und Ungerechtigkeit verdrängen möchte zugunsten einer optimistischen Weltsicht. Darin treten Vernunft und guter Wille, Appelle an Moral und individuelle Anstrengung an die Stelle derjenigen analytischen Kategorien, die die wahren Ursachen psychischer Störung freilegen könnten. Diese liegen für den freudo-marxistischen Denker Jacoby (der sich zur Kritischen Theorie der Frankfurter Schule rechnet) eben nicht im nur-individuellen Bereich, sondern im Zusammenhang von ökonomischen Bedingungen und deren individueller Verarbeitung.

Die USA haben es sich nach dem Zweiten Weltkrieg im System des Kalten Krieges und der naiven Verkündigung eigener Demokratievorstellung (wozu Vorbereitung und Beginn des Vietnam-Krieges gehörten) verbieten müssen, die wahren Gründe ihres politischen Handelns aufzudecken. Diese lagen vermutlich weniger im idealistischen Weltverbessern als im Drang zur Eroberung der Weltmärkte und der Eindämmung des kommunistischen Einflußbereiches. Eine Psychologie, die als reine Bewußtseinspsychologie »Darunterliegendes« nicht aufspürt, dient solchen Verdeckungsmanövern möglicherweise besser als eine psychoanalytische.

Auch wenn man Jacobys Erklärungsansatz als einseitig und überzogen ansehen mag, ist doch ein Zusammenhang zwischen dem westlichen restaurativen Klima der fünfziger und sechziger Jahre und der Dominanz einer ziemlich naiven Vernunftspsychologie einsichtig. Vordergründige Logik und der »Appell« an die Vernunft treten zu jener Zeit in vielerlei Formen an die Öffentlichkeit: so z. B. in Form einer anschwellenden Ratgeber-Literatur, wie man »glücklicher, reicher, erfolgreicher ...« wird, wobei schon vernünftige Einsicht in alles, was man bisher übersehen oder falsch gesehen hat, allein den Weg ebnet für einen Neu-Anfang. Daß Korrekturen, obwohl man die »Falschheit« bestimmter Gefühle und Verhaltensweisen – im Sinne eines gesellschaftlich erwünschten Mitmachens – erkennt, nicht gelingen mögen, wird dabei leicht übersehen.

Die Verbindung der Kognitiven Therapie zur VT ist also eine praktische, rein theoretisch ist sie nicht ganz schlüssig zu machen. Es ist leichter, in ihren theoretischen Ansätzen die psychoanalytische Herkunft festzustellen als diejenige von der streng empirisch-experimentell argumentierenden Verhaltenstheorie. Rein pragmatisch werden von den Kognitiven Therapeuten verhaltenstherapeutische mit kognitiven Therapiemethoden kombiniert. Dies entsprach wohl der wachsenden Praxiserfahrung beider Richtungen: daß man Verhalten ohne Kognitionen und Emotionen nicht »konditionieren« kann auf der einen Seite und daß ein rein logisches Argumentieren und Korrigieren auf der anderen Seite auch zu kurz greift. Dies spiegelt sich in den weiter unten dargestellten Störungsmodellen wider.

Im Gefolge der Kognitiven Psychologie, die mehr und mehr die aktive Gestaltung des Wahrnehmungsprozesses (anstelle des passiven Empfangens) in den Vordergrund stellt, wird auch in der Therapie das Subjekt als handelndes, die Umwelt gestaltendes und nicht nur als von der Umwelt geprägtes wahrgenommen. Außerdem wird betont, daß nicht die objektive Realität, sondern die subjektive Sicht der Dinge – also die Wahrnehmungsselektion und die Wahrnehmungsbewertung – entscheidend für das Verhalten sei. Die Ursachen psychischer Störung liegen nach Ansicht aller dieser Theoretiker in pathologischen Denkprozessen. Unterschiedlich ist allerdings, wie diese pathologischen/gestörten Denkprozesse konzeptualisiert werden. Falsches Denken führt zu gestörten Emotionen und gestörten Verhaltensweisen – dieser schlichte Ansatz ist allen kognitiven Theoretikern gemeinsam.

Die Theorie von Ellis

Einer der populärsten Vertreter der Kognitiven Therapie ist der ehemalige Psychoanalytiker Albert Ellis mit seiner Rational-Emotiven Therapie (RET). Denken und Fühlen sind, nach Ellis, ein einziger Prozeß, sozusagen die zwei Seiten einer Medaille. Man beobachtet dieses Ineinander am besten, wenn man sich darüber klar wird, wie oft Gefühle von inneren Monologen begleitet sind, wie diese Gedanken die Gefühle beeinflussen und umgekehrt. Dies ist die Grundtatsache, die zur sog. *ABC-Theorie* der psychischen Störung führt: Eine bestimmte *A*ctivity (Erfahrung) löst *B*eliefs (Überzeugungen) aus, woraus sich *C*onsequences (Konsequenzen) ergeben: meist sind es Gefühle, oft aber auch Verhaltensweisen. Normalerweise würde man meinen, daß die Aktion (»activating experience«) direkt das Gefühl auslöst. Dem ist aber nicht so. Es schiebt sich eben die Überzeugung (»belief«) dazwischen, die zum ausschlaggebenden Mediator wird. Solche Überzeugungen können rational oder irrational sein (Ellis & Grieger, 1979).

Wodurch unterscheiden sich diese Überzeugungen? Rational ist, nach Ellis, eine Überzeugung dann, wenn sie den beobachtbaren Ereignissen entspricht, logisch nachvollziehbar ist und der Situation angepaßt erscheint. Irrationale Überzeugungen sind das Gegenteil davon – sie sind, wie Ellis dies einmal formuliert: magische Forderungen. Die wichtigsten dieser irrationalen Glaubenssätze sind:

1. Die Meinung, es sei für jeden Erwachsenen absolut notwendig, von praktisch jeder anderen Person in seinem Umfeld geliebt oder anerkannt zu werden;

2. Die Meinung, daß man sich nur dann als wertvoll empfinden dürfe, wenn man in jeder Hinsicht kompetent, tüchtig und leistungsfähig ist;

3. Die Idee, daß bestimmte Menschen böse, schlecht und schur-

kisch und für ihre Schlechtigkeit streng zu rügen und zu bestrafen seien;

4. Die Vorstellung, daß es schrecklich und katastrophal sei, wenn die Dinge nicht so sind, wie man sie gerne haben möchte;

5. Die Vorstellung, daß das menschliche Leiden äußere Ursachen habe und daß der Mensch wenig Einfluß auf seinen Kummer und seine psychischen Probleme nehmen könne;

6. Die Überzeugung, daß man sich um tatsächliche oder eingebildete Gefahren große Sorgen machen, sich ständig mit der Möglichkeit ihres Eintretens befassen müsse;

7. Die Meinung, es sei leichter, Schwierigkeiten auszuweichen, als sich ihnen zu stellen;

8. Die Vorstellung, daß man sich auf andere verlassen sollte und daß man einen Stärkeren brauche, auf den man sich stützen könne;

9. Die Vorstellung, daß die eigene Vergangenheit entscheidenden Einfluß auf unser gegenwärtiges Verhalten habe und daß etwas, das sich früher einmal auf unser Leben ausgewirkt hat, dies auch weiterhin tun müsse;

10. Die Neigung, sich über Probleme und Verhaltensschwierigkeiten anderer Leute aufzuregen;

11. Die Vorstellung, daß es für jedes menschliche Problem eine absolut richtige, perfekte Lösung gebe und daß es eine Katastrophe sei, wenn diese perfekte Lösung nicht gefunden werde (Ellis, 1979, 64–90, zit. nach Bastine, 1984, 194).

Hat sich eine Person mit einer oder mehreren dieser Überzeugungen lange genug indoktriniert, werden sie automatisiert, unzugänglich und durchdringen das Erleben dieser Person in allen Lebenslagen. Irrationale Überzeugungen werden oft ausgebaut zu einem einander durchdringenden und sich bedingenden System (»belief-system«), wobei viel Mühe darauf verwendet wird, neue Erfahrungen so »umzupolen«, daß sie schließlich in dieses Überzeugungsschema »passen«. Dysfunktionale Gefühle und Verhaltensweisen sind das Ergebnis solcher Prozesse.

Aaron T. Beck

Ein zweiter konsequenter Vertreter einer kognitiven Störungstheorie ist A. T. Beck. Er beschäftigt sich allerdings vorzugsweise mit der Depression* und hat auch ein Störungsmodell der Depression entworfen. (Dabei schließt er die sogenannte endogene Depression aus!)

Depression ist, nach Beck (1979), die Folge der Aktivierung kognitiver Muster. Das hinter diesem Störungsmodell stehende recht einfache Schema des Verhältnisses von Außenreiz und Emotion ist wieder, ähnlich wie schon bei Ellis, als Dreierschritt konzipiert: Stimulus – Bewußte Bedeutung – Emotion. Die Erklärung, wie es zu den negativen kognitiven Mustern kommt, läßt allerdings ein wenig vom ehemaligen Psychoanalytiker erkennen. Er kombiniert nämlich eine Art Rückkopplungsmodell mit latenten, also wohl unbewußten Erwartungen. Das sieht dann etwa so aus: Eine unangenehme Situation aktiviert latente kognitive Schemata, etwa Hoffnungslosigkeit oder Selbstbestrafung. Diese wiederum rufen negative Affekte auf den Plan: etwa Traurigkeit, Isolationsgefühle u. ä. m. Diese negativen Affekte wiederum verstärken die kognitiven Schemata, und auf diese Weise gerät der Mensch in einen Teufelskreis von negativen Kognitionen und Emotionen. Interessant ist, daß er – auch hier könnte man ein psychoanalytisches Erbe entdecken – diese kognitiven Schemata als »automatisierte« oder »halb-automatisierte« Gedanken ausfindig macht, was wohl wiederum eine Anleihe beim »Unbewußten« ist. Die Depression ist also in dieser Version eine Art Energetisierung latenter Dispositionen, die durch die kontinuierlichen Rückkoppelungen kognitiv aufrechterhalten werden. Der Depressive ist durch ganz spezifische kognitive Muster gekennzeichnet: eine negative Sicht von sich selbst, von der Umwelt und von der Zukunft. Dies ist die sogenannte kognitive Triade der Depression. Bemerkenswert ist auch Becks Beschreibung der Art und Weise, wie der Depressive (und sicher nicht nur dieser) mit den Kognitionen verfährt, damit sie ein möglichst negatives Ergebnis für ihn, die Umgebung und die Zukunft zeitigen (zitiert nach Bastine, 1984, 200).

1. *Willkürliche Schlußfolgerungen* (ein Reaktionsmuster) liegen dann vor, wenn bestimmte Schlüsse gezogen werden, obwohl es keine Beweise gibt, die diese Schlüsse rechtfertigen, bzw. obwohl Beweise gegen die Folgerungen sprechen.

2. *Selektive Verallgemeinerung* (ein reizbezogenes Muster) besteht in der Konzentration auf ein aus dem Zusammenhang gerissenes Detail, wobei bedeutsamere Situationsmerkmale ignoriert werden und die ganze Erfahrung auf der Basis dieses Fragments in ein Konzept gebracht wird.

3. *Übergeneralisation* (ein Reaktionsmuster) bezeichnet ein Verarbeitungsmuster, bei dem eine allgemeine Regel oder Schluß-

folgerung auf der Basis einer oder mehrerer isoliert betrachteter Vorfälle entsteht und das Konzept unterschiedslos auf ähnliche oder unähnliche Situationen angewendet wird.

4. *Maximierung bzw. Minimierung* (ein Reaktionsmuster) zeigt sich in Fehlern, bei denen die Bedeutung und Größe eines Ereignisses so ungenau eingeschätzt werden, daß eine Verzerrung entsteht.

5. *Personalisierung* (ein Reaktionsmuster) bezeichnet die Neigung des Patienten, äußere Ereignisse auf sich zu beziehen, auch wenn es keine Grundlage dafür gibt, einen solchen Zusammenhang herzustellen.

6. *Verabsolutiertes, dichotomes Denken* (ein Reaktionsmuster) zeigt sich in der Neigung, alle Erfahrungen in eine von zwei sich gegenseitig ausschließenden Kategorien einzuordnen; z.B. makellos oder mangelhaft, sauber oder schmutzig, heilig oder sündhaft. Wenn er sich selbst beschreibt, wählt der Patient extrem negative Klassifizierungen.

Diese kognitiven Fehler werden so eingesetzt, daß der Klient, dem latenten (in der Kindheit erworbenen) negativen Schema der Selbst- und Umweltbewertung entsprechend die Umwelt selektiv wahrnimmt. Es gibt im Laufe seines Lebens immer wieder neue Auslöser (z.B. Konstellationen, die einem ursprünglichen Trauma ähnlich sind), die zur Reaktivierung dieser dysfunktionalen Wahrnehmung beitragen.

Die Depressionsmodelle von M. E. P. Seligman und D. H. Meichenbaum

Das Depressionsmodell von Seligman (1975) wird zwar zu den kognitiven Modellen gezählt, ist aber erst mit seinen attributionstheoretischen Ergänzungen im engeren Sinne kognitiv. Es wurde auf streng experimenteller Basis – im Tierversuch – entwickelt, die »kognitiven« Elemente stellen erst eine spätere Hinzufügung dar. Das Modell steht unter dem Etikett: »Erlernte Hilflosigkeit«, entstanden aus der wiederholten Erfahrung der Nichtkontrollierbarkeit einer (aversiven) Situation. Diese Erfahrung der Unkontrollierbarkeit führt, nach Seligman, zu einer generellen Beeinträchtigung des aktiven Handelns, einer verminderten Leistungsmotivation und zu emotionalen Störungen. Das ganze ist allerdings nur sehr schwierig zu beweisen: Experimentiert man mit Tieren, dann kommt man zu »Symptomen«, die nur analogisierend der menschlichen Depression gleichgesetzt werden können. Experimentiert man jedoch mit Menschen, wie Hiroto (1974) das getan hat, gerät man schnell an ethische Grenzen: So entsteht aus der Nichtkontrollierbarkeit von Geräuschen oder dem Gefühl, eigene Anstrengungen hätten keinen Zusammenhang mit der Richtigkeit von Lösungen im Intelligenztest, z. B. schlechte Leistungsbereitschaft bzw. -qualität. Dies aber mit dem lähmenden Gefühl der Depression gleichzusetzen ist problematisch. Abramson, Seligman und Teasdale (1978) haben das ursprüngliche Modell erweitert um attributionstheoretische* Überlegungen. Eine typisch »depressive« Ursachenzuweisung nach den von Weiner entwickelten Dimensionen »global vs. spezifisch, stabil vs. variabel, internal vs. external« sähe danach so aus: Die Ursachen der erlebten Hilflosigkeit werden global, stabil und internal gesehen. Zum Beispiel: Wenn ich in einer speziellen Prüfung versage, denke ich, ich sei übersituativ dumm (global), dies werde sich bei jeder Prüfung auswirken (stabil) und diese Dummheit sei genetisch bedingt und nicht mehr zu ändern (internal).

Die attributionstheoretische Erweiterung der Seligmanschen Theorie hat eine ganze Menge an Forschungsergebnissen hervorgebracht, die nicht alle übereinstimmen, obwohl die Theorie ziemlich plausibel erscheint. Einer der Gründe liegt sicher darin – und dieser Einwand gilt ja für die gesamte Attributionstheorie –, daß Menschen offensichtlich weder stabile Attributionsmuster noch überhaupt immer das Bedürfnis nach Ursachenzuschreibung besitzen. Außerdem denken sie meist nicht dichotom.

Bastine gibt eine klare Übersicht über die Theorie der gelernten Hilflosigkeit (1984,197):

Objektive Nichtkontingenz (Nichtkontrollierbarkeit von Ereignissen)

↓

Wahrnehmung von vorangegangener und gegenwärtiger Nichtkontingenz

↓

Attribution (Ursachenzuweisung) für gegenwärtige oder vergangene Nichtkontingenz

↓

Erwartung von zukünftiger Nichtkontingenz

↓

Symptome von Hilflosigkeit.

»Erlernte Hilflosigkeit« als Metapher für Depression erscheint als ein sehr assoziationsträchtiges Wort; wäre ihre experimentelle Überprüfung eindeutiger ausgefallen, dann ließe sich von dorther sicher auch auf komplexere Lebensbedingungen hin vorsichtig weitergehen. Man kann jedoch den Eindruck haben, daß diese Theorie ihren Zenit bereits überschritten hat – wozu noch kommt, daß sie keinerlei wichtige therapeutische Strategie nach sich gezogen hat.

Für Meichenbaums »Störungstheorie« (1979) gilt das Gegenteil: Sie hat eine Reihe von Therapievorschlägen hervorgebracht, beruht aber auf nicht viel mehr als auf einigen Alltagsbeobachtungen. Kernstück seiner Aussage über die Entstehung psychischer Störungen ist die Tatsache, daß Menschen sich selbst bestimmte Dinge »sagen«, sich sozusagen selbst »instruieren«, was sie in bestimmten Situationen tun bzw. nicht tun sollten. Meichenbaum hat festgestellt, daß Art und Häufigkeit dieser Selbstinstruktion bei bestimmten Störungsformen vom Durchschnitt stark abweichen, und sieht darin eine wichtige Ursache der Störung, weshalb er in seiner Therapie auch bemüht ist, diese Selbstinstruktionen zu verändern (Jaeggi, 1979).

Kritik, Bewertung und Relevanz

Kognitive Störungsmodelle weisen alle einen Fehler auf, der es fraglich macht, ob hier wirklich noch von einem ätiologischen Modell gesprochen werden kann. Der Fehler besteht in der Tatsache, daß es schwer ist, die Ursache einer Störung in – wie immer gefaßten – Kognitionen festzuhalten, wenn völlig unklar ist, weshalb eigentlich bei bestimmten Menschen diese dysfunktionalen Kognitionen auftreten können. Demgegenüber ist das konditionierungstheoretische Modell wesentlich klarer: Die Gesetze, nach denen ein dysfunktionales Verhalten gelernt wird, sind vorgegeben, der Lernprozeß im je individuellen Fall nachzuzeichnen. Es kann aber keine Rede davon sein, daß kognitive Ereignisse in ähnlicher Weise »gelernt« werden wie motorische Reaktionen. Dies wird auch von den Kognitiven Theoretikern gar nicht behauptet, da sie allesamt die Eigenart und meist auch die Eigenständigkeit kognitiver Vorgänge betonen. Wie es zu irrationalen Glaubenssätzen (Ellis), falschem Denken (Beck) oder dysfunktionalen Selbstinstruktionen (Meichenbaum) kommt, muß daher unklar bleiben und wird höchstens mit verallgemeinernden Vokabeln wie »eine bestimmte Sozialisation« oder »traumatische/subtraumatische Erfahrungen« u. ä. m. beschrieben. Letztlich besagen diese kognitiven Störungsmodelle daher nichts anderes, als daß psychisch gestörte Menschen auch »merkwürdig« denken. Bei der Beschreibung dieser Denkvorgänge sind von den jeweiligen kognitiven Theoretikern viele wichtige Beobachtungen gemacht worden – zur Kausalerklärung allerdings können diese nicht dienen.

Schon häufig wurde darauf hingewiesen, daß die oftmals beschriebenen »Ketten« vom »Ereignis« zur »kognitiven Bewertung« und zur »Emotion« sowie zum »Verhalten« hin recht willkürlich die Kognition an den Anfang setzen. Ganz andere Hinweise können aus allgemein psychologischen emotionstheoretischen Ansätzen entnommen werden: So gibt es z. B. Ereignisse, die spontan mit einer Emotion beantwortet werden, und dann erst folgen Kognitionen (oder auch nicht); es gibt Emotionen, die nur schwer in Worte zu fassen sind, sich also der gedanklichen Verarbeitung entziehen u. ä. m. (Zajonc, 1980).

Besonders schwierig wird es, wenn das Konzept der »automatisierten Gedanken (Beck, 1979) in kognitive Theorien eingearbeitet wird. Oftmals wird dieses Konzept nämlich dem Konstrukt des Unbewußten in der Psychoanalyse gleichgesetzt – offenbar eine Verkennung. Sofern das Unbewußte in der Kognitiven Therapie verwendet wird, handelt es sich um ein vor-freudianisches Verständnis. Lorenzer beschreibt Janets Konzeptualisierung des Unbewußten als eine rein formale: Es handelt sich um »Absplitterungen eines Ideenkomplexes, eines psycho-physischen Handlungskomplexes, der aus dem Gedächtnis getilgt ist, der aber – abgesehen von dieser formalen Eigenschaft – nichts Auffälliges an sich hat« (Lorenzer, 1988, 165). Demgegenüber ist seit der Freudschen Psychoanalyse das Unbewußte ein eigenständiges Sinngefüge, dessen Wirken ins Bewußtsein hinein von den ihm eigentümlichen Inhalten (bei Freud: der verdrängten Sexualität, bei C. G. Jung: dem archetypischen Verlangen nach Komplettierung und ähnliches mehr) bestimmt wird. Damit aber ist gleichzeitig auch die »rationale Irrationalität« dieser unbewußten Impulse dargelegt, eine zweite »Sinn-Ebene«, in der jedes »irrationale« Symptom eben seinen Sinn zugewiesen bekommt. Dieser Unterschied in den beiden Konzepten des Unbewußten betrifft auch direkt die therapeutischen Vorgehensweisen: im psychoanalytischen Rahmen wird der verborgene Sinn durch Deutung aufgedeckt, in der Kognitiven Therapie wird nur auf die Irrationalität verwiesen und versucht, diese qua logischer Überzeugungskraft zu überwinden. Welche Schwierigkeiten sich dabei für das therapeutische Vorgehen ergeben, soll in späteren Kapiteln dargelegt werden.

Öfters schon wurde dargelegt (v. Quekelberghe, 1979), daß die »Irrationalität« der irrationalen Glaubenssätze von Ellis nicht widerspruchsfrei dargestellt werden kann. Offensichtlich widerspiegeln sie ja einige der gängigen Leitvorstellungen und Normen unserer Gesellschaft (Sicherheitsdenken, Perfektionswahn, Nützlichkeitsdenken, Fatalismus), und »irrational« werden sie offensichtlich nicht, weil sie inhaltlich als Leitlinien besonders »inadäquat« sind, sondern weil sie sehr übertrieben formuliert sind. Sie haben daher ähnlich präventiven Wert wie Ratschläge, die etwa lauten: Man sollte nicht ununterbrochen Salz essen, Wasser trinken oder sich körperlich überanstrengen... Die Binsenweisheit, die ihnen innewohnt, besagt nichts anderes, als daß man nichts »übertrieben« tun oder empfinden und denken soll. Genau dies ist natürlich bei sehr vielen neurotischen Menschen der Fall. Sie haben dauernd Angst, es könnte ihnen etwas passieren, sie machten sich unbeliebt oder sie wären ihrer Umwelt hilflos ausgeliefert. Aber soll das, was ja erst aufklärenswert ist, schon als »Ursache« angesehen werden? Es bedarf, so denken wir, keines weiteren Kommentars, daß auch hier von einer wirklichen Ätiologie psychischer Störungen nicht gesprochen werden kann. Allenfalls kann man konzedieren, daß – lenkt man seine Blickrichtung nur konsequent auf jene geistigen »Übertriebenheiten« – eine breitere Palette von Erscheinungsformen verschiedener neurotischer Störungen aufgetan wird. Vielleicht ließe sich eine Art neurosespezifischer »Denktypologie« entwickeln; dies ist bisher noch nicht geschehen.

Die Kognitiven Störungsmodelle haben relativ wenig Wirkung auf das alltägliche Denken gezeitigt – tatsächlich widersprechen sie dem »gesunden Menschenverstand« so wenig, daß sie als »nichts Besonderes« angesehen werden können und daher nicht »aufsehenerregend« wirken. Für Therapeuten der verhaltenstheoretischen Richtung geben sie offensichtlich gute Heurismen bei Gesprächen mit dem Klienten ab, da sowohl Denkfehler im Sinne Becks als auch verkehrte Selbstinstruktionen oder irrationale Glaubenssätze das Denken psychisch gestörter Menschen in reichem Maß durchdringen. Sie bieten speziell bei der Therapie neurotischer Mittelstandsangehöriger oft eine wichtige Ergänzung verhaltenstherapeutischer Techniken und sind in der gleichen Weise relevant, in der es auch die »Kognitive Verhaltenstherapie« ist.

Empfehlenswerte Literatur:

Beck, A. T.: Wahrnehmung und Wirklichkeit der Neurose. München: Pfeiffer, 1979 (1976)

Ellis, A. und *R. Grieger* (Hrsg.): Praxis der rational-emotiven Therapie. München: Urban & Schwarzenberg, 1979 (1977)

Meichenbaum, D. H.: Kognitive Verhaltensmodifikation. München: Urban & Schwarzenberg, 1979 (1977)

Gestalttherapeutische Störungsmodelle

Die Gestalttherapie, eine von Fritz und Lore Perls entwickelte Therapieform (der Anteil von Lore Perls wird meist zu wenig gewürdigt), ist nicht in derselben Weise mit dem Namen ihrer Gründer verbunden, wie dies bei anderen Therapieschulen der Fall ist. Beide Perls waren Psychoanalytiker der dritten Generation (Lore Perls' Lehranalytikerin war Klara Happel, Fritz lernte u. a. bei Karen Horney und W. Reich), die im Laufe ihres Lebens viel ausprobierten und integrierten und daher ein recht heterogenes Vermächtnis hinterließen.

Ursprünge

Anders als Freud verfolgten Fritz und Lore Perls nicht kontinuierlich ihre eigenen Grundideen weiter und differenzierten sie aus, sondern ließen sich durch viele krisenhafte Entwicklungen hindurch von sehr heterogenen geistigen Richtungen bestimmen. Dazu gehörten neben der Psychoanalyse und der Existenzphilosophie die Gestaltpsychologie, Zen-Buddhismus, das Psychodrama*, die Humanistische Psychologie, die Gruppendynamik* und noch vieles andere. Vor allem Fritz Perls – ein entwurzelter Emigrant, der zuerst in Südafrika, später in den USA lebte – war ein äußerst ideenreicher, unruhiger, kreativer Geist, dessen Stärken auf anderen Gebieten als denen des klaren und konzentrierten Formulierens lagen, weshalb seine Werke auch z. T. nicht von ihm selbst geschrieben sind, nicht so recht aufeinander aufbauen und gelegentlich einander Ausschließendes behaupten, wodurch sich recht unterschiedliche Gestalttherapiebewegungen herausgebildet haben. Man spricht vom East-Coast- und vom West-Coast-Stil, wobei der East-Coast-Stil wohl sehr viel stärker von Lore Perls geprägt ist.

Hunter Beaumont (1987), ein Therapeut aus Kalifornien, hat gefordert, man möge diese irreführenden regionalen Bezeichnungen fallenlassen und einfach konstatieren, daß es offenbar – und dies sei nicht immer lokal festzumachen – theoriefeindliche, oberflächliche Vertreter und theoriegeleitete, ernsthaft arbeitende Gestalttherapeuten gebe. Er unterscheidet darüber hinaus drei Strömungen in der Gestalttherapie; (die allerdings doch wiederum regional festgemacht werden):

1. Die Richtung, die am späten Arbeitsstil von Fritz Perls ausgerichtet ist und Einzelarbeit in der Gruppe betreibt. Sie eignet sich mehr für die Selbsterfahrung und die Therapie leichter Neurosen. Die ersten Ausbildungsinstitute dieser Form befanden sich u. a. in Los Angeles und San Francisco, seit einigen Jahren auch an anderen Orten.

2. New York und Cleveland sind stärker analytisch orientiert und vom Arbeitsstil und Theorieverständnis von Lore Perls und Paul Goodman geprägt. Es herrscht eine klinische Ausrichtung vor; Einzeltherapie wird ebenso wie Gruppentherapie betrieben.

3. Der »europäische« (eigentlich der deutsche) Stil wurde am Fritz-Perls-Institut in Düsseldorf entwickelt und bezieht besonders viel Leibarbeit (der assoziationsträchtige »Leib« wird von H. Petzold gegenüber dem schlichten »Körper« bevorzugt), kreative Medien u. a. m. ein. Dies wird von seinem wichtigsten Exponenten, Hilarion Petzold, auch als »Integrative Therapie« bezeichnet. Die philosophischen Wurzeln liegen vor allem in der Phänomenologie, das therapeutische Verständnis leitet sich u. a. vom eher direktiv ausgerichteten Psychoanalytiker S. Ferenczi ab.

Wenn auch die Gestalttherapie vor einigen Jahren europäisiert wurde, so ist sie doch in ihrer Entstehung nicht ohne das typisch amerikanische Leben und Denken der fünfziger und sechziger Jahre vorzustellen. Ohne ihr allzu unrecht zu tun, läßt sie sich am besten als Vorläufer und (später) Mitstreiter der großen amerikanisch-anarchischen Protestbewegungen der Jugendlichen bezeichnen. Welche Version auch immer gemeint ist – es haftet ihr ein anarchisch-rebellisches Element an (Paul Goodman, einer ihrer federführenden Theoretiker, war ein bekannter anarchistischer Schriftsteller): Immer wird die Freiheit und Spontaneität des Individuums gegen Gebote und Über-Ich-Zwänge gesetzt. (In der Sprache der Gestalttherapie ist das Gewissen als »Introjekt*« ein neurosefördernder Störfaktor.) Die jugendliche Aufbruchsstimmung gegen McCarthyismus, Kalten Krieg und Vietnamkrieg setzte sich innerhalb der Gestalttherapie als Protest gegen die angeblich professionell-kalte Haltung der Psychoanalytiker durch. Es wurde allgemein üblich, der Psychoanalyse ihre »Anpassungsfunktion« vorzuwerfen; sie galt als etablierte Profession, die die herrschenden Verhältnisse stabilisieren half. (Tatsächlich können Psychoanalytiker – durch Überstrapazierung des Realitätsprinzips und der Über-Ich-Entwicklung solche Anpassungsfunktion wahrnehmen – sofern man die revolutionären Kernideen Freuds nicht ernst genug nimmt.) Entgegengesetzt wurde dieser Vorstellung von Psychoanalyse – wie auch z. B. in der Hippie-Bewegung – die Unmittelbarkeit der Erfahrung, das Gefühl subjektiver Evidenz als Letztkriterium für das, was »richtig« und »lebendig« sei. Natürlich wurde damit wiederum unter der Hand eine neue Moral kreiert – es ist dieselbe, die auch jetzt noch in vielerlei Facetten die sogenannte »New Age«-Bewegung dominiert: Kreativität und Spontaneität als Forderung, die Ausrichtung an der Gegenwart, am gefühlvoll dargestellten Hier und Jetzt.

In diesen Bereichen zeigt die Gestalttherapie ihr Gesicht als »Humanistische Psychologie«. Janusköpfig, wie sie ist, gibt es aber auch eine Seite, die der Psychoanalyse zugewandt ist. Das Störungskonzept zeigt klarer, als die therapeutischen Methoden es tun, die Hinwendung zur Psychoanalyse – trotz vielerlei Kritik an ihr.

Das Störungskonzept

Worin besteht das Störungskonzept der Gestalttherapie? Dazu müssen einige Grundbegriffe geklärt werden. Der Name »Gestalttherapie« hat mit der ausgefeilten Gestalttheorie im Bereich der Wahrnehmung nicht mehr sehr viel zu tun. Zeitweise hat Perls auch einen anderen Namen erwogen. Hier war der Einfluß seiner Ehefrau Lore, die bei A. Gelb über Gestaltpsychologie promoviert hatte, zumindest am Beginn ausschlaggebend; der ganzheitliche Gesichtspunkt durchzieht das Denken der Perls von Anfang an. Als Metapher ist das Figur-Hintergrunds-Modell auf innerpsychische und interaktionelle Vorgänge gut anzuwenden: Die innere Handlungsbereitschaft und die äußere Reizkonstellation bestimmen die Figur-Grund-Thematik. Konkret: Ein bestimmter Impuls strukturiert das Wahrnehmungsfeld (wozu auch Vorstellungen, Phantasien, Träume gehören), so daß einiges davon sich als Figur vor dem Grund heraushebt und entsprechend dem Impuls in irgendeiner Weise »angegangen« wird (das kann geschehen durch: Essen, liebende Annäherung, denkende Analyse etc.). Wenn dies geschehen ist, verändert sich das Feld: Was Figur war, wird Grund, neue Figuren tauchen auf – immer in bezug auf die gerade aktuellen Bedürfnisse. »Gesund« ist es, wenn diese Flexibilität des Wechsels von Figur und Grund immer aktuell und bedürfnisadäquat stattfindet. Dies ist aber nicht immer der Fall, und dort kann eine Störung entstehen. Um das zu verstehen, muß man sich noch einige andere Konzepte der Gestalttherapie klarmachen.

Zentrales und originellstes Konzept der Gestalttherapie ist das des *Kontaktprozesses*. Neurotische Störungen stellen eine Blokkierung dieses Prozesses dar; von diesem Punkt aus ist vermutlich auch eine differentielle Störungstheorie konzipierbar. Perls und Goodman bleiben nämlich nicht bei diesem allgemeinen Statement stehen. Es wird der Kontaktprozeß differenziert; es werden verschiedene Formen von Blockierungen differenziert und diese können auch auf das Perlssche Strukturmodell der Psyche bezogen werden.

Kontakt ist die »primäre Wahrnehmung des assimilierbaren Neuen sowie die Bewegung zu ihm hin und die Abwehr des nichtassimilierbaren Neuen« (Perls u. a., 1951) – das soll heißen: jede Erfahrung eines Organismus mit der Umwelt. Dieser Kontakt ist als ein Prozeß aufzufassen, und zwar unterscheiden wir vier Stadien dieses (natürlich kontinuierlich verlaufenden) Prozesses:

1. *Der Vorkontakt*

Es taucht ein Verlangen in Richtung auf die Umwelt auf. Hier ist das Verlangen selbst die Figur, die Umwelt der Hintergrund.

2. *Kontaktnahme*

a) Ein Objekt/Möglichkeit etc. werden Figur, sie heben sich als das »Thema« des Verlangens heraus.

b) Es wird an dieses verlangte Objekt herangegangen, man plant, verwirft, manipuliert.

3. *Voller Kontakt*

Nun wird der Kontakt vollzogen (essen, lieben, denkend Durchdringen oder plötzliches Erfassen in Form von Aha-Erlebnissen). Umwelt und Körper werden Hintergrund, die Berührung ist Figur. Die Liebe ist der Prototyp dieses »final contact«; in ihr hebt sich am deutlichsten die Qualität dieses Stadiums hervor, nämlich in einem besonderen Gewahrsein (»awareness«) des anderen. »Das Gewahrsein besitzt am meisten Leuchtkraft in der Figur des Du« (Perls et al., 1951, 207).

4. *Nachkontakt*

Hier wird eine fließende Organismus-Umwelt-Interaktion konstatiert. Wichtig ist die nunmehr endgültige Assimilation des Neuen, die zum Wachstum des Menschen beiträgt. Dies kann im wörtlichen Sinn bei der Nahrungsaufnahme gemeint sein; es kann aber auch im übertragenen Sinn gedacht werden als Verwertung einer Erfahrung, die der Person Neues vermittelt, sie voller und reifer macht.

Eine Neurose entsteht, wenn eine Störung dieses Prozesses vorliegt. Es muß nämlich jeweils die Abfolge gewahrt sein. Aber: Nicht jeder Kontaktprozeß muß alle vier Stadien durchlaufen – es gibt Kontaktprozesse, die sozusagen als »Übung« dienen, z. B. Small-talk oder Flirt als Vorstufen einer liebenden Vereinigung, wobei es unsinnig wäre, diese dauernd und mit jedem Menschen zu suchen. Trotzdem: Wo wir es mit gestörtem Erleben und Verhalten zu tun haben, finden wir immer wieder in den als wichtig und zentral empfundenen Kontaktbereichen Blockierungen.

Wie aber kommen die Blockierungen zustande? Perls gibt fünf Arten von Kontaktunterbrechung an, die in der Nomenklatur teilweise der Psychoanalyse entnommen sind, aber nicht immer dasselbe bedeuten, was oft Verwirrung stiftet. Jede Form der Kontaktunterbrechung ist vornehmlich, aber nicht ausschließlich einem bestimmten Stadium des Kontaktprozesses zugeordnet. Die fünf Unterbrechungen heißen:

1. *Konfluenz*

(Das psychoanalytische Pendant »Symbiose« liegt nahe.) Hier versagt schon im Vorkontakt das Gewahrwerden der eigenen Erregung. Man hält evtl. an eingespielten Mustern fest, vermeidet neue Erregung um alter Sicherheit willen, man kann sich selbst nicht abgrenzen von anderen.

2. *Introjektion*

Ein eigenes Bedürfnis wird durch ein fremdes ersetzt, als Moral, Identifikation mit einem anderen etc. Hier wird das, was Freud das Über-Ich nennt, subsumiert. Dieses ist für Perls et al. kein Strukturanteil der Person, sondern merwürdigerweise bezeichnet er es als eine neurotische Störung. Die Introjektion stört die Stadien der Orientierung, der Manipulation, des Planens. Fremde innere Normen und Verhaltensstile verhindern ein sorgloses und bedürfnisadäquates Umgehen mit dem verlangten Objekt. Auch die

3. *Projektion*

verhindert die Kontaktaufnahme. Die Projektion ist, nach Perls et al. (1951), das Zerreißen des Zusammenhangs zwischen dem Ich und seinen Gefühlen. Man erlebt die Gefühle im anderen, oft wird der andere provoziert und seine Reaktion mit Angst abgewiesen. Auf diese Weise wird ebenfalls das Objekt verfehlt, und es kommt zu dauernden Mißverständnissen.

4. Retroflexion

Diese ähnelt dem, was in der Psychoanalyse »Wendung gegen das eigene Ich« genannt wird. Aggressive Impulse, die man nach außen richten möchte, werden in den eigenen Körper zurückgenommen. Aus Angst vor der Zerstörung des anderen wird die Energie auf den eigenen Körper rückgewendet. Es entstehen Pseudokontakte, weil man es nicht wagt, an den anderen (das andere) auch aggressiv heranzugehen. (Man könnte sich so das Entstehen psychosomatischer Krankheiten vorstellen.)

5. Egotism

Das ist die Störung des vollen Kontakts, wenn der Mensch es nicht wagt, sich hinzugeben. Er bleibt letztlich einsam, verliert niemals die Kontrolle.

Auch der Nachkontakt kann gestört sein. Beschrieben wird dies z. B. als Unfähigkeit zur Dankbarkeit, als Verwerfen neuer Erfahrungen, als Unfähigkeit, etwas ausklingen lassen und fruchtbar machen zu können.

Perls hat ein dreiteiliges Strukturmodell der Psyche entworfen, das sich aber nur teilweise mit dem von Freud deckt. Es handelt sich um

1. das Es: Grundbedürfnisse, Triebe;
2. das Ich: Wahrnehmen, Fühlen, Denken, etc.;
3. die Persönlichkeit: Charaktereigenschaften, Moral (*nicht* Introjekte), Bindungen.

Diese Strukturanteile werden allerdings nicht als Teile eines Instanzenmodells betrachtet, also etwa als Entitäten, sondern als Funktionen des Selbst, die dem Kontaktprozeß zugeordnet werden.

Natürlich sind immer *alle* Strukturanteile vorhanden, aber im Vorkontakt stehen die Es-Funktionen im Vordergrund, bei der Kontaktaufnahme und beim vollen Kontakt die Ich-Anteile und im Nachkontakt die Persönlichkeitsanteile.

Auf diesem Basismodell der psychischen Störungen, nämlich: »Störungen = Unterbrechung des Kontakts«, wurden viele Arten von Blockierungsmöglichkeiten im Detail entdeckt. Man kann herausfinden, wie ein Mensch sich im Vorkontakt blockiert, also z. B. durch Wahrnehmungsbeeinträchtigung der Sinnesorgane, durch Abblocken der Erregungsimpulse, indem er sich verkrampft etc. Auch das Denken und Fühlen kann teils durch körperliche Manipulationen, teils durch Phantasien u. ä. blockiert werden. Es ist klar, daß auf der Basis dieses differenzierten Kategoriensystems noch sehr viel Relevantes herausgefunden werden kann in bezug auf die Art und Weise, wie und wo ein Mensch sich so blockiert, daß er immer wieder bestimmte Kontaktzyklen *nicht* durchläuft. Das System ist vermutlich noch lange nicht ausgeschöpft; ich halte es für äußerst entwicklungsfähig in bezug auf eine Differentialdiagnose – bisher ist der Bezug zu bestimmten neurotischen Formen nur in Ansätzen da, er drängt sich aber fast auf. Auch für die Therapie ergeben sich hier sehr viele Anregungen spezifischer Art.

Kritik und Relevanz

Es besteht kein Zweifel darüber, daß die Gestalttherapie eine wichtige Richtung in der modernen Therapielandschaft darstellt und daß viele Menschen zumindest einige Methoden kennen (z. B. die rollenhafte Darstellungsform eines inneren oder äußeren Dialogs, Gespräche mit Körperteilen u. ä. m.). Ihre Lockerheit gegenüber dem Abstinenzprinzip der Psychoanalyse, die Ausrichtung auf Kollegialität etc. sind allgemein bekannt und wirken auf viele potentielle Klienten verführerisch, werden allerdings gerade von ernsthaft arbeitenden Gestalttherapeuten kritisch betrachtet und nicht als Gestalttherapie-typisch angesehen. Trotzdem muß man zugeben, daß gerade beim sogenannten West-Coast-Stil das Therapieklima sehr viel unkonventioneller ist als etwa bei Psychoanalytikern oder Gesprächstherapeuten.

Weniger bekannt ist ihr Störungsmodell, es soll gar nicht wenige Gestalttherapeuten geben, die es selbst kaum kennen. Dies ist sicherlich begründet in der oben geschilderten anarchischen Ausrichtung dieser Therapieschule, in der das geordnete Herangehen an die theoretischen Grundlagen häufig freigestellt wird. Die Gestalttherapie scheint oft Therapeuten anzuziehen, die wenig an Theorie interessiert sind, weshalb es wenig wirklich eindrucksvolle Standardwerke dieser Therapieschule gibt. Daß es trotz der offensichtlich bereitliegenden Möglichkeiten zur Differentialätiologie noch keinen Versuch eines Neurosenlehre-Buches gibt, ist zumindest erstaunlich. (Allenfalls findet man verstreute Artikel zu einzelnen Störungsformen.) So haftet der Gestalttherapie bisher noch immer ein wenig der Geruch des Unseriösen und Bizarren an, obwohl dies – was die Therapie selbst angeht – sicher ungerechtfertigt ist. Diejenigen Richtungen, die sich um Integration von Gestalttherapie und anderen Therapien bzw. spirituellen Bewegungen bemühen, bereiten den Theoretikern allerdings Kopfzerbrechen, da diese praktische Integration natürlich jede Bemühung um eine theoretische Fundierung schwierig macht. Die Herkunft von der Psychoanalyse (Reich, Horney u. a.) und vom Existentialismus-Humanismus spiegelt sich als innerer Zwiespalt im Verhältnis zur Theorie, zur Praxis und zum gesamten Menschenbild wider. Liest man einerseits beim skeptisch-kritischen Anarchisten Goodman, der der Psychoanalyse nahesteht, äußerst resignierte Sätze über das ewig konflikthafte Individuum im Spannungsfeld zu jeder Gesellschaft, so propagieren andererseits wichtige Theoretiker der siebziger Jahre (z. B. E. u. M. Polster, J. Zinker) dauernd Botschaften über den neuen und befreiten, kreativen und spontan handelnden Menschen.

Empfehlenswerte Literatur zum Thema »Gestalttherapie«:

Lemke, U.: Gestalttherapie. In: *Asanger, R. und Wenninger, G.* (Hrsg.), Handwörterbuch der Psychologie. München: Psychologie Verlags Union, 1988

Perls, F. S., Hefferline, R. F. und Goodman, P.: Gestalt-Therapie. Lebensfreude und Persönlichkeitsentfaltung. Stuttgart: Klett-Cotta, 1981 (1951)

Das Störungskonzept der Familientherapie

Ursprünge

Eine interessante Wende in der Betrachtung psychischer Störungen ergab sich durch die Erkenntnis, daß man das Symptom eines Familienmitglieds nicht nur isoliert als individuelles Problem betrachten könne, sondern auch als Ausdruck einer Störung der gesamten Familie. Wir finden in den verschiedensten Störungskonzepten natürlich immer wieder Hinweise darauf, daß »neurotische Eltern« für die Produktion »neurotischer Kinder« verantwortlich seien oder daß das von den Eltern den Kindern aufoktroyierte »sekundäre Wertsystem« die krankmachende Inkongruenz zwischen Selbstkonzept und Erfahrungssymbolisierung darstelle und anderes mehr. Dies ist aber eine individualisierende Sicht, in der in linear-kausaler Weise die »Schäden« der Kinder nur als Folge des elterlichen Erziehungsverhaltens betrachtet werden. Die gesamte Familie als gestört anzusehen ist jedoch etwas anderes. Es bedingt eine neue und differenzierende Betrachtung der Familie: ihrer Interaktionen, ihrer Dynamik, ihrer spezifischen Rollenvorgaben etc.

Welche gesellschaftlichen Tatbestände sind es, die in der Nachkriegszeit die »Familie« zum Brennpunkt des Interesses bei der Suche nach psychischen Störungen machen? Es ist im wesentlichen die Wahrnehmung der Krise der bürgerlichen Familie. Entleert von gemeinsam zu erfüllenden Aufgaben (zumindest in der Großstadtkultur) wird sie nur noch zum Aufenthaltsort der »Gefühle«. Shorter (1983) beschreibt diesen Prozeß in sehr lebendiger Weise vom 17. Jahrhundert an. Diese Überlastung der bürgerlichen Kleinfamilie mit Innerlichkeit und Gefühl (im Gegensatz zum zweckrationalen Arbeitshandeln etwa der bäuerlichen oder gewerbetreibenden Familie) läßt dauernd Beziehungskrisen entstehen. Die Lockerung der Normen nach dem Krieg bringt daher die bisher notdürftig zusammengehaltene Einheit immer wieder zum Einstürzen: Scheidungen, öffentliche Auseinandersetzungen und schließlich verschiedene Formen von Jugendrevolten prägen das Bild. Schmidt (1988) hat den bürgerlichen Familientyp durch vier Ideale charakterisiert, und zwar durch: warme Häuslichkeit, romantische Partnerwahl, dauerhafte Gattenliebe und fürsorgliche Elternliebe. Diese Ideale zusammengenommen sind selten oder gar nicht zu verwirklichen; das sorgt für dauernde Unzufriedenheit und Spannungen innerhalb des Familiensystems, da ununterbrochen Verleugnungen und Verdrängungen am Werk sein müssen, um das Versagen erträglich zu machen. Daraus entstehen im schlimmsten Fall bei einem oder mehreren Familienangehörigen psychische Störungen und neurotische Symptome. Die verschiedenen familientherapeutischen Konzepte versuchen auf unterschiedliche Weise, diese Störungen des »Patienten Familie« (so der Buchtitel des psychoanalytischen Familientherapeuten H. E. Richter, 1972) zu deuten und zu behandeln.

Die verschiedenen Konzepte

Zwei grundsätzlich unterschiedliche (wenngleich nicht inkompatible) Herangehensweisen an die Diagnose der »kranken Familie« sind einerseits die psychoanalytische, andererseits die kommunikationstheoretisch-systemische. In den späten fünfziger Jahren wurde in den USA, ausgehend von der Palo-Alto-Schule (Bateson, Watzlawick, Weakland, Lidz, Wynne, Bowen, u. a. m.) die Familie als Kommunikationssystem einer näheren Betrachtung unterzogen. Die Gruppe um Bateson entwickelte damals das berühmte Double-bind-Konzept*, das aber noch einem linearen Denken verhaftet ist. Das Konzept wurde zeitweise als bedeutende analytische Kategorie zur Beschreibung der Schizophrenieentstehung verwendet (der Begriff der »schizophrenogenen Mutter« hat dort seinen Ursprung) – weder empirische Untersuchungen noch logische Überlegungen konnten das Konzept aber als brauchbar für die Herleitung dieser spezifischen Störung bestätigen, da das Phänomen sich offenbar ubiquitär vorfindet und die Auftretensbedingungen außerordentlich komplex sind (Angermeyer, 1978).

Die Weiterentwicklung der Palo-Alto-Schule, vor allem die philosophische Grundlegung eines ökologisch-holistischen Denkens durch Bateson brachte es mit sich, daß Familien mehr und mehr unter einem systemischen Aspekt gesehen wurden; die Familie ist ein System, das homöostatischen Bedingungen gehorcht. Es wird nicht mehr die Frage gestellt, welche Faktoren (in der Kommunikation, in den Elternpersönlichkeiten) »krankmachend« sind; es wird die »kranke Familie« als ein System angesehen, in dem die Störung jedes Familienmitglieds die Funktion hat, dieses System insgesamt vor dem Zusammenbruch zu retten. Jedes Mittel ist sozusagen recht: die psychische oder somatische Krankheit eines oder mehrerer Familienmitglieder, Streit, Delinquenz usw. Und wie wir es schon im Fall des beschwörend angerufenen Individuums gesehen haben: Wenn man die starke Kohäsionskraft der Familie beschwört, liegt der Verdacht nahe, daß sie in einer Krise steckt.

Jedes Familienmitglied trägt auf diese Weise dazu bei, das System aufrechtzuerhalten. Die psychische Störung besteht also nicht »im« einzelnen und beeinflußt dann das Familiengefüge. Die Störung ist in sich ein Versuch, das Ganze zu stabilisieren. Am bekanntesten sind die Versuche von Kindern, die zerbrechende Streitehe der Eltern dadurch zu retten, daß sie durch gestörtes Verhalten den Eltern eine gemeinsame Aufgabe zudiktieren, wodurch die Eltern genötigt sind, ihre Kontakte wieder zu synchronisieren. Eltern können aber auch ihre Kinder am Ausbruch aus der Familie hindern, indem sie Situationen schaffen, die den Kindern Lernchancen unmöglich machen und zu echten Kompetenzmängeln führen, weshalb der Jugendliche lieber in der Familie bleibt.

Innerhalb der Systemischen Betrachtungsweise lassen sich derzeit mehrere »Schulen« mit unterschiedlichen Schwerpunkten ausfindig machen. Es sind dies:

1. Die reinen *Systemiker* der Mailänder Schule (Selvini-Palazzoli, Boscolo, Zecchini, 1977 und Haley 1977 und in neuerer Zeit die Heidelberger Schule um Stierlin). Sie arbeiten »strategisch« (und werden deshalb manchmal auch »Strategische Schule« genannt), d. h. mit paradoxen Verschreibungen, Rollenzuweisungen, Hausaufgaben, Symptomverschreibungen, ohne daß der einzelne mit seiner persönlichen Motivation gesondert behandelt wird.

2. Die *Strukturelle Schule* rund um Minuchin (1983): Hier wird zwar oft ähnlich vorgegangen wie bei den reinen Systemikern, sie hebt sich aber durch die klare normative Funktion der Therapeuten davon ab. Minuchin entwirft ein eindeutig hierarchisch-patriarchales Modell, dem eine gesunde Familie entspricht.

3. Der *wachstumsorientierte Ansatz* wurde im wesentlichen durch eine Weiterführung der kommunikationstheoretischen Annahmen von V. Satir (1975) geprägt. Sie hat viele Bestandteile der Humanistischen Psychologie in die Familientherapie eingebracht. Dadurch hat sich der therapeutische Stil zu einem empathisch-erlebnisorientierten gewandelt, wobei neben dem Systemischen Denken auch die Hinwendung zum Individuum nicht vernachlässigt wird. Martin Kirschenbaum entwickelte diesen Ansatz zur Integrativen Familientherapie. Andere wichtige Namen sind: Napier und Whittaker.

Die psychoanalytische Betrachtung, in Deutschland von H. E. Richter und Stierlin erstmals formuliert, versucht die in der Einzelanalyse fruchtbar gewordenen Störungskonzepte auf die Familie zu übertragen. So beschreibt Richter (1969, 1972) die unbewußten Austauschprozesse zwischen Kindern und Eltern sowie – in Anlehnung an die Objektwahlmodi bei Freud – die typische Art und Weise, in der Kinder von den Eltern »konzipiert« werden, um deren eigenen Ansprüchen zu genügen: so z. B. die Rolle des Kindes, das einen idealen Selbstanteil der Eltern darstellen soll, oder das Kind in der »Sündenbockrolle«, dsa verpönte Regungen der Eltern ausagiert u. ä. m. Richter kennt neben den Familien, in denen der Einzelne Symptome produziert (in der unbewußten Absicht, verinnerlichte Elternteile in sich selbst zu befriedigen), auch solche, die gemeinsam unbewußt um ein »Thema« kreisen, wo also das Pathogene nicht abgespalten auf einen Einzelnen, sondern von allen Familienmitgliedern gelebt wird. Seine bekannte Familientypologie (konzipiert nach der psychoanalytischen Charakterlehre) spiegelt diese »unbewußten Themen« wider: Die »Sanatoriumsfamilie« (phobischer Charakter) wehrt alle Außenreize ab und verdrängt Autonomiebestrebungen; die »Festung« (paranoider Charakter) wehrt durch Projektion alle feindseligen Impulse ab, die »Theaterfamilie« (hysterischer Charakter) hingegen agiert narzißtische Strebungen miteinander aus.

Auch Stierlin hat sein erstes familientherapeutisches Konzept (derzeit ist er Anhänger der Systemischen Betrachtungsweise) aus psychoanalytischer Sicht entwickelt. Seine wesentlichen Annahmen beziehen sich auf die sogenannten »Delegationen«: Das sind »Aufträge«, mit denen Eltern ihre Kinder in die Welt hinausschikken (natürlich ohne daß dies bewußt ist). Diese Aufträge lassen sich getreu dem Freudschen Strukturmodell als »Es-Ich-Über-Ich«-geleitet klassifizieren. »Es-Delegationen« sind solche, die das Kind damit betrauen, verdeckte Triebhaftigkeit der Eltern auszuleben; »Ich-Delegationen« übergeben dem Kind den Auftrag, den Eltern neue Kenntnisse zu bringen. »Über-Ich-Delegationen« verpflichten das Kind, z. B. unbewußte Größenvorstellungen der Eltern auszuleben (Stierlin, 1982).

Stierlin, der neben seinen psychoanalytischen Ursprüngen eine sich auf Hegel berufende dialektische Beziehungstheorie vertritt (Stierlin, 1971), hat die Interaktionen zwischen den Familienmitgliedern unter vielfältigen Perspektiven analysiert, so z. B. unter der Perspektive der Bindung bzw. Ausstoßung, der Machtverteilung oder der mehrgenerationalen Verpflichtungen. Diese wurden in Deutschland von Sperling (1982) weiter ausgebaut.

Störungen werden bei Stierlin – anders als bei Minuchin oder Selvini-Palazzoli – zwar systemisch betrachtet, aber doch immer wieder in inhaltlichen Kategorien beschrieben. Es fällt Stierlin daher leichter, für einzelne Psychopathologien auch inhaltlich beschriebene Familienkonstellationen darzustellen und nicht nur rein formal das pathologische Verhalten als Versuch zur Homöostase zu beschreiben. Stierlin hat sich bemüht, auf dieser Basis historische Persönlichkeiten (Hitler) und gesellschaftliche Phänomene (Terrorismus anhand der Biographien von Baader/Meinhof/Ensslin) zu analysieren.

In der Systemischen Betrachtungsweise ist sicherlich eine Art neues Paradigma für die psychische Störung gefunden worden. Sie verliert nun nicht nur ihre Entität als Krankheit zugunsten einer Definition als Summe von Verhaltensweisen wie in der Verhaltenstherapie, sie wird nun auch noch ihrer Individuumsgebundenheit entkleidet und wird damit sozusagen zum Spielball des Gesamtsystems Familie. Immer wieder werden wir darauf verwiesen, wie die Symptome »weitergereicht« werden, wobei übrigens die Tatsache, daß immerhin die einzelnen Familienmitglieder »ihr« Symptom jeweils anders ausgestalten, leicht in Vergessenheit gerät. Dies ist nicht ganz unwichtig und hat natürlich weitreichende Konsequenzen für die Therapie. Dort wird – je »systemischer« es zugeht, um so weniger – nicht mehr die Motivationssituation des Einzelnen thematisiert, sondern nur mehr seine Funktion im Ganzen, (Darstellung und Kritik: Krauss u. a., 1989).

Kritik und Relevanz

Das familientheoretische Störungskonzept (ganz besonders dasjenige der Systemischen Therapie) übt seit Beginn der achtziger Jahre in Deutschland erheblichen Einfluß aus. Eine Reihe von Ausbildungsinstituten wurden gegründet; Systemisches Denken als Störungskonzept gehört heutzutage zu den selbstverständlichen Kenntnissen jedes Psychologen.

Kritik gab es von drei Seiten: 1. von soziologischer, 2. von psychoanalytischer, 3. von der systemischen Therapie selbst.

ad 1. Soziologische Kritik (z. B. Brodkin, 1980, Pohlen und Plänkers, 1982, Jaeggi, 1987): Man stellt die Absolutsetzung der festgefügten bürgerlichen Familie infrage, in die die einzelnen Mitglieder »hineinsozialisiert« werden sollen, als gäbe es außerhalb dieses Systems kein Heil. Daß dieses Familiensystem mit seinen klaren Abgrenzungen eventuell prinzipiell krankmachend sein könnte, wird von vielen Familientherapeuten nicht in Betracht gezogen. Brodkin greift das sehr pointiert an, indem er sagt, die Systemische Familientherapie versuche, ihre »kaputten Mitglieder in eine bankrotte Firma nochmals einzustellen«. Allerdings wurde bisher von allen Familien- und Ehekritikern – bei sehr viel berechtigten Einwänden! – offensichtlich eine brauchbare Alternative zur Familie noch nicht gefunden. Insofern gilt nach wie vor der Satz der Familiensoziologen Berger und Berger (1983): »Die Alternative zur Familie scheint die Familie zu sein.«

ad 2. Psychoanalytische Kritik (Pohlen und Plänkers, 1982): Der Kern dieser Kritik richtet sich gegen die des Settings der Realsituation, wo die Familienmitglieder im Therapieraum einander gegenübersitzen. Psychoanalyse hat eben nicht einfach klargemacht, daß der Mensch von seiner Familie her »bestimmt« wird, sie hat, in der Version Freuds, vielmehr klargemacht, daß Familie als Repräsentant der Gesellschaft *und* als biologische Gemeinschaft mit ihren Triebwünschen den Konflikt von Begehren und Versagen ausdrückt. Jeder Mensch gewinnt in der Familie Erfahrungen des Wechsels von Versagen und Befriedigung. Da die Trieborganisation entlang der bekannten Stufen oral-anal-phallisch sich ausdifferenziert, wird jeder Konflikt in doppelter Weise erlebt: als Realsituation und als Phantasiesituation der bereits vergangenen Triebkonfliktlösungen. Teile davon werden ins Unbewußte verbannt. Was in der Familie an wesentlichen und wichtigen Dingen passiert, ist die – so die Psychoanalytiker – unbewußte Kommunikation, die nur ausgedrückt werden kann über die Phantasie, die Träume, die Fehlleistungen, die Symptome etc. In der analytischen Situation wird nun diese unbewußte Kommunikation wiedererweckt und wiederinszeniert. Gerade die *Abwesenheit* der Familienmitglieder in der Therapie ermöglicht es aber dem Menschen, zum tiefsten Grund seiner Subjektivität durchzustoßen. Im analytischen Setting ist alles erlaubt: Mord, Totschlag, Verführung, Inzest..., und erst die Bewußtwerdung dieser Phantasien, ihre Verarbeitung in einem nunmehr neu konzipierten Ich (»wo Es war, soll Ich werden«) bringt das Individuum zu sich selbst. Die Imagination des Subjekts, so meinen Pohlen und Plänkers, muß in sein Recht gesetzt werden, um damit die phantasierende Vorwegnahme einer veränderbaren, zu verändernden Realität zu ermöglichen.

Geht man nun in die Realsituation der Familie hinein, dann macht man sich nicht nur zum Anwalt eines »bankrotten Systems«, sondern man verfestigt auch für den einzelnen die Unterwerfungsgeste unter eine Familie, die schon seit langem einem Prozeß der Entsinnlichung und Entsubjektivierung unterliegt. Der »allparteiliche« Familientherapeut ergreift Partei für nichts anderes als für eine identitätszerstörende Struktur der Familie. Man verständigt sich auf der bewußten, beschwichtigenden Interaktionsebene, wodurch unter Umständen das Familienmitglied wieder besser eingepaßt wird. Ob diese Ein- bzw. Anpassung aber der Individuation des einzelnen wirklich dienlich ist, ist für Pohlen/Plänkers fraglich. Die Realinszenierung des Familienkonflikts erscheint damit als ein Mechanismus der zwanghaften Kontrolle gegen die Verselbständigung des Subjekts. Wo man sich gar nichts anderes vorstellen kann als eben das interaktive »Funktionieren« der Familie, ohne daß grobe Symptomatik erzeugt wird, kann der einzelne über die bürgerliche Familie mit ihren identitätszerstörenden Mechanismen nicht hinausgelangen.

Krauss u. a. (1989) konzentrieren sich in ihrer Kritik – ebenfalls aus eher psychoanalytischer Sicht – auf die Sinnentleerung des Symptoms durch die Systemiker: Wo nur die Funktion des Symptoms für das Gesamtsystem beachtet wird, geht der sinnvolle Bezug des Symptoms zum individuellen Trieb-Abwehr-System verloren; diese Sinngebung aber – so die Autoren – sei eine wesentliche Leistung der Psychoanalyse, hinter die man nicht mehr zurückgehen sollte.

ad 3.: Systemimmanente Kritik (Welter-Enderlin, 1987): Diese Kritik ist noch jung. Sie richtet sich gegen die Außerachtlassung aller inhaltlichen Momente in der Systemischen Betrachtung, vor allem dagegen, daß die spezifische Rollengestaltung im rein Systemischen Denken nicht hinterfragt wird, da es ja »nur« auf das Funktionieren ankomme. Damit aber werden gesellschaftliche Werte unbefragt gelassen. Welter-Enderlin hat dies für das Problem der Frauenrolle in der Familie analysiert und weitere kritische Fragestellungen anvisiert.

Die Relevanz der Familientherapie für das psychosoziale Versorgungssystem ist sehr hoch: Relativ niederfrequente Sitzungen machen Familientherapien (trotz Weigerung der Kassen zur Zahlung) für eine Reihe von Patienten erschwinglich. Es gibt wenig Beratungsstellen, in denen sie nicht angewandt wird. Das Denken in systemischen Kategorien ist auch für den Laien leicht zu verstehen, weshalb die Tatsache, daß Störungen innerhalb eines Systems eine Funktion haben, von ziemlich vielen Patienten akzeptiert werden kann. Daß im rein Systemischen Denken jeder Anflug von »Schuldzuweisung« an den einzelnen entfällt, macht die Befassung mit dieser Art von Störungskonzept sicher einfacher als mit manch anderem Konzept.

Empfehlenswerte Literatur zum Thema »Familientherapie«:

Hoffmann, L.: Grundlagen der Familientherapie. Reinbek: Rowohlt, 1982

Krauss, Th., Jaeggi, E. und *A. Faas*: Vatermutterkind. Eine Einführung in Theorie und Praxis der Familientherapie. Berlin: Forschungsbericht Nr. 89–3 aus dem Institut für Psychologie der TU Berlin, 1989

Kriz, J.: Grundkonzepte der Psychotherapie. München: Urban & Schwarzenberg, 1985

KAPITEL IV

Therapiemodelle

1. Wege therapeutischen Handelns

Eine Vorstellung davon zu bekommen, in welchem Umfang in einer Gesellschaft psychisches Leiden, Befindlichkeitsstörungen, psychisch (mit)bedingte körperliche Störungen, psychiatrische Krankheiten anzutreffen sind, ist naturgemäß nicht leicht. Eine ganze Reihe von Besonderheiten sind es, die ein einfaches Abzählen nicht erlauben:

Psychische und psychosomatische Störungen haben in der Regel einen schleichenden Beginn (nur das Auftreten auffälliger Symptome ist leicht zu datieren); die Symptome können – mit oder ohne Behandlung – verschwinden (und wiederkommen); ob und wie die Symptome wahrgenommen werden, hängt von der Sensibilität, der Informiertheit usw. des Betreffenden und seiner Umwelt ab sowie von den diagnostischen Fähigkeiten des Arztes oder Psychotherapeuten.

Alle Zahlenangaben in diesem Bereich können deshalb nur sehr grobe Indikatoren für die dahinterstehende Realität sein. In unterschiedlichen epidemiologischen Untersuchungen schwanken die Angaben – aufgrund der Schwierigkeiten mit allgemein akzeptierten Definitionen – diagnostischer Methoden, der Stichprobenauswahl usw. enorm. In manchen Studien werden psychosoziale oder psychisch bedingte Befindlichkeitsstörungen bei bis zu 40% der Gesamtbevölkerung angegeben. Insofern ist auch die Frage nach der Zunahme oder Abnahme von psychischen Störungen nur schwer zu beantworten.

Zahlen und Fakten

Um mindestens die Spitze des Eisbergs etwas sichtbar zu machen, sollen einige Angaben zu *psychiatrisch behandelten und als psychiatrisch behandlungsbedürftig* angesehenen Personengruppen aufgeführt werden: (Expertenkommission der Bundesregierung 1989)

- Innerhalb eines Jahres beträgt die Zahl der psychiatrisch Behandlungsbedürftigen 10% bis 12,5% der Bevölkerung, d. h. in der Bundesrepublik jedes Jahr 6 bis 8 Mill. Menschen. Von ihnen wird eine erhebliche Anzahl jedoch nicht behandelt.
- Die Zahl der Abhängigen (Alkohol, Medikamente, Drogen)

wird auf gegenwärtig 2 Millionen geschätzt. Ihre Zahl steigt stetig.

- Ebenfalls ansteigend – allein schon wegen der demographischen Entwicklung – ist die Häufigkeit psychischer Störungen bei alten Menschen. Bei ihnen ist die Diskrepanz zwischen Behandlungsbedürftigkeit und erhaltener Versorgung besonders groß. 7% bis 8% (ca. 750000) werden als pro Jahr dringend behandlungsbedürftig angesehen.
- Bei Kindern und Jugendlichen wird die Quote der Behandlungsbedürftigen auf 5% (700000) jährlich geschätzt; weitere 10% bis 13% haben Verhaltensstörungen, die Beratung und Hilfe erforderlich machen.
- Es gibt etwa 500000 chronisch psychisch Kranke (ca. 60000 als Pflegefälle in der Psychiatrie, mehr als 100000 in Heimen und Anstalten, ca. 10000 in betreuten Einzelwohnungen, Wohngruppen o. ä., die übrigen – also die Mehrzahl – wohnt allein oder bei ihren Familien). »Sie fristen von Kleinrenten und Sozialhilfe ein Leben an der Armutsgrenze. Ihre Chancen, am gesellschaftlich-kulturellen Leben teilzunehmen, sind in einem Ausmaß beschränkt, das die Expertenkommission als beschämend für ein so wohlhabendes und dem Sozialstaatsprinzip verpflichtetes Land wie die Bundesrepublik empfindet.«
- Die Anzahl der Personen mit neurotischen und psychosomatischen Störungen, bei denen Psychotherapie erfolgversprechend wäre, wird mit ca. 11,5% der Bevölkerung (ca. 7 Mill.) angegeben. Als dringend psychotherapeutisch behandlungsbedürftig werden 1,5% bis 2% der Bevölkerung (ca. 0,8% bis 1,2 Mill.) eingestuft. Viele von ihnen bleiben ohne oder ohne adäquate Behandlung (14%–17% der Klientel von Allgemeinpraktikern haben psychische Störungen).

Diesem Bedarf steht ein komplexes und oft schwer übersehbares System psychosozialer Versorgung gegenüber: Bestandteile dieses Systems sind »Beratung bei Erziehungs-, Partnerschafts-, Schul-, Berufsproblemen und -konflikten; Psychotherapie unterschiedlichster Ausrichtung; Krisenintervention; psychiatrische/sozialpsychiatrische Behandlung in ambulanter und stationärer Form; therapeutische Wohngemeinschaften; Rehabilitation für Alltag und Beruf.

Diese Aktivitäten beziehen sich auf:

a) unterschiedliche Problemlagen (z. B. akute Lebenskrisen,

schwierige Lebensentscheidungen, lebensgeschichtlich verfestigte Persönlichkeitsstrukturen, Hilfe bei Isolation und Stigmatisierung);

b) unterschiedliche Zielorientierungen (Prävention, Therapie, Rehabilitation);

c) unterschiedliche institutionelle Organisationsformen (Einzelpraxis niedergelassener Nervenärzte, Psychiater, Psychotherapeuten; Beratungsstellen von Verbänden der freien Wohlfahrtspflege; psychiatrische Großklinik in kommunaler/staatlicher Trägerschaft; therapeutische Wohngruppe und rehabilitativ orientierter Alternativbetrieb) und

d) unterschiedliche Berufsgruppen als Handelnde (Ärzte, Sozialarbeiter, Psychologen, Pflegekräfte, die meist in Konkurrenz zueinander stehen, auch wenn es Versuche und Ansprüche multiprofessioneller Kooperation gibt«) (Davison & Neale, 1988).

Bei aller Vielfalt gilt doch durchgängig das Prinzip beruflicher, verrechtlichter und monetärer Beziehungen der Anbieter psychosozialer Dienstleistungen zu ihren Patienten/Klienten. Es herrscht eine entwickelte Arbeitsteilung und damit ein Spezialistentum (auch wenn nicht wenige Professionelle in der psychosozialen Versorgung dies leugnen und dem mit einem Bemühen um »Ganzheitlichkeit« entgegenwirken möchten). Am Beispiel der Berufsgruppe der Psychologen kann man sehen, wie lang (und bis heute relativ erfolglos) der Kampf um eine volle rechtliche und finanzielle Etablierung einer Profession sein kann. Vor kurzem wurde mit der Heilpraktiker-Regelung erreicht, die psychotherapeutische Tätigkeit von Psychologen wenigstens aus dem Bereich des Illegalen herauszuholen. Die Rede von Versorgung, System, Dienstleistungen usw. weist auf eine – zumindest seit geraumer Zeit vorherrschende – Mentalität von Technokratie und Machbarkeit hin; aber es gibt auch Anzeichen für einen Wertewandel in diesem Bereich. So warnt die Expertenkommission der Bundesregierung zur Reform der Versorgung im psychiatrischen und psychotherapeutisch/psychosomatischen Bereich vor »dem Irrglauben, Therapie, Rehabilitation und Versorgungsmanagement könnten derartig perfektioniert werden, daß schließlich seelisches Leiden generell zu beseitigen sei. Gerade mit Blick auf die chronisch Kranken gehe es vielmehr darum, neben die therapeutischen Anstrengungen zur Heilung solche zur Linderung und Stützung zu stellen, um so auch ein Leben mit seelischer Behinderung erträglich zu machen. Damit korrespondiert auf der Seite der Gesunden die Bereitschaft, seelisches Leiden zu akzeptieren und auf Dauer ertragen zu können.«

In jedem Falle hat die Tatsache *beruflicher* psychotherapeutischer Tätigkeit – für den Therapeuten Handeln zum Zweck der ökonomischen Existenzsicherung, für den Klienten Suche nach Hilfe – eine Reihe von unvermeidlichen Strukturmerkmalen. (Dabei soll die Frage der Unerreichbarkeit von Psychotherapie aus ökonomischen Gründen hier noch nicht einmal behandelt werden.)

Es handelt sich regelmäßig um einen Vertrag über den Austausch einer Dienstleistung gegen Geld (daran ändert auch die Möglichkeit der Finanzierung über eine Krankenkasse prinzipiell nichts). Wilkening (1978) fragt sich: »Ist nun aber diese Vertragsform der Beziehung, die Dynamik des Warentausches mit der Psychodynamik des therapeutischen Geschehens überhaupt vereinbar? Setzt nicht die ökonomische Basis die psychotherapeutische Behandlung Zwängen und Restriktionen aus, die deren inhärenter Logik wesensfremd sind?« Und er gibt aus der Perspektive einer berufstheoretischen Analyse eine eindeutige Antwort: »Die Interessen des Therapeuten sind also von den Interessen des Patienten abgekoppelt und diesen gegenüber tendenziell entgegengesetzt...« So hätte z. B. in einer Situation des allgemeinen Patientenmangels der Therapeut strukturell mit der ›Beruflichkeit‹ seines Handelns (und nicht etwa aufgrund eigener moralischer Entscheidung) ein Interesse an der Verlängerung der Therapie, und zwar auch dann, wenn dies vielleicht im Interesse des Therapieziels nicht mehr zwingend notwendig wäre. Grundsätzlich läßt die berufliche Form der Organisation der Arbeit sowohl die Scharlatanerie wie den Dilettantismus, die Problemverkürzung im Eigeninteresse wie das engagierte Ausnützen jeder Gebrauchswertmöglichkeit zu.« Dies ist insofern ein interessanter und provokativer Gedanke, als üblicherweise die Verberuflichung als Strategie gegen Scharlatanerie etc. beschrieben wird. Gerade im Psychotherapiebereich werden die existierende Vertragsgrundlage und ihre Implikationen oft eher schamhaft behandelt. Dahmer (1973) postuliert dagegen: »Dem Analytiker, der die allgemeine Heuchelei in Fragen der Sexualität überwunden hat, ist auch die in Geldangelegenheiten inadäquat.«

Ob es sich im Einzelfall eher um Aufrichtigkeit oder Schamlosigkeit handelt, muß der Patient beurteilen. Das kann er aber in einer therapeutischen Situation nur eingeschränkt, aufgrund eines gewissen Machtgefälles, das ebenfalls ein Strukturmerkmal der beruflichen Beziehung ist. »Der Analytiker, der eine Therapie anbietet, die auf der Prämisse unbewußter Abwehrmechanismen basiert, spricht als notwendig dem potentiellen Patienten das volle Ausmaß der Beurteilungskompetenz nicht nur in bezug auf den Charakter seiner Krankheit, sondern auch in bezug auf die tauschbezogenen Aspekte der Analytiker-Analysand-Beziehung ab.« (Wilkening, 1978)

Was hier punktuell am Beispiel von Psychoanalyse angedeutet wurde, ließe sich in vergleichbarer Weise für jede andere Therapieform zeigen: Es gibt strukturelle Faktoren, unabhängig von der jeweiligen Theorie und dem Menschenbild, von den Therapiezielen und der Persönlichkeit des Therapeuten, die sich auswirken – ähnlich wie man vom »heimlichen Lehrplan« in der Schule spricht oder vom Medium, das die Nachricht ist (McLuhan).

Das Angebot des Therapeuten

Es ist also durchaus legitim, zu fragen: Bewirkt ein Angebot psychosozialer Therapie oder Beratung Hilfe zur Selbsthilfe, Autonomie, fördert es Solidarität, Kontaktbereitschaft, Selbstbewußtsein, Politisierung, vermeidet es Ausgrenzung?

Oder hilft es – aller Überzeugung und dem Engagement der Mitarbeiter zum Trotz –, daß aus Bürgern Klienten gemacht werden, die noch ein weiteres Stück Leben einem »Experten« überlassen, daß natürliche Ressourcen der Hilfsbereitschaft zwischen den Menschen eher verschüttet als aktiviert werden, daß die Schwelle für das Eingreifen von »Experten« bei menschlichen Schwierigkeiten gesenkt wird?

Illich beschreibt in einem Aufsatz über »Entmündigende Expertenherrschaft« (Illich, 1979) Illusionen unserer Dienstleistungsgesellschaft, die vielleicht schon so sehr unbefragte Selbstverständlichkeiten geworden sind, daß sie sich – sicherstes Anzeichen – in der Alltagssprache niedergeschlagen haben.

Die grundlegende Illusion: Menschen werden als Konsumenten geboren. Sie erreichen ihre Ziele, indem sie Güter und Dienstleistungen einkaufen (oder gesetzlichen Anspruch auf sie haben). Das Vokabular psychosozialer Dienste stammt aus der Konsumsphäre: Bedarf, Angebot, Versorgung.

Die Worte deuten auf eine zunehmende Entfremdung hin: »Erziehung ersetzt ›Ich lerne‹; Gesundheitserziehung ersetzt ›Ich gesunde‹; Transport ersetzt ›Ich bewege mich‹; das Fernsehen ersetzt ›Ich spiele‹.« (Illich, 1979, 28)

Was einen Menschen zum Konsumenten macht, sind seine Bedürfnisse. Was unsere Dienstleistungsgesellschaft ausmacht, ist, daß immer mehr »Experten« und Bürokraten (pädagogische, medizinische, fürsorgerische) damit beschäftigt sind, Bedürfnisse festzustellen (im doppelten Sinne von ermitteln und festlegen). Die angebliche Bedarfsausdehnung ist gigantisch und hat eine Tendenz zur allumfassenden Versorgung, Beschäftigung und Betreuung. Im psychosozialen Bereich: »Die Stadien des Lebens werden in eine Serie von Krisen und Problemen umgedeutet, für deren Lösung sich professionelle Helfer und Institutionen etablieren. Wer nicht mehr krank ist, muß nachbehandelt werden, und wer überhaupt nicht krank ist, ist nicht gesund, sondern derzeit nicht-krank und muß präventiv behandelt werden« (Huber, 1979).

Es liegt auf der Hand, daß die beteiligten Berufsgruppen, Institutionen und Bürokratien ein vitales Interesse haben, ihre Existenzberechtigung nachzuweisen und ihre Zuständigkeit auszuweiten. Eine bedenkliche Schwelle ist spätestens dann erreicht, wenn eine Gruppierung das Monopol hat zu entscheiden, was krank und was gesund ist; welcher Grad von Abweichung zu tolerieren ist, welcher nicht mehr; was mit den Betroffenen (Klienten, Patienten) zu geschehen hat.

Zwei Faktoren spielen nach Illich beim Erreichen menschlicher Ziele eine Rolle: die spontanen Fähigkeiten des Individuums und vorgegebene, geplante Einrichtungen der jeweiligen Gesellschaft, die den spontanen Fähigkeiten entgegenkommen und sie potenzieren sollen. Letztlich geht es um die beiden Pole Selbst- gegen Fremdbestimmung.

Das Anwachsen der organisierten, geplanten, technischen gegenüber der spontanen, selbstaktiven Seite ist zunächst durchaus ein Fortschritt – eine Potenzierung der eigenen Möglichkeiten. Aber irgendwann schlägt der Effekt um; die Effizienz und die Effektivität sinken, die Wohltat wird zur Plage. Diese Kontraproduktivität – Leistungssteigerung und sinkende Effektivität – ist ein mittlerweile nur zu vertrautes Bild in den Bereichen Bildung und Ausbildung, Massenkommunikation und eben auch auf dem Gebiet der Gesundheitsversorgung und Psychotherapie.

Die Gesundheitsversorgung ist ein zugleich faszinierendes und abschreckendes Beispiel für das, was sich auch bei der psychosozialen Versorgung entwickeln kann: daß sie nämlich kontraproduktiv wird, daß die Medizin die Krankheit verschlimmert, die (vermeintliche) Lösung selbst zum Problem wird.

Die Medizin hat sich (beginnend mit ihrer überwiegend naturwissenschaftlichen Ausrichtung und deren unbestrittenen Erfolgen im 19. Jh.) zu einer Institution entwickelt, der immer größere Kompetenz zugesprochen wurde: Sie bestimmte, was ein »gutes« Leben ausmacht und was als »krank« zu gelten hat. Sie hat in bestimmter Hinsicht die Nachfolge religiöser Instanzen angetreten (Hoffnung, Ehrfurcht, Moral/Halbgott – halb Gott – in Weiß).

Die enorme Ausweitung der beanspruchten Zuständigkeit wird deutlich in der bekannten Definition dessen, was Gesundheit sein soll, in der WHO-Deklaration von 1948. Nicht etwa »bloß« die Abwesenheit von Krankheit oder Gebrechen, sondern ein Zustand völligen geistigen, körperlichen und sozialen Wohlbefindens.

Die Hohenpriester dieser säkularisierten Religion, die Ärzte, haben das höchste Sozialprestige. Das ist nur zu verständlich, wenn man betrachtet, was alles ihres Amtes ist:

- Das Leben beginnt mit ihnen, und man stirbt bei ihnen: im Krankenhaus. Das war durchaus nicht immer so.
- Von diesen beiden Punkten des menschlichen Lebens weiten sich die Einflußsphären ärztlicher Aktivität aus: In ihren Bereich fallen – neben Krankheiten – Schwangerschaft, Zeugung, Sexualität, Empfängnisverhütung, Abtreibung (mit jeweils vielen sozialen, moralischen und politischen Implikationen). Relativ neu ist, daß auch das Alter zu ihrer Domäne wird, das als eine Art chronische Krankheit angesehen wird.
- Das Monopol der Ärzte, Medikamente zu verschreiben, auch wenn man persönliche Probleme hat, ist der Inbegriff ihrer Autorität. Und die dehnt sich wiederum derart weit aus, daß Grenzen kaum sichtbar sind. Ganz im Sinne der obigen Definition von Gesundheit gibt es Medikamente nicht nur für organische Krankheiten, sondern immer mehr zugunsten »vollständigen körperlichen, geistigen und sozialen Wohlbefindens«: gegen Traurigkeit, Schläfrigkeit, Schlaflosigkeit, Appetitlosigkeit, Angst usw.
- Zu definieren, was krank, normal oder ein Laster ist, gehört ebenfalls zur Machtdomäne der Ärzte. »Immer mehr Störungen, die früher als Krankheit weder erlebt noch bewertet wurden, werden als ›Krankheit‹ definiert und in den Kreis medizini-

scher Zuständigkeit verwiesen... Zu den akuten Krankheiten und Unfällen kamen die chronischen Leiden, dann die angeborenen Schäden, dann die Altersbeschwerden, dann die neurotischen Störungen und schließlich die Familienkonflikte hinzu.« (Uexküll, 1976)

Diese Aufzählung sagt zunächst vor allem etwas über die allgegenwärtige Position der Medizin aus. Dies mag schon für sich genommen etwas Beängstigendes haben. Entscheidend ist aber die Frage nach der Wirkung des ganzen Komplexes. Ist sie so segensreich, daß die Erwartungen an die Medizin gerechtfertigt sind?

Ein renommierter Sozialmediziner gibt die Antwort: »Die Effektivität der Medizin wird oft bezweifelt. Sie ist jedoch sehr schwer meßbar und hinsichtlich der meisten medizinischen Maßnahmen unbekannt.« (Schaefer, 1978). Diese Antwort, so ernüchternd sie ist, scheint noch zu wohlwollend, weil die kontraproduktiven Wirkungen nicht genannt werden. Der schon zitierte Thure von Uexküll, ebenfalls ein bekannter Mediziner, zählt einige davon auf:

- Mit dem Fortschritt der Medizin nimmt die Zahl der Kranken nicht ab, sondern zu. Die Ursachen sind ganz unterschiedlich, z. B. fällt die natürliche Selektion kranker Menschen durch frühen Tod aufgrund der Erfolge der Medizin weg. Die Menschheit wird genetisch kränker. Die schon angesprochene Ausweitung des Krankheitsbegriffs macht immer mehr Menschen zu Patienten.
- Eine Folge des Wachstums des medizinischen Komplexes ist eine immer weiter fortschreitende Aufsplitterung in Spezialdisziplinen. Man kann »...ohne Übertreibung sagen, daß ein Kranker bei einem hochspezialisierten Arzt nicht nur häufig unzureichend versorgt wird, sondern auch in Gefahr ist, falsch behandelt zu werden. Fehldiagnosen und Fehlbehandlungen durch Überspezialisierung gehören ebenfalls zur Kontraproduktivität in der modernen Medizin.« (a. a. O.)

  Analog dazu werden die Ausbildungsmöglichkeiten für Mediziner in einem ständig komplexer werdenden Ausbildungssystem schlechter und nicht besser.
- Als einen Aspekt von Kontraproduktivität wertet Uexküll auch das »Schwinden politischen Verantwortungsbewußtseins in der Gesellschaft und beim einzelnen wachsende Erwartungen an die Medizin«. Die daraus entstehende Tendenz zur Entmündigung wird besonders augenfällig, wenn man vergleicht, wie groß

die Flut von Information über Gesundheitsprobleme im allgemeinen ist, und wie wenig die Patienten über ihre Krankheit von den Ärzten erfahren. Uexküll spricht hier geradezu von »Informationssperre«.

- Die Sparte »Diagnostik« wuchert in einem unerhörten Ausmaß. Die Fülle von (apparatemäßigen) Untersuchungen steht in keinem sinnvollen Verhältnis zu anschließender hilfreicher Therapie.

Daß die Medizin hier so ausführlich in das Blickfeld geraten ist, läßt sich rechtfertigen:

1. Die Medizin erklärt sich für Bereiche zuständig und ist auch in ihnen wirksam, für die sich der psychosoziale Sektor kompetent hält;

2. Die Mediziner haben eine gesellschaftliche Stellung, der sich immerhin große Teile der Psychologenschaft annähern möchten.

Viele der beschriebenen Gefahren sind deshalb auch für den psychosozialen Sektor gegeben. Besonders zu nennen sind:

- Ausweitung des Begriffs der psychischen Störungen;
- ein um seiner selbst willen auf die Spitze getriebener Wissenschaftlichkeitsanspruch;
- Entpolitisierung (»Prävention statt Politik«);
- Diagnostik als pure Geschäftigkeit, die den »Experten« ausweist und dem Betroffenen wenig nutzt.

Selbsthilfegruppen

Eine der Folgen dieser Entwicklung war – Ende der siebziger bis Mitte der achtziger Jahre – ein starkes Anwachsen der Selbsthilfebewegung.

Die Selbsthilfebewegung ist dabei als Teil und im Kontext von vielfältigen Gruppenbildungen, gegenkulturellen Strömungen und politischen Aktivitäten zu sehen, für die sich die Überschrift »neue soziale Bewegungen« eingebürgert hat: Bürgerinitiativen im lokalen und überlokalen Bereich, Friedens-, Frauen-, Ökologie- und Anti-AKW-Bewegung, Volkszählungsboykott, Hausbesetzerbewegung usw.

Charakteristisch ist für diese »neuen sozialen Bewegungen« (außerhalb von etablierten Institutionen wie Parteien und Gewerkschaften) und insbesondere für die Selbsthilfebewegung, daß es im Verhältnis zur Studentenbewegung Ende der sechziger Jahre gleichzeitig Kontinuität und Brüche gibt. Wichtig ist »der in den siebziger Jahren vollzogene Bruch mit dem für die Bewegungen der sechziger Jahre noch typischen technisch-wissenschaftlichen Fortschrittsglauben und mit dem Vertrauen auf staatsinterventionistische, zentralistische Problemlösungen. Entscheidend ist auch ein verändertes Politikverständnis, das die subjektive ›Betroffenheit‹ und die politische Relevanz des Privaten in den alltäglichen Verhaltensmustern in den Vordergrund rückt. Dennoch stehen die neuen sozialen Bewegungen in wesentlicher Hinsicht auch in einer inhaltlichen Kontinuität zur 68er Bewegung. Diese erhielt ihren spezifischen Charakter ja erst aus der Verbindung undogmatischer marxistischer Theorietraditionen mit dem ›Unterfutter‹ des gegenkulturellen Protests, aus der Verbindung von subjektiven Emanzipationsbestrebungen mit dem politischen Kampf um gesellschaftliche Veränderungen« (Brand, 1988).

Die heftigen Debatten Anfang der achtziger Jahre zeigten völlig unterschiedliche ideologische Rahmungen des Phänomens Selbsthilfe: Von konservativer Seite wurde Selbsthilfe (wie in Krisenzeiten immer wieder) entdeckt als Möglichkeit, staatliche Fürsorge und Zuständigkeiten zu reduzieren. Staatliche Überversorgung und sozialstaatliche Gängelung wurden ausgemacht und Selbsthilfe als zugleich preiswertere wie menschlichere Alternative propagiert und gefördert. Der Verdacht, daß es sich bei dieser Politik vor allem um eine Abwälzungsstrategie des Staates handelte, um eine Instrumentalisierung der Selbsthilfebewegung zu Sparmaßnahmen, lag natürlich nicht fern. Dagegen ist Selbsthilfe für die alternative Ideologie sehr viel mehr als nur eine ergänzende Art von Dienstleistung: Es geht zugleich immer um Selbstbestimmung und Selbstverwaltung, um weniger Staat – nicht im Sinne von weniger Geld, sondern von Übertragung von staatlicher Macht und Entscheidungskompetenz, Dezentralisierung und Demokratisierung, Wiederaneignung gesunder Lebensformen und Kampf gegen krankmachende Lebens- und Umweltbedingungen.

Riedmüller (1988) unterscheidet bei der Selbsthilfe:

- Eigenhilfe (klassische Selbstversorgung);
- freiwillige Fremdhilfe (Laienarbeit)
- und Selbstorganisation (im Sinne eines politischen Engagements).

Klassische Beispiele für die Eigenhilfe im Bereich Gesundheit sind Selbsthilfegruppen von Patienten, die an chronischen Krankheiten leiden oder an Krankheiten, die mit einer Stigmatisierung verbunden sind (z. B. Multiple Sklerose, Übergewicht, Epilepsie, Krebs, Drogenabhängigkeit usw.). Neuere Beispiele sind Gruppen von Angehörigen pflegebedürftiger alter Menschen oder psychisch Kranker.

Freiwillige Fremdhilfe z. B. ist ehrenamtliche Tätigkeit in der Altenbewegung oder in der Betreuung von HIV-Infizierten/Aids-Kranken.

Darüber hinaus gibt es Gruppen, die sich für die Durchsetzung übergreifender (sozialer-, gesundheits-, umwelt-, verkehrs-)politischer Interessen einsetzen, z. B. für eine verbesserte psychiatrische Versorgung, strengeren Umweltschutz usw.

Die Erfahrungen haben – kaum überraschend – gezeigt (Riedmüller, 1988),

- daß Selbsthilfe vom Staat als ein nützliches Glied in der Versorgungskette gesehen und behandelt wird (natürlich in erster Linie die freiwillige und unbezahlte Fremdhilfe, auch die Eigenhilfe, aber weniger die selbstorganisierten Projekte);
- daß den gängigen Verwaltungsressorts leicht zuzuordnende Projekte (z. B. Gesundheitsselbsthilfegruppen) bessere Förderungschancen haben als Gruppen mit umfassenderen Problemstellungen (z. B. Frauengruppen),
- daß ein dezentes Verhalten eher den Zugang zur Förderung erschließt als eine offensive Öffentlichkeitsarbeit.

Den Erfolg und die Wirkung der Selbsthilfebewegung summarisch beurteilen zu wollen, ist sicher vermessen. Dazu ist das Feld viel zu groß und zu heterogen. Und die Kritiken müßten sich auf ganz verschiedene Ebenen beziehen.

Wenn sich jemand nach einer schweren Krankheit oder Krise durch solidarische Hilfe in einer kleinen Gruppe kontaktfähiger und selbstbewußter, integriert und akzeptiert fühlt – so die häufig gefundenen positiven Effekte von Selbsthilfegruppen –, so ist das für die Betreffenden überzeugend genug.

Ob die Selbsthilfebewegung als eine vermittelnde Struktur (Berger & Neuhaus, 1977) zwischen immer weiter schrumpfenden privaten Welten und immer komplexeren Megastrukturen die Basis für eine neue Sozialpolitik (Keupp, 1988), für eine ökologische Wende im Sozialstaat bildet, ist eine spekulative Frage. Gegenwärtig scheint es für schwungvolle Utopien auch in diesem Feld keine Konjunktur zu geben.

Empfohlene Literatur

Ferber, Ch. v. und *B. Badura* (Hrsg.): Laienpotential, Patientenaktivierung und Gesundheitsselbsthilfe, München: Oldenbourg, 1983

Illich, I. (Hrsg.): Entmündigung durch Experten. Zur Kritik der Dienstleistungsberufe. Reinbek: Rowohlt, 1979

Keupp, H. und *M. Zaumseil* (Hrsg.): Die gesellschaftliche Organisation psychischen Leidens. Zum Arbeitsfeld klinischer Psychologen. Frankfurt/M.: Suhrkamp, 1978

Selbsthilfezentrum München (Hrsg.): Zurück in die Zukunft. Selbsthilfe und gesellschaftliche Entwicklung. München: Profil, 1988

2. Psychotherapie als eigenständige Sprach-, Handlungs- und Beziehungsform

Jeder Mensch ändert sich – in der Regel geschieht das unbemerkt, kaum einer legt sich darüber Rechenschaft ab oder macht daraus ein Problem. Erst im Rückblick wird deutlich, daß man längst nicht mehr an die Weltrevolution glaubt – die doch damals als oberster Lebensplan Sinn und Zweck eigenen Tuns bestimmt hat. Man erkennt, wie verbohrt oder verbissen man doch war, wundert sich ein bißchen und geht seinen Tagesgeschäften weiter nach. Auch für ganz private Geschichten trifft das zu: Im nachhinein wird deutlich, daß die große Liebe, deren Ende damals die Katastrophe bedeutet hatte, eben doch nur Verblendung gewesen ist. In Wirklichkeit hatte man eben doch nicht zusammengepaßt. So geht es uns auch mit der Beurteilung von Freunden, Feinden und Bekannten. Manches erkennt man erst später – und meint dann, »in Wirklichkeit« sei er oder sie eben schon immer ganz anders gewesen. Man hatte es aber, aus welchen Gründen auch immer, damals nicht entdeckt.

Solche Veränderungen verlaufen oft unmerklich, manchmal aber auch dramatisch. So erkennt der gestreßte Manager plötzlich, daß er sein Leben falsch eingerichtet hat, wirft auf einen Schlag alles hin und bewirtschaftet von nun an einen biologischen Bauernhof.

Wirklichkeit, so ließe sich zusammenfassen, ist veränderlich. Diese Beispiele, und jeder kann hier eigene aufführen, werfen zwei Fragen auf. Einmal: Was ist denn eigentlich »Wirklichkeit«, was ist »wirklich«, wenn dieselben Personen, Umstände und Ereignisse so unterschiedlich wahrgenommen werden können? Denn damals waren wir von der Richtigkeit unserer Anschauungen genauso überzeugt wie jetzt von deren Gegenteil. Die zweite Frage lautet: Wie passiert eigentlich eine Veränderung der Anschauungen, wie ändern sich Gefühle gegenüber Mitmenschen, wie »erkennen« wir, daß er/sie in Wirklichkeit ganz anders ist, als wir anfangs glaubten? Lernen wir bloß um? Oder ist es doch etwas anderes als Lernen oder Problemlösen, und setzt es dann nicht andere Prozesse voraus als solche, die beim Kreuzwort-Rätsel-Lösen nötig sind? Denn aus eigener Erfahrung weiß ja jeder, daß Überreden, gutes Zureden, der Appell an die Einsicht u. a. nichts nützt, wenn jemand von Selbstzweifeln oder Liebeskummer geplagt ist.

Obwohl nun unsere Ansichten veränderbar sind und damit unsere »Wirklichkeiten« verschieden, leben wir trotzdem nicht jeweils in der »besten aller Welten«, vermögen wir eben nicht nach Belieben unsere Ansichten von der Welt und von uns selbst so zurechtzurücken, daß wir darunter nicht litten. Sondern wir haben Liebeskummer, finden uns verlassen oder einsam, haben Mühe, mit den »unerklärlichen« Veränderungen unserer Mitwelt und den Reaktionen unserer Partner fertig zu werden, anstatt uns darauf einzustellen und unsere Gefühle und Überzeugungen anzupassen. So einfach scheint also eine Veränderung unserer Sichtweisen zu unseren Gunsten nicht zu sein.

Die Erörterung dieser beiden Fragen, nach dem Aufbau der Wirklichkeit – so wie sie von uns gesehen und erlebt wird – und ihrer Veränderung, wird der Ausgangspunkt sein, um näher zu bestimmen, wie Psychotherapie als eine besondere Sprach-, Beziehungs- und Handlungsform Veränderungen bewirkt.

Wie wirklich ist die Wirklichkeit?

Wer mehr als *eine* Jugendgeneration miterlebt hat – mehr als ein Ideal und eine Überzeugung oder Weltanschauung –, für den ist das Zeitalter der Objektivität vorbei. Die vermeintlich »objektiven« Erkenntnisse, insbesondere sozialwissenschaftliche, die die Wirklichkeit prägten, erweisen sich im Rückblick als Interpretations- und Deutungsmuster, die eine Zeitlang das eigene Denken und Fühlen bestimmt haben. Sie sind aber nicht »die Wirklichkeit« selbst.

Das ist nicht nur eine Erkenntnis der älteren Generation. Vielmehr ist es *ein*, wenn nicht *das* Zeichen der Postmoderne – die Erosion, der Zusammenbruch derjenigen großen Wissenssysteme, die bisher die Anschauung der Wirklichkeit festgelegt haben. Die mit diesen Wissenssystemen verbundenen Gewißheiten sind trügerisch geworden, handle es sich um den Marxismus, die Idee der freien Marktwirtshaft oder die Rollen von Mann und Frau. Damit ist aber auch die Orientierung schwerer geworden, der Aufbau von Gewißheiten, die zum Lebensvollzug eben doch notwendig sind.

Zum Glück beschäftigt sich mit der Frage, was denn wirklich ist und was nicht, kein normaler, psychisch gesunder Mensch. Wenn ich an eine Kreuzung fahre und die Ampel von Grün auf Rot umschaltet, stelle ich keine Überlegungen an, ob sich das auch wirklich ereignet. Ich reagiere. Im Gegenteil, wem die Erfahrung der Wirklichkeit fehlt – wenn also immer der Zweifel aufkommt, ob das, was geschieht, auch wirklich ist –, dem wird bald eine »psychische Krankheit« attestiert. Zu Recht, denn Zweifel an der Wirklichkeit und das Fehlen des »Wirklichkeitsakzents« der Wahrnehmungen behindern das reibungslose Ablaufen des Alltagslebens.

Die Frage, was Wirklichkeit ist, hat im Alltagsleben keinen Platz. Die Dinge sind für uns, wie sie sind. Erst außerhalb praktischen Interesses, d. h. in wissenschaftlicher Einstellung, ist diese Frage sinnvoll. Bereits W. James, einer der ersten großen Psychologen, hat sich damit beschäftigt. Wirklichkeit, so definierte er, »bedeutet ganz einfach ein Verhältnis zu unserem emotionalen und tätigen Leben. Der Ursprung aller Wirklichkeit ist subjektiv, was immer unser Interesse erweckt und anregt, ist wirklich.«

Wirklichkeit ist in erster Annäherung also unser Alltag. Der Sozialwissenschaftler Schütz und im Anschluß an ihn Berger und Luckmann haben gezeigt, daß Wirklichkeit eine »Konstruktion« ist. Das bedeutet nun nicht, daß wir uns alles einbilden. Die Welt existiert nicht nur in unserem Kopf. Es ist aber so, daß wir die äußere Realität durch die »Brille« unserer Anschauungen sehen und sie dadurch erst zu der machen, die sie ist. Genau auf diese Weise bringen wir Wirklichkeit erst als die hervor, von der wir meinen, sie liege ja so schon vor und wir »nähmen« sie als solche nur »wahr«. Wirklichkeit ist also immer subjektive Wirklichkeit und eine Konstruktions- und Deutungsleistung des Wahrnehmenden. Und was Menschen subjektiv für real halten, ist für sie real.

Das macht auf ein weiteres Merkmal von Wirklichkeit aufmerksam: Wirklichkeit bedarf der kollektiven Bestätigung. Fehlt diese, gerät die eigene Sicht der Wirklichkeit ins Abseits; sie wird dann als Zynismus oder gar als Zeichen für psychische Störung aufgefaßt. Wir haben gemeinsame Auffassungen davon, was passiert, wenn etwas passiert, und sind erst aufgrund dieser Gemeinsamkeit in unserer Welt handlungsfähig.

Als Mittel der Herstellung von Wirklichkeit dient ein Verfahren, das der amerikanische Soziologe Garfinkel im Anschluß an Karl Mannheim, einen deutschen Sozialwissenschaftler, genauer als die Methode der dokumentarischen Interpretation bezeichnet hat. Im Prinzip handelt es sich dabei um folgende Vorgehensweise: Wir deuten Ereignisse wie z. B. das Verspäten eines Bekannten, mit dem wir uns verabredet hatten, als »Dokument« für dessen Unzuverlässigkeit, und umgekehrt ist Unzuverlässigkeit über solche Zeichen wie Verspäten charakterisiert. Solche Zirkelschlußverfahren werden verwendet, um die Gefährlichkeit oder die Friedfertigkeit der Russen oder die Gefährlichkeit der Stasi zu erkennen.

Auf diese Weise geraten Wirklichkeiten konsistent: Sie bekommen einen selbstbestätigenden Charakter. Der Klient, der z. B. davon ausgeht, daß ihm nichts glückt, daß er hilflos ist, wird auch »Erfolge« in der Therapie mittels seines Hilflosigkeitsschemas interpretieren. Er wird davon ausgehen, daß es eben nicht er, sondern der Therapeut war, der diese Erfolge bewirkt hat, und daß sich damit die eigene Hilflosigkeit wieder einmal unter Beweis stellt. Wirklichkeiten – und das ist das dritte Merkmal – sind veränderungsresistent. Sie haben eine Beharrungstendenz und widersetzen sich einer Neuordnung: Es bleibt alles beim alten.

Wie ist aber eine Veränderung von Wirklichkeit machbar? Oder anders gefragt, wie kann Psychotherapie »Wirklichkeiten« verändern? Solche Veränderungen sind nur durch einen »Sprung« zu schaffen; es gibt keinen langsamen Übergang, es gibt nur die eine oder die andere Wirklichkeit. Die beiden amerikanischen Sozialwissenschaftler Mehan und Wood (1976) haben versucht, näher zu bestimmen, wie solch ein Sprung vonstatten geht. Sie gehen davon aus, daß Realität in der reflexiven Anwendung von Wissensbeständen kohärent gemacht wird. Das heißt: Wir biegen uns die Wirklichkeit zurecht, so daß sie zu unseren bisherigen Erfahrungen paßt. Im Grunde genommen haben wir diese Merkmale der Hervorbringung von Wirklichkeit schon dargestellt. Durch die Anwendung von Wissen und Erfahrung wird die Welt nicht nur interpretiert, sondern hervorgebracht. Reflexiv heißt dabei, daß die Anwendung dieser Wissensbestände gleichzeitig den Rahmen hergibt, in dem dieses Wissen sinnvoll ist.

Veränderung der Wirklichkeitsanschauung ist nur möglich, wenn den Anschauungen die Realitätsgewißheit entzogen wird. Dazu muß ein neuer Interaktionszusammenhang hergestellt werden, in dem systematisch neue Deutungen hervorgebracht werden.

Veränderung der Wirklichkeit bedeutet nicht nur die Zerstörung einer Anschauung, sondern auch den Aufbau einer anderen Sichtweise. Eine neue Sichtweise der Realität muß auftauchen können. Diese darf nicht nur möglich sein, vielmehr muß sie eine minimale Gewißheit besitzen; sonst bricht die »Wirklichkeit« nur zusammen und führt zu Orientierungslosigkeit und schizophrenieähnlichen Zuständen. Therapie ist deshalb nicht nur das Zerbrechen einer Realität, sondern auch der Aufbau einer neuen.

Wie das funktioniert, vermag allerdings keine Theorie genau zu sagen. Zu diesem Schluß kam die CIA, die in den fünfziger und sechziger Jahren psychologische Forschung, Experimente mit Drogen und Elektroschocks, aber auch Psychotherapie sponserte – allerdings meist verdeckt –, um herauszufinden, wie Personen »umgedreht« werden können. Das war im Korea-Krieg geschehen: Die gefangenen US-Soldaten hatten nicht nur Schuldgeständnisse unterschrieben, sondern sich mit der kommunistischen Weltanschauung ihrer Bewacher solidarisiert. So vermutete die CIA hier besondere Brainwashing-Kenntnisse, die sie selbst nicht besaß. Fieberhaft versuchte sie diese Wissenslücke zu schließen. So förderte sie insbesondere Outsider und nichtetablierte sozialwissenschaftliche Forschungsansätze, von Carl Rogers bis hin zu Ervin Goffman, und trug so zum Durchbruch der modernen Soziologie und Psychologie bei. Damit erwiesen sich militärische Interessen wieder einmal als Förderer der Psychologie, aber wie ein solches »Brainwashing« funktioniert, vermochte die CIA nicht herauszufinden.

Wir müssen uns mit Umschreibungen zufriedengeben. Mehan und Wood (1976) erklären bei ihrer Erörterung, wie Wirklichkeitsansichten sich verändern, daß es kein »Entrinnen« geben darf. Alles muß schlüssig sein oder gemacht werden; läßt sich der »Klient« einmal ein, so darf es keine Fluchtmöglichkeit mehr geben. Kein Entrinnen darf möglich sein, wenn man sich einmal auf die andere Wirklichkeitssicht einläßt. Wie solche Geschlossenheit erzeugt wird, soll noch etwas genauer dargestellt werden, wenn nämlich die Beziehungsmerkmale und die Besonderheiten der therapeutischen Kommunikation erörtert werden. Hier soll nur der Hinweis genügen, daß die Praktiken, die zur Veränderung von Wirklichkeit verwendet werden, vielfältig sind. Der bereits erwähnte amerikanische Soziologe Garfinkel hat z. B. mit sogenannten »Brechungsexperimenten« gearbeitet, d. h. unhinterfragte Realitätsgewißheiten und »Spielregeln« werden »umgestoßen«. Eine andere Technik ist die der Isolation, verbunden mit einer massiven Überflutung mit neuen Überzeugungen, wie das beim Brainwashing der Fall ist. Andere Verfahren fungieren nach Art einer Bruderschaft, in die man aufgenommen wird, um Tag für Tag immer wieder an den gleichen Überzeugungsübungen teilzunehmen.

Psychotherapie verläuft ähnlich, wenn auch die Mittel und Techniken, die hier eingesetzt werden, andere sind. Dabei setzt Psychotherapie drei Dinge voraus, die als allgemeine Wirkbedingungen in jeder Psychotherapie vorhanden sein müssen. Es handelt sich dabei einerseits um Vertrauen als Grundbedingung, zum anderen um die Bereitschaft zur Beschäftigung mit der eigenen Psyche und schließlich um die Anerkennung der Kompetenz des Therapeuten, der sich als Experte anbietet.

»Vertrauen als Vorleistung des Klienten«

Psychotherapie läßt sich nicht einfach »machen«, wie etwa Autofahren oder Geschichten erzählen. Der Klient muß mitmachen. Wie weit dieses Mitmachen geht, hat Garfinkel in einem Versuch auf elegante Weise deutlich gemacht. Er instruierte seine studentischen Versuchspersonen dahingehend, sie würden an der Testung einer neuen Psychotherapieform teilnehmen. Sie hatten die Möglichkeit, ein Problem darzustellen, wobei sie das Problem auf eine Entscheidungsfrage hin formulieren sollten. Der Therapeut würde dann einen Rat geben, nämlich ein »Ja« oder »Nein«. Der Therapeut war aber in Wirklichkeit ein Mitspieler Garfinkels, der seinerseits instruiert war, nach dem Zufallsprinzip seine »Ja« bzw. »Nein«-Antworten zu geben. Die Studenten wurden dann gebeten, nach jeder Antwort des Therapeuten ihre Meinungen, Überlegungen und Kommentare zu dessen Ratschlag auf Tonband zu sprechen. Die Ergebnisse dieses Versuchs waren verblüffend: Viele der Versuchspersonen durchschauten das Arrangement nicht. Noch interessanter war, wie mit den offensichtlich widersprüchlichen Jas und Neins umgegangen wurde. Die Studenten versuchten, diese Ungereimtheiten zu reparieren und »Sinn« daraus zu machen. So nahmen sie z. B. an, daß der Therapeut sie herausforderte, auf die Probe stellte, um die Festigkeit ihres Entschlusses zu überprüfen, daß er sie durchschaut hätte usw. Damit wird ein erster allgemeiner Wirkfaktor von Therapie deutlich: das Vertrauen des Klienten in das »Können« und in die therapeutischen Absichten des Therapeuten. Der Klient muß von der Annahme ausgehen, daß in der Therapie etwas besonderes geschieht, das ihm hilft. Dieses Vertrauen ist nichts anderes als das, was ein

Patient einem Voodoo-Zauberer entgegenbringen muß, damit der Zauber wirkt – er muß daran glauben.

Das besondere daran ist, daß dieses Vertrauen als Vorleistung zu erbringen ist – ohne daß der Klient sicher sein kann, daß es ihm nützt bzw. nicht schadet; er hat seine Probleme, Unsicherheiten, seine ansonsten verschwiegenen Begierden, Wünsche, innersten Gefühle und Phantasien zu enthüllen.

Einige der wenigen systematischen Überlegungen zu »Vertrauen« stammen von Luhmann (1973). Der Vertrauende muß – so Luhmann – in irgendeiner Weise wahrnehmen, daß er auf einen Partner angewiesen ist. Das ist z. B. eine Situation, die er selbst nicht kontrollieren, überprüfen oder bewältigen kann. Erst eine solche Abhängigkeitsbeziehung bringt die Frage des Vertrauens auf. Vertrauen ist deshalb eine riskante Vorleistung. Es hängt von der Vertrautheit mit der Person, die Vertrauen fordert oder erlangt, dem Wissen um ihre Motive und von Bewährungen, d. h. einer bislang erfolgreichen Vertrauensinvestition, ab. Vertrauensbildung setzt also zumindest eine minimale Beziehung voraus. Wenn im Laufe der Kommunikation immer riskantere Vorleistungen erbracht werden können, wächst das Vertrauenskapital. Vertrauen macht sich auch an äußeren Merkmalen fest – an der gesellschaftlich zugeschriebenen Rolle als Experte, an besonderen Praktiken und Ritualen, die als Zeichen für Expertentum gewertet werden, und an der Selbstdarstellungssicherheit eines Experten.

Wenn der Klient sich in eine Therapie begibt, so muß gelten:

- Er hat ein Problem, dessen Lösung er nicht kennt.
- Er hat Grund zu glauben, daß der Therapeut ihm glaubt, daß er ein Problem hat.
- Er vertraut darauf, daß der Therapeut in der Lage ist, etwas zur Lösung seines Problems zu tun.
- Er vertraut weiterhin, daß der Therapeut ihm glaubt, daß er wirklich eine Veränderung – eine Lösung seines Problems – will.
- Er vertraut deshalb auch, daß das, was ihm der Therapeut als Behandlung vorschlägt, eine Lösung seines Problems ermöglicht.

Auf die wichtige Rolle des Vertrauens weisen auch Ergebnisse der Psychotherapieforschung hin. Corrigan (1978) findet z. B. daß Vertrauen eines der wichtigen Entscheidungskriterien bei der Wahl eines Therapeuten ist (Wiedemann, 1983, Nothdurft, 1988).

Vertrauen zu einem Therapeuten zu haben ist ein Schritt ins Ungewisse; der Raum aber muß bereits erschlossen sein: Psychotherapie muß überhaupt in Betracht kommen. Wie aber kommt Psychotherapie in Betracht? Dazu bedarf es kultureller Voraussetzungen, die im folgenden skizziert werden sollen.

Psyche ist auch geschichtliches Produkt. Man braucht gar nicht weit auszugreifen und Studien über Völkerstämme in Südamerika oder auf Borneo zu bemühen, um dies zu sehen. Das wird schon deutlich, wenn man die Darstellung von Gefühlen in den Heimatfilmen der fünfziger Jahre mit der Werbung für Zeitschriften von heute vergleicht.

Greift man etwas weiter aus, kommt der Prozeß der Moderne mit seiner »Befreiung« der einzelnen Person aus Traditionen, Mythen und Normgefügen, aber auch aus sozialen Bindungen ins Blickfeld. Es geht dabei jedoch nicht nur um eine Befreiung und Freisetzung des einzelnen, sondern auch um dessen psychische Formung und Ausbildung. Das Interesse an sich selbst, die Selbstthematisierung, hat sich erst im Laufe dieser Zeit herausgebildet. Die Frage nach der Authentizität, nach Aufrichtigkeit der Gefühle war in der aristokratischen Welt des 18. Jahrhunderts noch nicht gestellt. Es war die bürgerliche Literatur, die das Zeitalter der Empfindsamkeit beginnen ließ. (Sichelschmidt, 1969, hat in seiner Geschichte der deutschen Unterhaltungsliteratur festgestellt, daß der Anteil der Poesie in den Meßkatalogen, d. h. in den Katalogen bei Buchmessen, von 3,6% im Jahr 1735 auf 14,3% im Jahr 1775 und schließlich auf 27,3% im Jahr 1800 angestiegen ist.)

Neben der Selbstkontrolle, also der Verinnerlichung von Macht und Zwang, zum Wohle eines reibungsloseren gesellschaftlichen Zusammenlebens gab es auch die Entwicklung zur Selbstbeobachtung, zur Gewissenserforschung, zur Tyrannei der Intimität, wie Sennett diese Entwicklung beschreibt. Diese Kultur der Selbstthematisierung und die Lust an der Binnenschau hat heute über das Fernsehen, über die »Briefkastentante« in den Familienjournalen und die Sexberaterin in den Männermagazinen über alle sozialen und Klassenschranken hinweg große Teile der Bevölkerung erreicht. Psychotherapie – so eine Botschaft dieser öffentlichen Seelendarstellungen – ist gut für dich.

In den USA – immer noch Vorreiter gesellschaftlicher Um- und Einbrüche – ist denn auch der Psychotherapeut, neben Vater und Mutter und dem Fernsehen, eine geläufige Erziehungsinstanz der

Mittelschicht. Auch die Bemühungen, Psychotherapie nicht mehr nur den YAVIS-Patienten (YAVIS steht für *Y*oung, *A*ttractive, *V*erbal, *I*ntelligent and *S*mart) vorzubehalten, sondern auch an die Ränder der Gesellschaft zu bringen, zu den Armen, Obdachlosen und in die Gefängnisse, trägt zur Psychotherapeutisierung der gesellschaftlichen Beziehungen bei. Liest man die Gesundheitsdefinition der Weltgesundheitsorganisation (WHO) mit einer leichten Akzentverschiebung, so gibt sie Anlaß genug zu glauben, daß wir erst am Anfang des »Psychobooms« stehen. Denn da heißt es: »Gesundheit ist nicht nur die Abwesenheit von Krankheit, sondern das völlige körperliche, psychische und soziale Wohlbefinden.« Und wer entspricht dem schon?

Hand in Hand mit der »Durchsetzung des Individuums« als einem gesellschaftlichen Thema geht eine neue Auffassung vom Glück für alle: das völlige Wohlbefinden. In entwickelten Ländern des Westens gibt es die Überzeugung, daß man für sein eigenes Glück etwas tun könne. Unglück ist selbstproduziert – Lebensglück ist erlernbar –, diese simple Botschaft hat sich in den Köpfen der Menschen festgesetzt. Dabei sind nicht mehr Fleiß, Sparsamkeit und Arbeit die Garanten des Lebensglücks, sondern die Arbeit an sich selbst. Cohen und Taylor (1976) haben eine weitere Bedingung herausgearbeitet: Sie stellen Psychotherapie in eine Reihe mit kleinen und großen Fluchten aus der Monotonie des Alltags, als Möglichkeit, sich der Einzigartigkeit der eigenen Existenz zu vergewissern, die es im Alltag und im Beruf schon längst nicht mehr gibt. Der amerikanische Soziologie-Professor Kurt Back beschreibt in seinem Buch über Gruppentherapien (1973) eine »Gruppenlandschaft«, die die Nähe verschiedener Formen von Gruppentherapien zu sozialen Aktivitäten wie »Ferien«, »Mystik«, »Erziehung« und »Organisationsentwicklung« zeigt. Diese Nähe gilt mit Abwandlungen für alle Formen von Psychotherapie und nicht nur für Gruppentherapien. Dabei wird deutlich, welche Anknüpfungsmöglichkeiten es für Veränderungen gibt und wie unterschiedlich die »Sinnbezirke« sind, die Psychotherapie als Medium nutzt, um Veränderungen herzustellen.

Die Kompetenz des Therapeuten

Um die Glaubwürdigkeit von Experten ist es allgemein schlecht bestellt: Gutachter, die die Ungefährlichkeit eines KKW oder einer Müllverbrennungsanlage attestieren, treffen auf den vehementen Protest der Bevölkerung. Ähnliches geschieht auch Planern, die die Notwendigkeit des Baus von neuen Autobahnen oder Pipelines glaubhaft machen wollen. Die Bereitschaft und der Wille der Bevölkerung, selbst mitentscheiden zu wollen, eigene Interessen zu vertreten und durchzusetzen und sich nicht auf Experten zu verlassen, sind ein Kennzeichen moderner Gesellschaften. Allerdings können wir auch eine gegenläufige Tendenz beobachten: die Rückkehr des Magiers als Experten. Dafür sind nicht nur die Jugendsekten und das Aufleben des Okkultismus Beweis. Es zeigt sich auch an der Bereitschaft, sich den autoritären Praktiken mancher Psychotherapeuten zu unterwerfen, sei es in der Therapie oder in der Ausbildung. Hier ist wohl die Suche nach verbindlichen Überzeugungen, absoluten Wahrheiten und Gewißheiten der ausschlaggebende Grund. Und diese werden oft versprochen.

Für das »Funktionieren« von Psychotherapie sind solche Sehnsüchte nach Wahrheit eine notwendige Voraussetzung. Der Therapeut nimmt sie auf und verstärkt sie durch seine Selbstdarstellung, durch Rituale und Praktiken, die ihn als Verkünder einer Wahrheit erkennbar werden lassen. Voraussetzung ist sein eigener Glaube an die Richtigkeit seines therapeutischen Systems.

Hierfür gibt es in der Psychotherapie auch entsprechende Mittel: Das therapeutische Wissenssystem wird am eigenen Leib erfahren – durch die Lehrtherapie –, die therapeutische Blickweise wird in einem langen Training eingeübt und mittels Supervision immer wieder neu bekräftigt.

Kompetenz muß aber auch demonstriert werden, denn der Klient »weiß« zu Beginn nicht, daß der Therapeut über »besondere Fähigkeiten« verfügt, er vertraut nur darauf. Deshalb sind Titel, Bezahlung, ein besonderes Arrangement wie z. B. Praxisräume mit einer Liege nicht unwesentlich. Sie sind Merkmale, die auf die Kompetenz des Therapeuten hindeuten.

Therapie als besondere Beziehungsform

Die Veränderung der Wirklichkeit, die Psychotherapie anzielt, ist die Veränderung von Sichtweisen. Dabei stellt jede Therapieschule ihren eigenen Zielkatalog auf: Der Gestalttherapie geht es um die Person, die fähig sein soll, besseren Kontakt zu sich und anderen zu haben, die Gesprächspsychotherapie zielt auf das Wachstum der Person ab, die ihre inneren Empfindungen erfahren will und deren »Botschaft« zu deuten weiß, die Psychoanalyse hat einen Menschen zum Vorbild, der frei von Verdrängungen ist und eine Balance von Es, Ich und Über-Ich aufrechtzuerhalten vermag.

Neben solchen schulspezifischen Therapiezielen werden oft die Ziele des Klienten ausgeblendet. Der will – ob nun in psychoanalytischer, gesprächspsychotherapeutischer, familientherapeutischer Behandlung oder in der Verhaltenstherapie – eine Besserung seines psychischen Zustands: seines Leidens an sich selbst, seiner heillos verstrickten Beziehungen. Er kommt mit einem Leidensdruck – und hofft, daß dieser ihm genommen wird.

Psychotherapie bietet ihm nun eine besondere Behandlung an, die von dem, wie im Alltag Probleme gelöst werden, abweicht. Das Besondere daran ist, daß in einer Therapie zwar Probleme und Leidensdarstellungen des Klienten erst einmal akzeptiert werden, aber schließlich nicht als das »eigentliche« Problem und damit deren Besserung auch nicht als das »eigentliche« Ziel therapeutischen Bemühens erkannt wird. Die angestrebten Veränderungen in einer Therapie werden sich immer in den spezifischen Kategorien einer therapeutischen Schule bestimmen. Nicht das Problem, so wie es der Klient sieht, ist das Problem, sondern erst im Lichte der Therapieschule bekommt es die richtigen Konturen, werden Lösungsmöglichkeiten für das solcherart neu definierte »Problem in der Therapie« deutlich. Die Lösung des Problems des Klienten ist dann nur ein, wenn auch beabsichtigter Nebeneffekt der Therapie.

Diese Darstellung ist keine Kritik an der Definitionsmacht des Therapeuten, wie sie z. B. Bittner (1981) in dem Aufsatz »Ein Klient wird gemacht« vornimmt. Bittner versucht zu zeigen, daß Therapeuten Klienten »enteignen«, d. h. fremdbestimmen, und damit »abrichten«. Sie führt dafür folgende Belege an:

> Der Therapeut bestimmt Ort und Zeit der Behandlung. Er verfügt über Strategien, die dem Klienten den Zugang zu seiner Therapie verweigern können (»Sie sind hier fehl am Platz...«).
> Er entscheidet mittels Gutachten und Überweisung über den Behandlungsweg des Klienten.
> Er legt die Kommunikationsregeln fest, nach denen die Therapie durchgeführt wird.

Er definiert die Probleme um und entscheidet darüber, wie diese zu behandeln sind.
Er definiert Anfang und Ende der Behandlung.

Eine solche Praxis wird von Bittner, wie auch von anderen, so z. B. Keupp und Bergold (1972) sowie Keupp (1982) als sehr negativ gesehen.

Man mißversteht aber Therapie, wenn man egalitäre Beziehungen zwischen Klient und Therapeut annimmt oder gar fordert. Der Therapeut ist ein »Professional«, der eine spezifische Dienstleistung anbietet. Und die richtet sich nicht nach dem, was für eine »gute«, partnerschaftliche oder herrschaftsfreie Kommunikation als wünschenswert gilt, sondern nach ihrer Funktion. Die spezifische Kommunikationsgestalt von Therapie ist Resultat ihrer Funktion: die Welt des bisher Erkannten auf die Welt des noch Erkennbaren hin zu öffnen und Wirklichkeiten zu verändern. Allein daran ist Therapie zu messen.

Auch dieser Funktion von Therapie folgt zumeist – über Ausnahmen wird noch zu diskutieren sein –, daß die Selbstbestimmung des Klienten für den Zeitraum der jeweiligen therapeutischen Behandlung nicht mehr uneingeschränkt gilt. Die meisten Störungstheorien der verschiedenen Therapieschulen gehen davon aus, daß der Klient selbst nicht in der Lage ist, seine psychische Befindlichkeit bzw. seine Wirklichkeitssicht aus eigener Kraft zu ändern. Er braucht dazu Therapie, also eine besondere Hilfe. Das ist in unserer arbeitsteiligen Gesellschaft nichts Verwunderliches. Therapie ist eine professionelle Dienstleistung, wie die des Arztes, des Rechtsanwaltes oder des Tanzlehrers, allerdings mit dem Unterschied, daß der Klient gleichzeitig Auftraggeber und Gegenstand einer professionellen Dienstleistung ist. Das macht die eigentliche Schwierigkeit für Klient und Therapeut aus.

Beziehung des Therapeuten zu seinem Klienten

In der Alltagskommunikation, bei hilfreichen Gesprächen, wenden Laien eine Art Problemlösungsschema an. Sie fragen nach, versuchen so das Problem genauer zu verstehen; sie geben Erklärungen und Ratschläge, sie trösten und ermutigen. Eine Reihe von empirischen Untersuchungen über »Laienberatung« haben dieses Muster immer wieder bestätigt (zusammenfassend: Wiedemann 1983). Damit orientieren sich solche Helfer-Gespräche an den Beziehungsregeln der Alltagskommunikation:

> Beide Gesprächsteilnehmer dürfen fragen und antworten.
> Beide dürfen persönliche Äußerungen machen.
> Beide dürfen Anweisungen geben und Belehrungen empfangen.
> Beide dürfen erwarten, daß ihre Äußerungen von ihrem Gesprächspartner als rational aufgefaßt werden und nicht als Ausdruck irgendeiner Störung.
> Beide gehen davon aus, daß der Gesprächspartner davon ausgeht, daß das gemeint ist, was gesagt wird.
> Beide haben gleiche Rechte bei der Entwicklung des Themas ihres Gesprächs.

Therapeutische Kommunikation stellt diese Regeln in Frage bzw. setzt sie außer Kraft. Danach gilt zwischen Therapeut und Klient folgende Beziehung (vgl. Klann, 1979, Flader, 1979, Wodak-Leodolter, 1977 und Lakoff, 1980):

> In der Therapie gibt es in der Regel ein einseitiges Fragerecht, der Klient ist aufgefordert, zu reden, er stellt sich selbst dar, exploriert sich usw.
> Der Therapeut bleibt dabei weitgehend anonym. Er ist kein Gesprächspartner im eigentlichen Sinn, er fungiert eher als externalisierter Part des Klienten, der ihm zu sich selbst verhilft. Der Therapeut verweigert sich deshalb auch den Fragen und Handlungsaufforderungen des Klienten.
> Der Therapeut nimmt alles, was der Klient sagt oder tut oder wie er sich verhält, als Äußerung und Anzeichen von dessen »Problem in Therapie« wahr. Auch dessen Weigerung oder Widerstand, über seine Probleme zu sprechen bzw. sich nicht »therapiegerecht« zu verhalten, werden als Problem des Klienten aufgefaßt. Die therapeutische Beziehung stellt sich so als eine geschlossene dar, aus der es kein Entrinnen gibt, es sei denn, der Klient bricht die Therapie ab.

Diese Beziehung, hier als die eigentliche Arbeitsbeziehung verstanden, muß vom Therapeuten immer wieder durchgesetzt werden. Deshalb geschieht in Therapien auch noch etwas anderes als Therapie, nämlich das Durchführen, Absichern und Reparieren der Arbeitsbeziehung. Labov und Fenshel (1977) unterscheiden daher auch drei Beziehungsebenen: 1. den *»Everyday Style«*. In dieser Phase werden die alltagsweltlichen Problemdarstellungen des Klienten erst einmal zugelassen. Darauf folgt 2. der *»Interview Style«*: Hier führt der Therapeut seine Fragen, sein Vokabular etc. ein, um das Gespräch in Richtung auf eine »Behandlung« zu verschieben. Je nach Therapierichtung werden hier besondere Gesprächsinhalte akzentuiert: Träume, emotionale Betroffenheit oder bestimmte Szenen aus der Kindheit, freie Assoziationen, die Erkundung der eigenen gegenwärtigen emotionalen Befindlichkeit oder das Durcharbeiten von bestimmten angstauslösenden Vorstellungen. Erst in dieser Phase übersetzt der Therapeut das Problem in das »Problem der Therapie«. Schließlich führen Labov und Fenshel noch 3. den *»Family Style«* auf: Das ist die eigentliche therapeutische Phase in der Therapie, wo das »Problem in Therapie« bearbeitet wird.

Therapeutische und Alltagskommunikation

Therapeutische Kommunikationsmittel gründen in der Alltagskommunikation. Dafür gibt es viele plausible Argumente: So sind verbale Verstärkungen nicht von Verhaltenstherapeuten erfunden worden, genaues Zuhören und das Sich-Hineinversetzen in eine andere Person gibt es nicht erst seit der Gesprächspsychotherapie. Auch die psychoanalytische Deutungspraxis hat ihre Vorläufer (Menne et al., 1976; Schröter, 1974). In therapeutischer Kommunikation sind jedoch solche Formen von Alltagskommunikation systematischer verwendet, zugespitzt und zu einem Therapiearrangement entwickelt.

Dabei hat jede Therapieschule ihre ganz spezifischen Kommunikationsschemata. In der Psychoanalyse z. B. wird versucht, den Klienten an das Schema der freien Assoziation zu binden, und in der Gesprächspsychotherapie geht es um die Durchsetzung von Selbstexploration. Beide Schemata haben in funktionaler Sicht Ähnlichkeiten. Die freie Assoziation – alles mitzuteilen, was augenblicklich einfällt – ist nicht nur durch die totale Selbstenthüllung eine grundsätzliche Abweichung von der Praktik der Alltagsrede. Alles Erleben ohne Ordnung, ohne Strukturierung in Sprache zu setzen, ohne es an ein bestimmtes kommunikatives Ziel zu binden, ist darüber hinaus das charakteristische Merkmal dieses Kommunikationsschemas. Die Selbstexploration ist gegenüber der freien Assoziation stärker strukturiert, weicht aber ebenso von der Alltagskommunikation ab. In erster Näherung kann Selbstexploration als Zwiegespräch mit sich selbst bezeichnet werden. Gegenstand sind dabei die eigenen Erfahrungen und Erlebnisse. Die Sprecherperspektive, von der aus berichtet bzw. erzählt wird, ist die eigene Erlebnisperspektive, wobei nicht nur »nacherlebt« wird, sondern auch in einer Suchhaltung die Bedeutung des eigenen (Wieder-)Erlebens erforscht wird. Die eigenen Erfahrungen werden so mit dem Ziel einer Neuorientierung problematisiert. Der Adressat dieser Selbsterkundung ist der Sprecher selbst, seine Äußerungen sind im wesentlichen an sich selbst gerichtet.

Diese Kommunikationsschemata haben das Ziel, die Möglichkeit des Hinausgehens über die alltagsweltlichen Problem- und Leidensdefinitionen zu schaffen. Zu diesem Zweck hat der Therapeut sie in Szene zu setzen, immer wieder zu stimulieren und aufrechtzuerhalten. Dazu hat er Interaktionsbedingungen zu schaffen, die auf die Kommunikationsschemata orientieren, und die Versuche des Klienten, andere Sprechakte zu realisieren, die über die Schemata hinausführen, leerlaufen zu lassen. Der Therapeut hat kenntlich zu machen, daß Therapie etwas Besonderes ist. Er muß also immer wieder – vor allem dem unerfahrenen Klienten – deutlich machen: »Von jetzt an gilt Therapie.«

Neben der Durchsetzung eines bestimmten Kommunikationsschemas, das von der Alltagskommunikation abweicht, unterlaufen Therapeuten noch in einer anderen Hinsicht die sogenannten »Normalformerwartungen« ihrer Klienten. Dazu muß etwas weiter ausgeholt werden: Mit jeder Äußerung wird zugleich eine Vielzahl von Bedeutungen vermittelt: nämlich über alles, was implizit mitgesagt und gemeint ist, was gefolgert werden kann, warum gerade das gesagt wird, welche Motive damit verbunden sind und welche Absichten. Alle diese Bedeutungen einer Äußerung sind nicht beliebig und wahllos vom Hörer herausgreifbar – sie haben verschiedene Grade von Relevanz und Verbindlichkeit. Es gibt eine Oberflächen-Botschaft und erst darunter die verborgenen Bedeutungen, die »mitschwingen«. Damit ist auch die Interpretationstiefe für den Hörer geregelt; in der Alltagskommunikation sind nur die »Oberflächen«-Bedeutungen von Belang. Franck (1980, 134) faßt diese Interpretationsregeln wie folgt zusammen:

- »Suche mit allen konventionellen Mitteln und dir vom Sprecher unterstellten Mitteln und Strategien nach einer Interpretation, die einer rationalen Handlungsweise des Sprechers entspricht.
- Bei der Suche der vom Sprecher intendierten Interpretation sind nur solche Annahmen zu verwenden, deren Bekanntheit beim Sprecher vorausgesetzt werden darf.

– Der Aufwand muß sich in einem der Situation angemessenen Rahmen halten.«

Gegen diese Prinzipien der optimalen Interpretation wird in Therapien verstoßen. Der Therapeut versteht anscheinend banale Äußerungen »tiefer« und im jeweiligen Zusammenhang mit der nur ihm bekannten Therapietheorie. Er verkehrt damit die Gemengelage der Bedeutungen der Therapeutenäußerungen und holt nichtgemeinte Bedeutungsaspekte an die Oberfläche. So hören Psychotherapeuten mit dem »dritten« Ohr auf eine besondere Weise ihren Klienten zu oder bringen von vornherein Klienten dazu, auf eine andere Weise zu sprechen.

Wichtige Literatur

Back, K.: Beyond Words. Baltimore: Penguin, 1973

Giese, E. und *Kleiber, D.* (Hrsg.): Das Risiko Therapie. Weinheim: Beltz, 1989

Zygowski, H.: Psychotherapie und Gesellschaft. In: *H. Zygowski* (Hrsg.): Psychotherapie und Gesellschaft. Reinbek: Rowohlt, 1987, 9–45

3. Die wichtigsten Therapiemodelle

Psychoanalytische Therapie

Die Übertragung

Psychoanalytische Therapie, so meinen viele Menschen, bestehe im »Deuten«, wodurch aktuelle Konflikte auf frühkindliche Geschehnisse zurückgeführt werden. Diese Vorstellung, wenngleich nicht vollkommen falsch, trifft in ihrer Allgemeinheit nicht das Wesen psychoanalytischer Therapie. Kognitiv orientierte Beratung fast jeder Therapierichtung könnte für sich dasselbe beanspruchen. So konnte es auch geschehen, daß in der bekannten Therapievergleichs-Studie von Sloane et al. (1975) (VT wurde mit psychoanalytischen Kurztherapien verglichen) festgestellt wurde, Verhaltenstherapeuten unterschieden sich in bezug auf die Anzahl der »Deutungen« nicht von ihren psychoanalytischen Kollegen. Es ist nämlich fast unmöglich, in einem Therapie-/Beratungsgespräch *nicht* Interpretationen von Lebensmustern, Einstellungen u. ä. zu geben.

Die Geburtsstunde der eigentlichen psychoanalytischen Therapietechnik schlug nicht beim Deuten, sondern damals, als Freud beim berühmten »Fall Dora« erkannte, daß ihm die spezifische »Übertragung« (wie er es nannte) der Patientin entgangen war, was zum Scheitern der Therapie geführt hatte. Als »Übertragung« bezeichnete er alle Gefühle und Einstellungen des Patienten, die eigentlich früheren Bezugspersonen gelten und daher der aktuellen Beziehung inadäquat sind. Greenson (1973) bezeichnet sie als »Anachronismus«, als einen »Irrtum in der Zeit«. Freud sah, daß in diesem »Anachronismus« das Geheimnis der Neurose versteckt lag, und bezeichnete seither die Deutung der Übertragung als den wichtigsten und unverzichtbaren Bestandteil jeder Psychoanalyse. Um zu einer Deutung zu gelangen, muß der Therapeut aber mit sehr viel Feingefühl nicht nur auf alles achten, was der Patient ihm entgegenbringt, sondern mit Selbstempathie auch wahrnehmen, was dies in ihm selbst bewirkt. Argelander (1970) hat für diesen Prozeß das Wort »Szenisches Verstehen« geprägt. Man kann demnach davon ausgehen, daß ein Patient seine wichtigsten Beziehungsmodi (mitsamt den Beziehungswünschen und ihrer

Abwehr) in der therapeutischen Situation infolge des sogenannten »Wiederholungszwanges« wiederaufleben läßt, so als führe er ein altes Theaterstück auf, in dem der Therapeut eine Rolle zudiktiert bekommt. Sofern, wie beim Neurotiker, solche Beziehungen ehemals sehr konfliktreich abgelaufen sind, zeigt sich in dieser Inszenierung die sogenannte »Übertragungsneurose«. Die Inszenierung ist natürlich weder bewußt noch gewollt – sie läuft auch ohne bewußtes Lügen und Verheimlichen ab. Geübte Psychoanalytiker können manchmal schon bei der ersten Begegnung an trivialsten Beziehungsdetails wesentliche Bestandteile der Problematik des Patienten erkennen. (Konkrete Beispiele in: Argelander, 1970).

Da dieses Konzept solch zentrale Bedeutung hat und eine vollkommen neue Dimension in die Psychotherapie brachte, soll es auch im Vergleich mit nachfolgenden Therapierichtungen verdeutlicht werden. Häufig wird bei Gesprächstherapeuten, kognitiven Verhaltenstherapeuten, Gestalttherapeuten und anderen modernen Therapeuten nämlich die Meinung vertreten, auch sie hätten (oft in Anlehnung an die Psychoanalyse) die Wichtigkeit der Therapeut-Patient-Beziehung entdeckt, würden sie nützen und eventuell sogar aufklären. So ist die GT als »Beziehungstherapie« ja eigens angetreten, dieser Beziehung besondere Qualitäten an Wärme, Echtheit und Akzeptanz zu verleihen. Tatsächlich ist die Pflege der therapeutischen Beziehung und in den letzten Jahren sogar eine gewisse Rückmeldung des Therapeuten an den Patienten bei Rogerianischen Therapeuten sehr wichtig. Dies aber hat nichts mit der Übertragungsdeutung zu tun. Man kann diese nämlich nicht ablösen von der gesamten psychoanalytischen Neurosenlehre, da – wie im Begriff »Übertragungsneurose« dargelegt – eben die Aufklärung der Beziehungsinszenierung nur möglich ist unter Zuhilfenahme der Neurosenlehre. Gerade hier aber weist die GT eindeutig eine Lücke auf, so daß die Förderung der Beziehung als Fundament von Vertrauen und vermehrter Introspektion zwar sicher wichtig ist, aber eben nur in einem unspezifischen Sinn der Selbstaufklärung dienen kann.

Für die eher einfachen Beziehungskonzepte der Verhaltenstherapeuten und der kognitiven Therapeuten gilt all dies in vermehrtem Maß. Eine »gute« Beziehung, die den Therapeuten als Modell bzw. Verstärker attraktiv machen soll, stand als Forderung am Beginn der Verhaltenstherapie. Die Konzepte von de Voge und Beck (1978), denen zufolge die Kontrollfunktion des Therapeuten im

Auge behalten werden soll, wurden in der therapeutischen Praxis wenig beachtet. Die Pflege der Beziehung wird so dem alltagspsychologischen Verständnis überlassen – für manche Patienten vermutlich nicht gerade ein adäquates Vorgehen.

Anders bei der Gestalttherapie. Mangels Literatur kann hier allerdings nur vom Störungsmodell her erschlossen werden, daß die »Inszenierung« in einer *lege artis* ausgeführten Gestalttherapie eine durchaus neurosespezifische Beachtung findet. Zwar lehnen Perls, Hefferline, Goodman (1951) den Terminus »Übertragungsneurose« ab, offentlich aber dient dies vor allem der Abgrenzung von der Psychoanalyse. Faktisch nämlich wird in jedem Augenblick des aktuellen Kontakts zwischen Patient und Therapeut darauf geachtet, welche (neurosetypische) Unterbrechungsform sich gerade einstellt und wie der Patient die Unterbrechung bewerkstelligt. Das aber heißt: Der aktuelle Kontakt wird benutzt zur Aufdeckung der ihn steuernden Mechanismen, die systemimmanent mit der Störungstheorie verbunden sind.

Ein wichtiges Mißverständnis, das vor allem moderne »Hier- und Jetzt«-Therapien häufig äußern, besteht in der Vorstellung, durch die Bearbeitung der Übertragung de-realisiere man den aktuellen Bezug zwischen Patient und Therapeut, »führe« ihn einfach »zurück« auf die Vergangenheit und fördere so nur ein »Drüberreden« statt aktueller Empfindung. Freud hat schon bei der Entdeckung der Übertragung bemerkt, daß dies nicht der Fall ist. Übertragung ereignet sich *immer* in der Gegenwart, die Gefühle sind drängend und aktuell genau so, als wäre der Analytiker wirklich ihr adäquater Empfänger. Ein berühmter Satz von Freud möge dies verdeutlichen: »... daß gerade sie (die Übertragungen) uns den unschätzbaren Dienst erweisen, die verborgenen und vergessenen Liebesregungen der Kranken aktuell und manifest machen, denn schließlich kann niemand in absentia oder in effigie erschlagen werden« (Freud, 1917, GW XI).

Genau dies ist aber auch der Grund für die Wirksamkeit der Übertragungsdeutung: Die erlebte Wirklichkeit der – für den kritischen Verstand – irrationalen Gefühle erhöht die Empfänglichkeit für die Deutung, macht unmittelbar einsichtig, was jeweils gerade wiederholt wird und führt so zu einer emotionalen Erschütterung.

Die berühmte (oft mißverstandene) Abstinenz des Psychoanalytikers – ein wichtiges technisches Mittel jeder Analyse – hat einzig und allein den Zweck, die Wiederholungsinszenierungen möglichst »rein« zu gestalten, damit dem Patienten klarer wird, »was er spielt«. Sie wird von modernen Analytikern allerdings nicht mehr in rigider Weise eingesetzt – je nach Lage der Therapie können auch andere Verhaltensvarianten (Mitgefühl, Hilfe ... etc.) im Vordergrund stehen.

Der Widerstand

Die schlichteste, aber vermutlich genau treffende Definition von »Widerstand« hat Greenson (1973) gegeben, indem er ihn einfach als »Opposition« bezeichnete. Natürlich ist diese Opposition meist unbewußt, sie äußert sich aber so, als »wolle« der Patient nicht gesund werden: Es geht ihm schlechter, es fällt ihm nichts mehr ein, er möchte über anderes reden, er agiert, statt nachzudenken u. ä. m. Der wichtigste und häufigste Widerstand ist der sogenannte »Übertragungswiderstand«, womit die Tatsache bezeichnet wird, daß der Patient die meisten Widerstände durch, über und mit der Beziehung zum Therapeuten verbindet.

Wiederum – wie bei der Nutzbarmachung der Übertragung – ist es Freud gelungen, den Widerstand zum wichtigsten Verbündeten des Therapeuten zu machen. Er bemerkte, daß in all jenen Phänomenen, die sich als »Widerstand« bemerkbar machten, die Struktur derjenigen Kräfte erkennbar wurde, die ursprünglich zur neurosenerzeugenden Verdrängung geführt hatten. Analysiert man die spezifischen psychologischen Manöver, die hinter dem Widerstand stehen (Abwehrsystem), so erhält man ein genaues Bild der Ursprungssituation, in der verbotene Wünsche mittels Verleugnung, Affektisolierung, Rationalisierung u. ä. m. dem Bewußtsein ferngehalten worden waren.

Natürlich ereignet sich der Widerstand gegen bestimmte Einsichten, Veränderungen und Emotionen in jeder Therapie, ja in jeder Beziehungssituation. In anderen Therapieformen aber wird explizit oder implizit anders damit umgegangen: Er wird gestützt oder durchbrochen oder umgangen – je nachdem. In der VT z. B., in der das Phänomen selbst auch schon gesehen wurde (manchmal wird es dort auch »Counter-control« genannt) – da es auch dort häufig vorkommt, daß Klienten ihre Hausaufgaben vergessen, sich an Falsches erinnern etc. –, wird versucht, das Phänomen in freundlicher Weise zu umgehen: Der Therapeut wird durch ein besonders freundliches Beziehungsangebot und gewisse Modifikationen seiner Forderungen den Klienten dazu bringen, das Verlangte zu tun; in bestimmten Formen der Primärtherapie wird der

Widerstand mit Gewalt durchbrochen, indem man den Patienten zur Einsicht zwingt, auf ihn einhämmert, ihn »weichklopft« durch Beschimpfungen und Suggestion. In der Psychoanalyse aber wird der Widerstand gedeutet.

Freud sah in der Erhellung der beiden Phänomene »Übertragung« und »Widerstand« eine solch wichtige therapeutische Basis für die Deutung und damit für den Fortgang des therapeutischen Prozesses, daß er einmal sogar formulierte, er betrachte jede Therapie, die sich dieser beiden »Eckpfeiler« seiner Theorie bediene, als Psychoanalyse – ungeachtet vieler methodisch-technischer Differenzen. Nicht ganz so eindeutig ist es mit der sogenannten

Gegenübertragung

Sie wird von Thomä und Kächele (1985) als »Aschenputtel« in der analytischen Theorie bezeichnet, und tatsächlich hat Freud selbst sein Mißtrauen gegenüber jenem Phänomen nie verloren und sich über seine »Anstößigkeit« geärgert.

Die »Gegenübertragung« wurde von Freud als das »unbewußte Fühlen des Arztes« gegenüber dem Patienten gesehen, weshalb dieser möglichst keine blinden Flecken für seine eigenen Widerstände und Komplexe haben sollte. Aber auch dann – so stellte Freud bedauernd fest – ist die Psychoanalyse von der »persönlichen Gleichung« des Therapeuten abhängig. Später wurde (angeregt durch Paula Heimann) aufgezeigt, daß die Gegenübertragung nicht nur als möglichst klein zu haltender Störfaktor von Bedeutung ist, sondern auch positiv gesehen werden kann: als Vermittlung von Informationen über den Patienten, indem der Analytiker die eigenen Gefühle als »Resonanzboden« zu betrachten lernt. Dieses kann dann eben durch Verwendung der Gegenübertragung als ein weiteres Instrument der Aufklärung gesehen werden.

Wie dies allerdings gemacht werden muß, darüber gibt es seit Mitte der fünfziger Jahre, als Paula Heimann das Thema endlich aufgriff, viele unterschiedliche Meinungen.

Der psychoanalytische Prozeß

Die psychoanalytische »Kur«, wie sie zuerst genannt wurde, geschieht in Abstinenz und Neutralität. Die Abstinenz bezieht sich auf den Patienten, der sich keinerlei »Ersatzbefriedigung« verschaffen soll; die Neutralität bezieht sich auf den Analytiker, der nichts tun darf, um solche Ersatzbefriedigung zu gewähren. Dies bezieht sich sowohl auf das Verbot, eine direkte Liebesbeziehung zur Patientin (zum Patienten) einzugehen, als auch auf all die vielen kleinen Aktionen, mit denen Therapeuten andere Wünsche ihrer Patienten befriedigen: persönliche Auskünfte zur Befriedigung der Neugierde, Komplimente, Ratschläge u. ä. m.

Neben der Deutung als einem Kernstück der psychoanalytischen Technik gibt es noch andere Interventionen, die den Prozeß vorantreiben sollen. Es sind dies – nach Greenson – die Konfrontation, die Klärung, die Deutung und das Durcharbeiten.

- *Konfrontation* bezeichnet die Tatsache, daß das bewußte Ich des Patienten ein Phänomen zur Kenntnis nimmt. Wenn der Patient beispielsweise einem Thema ausweicht, muß er – bevor dies bearbeitet werden kann – mit diesem Phänomen konfrontiert werden.
- Durch *Klärung* wird das Phänomen präzisiert, die besondere Variante wird gekennzeichnet und alles, was dabei zufällig ist, wird entfernt.
- Die *Deutung* ist, wie oben erwähnt, das wesentlichste Moment des analytischen Vorgehens. Es heißt, ein unbewußtes Phänomen bewußt zu machen. Eine vollständige Deutung (die sich immer über einen längeren Zeitraum erstreckt) umfaßt den unbewußten Sinn eines Phänomens, seine Vorgeschichte und auch die Art der Abwehr gegen dieses Wissen. Als psychoanalytische Faustregel gilt: Widerstandsdeutung vor Inhaltsdeutung. Das heißt: Bevor ein Patient seine (infantilen) unbewußten Wünsche kennenlernt, muß er diejenigen Formen der Abwehr, die er verwendet, um diese Wünsche im Unbewußten behalten zu können, gedeutet bekommen. Inhalts- (oder Trieb-)deutungen ohne sorgfältiges Aufdecken der Abwehr führen meist zu verstärkter Abwehr und können unter Umständen das Abbrechen der Therapie bewirken.
- Das *Durcharbeiten* ist ein recht komplexes Gefüge von Verfahren, die das nunmehr zur Einsicht Gebrachte so verfestigen sollen, daß es zu einer realen Veränderung des Patienten kommt. Es besteht in dem wiederholten und ausführlichen Explorieren derjenigen Widerstände, die die reale Veränderung blockieren. Außerdem werden Phänomene, die die gleiche Deutungsbasis haben, zusammengebracht.

Das psychoanalytische Arbeitsbündnis
Man bezeichnet damit die von neurotischen Anteilen relativ freie Beziehung zwischen Patient und Therapeut, die den Patienten befähigt, psychoanalytisch mitzuarbeiten, obwohl im Lauf der Analyse neurotische, regressive, infantile Phasen auftreten werden. Ein Patient, der dazu fähig ist, muß imstande sein, sein »vernünftiges« Ich von seinem »neurotischen« abzuspalten. Er muß imstande sein, sich für die Zeit der Analysesitzung mit der Haltung und Arbeitsmethode des Analytikers zu identifizieren, sich trotz aller auftauchenden Emotionen beobachtend-distanzierend zu verhalten und so die Abstinenz zu ertragen. Das heißt: Es muß sich alles therapeutisch Wichtige redend-reflektierend abspielen und darf nicht durch Handlungen ausgedrückt werden. Wo dies dennoch geschieht, muß eine Reflexion der Handlung möglich sein. (Beispiel: Wer dem Analytiker ein Geschenk macht, muß die Bedeutung des Geschenkes reflektieren.)

Die Zweiteilung in ein vernünftiges und in ein neurotisches Ich auszuhalten und die Trennlinie nicht zu vergessen – das verlangt relativ kräftige Ich-Funktionen, die relative Abwesenheit von psychotischen und Borderline-Zügen und auch ein Gutteil Intelligenz.

Allgemeine Bewertung
Psychoanalytische Therapie teilt eine Reihe von Vorgehensweisen auch mit anderen therapeutischen Schulen. So spielen natürlich Klärung, Konfrontation und sogar die Deutung in allen verbalen Therapien eine mehr oder minder große Rolle. Gerade an der Deutung aber läßt sich zeigen, daß der theoretische Bezug, auf den hin ja schließlich gedeutet werden muß, sehr viel ausschlaggebender ist als der Akt der Deutung selbst. Je weniger klare Vorstellung ein Therapeut vom Wesen und Zustandekommen einer Neurose hat, desto unklarer bzw. eklektisch-alltagspsychologischer werden seine Deutungsangebote sein müssen. Dies mag – vergleicht man einzelne Therapie-Ausschnitte unterschiedlicher Schulen – auf den ersten Blick nicht unbedingt als sehr relevant erscheinen. Im Gesamtverlauf aber ergibt dann das Deuten entlang der verschiedenen Heurismen, die durch das Denken in Abwehrvorgängen und Triebwünschen entstehen, doch ein recht andersartiges Bild des therapeutischen Geschehens.

Die möglichst genaue Einhaltung der »freien Assoziation« (= man sagt alles, was einem gefällt) bewirkt außerdem, daß im

Laufe des psychoanalytischen Prozesses vom Patienten ganz anderes Material als Basis der Deutung produziert wird als in anderen Therapieformen.

Als eine wichtige neue Etappe der psychoanalytischen Praxis gibt Heigl die von Alexander und French so benannte »korrigierende emotionale Erfahrung« an. Hier allerdings scheiden sich die Geister, und da dieser Punkt in der Diskussion um die Kohutsche Therapie wiederum neu aufgelebt ist, lohnt es, den alten Streit darzulegen.

Korrigierende emotionale Erfahrung ist das Erleben des Unterschiedes zwischen der erwarteten und der tatsächlichen Konsequenz eigener Einstellungs- und Verhaltensweisen, was innerhalb einer emotionalen Beziehung stattfindet, die wesentlich geprägt ist durch Übertragung und Gegenübertragung. Diese neuartige Erfahrung ist geeignet, eine Realitätskorrektur vorzunehmen, und das kann sich im Ausprobieren neuer Handlungen in der außeranalytischen Situation niederschlagen. Es leuchtet ein, daß dies vermutlich in jeder guten Therapie passiert. Es ist jedoch ein feiner, aber wesentlicher Unterschied, ob ich dies zu einem expliziten therapeutischen Vorgehen mache oder ob es eben einfach nebenbei geschieht. Der Unterschied – und dies ist das Nicht-Analytische (im klassischen Sinn) an diesem Vorgehen – liegt darin, daß bei der expliziten Verwendung dieses Prinzips Bedürfnisbefriedigung geboten wird statt Reflexionsmöglichkeit. Das Wesentliche an der analytischen Therapie jedoch ist die Arbeit durch die und mit der *Phantasie*, der *Vorstellung*, dem *»Als-Ob«*. Alle Regeln der klassischen Methode sind daraufhin ausgerichtet, den Raum der Phantasie und der Symbolik bis an seine Grenzen zu benutzen. Der Konflikt zwischen Lustbestrebung und Versagen, der in irgendeiner Form, nach Freud, an der Wurzel jedes menschlichen Lebens liegt und Symptome und Sorgen schafft, muß reflektierend und erlebend in der Therapie wiederholt werden, damit jeder Mensch die ihm gemäße Lösung finden kann.

Gibt der Therapeut selbst ein Stück Befriedigung, dann wird dieser Reflexionsprozeß unterbrochen, vorzeitig befriedigt, und damit wäre die Analyse nicht an ihr mögliches gutes Ende gelangt.

Man kann, folgt man dem Lehrbuch von Thomä und Kächele, heutzutage allerdings ein Abrücken der meisten Psychoanalytiker von der sogenannten »Standardtechnik«, die nur das Deuten als legitim psychoanalytisch zuläßt, konstatieren. Auch die sogenannte »korrigierende emotionale Erfahrung« wird nicht mehr unbedingt mit einem Bannfluch belegt, sofern sie nicht in eine Art Streichel- und Wunscherfüllungstherapie ausartet. Cremerius (1981) hat sehr einleuchtend dargelegt, daß die »neue Technik« von Kohut (in der vor allem das warme, empathische Akzeptieren eine Rolle spielt) nichts anderes ist als die vernünftige Anpassung an die jeweilige psychische Lage jener oft zentral gestörten »narzißtischen Neurotiker« – was übrigens in der Psychoanalyse niemals »verboten« war, wenn man von manchen allzu strengen Forderungen absieht.

Psychoanalytische Therapie wird in verschiedenen Varianten angeboten: als sogenannte »große Analyse« (auf der Couch liegend, mehrmals pro Woche) oder als tiefenpsychologisch fundierte Psychotherapie (meist: sitzend, einmal pro Woche), wobei der Therapeut darauf achtet, daß nicht allzuviel an triebhaftem Material gedeutet wird, sondern realitätsadäquate Strukturierungen angeboten werden. Auch die Entwicklung von Übertragungsgefühlen soll dadurch eher eingedämmt werden. Psychoanalytische Gruppentherapie wird meist über längere Zeit (1–3 Jahre) geführt, wobei dort neben Elternübertragungen natürlich auch vermehrt die Geschwisterproblematik behandelt werden kann. Die sogenannte psychoanalytische »Fokal«-(oder: Kurzzeit-)Therapie behandelt einen zentralen Konfliktherd in relativ wenigen Sitzungen, das Setting gleicht der tiefenpsychologisch fundierten Psychotherapie.

Psychoanalytische Therapie der frühen Störungen

Darstellung

In den letzten Jahren wurde so viel von den sogenannten »frühen Störungen« gesprochen, daß es angezeigt erscheint, auch der damit verknüpften psychoanalytischen Therapieform, die eine Variation der »klassischen« Analyse darstellt, ein kleines Kapitel zu widmen. Im Prinzip basiert die »tiefenpsychologisch fundierte Psychotherapie« (wie sie im Gegensatz zur großen klassischen Analyse genannt wird) in allen Teilen auf der psychoanalytischen Theorie, wobei speziell die Theorie der sogenannten »ich-strukturellen Defizite« und die damit verbundenen allgemeinen theoretischen Überlegungen beachtet werden.

Tiefenpsychologisch fundierte Psychotherapie weicht in einer Reihe von Technik-Variablen von der Analyse ab. Es wäre eine allzu oberflächliche Betrachtung, wollte man diese Abweichungen nur in den äußeren Setting-Variablen wie niedrige Frequenz, Therapie im Sitzen u. ä. m. sehen (Blanck und Blanck, 1974). Vielmehr liegt das Wesen dieser Therapieform darin, daß die meisten technischen Maßnahmen geeignet sein müssen, die »Defizite«, die sich in der Ich-Struktur finden, zu beheben. Das heißt konkret: Es müssen technische Maßnahmen ergriffen werden, die eine Differenzierung zwischen der eigenen Person und anderen Menschen möglich machen; es muß darauf geachtet werden, daß das Denken in logischen Strukturen auch dann erhalten bleibt, wenn Angst und Streß auf einen Menschen einwirken (wie es oft in der therapeutischen Situation der Fall ist). Dazu erweist es sich oft (aber nicht immer) als nützlich, durch eine nur 1 × wöchentliche Therapie im Sitzen eine allzu starke Regression aufzuhalten, damit neben der (erwünschten) Regression auf psychosexueller Ebene nicht auch eine Ich-Regression eintritt. Es ist häufig angezeigt, daß der Therapeut aus allzu großer Neutralität heraustritt, um sich als »ganz normaler Mensch« zu zeigen; das bedeutet auch in der tiefenpsychologisch fundierten Psychotherapie nicht die Befriedigung neugieriger Wünsche, sondern nur, daß bei besonders stark beziehungsgestörten Menschen das Anerbieten des Therapeuten, sich als eine Art Modellfigur zu zeigen, eine Art ersten Aufbaus auch der eigenen Person ermöglicht. (Dies ist ein wenig in Analogie zur kindlichen Entwicklung gesehen, wo über Identifizierungen eine Vorstellung der eigenen Person gebildet wird.) Ein Therapeut, der mit »frühen Störungen« arbeitet, ist vorsichtig mit Deutungen, besonders wenn sie die Übertragung betreffen (eine Deutung wird von ich-schwachen Menschen oft als Vorwurf und Alleingelassen-Werden empfunden), achtet aber besonders auf Unabhängigkeitswünsche des Patienten. Realitätsprüfung und die Entwicklung eines Gefühls für die eigene autonome Identität sind herausragende Ziele der tiefenpsychologisch fundierten Psychotherapie. Sind diese erreicht, geht die Psychotherapie oft allmählich in eine klassische Psychoanalyse über.

Bewertung

Die Möglichkeiten, auch außerhalb der aufwendigen »großen Analyse« sinnvoll analytisch arbeiten zu können, wird von den meisten Therapeuten sehr begrüßt. Die Psychoanalytiker haben in ihrer Vereinbarung mit den Kassen auch durchgesetzt, daß diese Art der Therapie mit 50 Stunden auf einer eigenen Verordnungsziffer abgerechnet werden kann. Dies ist sicher für viele Patienten vorteilhaft, hat aber den Nachteil einer allzu schnellen Verfestigung und Institutionalisierung der tiefenpsychologisch fundierten Therapie im Hinblick auf das äußere Setting (1 × pro Woche im Sitzen). Wie oben erwähnt geht es aber um die innere Struktur des therapeutischen Prozesses, der sich langsam ändern kann.

Im Laufe der Zeit haben die meisten Therapieschulen unterschiedlicher theoretischer Herkunft ein 1 × pro Woche-Timing in ihren Therapien eingeführt. In diesen Therapien werden öfters Techniken verwendet, die angeben, auf »schnellere« Art und Weise (z. B. mittels Berührung, sogenannter »Experimente« oder Verhaltensdirektiven) zum Kernpunkt der Probleme vorstoßen zu können. Es versteht sich von selbst, daß ein analytisch fundiert vorgehender Therapeut damit nichts zu tun haben sollte. In der Praxis führt aber das Setting immer wieder zu technischen Verunsicherungen, die theoretisch nicht abgedeckt sind.

Die Therapie nach C. G. Jung

Darstellung

Wenn hier unter den vielen der Psychoanalyse verwandten oder von ihr abgeleiteten Therapieformen die von C. G. Jung extra hervorgehoben wird, dann ist der Grund nicht nur darin zu suchen, daß C. G. Jung sicher der begabteste und originellste Schüler (später: Opponent) Freuds war. Vielmehr scheint es angebracht, einige Elemente dieser Therapieform deshalb darzustellen, weil sie gerade jetzt vieles beiträgt zur »Psychoszene« und zum modernen Denken über den Menschen überhaupt. Träger der »New Age«-Bewegung berufen sich immer wieder – ob zu Recht, mag sehr bezweifelt werden – auf die Jungsche Psychologie und Therapie, so daß es angebracht erscheint, diejenigen Teile des therapeutischen Vorgehens, die sich vom psychoanalytischen unterscheiden, zu charakterisieren.

C. G. Jung hat nicht im engeren Sinn eine eigenständige differentielle Neurosenlehre entwickelt (weshalb sein Name bei den »Modellen« nicht auftaucht). In dieser Beziehung lehnen sich die meisten Jungschen Therapeuten an das psychoanalytische Modell an. Auch das therapeutische Vorgehen ist in vielerlei Hinsicht dem klassisch-psychoanalytischen recht ähnlich; trotzdem zeigt sich gerade an den Abweichungen eine deutlich andersartige Akzentuierung der gesamten Vorstellung von »Heilung«, dem dorthin führenden Prozeß, und letztlich damit ein anderes Bild vom Menschen.

C. G. Jung sieht im Unbewußten nicht nur – wie Freud – ein brodelndes Chaos von Triebwünschen, die gezähmt werden müssen (»wo Es war, soll Ich werden«), sondern ein Reservoir an höchst wichtigen Bildern und Strebungen, deren eigene »Weisheit« dem Menschen – sofern er sich ihr überlassen kann – den richtigen Weg zur Selbsterfüllung (»Individuation«) weist.

Einige therapeutische »Techniken«, aber im besonderen die spezifische therapeutische »Haltung« eines Jungianischen Psychotherapeuten sind darauf ausgerichtet, jener ganz individuellen »Botschaft« des Unbewußten zum Ausdruck zu verhelfen. So ist die »aktive Imagination« der Versuch, den Patienten über einen Strom von bildhaften Fantasien, die oft auch malerisch oder figürlich dargestellt werden, Zugang zu den konstruktiven Kräften seines Unbewußten finden zu lassen. Die Deutungen, die ein Jungianischer Analytiker dabei gibt, basieren oft auf der sogenannten »Amplifikation« d. h. auf dem Vergleich des von Patienten Hervorgebrachten mit Figuren aus Mythen, Märchen, Religionen u. ä. m. Voraussetzung dafür ist die Wahrnehmung allgemein-symbolischer Darstellungen, die ein Mensch neben seinen persönlichen Bildern hervorbringt. Diese auch als »Archetypen« bekannt gewordenen Vorstellungsinhalte verbinden das Individuum mit den großen kollektiven Sinngehalten der Menschheit und zeigen einem Menschen in symbolischer Weise, in welcher seelischen Lage er sich gerade befindet.

Auch Träume werden in ähnlicher Weise, nämlich als Symbol, verstanden. Sie werden häufig nicht nur kausal (wie sonst in der Psychoanalyse) gedeutet, sondern auch final, d. h.: Man fragt sich, auf welche zukünftigen Lebensorientierungen oder Problemlösungen ein Traumbild wohl hinweisen mag. Auch hier ist ein Vertrauen in die »Weisheit« des Unbewußten vorausgesetzt.

Jung hat das übliche psychoanalytische Vorgehen in unterschiedlicher Weise bewertet. Als »analytisch-reduktiv« erfuhr es zu manchen Zeiten eher eine Abwertung, während in anderen Schriften dieses Vorgehen als adäquat für »sozial unangepaßte Neurotiker« angesehen wird; die spezifisch Jungsche Methode wird jenen, meist schon älteren Menschen vorbehalten, die ihre soziale Einfügung gut geleistet haben, denen aber die Sinnerfüllung des Lebens versagt geblieben ist. Die Psychologie und Psychotherapie von C. G. Jung wird daher oft als diejenige der

»zweiten Lebenshälfte« bezeichnet. Synthese, Ganzheitlichkeit sowie aus Jungs Typologie stammende Vorstellungen über die Wichtigkeit, sich auch mit den im eigenen psychischen Haushalt als »minderwertig« erlebten Funktionen besser zu arrangieren und sie zu kompensieren: Das sind wichtige Leitideen, die den therapeutischen Prozeß bestimmen.

Bewertung und Relevanz

Es gibt eine Fülle von teils schnell selbstgebastelten, teils ernsthafter-theoretisch fundierten und ausprobierten therapeutischen Vorgehensweisen, die C. G. Jung – genannt oder ungenannt – zum Ahnherren haben. Das »katathyme Bilderleben« erscheint als theoretisch gefestigter direkter Abkömmling der »aktiven Imagination«; die vielen »Fantasiereise-Workshops«, »Reisen ins Unbewußte«, Gestaltungstherapien u. ä. m. können wohl mit Fug und Recht als illegitime Kinder verstanden werden. Auch dort aber herrscht jene Vorstellung vom »Unbewußten als Ratgeber« vor, was im ungeschützten Setting eines Workshops allerdings zu gefährlichen (oft psychoseähnlichen) Ausbrüchen führen kann. Die Vermischung philosophisch-religiöser Tendenzen mit therapeutischen Techniken oder sogar mit Drogenerlebnissen (die LSD-Therapie nach Grof z. B.) ist zwar in dieser Weise von C. G. Jung und seinen Schülern sicher nie praktiziert worden – eine Auslegung dieser Art bietet sich jedoch manchen Adepten an.

Die moderne Vermischung von klinisch relevanter Psychotherapie psychischer Störungen und dem Bemühen, über die vertiefte »Selbsterfahrung« sein Leben neu zu ordnen und sinnvoll zu erfahren, kann sich hingegen mit besserem Recht auf Stellen aus C. G. Jungs Werk berufen. Der ganze »Psychoboom« als eine neue Form, mit sich selbst ins Gespräch zu kommen und Leitlinien für das eigene Leben zu erarbeiten, ist sicher nicht ganz zu Unrecht oft mit dem Namen von C. G. Jung verknüpft. Vertreter der »New-Age«-Bewegung mit ihrem holistischen Menschenbild, der Abkehr vom Positivismus, der Zuwendung zu alten Menschheitsbildern und Ritualen (Meditation, ritueller Tanz etc.) können sich immer wieder einzelner Passagen aus der Jungschen Psychologie bedienen. Sicher gibt es auch ausgebildete Jungianer, die sich dafür mißbrauchen lassen. Daß Psychotherapie – egal für welche Menschengruppe – aber in jener unabgesicherten Workshop-Atmosphäre unabhängig von der biographischen Situation und ohne die Etablierung einer festen und verantwortungsvollen therapeutischen Beziehung praktiziert werden könne, wird durch keine Stelle in C. G. Jungs Werk gestützt.

Empfehlenswerte Literatur zum Thema »C. G. Jung«:

Kindlers »Psychologie des 20. Jahrhunderts« (Tiefenpsychologie, Bd. 4)

Schlegel, L.: Grundriß der Tiefenpsychologie. Bd. IV: Die Polarität der Psyche und ihre Integration. Eine kritische Darstellung der Psychologie von C. G. Jung. München: Francke Verlag, 1973

Klientenzentrierte Psychotherapie – Carl Rogers

Allgemeines

Carl Rogers ist neben Freud, Adler und Jung einer der Großen der Psychotherapie. Er gehört – 1902 geboren – zur zweiten Generation, die schon an den Universitäten Psychologie studieren konnte und als Psychologen ein Berufs- und Praxisfeld vorfanden.

Trotzdem ist Rogers kein Zwerg auf den Schultern von Riesen, der die Vorleistungen der Gründerväter der Psychotherapie eklektisch ausgearbeitet hätte. Er trug mit seiner »Klientenzentrierten Psychotherapie« zur Entwicklung der Humanistischen Psychologie bei, die als dritte Kraft der Psychologie – neben der Verhaltenstherapie und -psychologie und der Psychoanalyse – einen großen Einfluß auf die Psychologie und die Gesellschaft gewann. Rogers' Verdienst ist es, über die Entwicklung einer psychotherapeutischen Schule hinaus die Psychologie nach Wegen und Möglichkeiten befragt zu haben, die zur Entfaltung schöpferischer Fähigkeiten des einzelnen führen und somit zum Überleben in der sich ständig verändernden Industriegesellschaft.

Bei Rogers ist vieles, auf den ersten Blick Widersprüchliches und Unvereinbares, zusammengekommen: das Bemühen um strikte Wissenschaftlichkeit, der Einsatz von Meßverfahren und Statistik, um Erfolg von Psychotherapie zu dokumentieren einerseits, sowie seine Betonung der Erfahrung, der Gefühle und des Erlebens, der Freiheit der Person und ihrer Einzigartigkeit andererseits. Seine existenzphilosophischen wie auch theologischen Interessen sprengen die engen Grenzen des »wissenschaftlich« Untersuchbaren. Rogers ist empirischer Wissenschaftler, Psychologe und Verkünder einer auf Heil und Verheißung ausgerichteten Lehre in einer Person.

Die Klientenzentrierte Psychotherapie enthält sowohl Züge der Psychoanalyse als auch der Verhaltenstherapie – diese Kreuzung ist immer wieder der Grund für Kontroversen und unterschiedliche Schulenbildungen innerhalb der Klientenzentrierten Psychotherapie gewesen. Rogers gehörte dabei zu den Radikalen, die aus einer Beratungsform einen allumfassenden therapeutischen Ansatz und schließlich daraus eine Daseinsform entwickelten, die den Menschen Orientierung und Halt geben soll. Zu Ende seines Lebens näherte sich Rogers der vierten Kraft der Psychologie an: der transpersonalen Psychologie mit ihrer Betonung des Spirituellen. Sein Ziel war, bei der Geburt eines »neuen Menschen« mitzuhelfen.

Was macht nun den Kern der Rogersschen Therapie aus? Im Mittelpunkt steht der Glaube an das Gute im Menschen, an seine Selbstentfaltungsmöglichkeiten, seine Tendenz und sein Vermögen, Schwierigkeiten, Probleme und Defizite aus eigener Kraft beheben zu können. Das bedeutet allerdings nicht, eine »Karriere als Person« zu planen, ständig Ehrgeiz und Kraft aufzubringen, sich zu ändern, neue Verhaltensweisen oder psychologische Tricks zu lernen oder zu trainieren, sondern sich selbst als das, was man ist, zu akzeptieren. Erst aus dieser Akzeptanz erwächst die Möglichkeit zu Veränderung, genauer: zur Persönlichkeitsreifung. Solche Haltung erinnert an ostasiatische Weisheiten – an Laotse, an den Buddhismus und an Zen. Therapeutisches Handeln und allgemeine zwischenmenschliche Beziehungen haben Raum und Bedingungen für eine freie Persönlichkeitsentwicklung zu schaffen.

Rogers' therapeutischer Ansatz und dessen Entwicklung lassen sich wie folgt zusammenfassen:

Sein Werk läßt drei Abschnitte erkennen: die Entwicklung der non-direktiven Beratungstechnik von 1940 bis 1950, die Erweiterung zum Klientenzentrierten Therapieansatz von 1951 bis Mitte der sechziger Jahre und schließlich die Verallgemeinerung zu einem personenzentrierten Ansatz zur Gestaltung zwischenmenschlicher Beziehungen überhaupt.

Ziel der Therapie ist es, eine angstfreie und sichere Situation aufzubauen, in der der Klient zu sich und zum Therapeuten Vertrauen fassen kann. Der Therapeut diagnostiziert nicht, erklärt nicht und verhält sich auch nicht als Experte für »richtiges Leben«, der auf alle Probleme eine Antwort parat hat. Er respektiert den Klienten, vertraut auf dessen Fähigkeiten – auch dann, wenn dieser an sich selbst zweifelt – und bietet ihm eine offene Beziehung an, in der über alles nachgedacht und in alle Richtungen gefragt werden kann.

Im Mittelpunkt der Therapie steht die Selbstbesinnung des Klienten, dessen Auseinandersetzung mit den drei Grundfragen: Was bin ich? Was will ich? Woher komme ich? Den Klienten hierbei zu unterstützen ist das Grundanliegen der Klientenzentrierten Psychotherapie. Dies geschieht auf eine Weise, die nicht »theoretisch« und abstrakt den Klienten zu einer Art psychologischen Experten werden läßt, der nach intelligenten Erklärungen und Interpretationen für sein Verhalten sucht, sondern der »bei sich bleibt«, d. h. sich einläßt auf seine eigenen Gefühle und sein Erleben. Nicht das »Abheben« in eine Theorie, sondern das Rückführen auf den Boden der Tatsachen – und das sind bei Rogers eben die eigenen Gefühle und Erlebnisse – ist das Ziel der therapeutischen Bemühungen.

Rogers' therapeutische Handlungsanweisungen sind einfach. Es liegt dahinter eine Weisheit, die im Kern religiös ist: der Glaube an die Liebe, an die Kraft der Gefühle und der Mitmenschlichkeit. Diese Einfachheit ist aber schwer »zu machen« – sie verlangt eigene Erfahrungen mit der Kraft des Guten und der Entwicklungsfähigkeit des Menschen. Der Therapeut ist – trotz der Möglichkeit von Irrtümern und Irrwegen – gewiß, daß der Klient letztlich seinen Weg und seine Wahrheit finden wird. Diese Gewißheit ist es auch, die ihn »Rogerianer« werden und bleiben läßt.

Verglichen mit anderen Theorien ist diese Theorie »dürftig«. Sie gibt dem Therapeuten nicht das Gefühl, Herr im Hause zu sein, Experte in Lebensfragen und Seelenkunde. Sie gibt ihm auch nicht das Gefühl, ein Spezialist zu sein, der einen Vorrat an technischen Mitteln parat hat, um seine Klienten zu behandeln.

Die Veränderungstheorie von Rogers

Rogers hat den Versuch unternommen, eine allgemeine schulenübergreifende Theorie der Veränderung durch Psychotherapie zu entwickeln. Er stellte die Frage, welche psychologischen Bedingungen notwendig seien, um eine konstruktive Persönlichkeitsveränderung zu bewirken. Dabei ging es ihm um allgemeingültige Bedingungen, also solche, die in allen Psychotherapien wirken, ob Psychoanalyse oder Klientenzentrierte Psychotherapie oder eine andere. Zu bedenken ist, daß Rogers diese Bedingungen 1951 bzw. 1957 formulierte, zu einer Zeit, wo – außer der Psychoanalyse – andere Therapien, wie z. B. die Gestalttherapie, kaum bekannt waren und die systematische Psychotherapieforschung noch in den Kinderschuhen steckte.

Rogers ist bei der Zusammenstellung von hilfreichen therapeutischen Bedingungen induktiv vorgegangen; d. h. seine Einsichten über Veränderung in Therapien beruhen auf eigenen Erfahrungen als Therapeut, auf denen seiner Kollegen und auf den damals bereits vorhandenen Ergebnissen der Psychotherapieforschung.

Er nimmt sechs Bedingungen an, die vorhanden sein müssen, um eine Persönlichkeitsveränderung in Gang zu setzen:

1. Zwei Personen, ein Therapeut und ein Klient, haben Kontakt miteinander. Kontakt bedeutet dabei, daß die beiden Personen sich gegenseitig wahrnehmen.

2. Der Klient ist gestört, ist ängstlich, fühlt sich bedroht, ist inkongruent. Inkongruenz heißt, daß der Klient nicht in der Lage ist, Erfahrungen zuzulassen – diese werden verdrängt oder verzerrt.

3. Der Therapeut ist in seiner Beziehung zu dem Klienten kongruent: Er ist in der Lage, seine momentanen Gefühle dem Klienten gegenüber unverzerrt und genau wahrzunehmen, nur beeinflußt von seinem therapeutischen Auftrag und seinem Bemühen, diesen so gut wie möglich zu erfüllen.

4. Der Therapeut erlebt gegenüber dem Klienten positive Wertschätzung, unabhängig davon, was der Klient äußert. Diese Haltung ist zusammen mit der Kongruenz nicht leicht zu verwirklichen, denn es bedeutet, auch negative Gefühle gegenüber dem Klienten, wie Langeweile und Ärger, wahrzunehmen, aber dennoch wertschätzend zu bleiben. Die Lösung dieses Konflikts haben Biermann-Ratjen et al. (1979) am besten beschrieben: Der Therapeut sollte in einer solchen Lage verstehen, warum er in eine Situation gekommen ist, die es ihm schwermacht, dem Klienten gegenüber Wertschätzung zu empfinden. Dadurch verbessert sich sein einfühlendes Verstehen des Klienten. Gelingt ihm das, wird wieder beides möglich – Kongruenz *und* Wertschätzung.

5. Der Therapeut erfährt durch einfühlendes Verstehen, wie sich der Klient selbst wahrnimmt und was er von sich wahrnimmt. Rogers hat an anderer Stelle diese Form der Einfühlung – die auch als Empathie bezeichnet wird – präzisiert: »Empathie bedeutet, die private Welt des anderen zu betreten und darin ganz und gar heimisch zu werden. Sie beinhaltet, in jedem Au-

genblick ein Gespür zu haben für die sich verändernden gefühlten Bedeutungen in dieser anderen Person, für Furcht, Wut, Zärtlichkeit, Verwirrung oder was auch immer sie erlebend empfindet. Empathie bedeutet, zeitweilig das Leben dieser Person zu leben, sich vorsichtig darin zu bewegen, ohne vorschnell Urteile zu fällen; Bedeutungen zu erahnen, deren sie selbst kaum gewahr wird; nicht aber Gefühle aufzudecken versuchen, deren sich die Person nicht bewußt ist, dies wäre zu bedrohlich. Das schließt ein, daß man die eigenen Empfindungen über die Welt dieser Person mitteilt, da man mit frischen und furchtlosen Augen auf Dinge blickt, vor denen sie sich fürchtet. Es bedeutet schließlich, die Genauigkeit eigener Empfindungen häufig mit der anderen Person zusammen zu überprüfen und sich von ihren Reaktionen leiten zu lassen. Der Therapeut ist für die Person ein vertrauter Begleiter in ihrer inneren Welt. Indem er sie auf die möglichen Bedeutungen in ihrem Erlebnisfluß hinweist, hilft er ihr, sich auf einen Bezugspunkt zu konzentrieren, die Bedeutungen stärker zu erleben und im Erleben selbst Fortschritte zu machen.« (Rogers, 1980, 79)

Empathie ist demnach eine Verstehensweise, die auf die gefühlten Bedeutungen von Erfahrungen in der Gegenwart ihres Erlebens abzielt; es ist ein »Über-verstehen« (der Therapeut versteht mehr als der Klient selbst), das aber in der »Zone der nächsten Entwicklung« bleibt, d. h. ihn immer nur so weit »überversteht«, wie es der Klient zu akzeptieren vermag.

6. Der Klient nimmt zumindest in Ansätzen wahr, daß der Therapeut ihn wertschätzt und einfühlend versteht. Einfühlendes Verstehen muß nicht nur vom Therapeuten erbracht, sondern auch vom Klienten erfahren werden können. Nur wenn dieser es als einfühlend wahrnimmt, gewinnt es eine veränderungswirksame Kraft. Empathie ist damit kein »Verhaltensmerkmal« des Therapeuten, sondern ein interaktives Geschehen, das erst im Zusammenwirken von Therapeut und Klient wirksam wird.

Sind diese Bedingungen erfüllt, so wird ein Prozeß der Persönlichkeitsveränderung in Gang gebracht, den Rogers (1957, 1959, 1980) wie folgt charakterisiert:

1. In erster Linie hebt Empathie Entfremdung auf. Eine Person, die sich einfühlend verstanden erlebt, erfährt sich angenommen. Sie kommt in Kontakt mit anderen – und findet sich in ihrer Existenz bestätigt. Das ist weit mehr als nur eine bloße Vergewisserung des eigenen Seins, es ist das Erleben, daß sie so, wie sie ist,

Sinn für den anderen macht. Sie erlebt sich nicht mehr als unverstanden und isoliert.

2. Die Person kommt darüber hinaus in Kontakt zu sich selbst – zu ihren Gefühlen, zu den gefühlsmäßigen Bedeutungen ihrer Erfahrungen. Sie erfährt diese Bedeutungen klarer, erfährt neue Bedeutungsaspekte und unbekannte Seiten von sich selbst. Indem sie mit einem größeren Spektrum an Erleben in Berührung kommt, verändert sie auch ihr Selbstverständnis. Ihr Selbstbild wird erneuert, bislang verleugnete Erfahrungen werden integriert.

3. Die Person lernt eine neue Weise, mit sich selbst umzugehen. Sie wird fähig, sich selbst einfühlend zu verstehen, wertschätzend zu sein und gefühlsmäßige Bedeutungen genauer zu erfassen. Sie eignet sich so die Fähigkeit des Therapeuten an und vermag auch in Zukunft, offener gegenüber Erfahrungen zu sein, diese genauer zu deuten. Gendlin (1973, 1986) hat diese Veränderung der Selbstwahrnehmungsprozesse genauer gefaßt. Er beschreibt sie als die Fähigkeit zum »Focusing«, d. h. zum Fühlen und zum Symbolisieren der Bedeutungen, die Gegenstand des Erlebens sind. Das ist weit mehr als »Gefühle haben« und sie wahrzunehmen. Gefühle sind Inhalte des Erlebens, wie Ärger oder Zorn, während das Focusing auf die Art des Erlebens ausrichtet. Darin, in der Wahrnehmung, wie etwas erlebt wird, liegt der Schlüssel zur Veränderung.

Wirkung und Verbreitung des Rogersschen Ansatzes

Schon bald nach Erscheinen seines ersten wichtigen Buches zur nondirektiven Beratung 1942 wurde sein Ansatz in den USA von vielen Psychologen, Sozialarbeitern und Pädagogen genutzt. Vor allem nach Ende des Zweiten Weltkrieges, bei der Wiedereingliederung der Kriegsteilnehmer, hat sich sein Beratungskonzept verbreitet. Rogers blieb aber lange Zeit noch umstritten: einerseits im Gesundheitswesen, das von Ärzten und Psychiatern sowie der Psychoanalyse dominiert war, und auf der anderen Seite in der akademischen Psychologie, die von der behavioristischen Psychologie beherrscht war.

Neben seiner wissenschaftlichen Anerkennung avancierte er in den sechziger Jahren zu einer Kultfigur der Selbsterfahrungsbewegung in den USA. Die Sechziger mit ihrem Umbruch hin zu neuen Werten, mit ihrer kulturellen Sinnkrise waren der Boden, auf dem seine Ideen und Vorschläge sich schnell verbreiteten. Es war die Zeit des Psychobooms, der Versuche, sich selbst zu entdecken, auf die Rogers mit seinen »Encounter-Gruppen« traf.

An die Stelle der Behandlung psychisch gestörter Personen tritt die Idee des Persönlichkeitswachstums. Weiterhin wird die Förderung der Selbstexploration in der Einzeltherapie abgelöst durch die Förderung von Authentizität in der Begegnung mit anderen in einer Gruppe. Dabei vertraut Rogers auf die Eigendynamik der Gruppe, die Entfaltung eines eigengesetzlichen Prozesses. Der Leiter der Gruppe ist ein Gleicher unter Gleichen. Schließlich versuchte Rogers Großgruppen von mehr als hundert Personen als Modell einer neuen Begegnungsform in der Gesellschaft zu erkunden.

1962 besuchte Rogers erstmals Europa. Auch in Frankreich, den Niederlanden, in Deutschland, Großbritannien und Irland fanden seine Ideen Verbreitung. Die Klientenzentrierte Psychotherapie wirkte auch in die süd-osteuropäischen Staaten hinein: u. a. durch Workshops in Ungarn und Griechenland; selbst in der DDR fand die Gesprächspsychotherapie Eingang in die Ausbildung von Diplom-Psychologen (Helm, 1978).

Auch in Südamerika werden seine Bücher gelesen und seine Ideen im Bereich der Pädagogik und Therapie angewandt.

In Deutschland kommt vor allem Annemarie und Reinhard Tausch, zwei Psychologen aus Hamburg, das Verdienst zu, die Verbreitung des Rogersschen Ansatzes gefördert zu haben. Schon 1955 berichtete R. Tausch erstmals auf dem 20. Kongreß für Psychologie über Persönlichkeitsveränderungen durch nichtdirektive Psychotherapie bei deutschen Klienten. 1960 erscheint sein erstes Buch mit dem Titel »Das psychotherapeutische Gespräch«, das später als »Gesprächspsychotherapie« immer neue (und veränderte) Auflagen erfahren hat.

Die Tauschs und ihre Mitarbeiter begannen am Institut für Psychologie in Hamburg aus einer strikt naturwissenschaftlichen Perspektive die empirische Psychotherapieforschung. Allerdings nicht ohne Folgen: Die bereits bei Rogers angelegte zwiespältige Position zwischen Forschungsmethodik und -inhalt fand sich in zugespitzter Form auch in den Arbeiten der deutschen Gesprächspsychotherapeuten. Sie versuchten – orientiert am experimentalpsychologischen Kausalmodell der unabhängigen und abhängigen Variablen – die von Rogers spezifizierten Therapeuten- und Klientenhaltungen als Variablen zu spezifizieren und mittels Beurteilungsskalen faßbar zu machen. Als Grundlage dienten die von Rogers (1957, 1959) aufgestellten Hypothesen über die notwendigen und hinreichenden Bedingungen des Therapieerfolges. Tausch und Mitarbeiter entwickelten so für die Haltung »einfühlendes Verstehen« eine Skala, die sie »Verbalisierung emotionaler Erlebnisinhalte des Klienten durch den Therapeuten« nannten. Auch für die anderen Therapeutenhaltungen und die Selbstexploration des Klienten wurden entweder eigene Skalen konstruiert oder in den USA entwickelte ins Deutsche direkt übernommen (siehe Biermann-Ratjen et al. 1979; Bommert, 1979; Minsel und Langer, 1974; Schwartz, 1977; Schild, 1977; Tausch/Tausch, 1979).

Mittels statistischer Methoden wurde versucht, eine Beziehung zwischen den Therapeuten- und den Klientenvariablen sowie dem Therapieerfolg herzustellen. Die bundesdeutsche Forschung hat allerdings kaum Neuerungen gebracht. Die Ergebnisse ihrer Hypothesentests sind widersprüchlich. Außer einer Erweiterung der Variablenliste durch Hinweise, daß zusätzliche Bedingungen – wie z. B. die Konkretheit der Therapeutenäußerungen, aktives Bemühen des Therapeuten und innere Beteiligung – den Therapieerfolg bestimmen, hat dieser Ansatz nicht viel bewegt.

Eine Besonderheit der Umsetzung von Rogers' Therapiemodell in Deutschland ist die Institutionalisierung der Klientenzentrierten Psychotherapie. Im Gegensatz zu den USA, wo sich Rogers gegen die Gründung eines eigenen Therapieverbandes stellte und auch Ausbildungsregelungen ablehnte, kam es in der Bundesrepublik bereits 1970 zur Gründung der Gesellschaft für wissenschaftliche Gesprächspsychotherapie (GwG). Innerhalb eines Jahrzehnts stieg die Mitgliedszahl von 27 im Jahre 1970 auf 6000 im Jahre 1980. Gegenwärtig sind in der GwG mehrere zehntausend Mitglieder organisiert. Die GwG entwickelte auch ein Ausbildungsprogramm, das gestaffelt bis hin zum Ausbilder führt. Über die Jahre hinweg nahmen hier die Anforderungen drastisch zu, so daß heute der Weg zum Gesprächspsychotherapeuten fast ebenso beschwerlich ist wie die Ausbildung zum Psychoanalytiker.

In der Bundesrepublik war die Gesprächspsychotherapie, neben der Verhaltenstherapie, die einzige Therapierichtung, die sich an den Psychologischen Instituten etablieren konnte. Dafür gab es mehrere Gründe:

- Einmal fiel die Rezeption der Klientenzentrierten Psychotherapie in einen hochschulpolitischen Aufbruch: Neue psychologische Institute wurden gegründet, und neue Lehrstühle, insbesondere für Klinische Psychologie, wurden geschaffen.

- Weiterhin veränderten sich der Schwerpunkt und damit auch die Ausbildungsinteressen im Bereich der Klinischen Psychologie. War der Schwerpunkt der Klinischen Psychologie bis in die sechziger Jahre die Psychodiagnostik, so ändert sich das ab Ende der sechziger Jahre zugunsten von Beratung und Therapie. Noch heute sind auf den meisten Lehrstühlen für Klinische Psychologie Professoren, die Mitglieder der GwG sind.
- Hinzu kam, daß die Alternativen Psychoanalyse, Gestalttherapie, die Körpertherapien und andere Humanistische Ansätze sowie die Familientherapie an der Universität nicht zum Zuge kamen. Einmal war die Psychoanalyse durch die ärztliche Berufsgruppe besetzt, zum anderen waren die übrigen humanistischen wie die systemischen Ansätze in der Bundesrepublik noch nicht ausreichend bekannt.
- Der wohl wichtigste Grund ist aber, daß die Klientenzentrierte Psychotherapie in einem besonderen Maße die Notwendigkeit von empirischer Forschung betonte und sich damit zur Durchsetzung des wissenschaftlichen Geltungsanspruches der Klinischen Psychologie gegenüber den anderen Zweigen der Psychologie eignete.

Allerdings kam es in der Gesellschaft für wissenschaftliche Gesprächspsychotherapie ebenfalls zu einem Richtungsstreit. Pavel (1975) eröffnete ihn mit einem Artikel über »Existenzialistische Erlebnistherapie contra naturwissenschaftlich orientierte GT – eine gutgemeinte Polemik«. Darin wirft Pavel den deutschen Gesprächspsychotherapeuten vor, Rogers' Menschenbild und Philosophie zugunsten einer einseitig naturwissenschaftlichen Orientierung aufgegeben zu haben. Es schien bis Ende der siebziger Jahre, als ob die »Naturwissenschaftler« Oberhand behalten hätten. In den achtziger Jahren wurde jedoch klar, daß die Entwicklung in die andere Richtung ging. Klientenzentrierte Psychotherapie wurde mehr und mehr mit anderen »Psychotherapie«-Richtungen und psychotherapeutischen Moden verknüpft, die aus dem Arsenal der Humanistischen und der Transpersonalen Psychologie stammen: mit Personenzentrierter Körpertherapie, Erleuchtungserlebnissen, Gestalttherapie mit Träumen und tiefenpsychologischen Ansätze.

Die Klientenzentrierte Psychotherapie hat nicht nur die

Psychiatrie (Binder und Binder, 1979) die Pädagogik (im Sinne eines schülerzentrierten Unterrichts), die Medizin (patientenzentrierte Medizin, Pfeiffer, 1986) und die praktische Seelsorge beeinflußt. Auch im Bereich des Managements und der Organisationspsychologie hat sie Anwendung gefunden. In Unternehmen werden Konzepte wie Unternehmenskultur und Corporate Identity (in diesem Zusammenhang: Identifikation der Mitarbeiter mit der Unternehmung) betont, die eine Anwendung der Klientenzentrierten Psychotherapie ermöglichen. Ein weiteres Anwendungsfeld ist mit den gesellschaftlichen Konflikten um neue Techniken und ihre Risiken gegeben. Für die Vielzahl von Kontroversen im Zusammenhang mit der Planung von technischen Großprojekten – wie Autobahnteilstücke, Kraftwerke und Chemieanlagen (Wiedeman und Hennen, 1989) – werden neue Konzepte zur Verbesserung der Kommunikation gesucht, die helfen, unproduktive Konfrontation zu vermeiden, und die es ermöglichen, zwischen den Bürgerinitiativen, den Behörden und den Unternehmen Brücken zu schlagen (Elington und Burke, 1989). Ein solcher Ansatz ist das Harvard-Konzept von Fisher und Ury (1987), das auf Rogers' Überlegungen aufbaut. Darüber hinaus hat die Klientenzentrierte Psychotherapie in Form von populären Anleitungen zur Partnerschaft, zur Konfliktlösung in Gruppen und in der Familie die breite Öffentlichkeit erreicht (Schwäbisch und Siems, 1974; Schulz von Thun, 1988).

Relevanz und Kritik

In der psychotherapeutischen Literatur wird immer wieder die Frage gestellt: Für welche Klienten, mit welchen Störungen, durchgeführt von welchen Therapeuten und welchen Zielen ist welche Behandlungsform wirksam? Diese Frage nach der Indikation der Klientenzentrierten Psychotherapie ist jedoch – geht man von Rogers aus – falsch gestellt. Denn Rogers Ziel war es gerade, die notwendigen und hinreichenden *Bedingungen für jede Form von Psychotherapie* zu beschreiben. Rogers' dazu selbst: »Wir sind der Ansicht, daß der Versuch, einer solchen Therapie dogmatische Grenzen zu setzen, keinen Vorteil bringt. Wenn es gewisse Arten von Individuen gibt, die nicht empfänglich sind oder für welche die klientenbezogene Therapie kontraindiziert ist, dann werden Erfahrung und Forschung uns zeigen, welche Gruppen das sind. In der Zwischenzeit wird der Mangel an definitivem Wissen über die Gruppen, für die die klientenbezogene Therapie mehr oder weniger erfolgreich sein kann, kein Grund zur Besorgnis sein, da unsere klinische Erfahrung zeigt, daß diese Therapie dem Individuum offenbar keinen Schaden zufügt.« (Rogers, 1973, S. 214, [Original 1951])

Die Indikationsfrage stößt bei Rogers' Ansatz auf besondere Schwierigkeiten, denn

- zum einen ist seine Störungstheorie nicht anschlußfähig an die klassischen Symptomgruppen und psychischen Störungsbilder wie Hysterien, Depressionen und Phobien. Für Rogers gilt übergreifend die Inkongruenz von Selbst und Erleben als zentrales Störungsmoment. Damit entzieht sich die Klientenzentrierte Psychotherapie bereits weitgehend der Frage »Für welche Klienten?«
- Gewichtiger ist allerdings ein zweiter Vorbehalt: Rogers' Kennzeichnung einer hilfreichen Therapie ist nicht auf der Ebene von Verhaltensweisen des Therapeuten formuliert, sondern als Beziehungsform, die vom Klienten auch als solche gedeutet werden muß. Wie etwa einfühlendes Verstehen realisiert wird, kann demnach ganz unterschiedlich aussehen. Damit entzieht sich die Klientenzentrierte Psychotherapie dem Vergleich mit Therapien, die durch Verhaltensweisen des Therapeuten charakterisiert werden können. So läßt sich auch die Frage »Welche Behandlungsform?« nicht sinnvoll stellen; allenfalls kann gefragt werden, welche Erlebnis-Inhalte wann und wie einfühlend verstanden werden sollten (vgl. Biermann-Ratjen et al., 1979).
- Ebenfalls problematisch ist das »Wirksamkeits«-Kriterium. Rogers sagt dazu: Eine Atmosphäre des Akzeptierens, des Respekts und des tiefen Verstehens ist ein gutes Klima für persönliches Wachsen... Das heißt aber nicht, daß sie bei jedem psychischen Zustand heilt, und in der Tat ist das Konzept von Heilung dem Ansatz (d. h. der Klientenzentrierten Psychotherapie), den wir betrachtet haben, ziemlich fremd... Eher handelt es sich einfach um einen gewissen Standpunkt, der grundsätzlich allen Individuen gegenüber eingenommen wird, selbst wenn dadurch nicht alle Probleme gelöst und alle Hilfe geboten werden kann, die ein bestimmtes Individuum braucht (Rogers, 1972, 214f., [Original 1951]).

Für die Klientenzentrierte Psychotherapie können deshalb nur recht allgemeine Indikationsbedingungen angegeben werden: Die Störungen oder Beeinträchtigungen müssen psychischer Natur sein und sich vor allem auf die »Ich-Funktionen« des Klienten beziehen, d. h. bei Rogers: auf die Inkongruenz von Erleben und Selbst. Ein Teil der Wahrnehmung wird ausgegrenzt und damit die Beziehung zu sich selbst und zur Realität eingeengt bzw. verzerrt.

Eine Klientenzentrierte Therapie setzt allerdings voraus, daß der Klient nicht so gestört ist, daß er das Beziehungsangebot des Therapeuten nicht wenigstens in Ansätzen als wertschätzend und einfühlend wahrnehmen kann. Weiterhin wird vorausgesetzt, daß der Klient zumindest im Ansatz fähig ist, eine Beziehung zu sich selbst, d. h. zu seinem Erleben, aufzunehmen.

Rogers' starke Betonung des Subjektiven steht in Kontrast zu seiner Betonung einer Wissenschaftlichkeit, die ihre Wurzeln in der behavioristischen Wissenschaftskonzeption hat. Rogers ist hier mehrdeutig – Mißverständnisse sind grundsätzlich angelegt; das betrifft nicht nur Veränderungen und Entwicklungen seiner wissenschaftlichen Positionen, sondern die durchgängige Ambivalenz in seiner Einstellung gegenüber wissenschaftlicher und praktischer Arbeit. So steht Rogers auch noch am Ende seines Lebens für den Primat der Forschung ein: »Es gibt für den personenzentrierten Ansatz nur eine Möglichkeit, dogmatische und restriktive Verengung zu vermeiden: wissenschaftliche Studien, die ebenso hartnäckig wie sanftmütig vorangetrieben werden, um neue Perspektiven zu eröffnen und neue Erkenntnisse hervorzubringen, die unsere Hypothesen der Prüfung unterziehen, unsere Theorien bereichern, unser Wissen erweitern und uns an ein tiefes Verständnis der Phänomene menschlicher Veränderung heranführen« (1986, Person Centered Review, 1, 3, zitiert nach der deutschen Übersetzung in GwG Info, 1987, 67, 48). Dies steht in krassem Widerspruch zur Tatsache, daß keine einzige neue Hypothese, kein einziger neuer Gedanke für die Praxis und Entwicklung der Klientenzentrierten Psychotherapie von seiten der Forschung ausgegangen sind. Selbst die Bestätigung oder Verwerfung der von Rogers 1957 skizzierten hinreichenden und notwendigen Bedingungen für Veränderungen durch Psychotherapie waren bis Anfang der achtziger Jahre mittels Forschung noch nicht entschieden (Watson in: Levant und Shlien, 1984).

Forschung hat vielmehr in Deutschland die Klientenzentrierte Psychotherapie in den siebziger Jahren in eine unproduktive Phase der »Variablen«-Psychotherapie gebracht, für die sich aber auch in Rogers' Schriften Bestätigungen finden lassen.

Das Problem dabei ist: Wie läßt sich wissenschaftlich – also objektiv – Subjektivität erfassen? Rogers selbst hat in seinen Äußerungen über Therapie immer wieder die Freiheit des Klienten, dessen Möglichkeit zur Selbstbestimmung und -entwicklung betont und sich scharf gegen die behavioristische Vorstellung der Determination menschlichen Verhaltens durch äußere Umstände ausgesprochen. In der Wissenschaft aber sucht er nach einem Kompromiß. Zwar lehnt er für Therapien die Vorstellung von kausalen Wirkungsketten (Ursache: Therapeutenverhalten, Wirkung: Änderung des Klienten) ab, kommt jedoch in der Forschung auf dieses Denkmuster zurück, weil seine Auffassung von Wissenschaftlichkeit eine auf Objektivität ausgerichtete wissenschaftliche Forschungsmethodik betont. Nach Rogers besitzt diese die Möglichkeit, Selbsttäuschungen, die durch subjektive Wahrnehmungen hervorgerufen werden, zu korrigieren. Dabei identifiziert er jedoch eine bestimmte positivistische, wissenschaftliche Vorgehensweise mit der Wissenschaft schlechthin. An dieser Stelle sei ein – englischsprachiges – Zitat erlaubt, das bündig diese Überzeugung Rogers' demonstriert: ». . . it is my subjective perception that the machinery of science as we know it – operational definitions, experimental method, mathematical proof – is the best way of avoiding self-deception« (Rogers, 1959, S. 191f.).

Für diesen Widerspruch zwischen Subjektivität als Gegenstand und wissenschaftlicher Objektivität als Methode hat Rogers sein Leben lang nach einer Lösung gesucht und nicht gefunden – was ihm allerdings auch bewußt war. Sein Kompromiß war eine Ordnung wissenschaftlicher Methoden: Zu Beginn stehen die eher weichen Verfahren wie Beobachtung und Interview, in Phasen fortgeschrittenen Wissens sind Messung und mathematisch-statistische Prüfverfahren notwendig. So sah seine Forschungspraxis aus – unabhängig von markigen Absagen an eine falsch verstandene Wissenschaftlichkeit, die sich bei Rogers ebenfalls immer wieder finden lassen.

Wichtige Literatur

Biermann-Ratjen, E., *Eckert, J.* und *Schwartz, H. J.*: Gesprächspsychotherapie. Verändern durch Verstehen. Stuttgart: Kohlhammer, 1979

Esser, U.: Rogers und Adler: Überlegungen zur Abgrenzung und zur Integration. Heidelberg: Asanger, 1988

Gilles, A.: Gesprächstherapie. In: *H. Zygowski* (Hrsg.) Psychotherapie und Gesellschaft. Reinbek: Rowohlt, 1987, 98–126

Kwiatkowski, E.: Psychotherapie als subjektiver Prozeß. Weinheim: Beltz, 1980

Rogers C.: A theory of therapy, personality and interpersonal relationship as developed in the client-centered framework. In: *S. Koch* (Ed.) Psychology: A study of science. Vol. 3, New York: McGraw Hill, 1959, 184–255

Rogers, C.: Entwicklung der Persönlichkeit. Stuttgart: Klett-Cotta, 1973

Die konditionierungstheoretischen Therapien

Darstellung

Die Verhaltenstherapie (VT) wurde zeitweise als eine Art »Revolution« der Psychotherapie betrachtet, wobei neben der (früher behaupteten) exakten Wissenschaftlichkeit die Konsequenz, mit der man das störende Verhalten direkt anging, ein völliges Novum war. Bisher waren alle modernen Psychotherapien – ob tiefenpsychologischer oder Humanistischer Provenienz – davon ausgegangen, daß zur Heilung ein recht subtiler Einsichtsprozeß gehöre, ein inneres Sortieren verschiedener Erlebnisse (aktuell oder vergangenheitsorientiert), was schließlich eine Verbesserung des Symptoms zeitige. Das »Symptom« an sich war zwar nicht so interessant, wenngleich es zumindest in den tiefenpsychologischen Schulen seines Symbolwerts wegen (sofern er sich ausfindig machen ließ) Bedeutung hatte. Es dominierte aber das Konzept eines Symptoms, »hinter« oder »unter« dem irgendeine tiefgreifende Störung der Persönlichkeit steckt. Das Symptom wird also begriffen als die Spitze des Eisberges. Das ist tatsächlich eine sehr spezifische und nicht selbstverständliche Weise, über Psychopathologie zu denken, wenn wir auch durch die Entwicklung der Psychoanalyse an dieses Konzept seit langem gewöhnt sind.

Verhaltenstherapie jedoch ist ausschließlich am Symptom, d. h. dem störenden Verhalten, interessiert und betrachtet es als ein Verhalten wie jedes andere, weshalb es auch aufgebaut oder gelöscht werden kann wie jedes andere Verhalten – also etwa Klavierspielen oder Zähneputzen. Die verhaltenstherapeutischen Methoden lassen sich daher – grob gesprochen – unter die drei bekannten Lernparadigmata einreihen, nämlich unter das Operante Konditionieren *, das Respondente Konditonieren * und das Modell-Lernen *. Die berühmteste und sicher meistuntersuchte Methode im Repertoire der VT ist die dem Respondenten Konditionieren zugerechnete Methode der Systematischen Desensibilisierung*.

Sie wurde von Wolpe (1958, 1969) erfunden und erwies sich als ungemein wirkungsvoll in der Bekämpfung phobischer Ängste. Diese Methode bedient sich in systematischer Weise eines immer schon bekannten Mittels, Ängste abzubauen: der direkten Konfrontation mit der Angstquelle. Dies geschieht in entspanntem Zustand, indem angsterregende Gegenstände und/oder Situationen, hierarchisch gestuft, zuerst nur imaginiert, später oft direkt aufgesucht werden. Wesentlich ist dabei die entspannende »Gegenkonditionierung« (wie das Setting etwas irreführend bezeichnet wurde) durch Entspannungstraining und die beruhigende Gegenwart des Therapeuten. Eine Analyse aller wichtigen Therapiestudien seit Beginn der Psychotherapieforschung (Grawe, 1994) zeigt, daß Konfrontationstherapie über Jahre hinweg und ungeachtet der schulischen Ausrichtung bei Angstzuständen tatsächlich als eine allen anderen Therapieformen überlegene angesehen werden muß.

Wolpe berichtet in seinem ersten Buch von ca. 90% Erfolgen bei 10–15 Sitzungen – eine Erfolgsquote, die später nie mehr erreicht wurde und vermutlich dem bekannten »Pionier-Effekt« zuzuschreiben war, d. h. der Begeisterungsfähigkeit dessen, der eine neue Methode entdeckt und seine Patienten »ansteckt«.

Wolpe und seine Schüler entwickelten großes Geschick, sehr viele Beschwerden auf ihren »Angstkern« hin zu analysieren, so daß die Methode auch über die Anwendung im engeren Bereich der Phobien hinaus möglich war. (Beispiel: Waschzwang, wobei die verschiedenen Ängste, die sich bei Nicht-Waschen oder bei Vorstellung von »Schmutzigem« ergeben, desensibilisiert wurden.) Von vielen späteren kognitiv orientierten Therapeuten wurde darauf hingewiesen (v. Quekelberghe, 1979; Jaeggi, 1979b), daß schon zur »Geburtsstunde« der berühmtesten Methode der VT, bei der Systematischen Desensibilisierung, das kognitive Element vorhanden gewesen sei. Dementsprechend gab es auch relativ früh theoretische Erklärungen dieser Methode, in denen auch mit kognitiven Mechanismen operiert wurde (Murray und Jacobson, 1971). Es wurde darauf hingewiesen, daß ein wichtiger Wirkfaktor bei der Systematischen Desensibilisierung darin besteht, daß angsterregendes Material kognitiv strukturiert und klassifiziert werde, daß eine kognitive Auseinandersetzung mit diesem Material möglich sei und daß die (angebliche) Respondente Konditionierung mit dem Entspannungszustand nur ein (evtl. sogar unerhebliches?) Beiwerk sei. Dementsprechende Untersuchungen, in denen einzelne Variablen des Settings geändert wurden, wiesen häufig in eine ähnliche Richtung, wenngleich es recht günstig zu sein scheint, wenn beides (Entspannung und kognitive Strukturierung) zusammenfällt. Wichtig ist, daß tatsächlich der Vorwurf von Tiefenpsychologen, hier werde blind und automatisch konditioniert und dressiert, nie gestimmt hat – auch nicht zu Beginn der VT. Immer war die geistige Mitarbeit des Patienten wichtig. Das Aufstellen einer Hierarchie, die sorgsame Konzentration auf innere Angstsignale, waren immer ein wichtiges Kennzeichen dieser Methode, und es gibt übrigens nur wenige andere verhaltenstherapeutische Interventionen, bei denen dies nicht der Fall ist.

Menschen »blind« zu konditionieren ist bekanntlich sehr schwer, immer spielt das Bewußtsein eine gewichtige Rolle; Phantasien und Gedanken begleiten jedes Experiment. Wie wir aus vielen Überlegungen zum »Experiment in der Psychologie« seit Holzkamps (1972) und Mertens' (1975) Überlegungen wissen, agiert der Mensch fast nie einfach nur reaktiv. Auch noch das eingeengteste Setting kann er mit seinen Gedanken durchbrechen. Er reagiert fast nie »blind«, sondern stellt über den einwirkenden Stimulus Hypothesen auf und handelt dann gemäß diesen Hypothesen. Je niedriger aber das Niveau eines Organismus, desto eher wird »nur reagiert« – weshalb verhaltenstherapeutische Methoden auch schon ganz früh mit großem Erfolg dort eingesetzt wurden, wo das Denken und Planen eine vergleichsweise untergeordnete Rolle spielt: bei geistig Behinderten und bei Kindern.

Die Systematische Desensibilisierung, die einem respondenten Modell verpflichtet ist, blieb aber nicht die einzige verhaltenstherapeutische Methode. Die berüchtigten Aversionstherapien* – soweit uns bekannt, nur selten angewandt – benutzen ebenfalls das Modell der Respondenten Konditionierung als Heurismus: Unerwünschtes (aber angenehmes) Verhalten/Erleben wird durch Paarung mit einem unangenehmen Reiz (z. B. Elektroschock, Übelkeit) so konditioniert, daß die bekräftigende Funktion des unerwünschten Verhaltens verlorengeht, weil es nun selbst als unangenehm erlebt wird. (Beispiel: Alkoholtrinken wird mit einem E-Schock so lange »bestraft«, bis schon der Anblick des Glases Angst hervorruft.)

Eine wichtige Gruppe von verhaltenstherapeutischen Methoden wird durch das Modell des Operanten Konditionierens repräsentiert. Diese beruhen auf der bekannten Tatsache, daß sehr viele Symptome durch ihre Konsequenzen aufrechterhalten werden – was von Klinischen Psychologen meist als »Krankheitsgewinn« bezeichnet wird. (Psychoanalytiker sprechen vom »sekundären Krankheitsgewinn«, der »primäre« liegt – psychoanalytisch betrachtet – schon in der Symptombildung selbst). Im operanten Modell wird dies als die »bekräftigende Konsequenz« angesehen; eine Reihe von Methoden beruht darauf, daß man diese »Bekräftigungen« ausschaltet und damit auch das Symptom zum Verschwinden bringt. Den Verhaltenstherapeuten gebührt auch hier das Verdienst, minutiös darauf zu achten, worin dieser Gewinn besteht und ob er wirklich in Zusammenhang gebracht werden kann mit dem unerwünschten Verhalten. Das *ABAB-Design** aus der experimentellen Psychologie ist die beste Möglichkeit, hierüber Klarheit zu gewinnen. Natürlich läßt es sich längst nicht immer so präzise wie experimentiell erwünscht, darstellen, weshalb auch oft ein wenig locker »herumprobiert« wird. (Beispiel: »Trödeln« beim Schularbeiten schreiben wird häufig von der anwesenden Mutter durch – tadelnde – Aufmerksamkeit »bekräftigt«, während sie das gut arbeitende Kind nicht stören will. Hier kann eine Umkehr des mütterlichen Verhaltens versucht werden. Desinteresse am Trödeln, Belobigung des guten Arbeitsverhaltens.)

Der Heurismus des Operanten Konditionierens erlaubt sehr vielseitiges und erfindungsreiches therapeutisches Vorgehen – das Modell ist so allgemein und formal, daß es sich mit sehr vielen Inhalten »füllen« läßt, und kreative Verhaltenstherapeuten haben dies auch immer wieder getan.

Auch vom Modell-Lernen wurde ausgegangen – manchmal erst nachträglich als Erklärung für einen möglichen Wirkfaktor der Therapie, manchmal aber auch recht bewußt, so z. B. beim verhaltenstherapeutischen Rollenspiel, ganz speziell bei der bekanntesten Version davon, beim Selbstbehauptungstraining. Hierüber gibt es viel Literatur, systematisierte Anleitungen, Spielvorschläge (das wohl bekannteste deutschsprachige: Ullrich/Ullrich-de Muynck, 1976), und manchmal kann man den Eindruck gewinnen, als sei es universell anwendbar. Schließlich hat jeder Probleme, sich da oder dort, bei bestimmten Personen oder einfach ganz allgemein, durchzusetzen. Von Kritikern wurde betont, daß diese Methode die Gefahr in sich berge, man lerne dabei *zu* gut sich durchzusetzen – man werde also egoistisch und rücksichtslos. Diese Kritik ist vermutlich allzu gläubig dieser Methode gegenüber – so, als werde einer hier wirklich in kurzer Zeit in einem solch ungemein komplexen Feld zurechtkonditioniert. Das widerspricht jeder Erfahrung: experimenteller wie allgemein therapeutischer Art.

Eigene kritische Einwände allerdings betreffen andere Punkte: den sogenannten »Mangel an Selbstvertrauen« als ein in sich einheitliches »Symptom« aufzufassen ist sicher falsch. Hier wird ein fatales Erbe des Behaviorismus sichtbar: ähnliches beobachtbares Verhalten nicht auf verschiedene Motive und/oder spezifische Persönlichkeitsstrukturen hin zu hinterfragen. Es sind aber, allgemeiner Erfahrung nach, recht unterschiedliche Ängste, soziale Kompetenzmängel und Selbstwertprobleme, die sich hinter der mangelnden »Selbstbehauptung« verstecken. Sie alle mit den gleichen »Übungen« behandeln zu wollen, stiftet sicher oft Schaden, wenngleich vermutlich auch wiederum die allgemein bekannten »Gruppeneffekte« hilfreich sein mögen.

Immer häufiger wurde ein therapeutisches Vorgehen als »kognitiv-verhaltenstherapeutisch« bezeichnet, und auch Therapeuten wie Ellis oder Beck, die als »Kognitive Therapeuten« begonnen hatten, bedienten sich häufig verhaltenstherapeutischer Methoden im engeren Sinne, quasi als »Zusatzmethoden«, in ihrem kognitiven Rahmenschema.

Einen wichtigen Angelpunkt zu einer solchen Neuorientierung stellten die von Kanfer (und anderen) bereits zu Beginn der siebziger Jahre vorgestellten »Selbstkontrollmethoden« dar, wobei davon ausgegangen wurde, daß problematisches Verhalten zwischen den therapeutischen Sitzungen kontrolliert werden muß. Der Patient wurde zu seinem eigenen Therapie-Manager ausgebildet, indem er sich selbst beobachten und konditionieren sollte, wie vorher der Therapeut es mit ihm getan hatte. Dies bedingte natürlich eine »Wendung nach innen«, wobei Prozesse der Selbstbeobachtung, der Selbstbewertung und der Selbstverstärkung zum Angelpunkt der therapeutischen Gespräche wurden. Auch wenn dabei noch das lerntheoretisch etwas enge »Begriffskleid« angelegt wurde, hieß dies doch, daß Patienten sehr viel mehr als bisher über ihre privaten Fantasien, Wünsche und Gedanken mitteilen als in den klassischen Verhaltenstherapien. Dies wiederum führte bei den lerntheoretisch orientierten Therapeuten zur Verwendung neuer kognitiver Konzepte. So wurde z. B. ebenfalls zu Beginn der siebziger Jahre das Paradigma des Problemlösens für das therapeutische Vorgehen nutzbar gemacht. Entsprechend intelligente und motivierte Patienten sollten ihr »Problem« so definieren, daß sie Ist- und Soll-Zustand in gut überprüfbaren Kategorien operationalisierten, die Barrieren, die der Überführung des Ist-Zustandes in den Soll-Zustand im Weg standen, ausfindig machten, Alternativen zu bisherigen Versuchen fanden und schließlich ihre Entscheidung daraufhin überprüften, ob sie geeignet waren, dem Soll-Zustand näherzukommen.

Das »Selbst-Instruktionstraining« oder auch »Streß-Impfungstraining« (Meichenbaum) wiederum sollte in klar voneinander abhebbaren Schritten der inneren Distanzierung von überwältigenden Außenereignissen dienen. Alle diese (sowie eine Reihe ähnlich strukturierter) Methoden wurden häufig kombiniert mit traditionellen verhaltenstherapeutischen Techniken wie etwa der Systematischen Desensibilisierung, Operanten Programmen (etwa in bezug auf bekräftigende Verstärkungen in der Umwelt) oder Rollenspielen.

Es darf allerdings nicht der Eindruck entstehen, als sei verhaltenstherapeutisches Vorgehen stur »symptomzentriert«, als gehöre sozusagen zu jeder Störung die »passende« Methode. Im Gegenteil: Häufig wurde VT als »maßgeschneiderte« Therapieform bezeichnet. Dies verdankt sie der von Kanfer und Phillips (1970) eingeführten und ausgearbeiteten Verhaltensanalyse (VA) – einem Verfahren, das jedes störende Verhalten sehr genau nach seiner Art der Manifestation beschreibt und sowohl die vorausgehenden Bedingungen als auch die nachfolgenden Konsequenzen (in einem genau erfaßten Zeitschema) feststellt. Es wurde daher – wenn man lege artes vorging – nicht mehr »die Phobie« zur Systematischen Desensibilisierung verurteilt oder »das Bettnässen« zum Klingelapparat. Erforderlich wurde die Analyse der funktionalen Abhängigkeit des störenden Verhaltens von den vorausgehenden Bedingungen und den nachfolgenden Konsequenzen. Das ist – im Kern – die Idee der VA, und wenn später auch noch so viele feinere Unterscheidungen gemacht wurden – am Wesen der VA hat das nichts geändert.

Diese Analyse aber bewirkt eine unter Umständen sehr subtile Phänomenologie sowohl des Verhaltens als auch der Bedingungen und Konsequenzen, so daß sich ein breites Panorama sowohl der Störungen als auch des gesamten Lebensrahmens, in dem diese sich abspielen, ergibt. Kanfer hat ein Diagnostikschema vorgeschlagen, das an Differenziertheit denen verschiedener psychiatrischer oder auch tiefenpsychologischer Schulen in nichts nachsteht. Zentral ist darin erstmals die Operationalisierung der »Klage« des Patienten. Er hat nämlich bei verhaltenstherapeutischem Vorgehen nicht einfach ein »schlechtes Selbstwertgefühl« oder ist »depressiv«, sondern er hat bestimmte – z. B. selbstabwertende – Gedanken, tut bestimmte Dinge nicht (steht z. B. nicht rechtzeitig auf), bestraft sich dafür in vielfältiger Weise, vermeidet Kontaktangebote etc. Dies alles wird vom Verhaltensanalytiker bezogen auf bestimmte Situationen. Auch dies geschieht nicht irgendwie und global, sondern sehr differenziert; beispielsweise wird gefragt, welche Art von Kontakten gemieden werden, welche Art evtl. angenommen wird, wie dieses Vermeiden inszeniert wird, welche Gedanken dabei auftauchen u. ä. m. Ebenso verfährt man mit den Konsequenzen: Was tut, denkt, empfindet der Protagonist, was tun die anderen, wie verändert sich die Situation etc. etc.

Durch diese Analyse wird oft eine ganz andere Akzentuierung der Problematik erreicht, als eine oberflächliche Feststellung des Symptoms es gestatten würde. In der VT wird – ausgehend von den Ergebnissen der VA – die Therapie erst entworfen und geplant –, und dies unterscheidet verhaltenstherapeutisches Vorgehen recht drastisch von den meisten anderen Therapieformen. (Der Unterschied liegt nicht, wie immer wieder fälschlich behauptet, in der Vernachlässigung von inneren Erlebnissen oder im sturen Dressieren!) Es gibt verhaltenstherapeutische Therapiemethoden, die z. B. an den Konsequenzen ansetzen, oder solche, wo die Auslösesituationen verändert werden, wo neue Reizpaarungen vorgenommen werden. Dies aber immer erst, wenn

- eine möglichst exakte Phänomenologie erstellt wurde und
- wenn irgend möglich, auch die funktionalen Zusammenhänge überprüft wurden.

Verhaltenstherapie braucht ein klar definiertes Ziel. Sie hat einen Plan, und sie verfolgt das Ziel in kleinen Schritten. Diese übersichtliche Vorgehensweise mag man als inadäquat für viele menschliche Probleme ansehen, man muß aber auch sehen, daß dieses Vorgehen in der Praxis vermutlich sehr spezifische und auch sehr wohltuende Wirkungen auf manche Patienten, speziell auf solche mit großen Ängsten, haben kann.

In jeder Therapie wird irgendwann klar, daß ein überaus wichtiger Faktor für den therapeutischen Erfolg die Beziehung zwischen Patient und Therapeut ist. Die meisten therapeutischen Schulen »benutzen« diese Beziehung denn auch, um feinere Diagnosen zu bekommen, den therapeutischen Prozeß voranzutreiben und/ oder Erfolge zu erklären. Auch in der VT wurde nach einigen Jahren intensiven Experimentierens mit immer neuen Methoden die »Beziehung« als wichtiger Therapiefaktor entdeckt. Die Versuche, diese für den Prozeß nutzbar zu machen, waren allerdings mit dem gleichen Dilemma konfrontiert wie alle verhaltenstheoretischen Konzepte, wenn sie soziales Handeln dingfest machen wollen. Der Therapeut wurde zunächst merkwürdigerweise als eine »reinforcement-machine« bezeichnet, in etwas besser ausgefeilten Konzepten wurde das »Schlüssel-Schloß«-Prinzip der therapeutischen Beziehung angesprochen: ein Prinzip, das komplementäres Verhalten vom Therapeuten fordert (de Voge und Beck, 1978) – entweder auf der Verhaltensebene oder auf der höheren Ebene der »Interaktionspläne« (Caspar, 1989 a, b). (Dazu ist zu sagen, daß die »Plananalyse« von Grawe und Caspar 1987, 1989 zwar den Rahmen der Verhaltenstherapie sprengt, leider aber kein in sich einheitliches theoretisches System abgibt.)

Alle diese Bestimmungen der Patient-Therapeut-Beziehung sind ungeeignet, über ein Alltagsverständis der »guten und vertrauensvollen« Beziehung hinauszugelangen, da sie grundsätzlich nicht davon ausgehen können, daß soziales Handeln als etwas wesentlich anderes gegenüber dem instrumentellen Handeln begriffen wird. Wie verfeinert auch immer die Konzepte aussehen mögen: Letztlich kommt es darauf an, daß der Therapeut als »Verstärker« dient und dabei auch seine »Modell«-Funktion beachtet. In sympathischer Nüchternheit gibt Kraiker (1989) – ein (ehemaliger?) Verhaltenstherapeut, der sich wissenschaftstheoretischen Fragen zugewandt hat – denn auch als Resümee an, daß es in der VT (nach wie vor) auf »Indoktrination« ankomme und daß Therapeuten, die sich solcher Indoktrination bedienen, gut beraten seien, die Kunst der »therapeutischen Rhetorik« zu erlernen. Dies ist eine klare Abgrenzung zu anderen Konzepten von therapeutischer Beziehung, speziell zu solchen, wo die »zweite Sinnstruktur« (Lorenzer, 1984) des Unbewußten eingreift in die Beziehung und wo immer wieder die durch Abwehr verdeckten infantilen Beziehungswünsche »hinter« dem beobachtbaren Beziehungsspiel erfaßt werden sollen, wobei die Gefühle des Therapeuten wichtig sind. Die Plananalyse nähert sich diesem Konzept zwar an, bleibt aber – da ohne Theorie der Entstehung und Entwicklung von Neurosen – meist in der »Verdopplung« des Beobachtbaren auf abstrakterem Niveau stehen. (So z. B., wenn eine stets »dankbare und nette« Klientin, die sich als »hilflos dem verheerenden Verhalten ihres Mannes« ausgeliefert sieht, charakterisiert wird als jemand, dessen Super-Plan es sei, »Verantwortung zu vermeiden«. Tiefenpsychologischens Denken würde vermutlich eher die Aggression, die »hinter« dem Verhalten steckt, entdecken, sowie die große Angst, die damit verbunden ist. Beispiel aus: Caspar, 1989b.)

Bewertung

Immer wieder wurde den Verhaltenstherapeuten vorgeworfen, daß sie nicht imstande seien, Selbstreflexion und Einsicht in die eigene Situation zu fördern, vielmehr Menschen blind »konditionierten«. Daß dabei durchaus Therapieerfolge möglich sind, wurde schon erwähnt – aber natürlich läßt sich dagegen einwenden, daß der Begriff »Erfolg« vieldeutig ist und nicht unbedingt etwas zu tun haben muß mit einer neuen Selbst- und Weltsicht. Selbstverständlich aber sind »Einsichten« und Neudeutungen bei jeder therapeutischen Methode möglich und wahrscheinlich, da Menschen alle neuen Situationen bewerten und in irgendwie geartete sinnvolle Zusammenhänge bringen. So läßt sich annehmen, daß der Kontext der Verhaltensanalyse vielen Patienten Möglichkeiten gibt, sich selbst und ihr Verhalten/Erleben neu zu interpretieren. Das allein ergibt neue »Einsichten«, z. B. in die Funktion eines Verhaltens bezüglich der Konsequenz (Jaeggi, 1989b). Unmöglich aber ist es, gestörtes Verhalten im Sinne der Verhaltenstheorie als ein individuell sinnvolles – bezogen auf die eigene Lebensgeschichte – zu erfassen. Versucht man es dennoch, muß man andere Theorien oder Alltagswissen bemühen. Der »Sinn« eines Verhaltens (symptomatisch oder störungsneutral) wird nämlich auf seine instrumentelle Funktion als Normverstoß reduziert, Therapie kann daher nur »Reparatur« sein, aber nicht Wiederherstellung eines verlorengegangenen Sinnes (Krauss, Jaeggi, Faas, 1989).

Die häufige (verbale) Einbeziehung tiefenpsychologischer Konzepte in das verhaltenstherapeutische Instrumentarium (»Widerstand«, »Unbewußtes«, »Übertragung« etc.) darf nicht darüber hinwegtäuschen, daß diese dem verhaltenstheoretischen Modell (sei es auch unter Einbezug kognitiver und handlungstheoretischer Momente) fremd sind, weil sie wiederum nur als objektivierbare und nicht als eine letztlich nur im kommunikativen Handeln erlebbare Größe vorkommen (Zygowski, 1987).

All diese theoretischen und praktischen Verworrenheiten machen es schwer, verhaltenstherapeutische Therapie-Praxis zu beurteilen. Obwohl gerade die Verhaltenstherapeuten eine großzügige Kassenregelung erreicht haben, gibt es – zumindest in der BRD – nur wenige Therapeuten, die sich eindeutig als solche zu erkennen geben: Oft definieren sie sich als Eklektiker, Kognitive Therapeuten, tiefenpsychologisch orientierte Therapeuten u. ä. m. In der internationalen Psychotherapieforschungs-Literatur findet man gute Ergebnisse zur Effizienz der VT (Grawe, 1994), öfters sogar eine gewisse Überlegenheit. Es sieht so aus, als sei – ungeachtet der theoretischen und praktischen Ungereimtheiten – den Verhaltenstherapeuten in den ca. 25–30 Jahren ihrer Wirksamkeit nicht nur ein guter Schatz an klinischer Erfahrung ganz allgemein zugewachsen; es könnte außerdem sein, daß das »Spezifische« ihrer beruflichen Sozialisation, nämlich die »maßgeschneiderte« Therapie, ihren Erfolg steigert. Sie sind gewöhnt, mit ihren Methoden flexibel umzugehen, zwischen direktiven, eher beraterischen Phasen und solchen der Selbstbestimmung zu pendeln, und es scheint, als sei dies für viele Patienten ein günstiges Vorgehen – vor allem dann, wenn nicht allzu viele Therapiestunden zur Verfügung stehen.

Denkt man ausschließlich pragmatisch, dann mag dieses Ergebnis befriedigen – für den philosophisch und wissenschaftstheoretisch Interessierten ist es eher ein Ärgernis. Dem Praktiker und seinem Patienten kann das natürlich gleichgültig sein, sofern man Psychotherapie nur unter quasi medizinischem Aspekt betrachtet. Auf längere Sicht gesehen könnte es sich aber als Bumerang herausstellen: dann nämlich, wenn theoretischer und methodischer Pluralismus so sehr anwachsen, daß Verhaltenstherapie als eine Einheit nicht mehr auszumachen ist und daher ihren gesellschaftlichen Ort verliert – was mit einiger Sicherheit institutionelle Konsequenzen nach sich ziehen würde.

Kognitive Therapie

Obwohl es kaum mehr Verhaltenstherapeuten gibt, die sich nicht auch noch auf »Kognitive Therapie« berufen, sowie umgekehrt Kognitive Therapeuten mit Verhaltenstherapie-Methoden arbeiten, sollen die Therapiemethoden der beiden renommiertesten Kognitiven Therapeuten – Albert Ellis und A. Beck – gesondert dargestellt werden, damit einige Wesenszüge der hinter ihrem Konzept liegenden Menschenbilder und Interaktionsvorstellungen klar werden.

Albert Ellis

ist der Begründer der sogenannten »Rational-Emotiven Therapie« (RET), einer vor allem in den USA recht verbreiteten Therapieform, die in den letzten Jahren aber auch in der BRD Fuß gefaßt hat und an einigen Instituten gelehrt wird.

Wie im Kapitel über Ätiologie beschrieben, sieht Ellis den Menschen als »ens cogitans«, ohne allerdings, wie wir meinen, die dialektische Verschränkung zwischen rationalem und (vordergründig) irrationalem Verhalten genügend zu berücksichtigen. Er versucht daher ganz folgerichtig, das »Irrationale« durch »vernünftiges Denken« zu »besiegen«. Zentrales Mittel ist die »kognitive Disputation«, manchmal auch »sokratischer Dialog« genannt. Dabei wird der Patient durch geduldige Überzeugungsarbeit des Therapeuten dahin geführt, seine »irrationalen Glaubenssätze« ausfindig zu machen, ihre Irrationalität zu verstehen und anhand des von Ellis entwickelten Schemas der Neurose-Ätiologie einzusehen, in welcher Weise durch das »belief-system« seine Gefühle und sein Verhalten beeinflußt werden. Vielen Patienten wird empfohlen, Ellis' Bücher zu lesen, die in allgemein-verständlicher Sprache seine Grundüberlegungen aufzeigen. Die Disputationsstrategien zur Erzeugung solch gesundheitsförderlicher Einsichten sind mannigfaltig und im Grunde jedermann bekannt, der gelernt hat, rhetorisch geschickt zu diskutieren: Herausforderungen, rhetorische Fragen, Übertreibungen, Gegenüberstellung inkompatibler Aussagen, Konkretisierungen anhand von Beispielen u.ä.m.

An den von Ellis persönlich überlieferten Dialogen per Video oder Transkript fällt eine ungeheuer massive Beeinflussung auf, die dem Patienten oft kaum Zeit zum Nachdenken läßt und ihn »überrollen« soll. Ellis nennt dies die »rapid-fire active-directive-persuasive-philosophic-methodology« – eine Interventionsform, die für unsere üblichen Vorstellungen von Psychotherapie recht ungewöhnlich ist und übrigens nicht von allen RET-Therapeuten in solch massiver Form angewandt wird. Zur Ergänzung dieser Überzeugungsarbeit werden Imaginationstechniken (ein wenig im Stile der Systematischen Desensibilisierung) und generell verhaltenstherapeutische Methoden verwendet, damit ein Patient erleben lernt, wie neues Verhalten sich auf ihn auswirkt. Ähnliches gilt auch für

Aaron T. Beck

der vor allem im Bereich der Depression eine Reihe von Therapievorschlägen teils kognitiver teils verhaltenstherapeutischer Art vorgelegt hat. Auch für ihn liegt das Grundübel in den »falschen Kognitionen« bzw. Fehlinterpretationen vergangener und gegenwärtiger Ereignisse. Dem Therapeuten wird eine »aktive Technik« empfohlen, mittels derer er – ähnlich zwar wie Ellis, aber doch weniger eindringend – den Patienten dazu bringt, seine falschen Kognitionen in Frage zu stellen. »Fragen« gilt dabei als ein wichtigeres Mittel denn »Streitgespräche«. Der Patient soll durch möglichst geschickt eingesetzte Fragen von selbst daraufkommen, in welcher Weise er übertreibt, falsch attribuiert, bagatellisiert u. ä. m. Humoristische Übertreibungen des Therapeuten sollen außerdem helfen, dem Patienten die Unsinnigkeiten seines neurotischen Denkens klarzumachen.

Bewertung und Relevanz

Manchem mag es verwunderlich erscheinen, daß im Zeitalter höchst komplexer und komplizierter Neurosemodelle (wie z. B. die verschiedenen psychoanalytischen Richtungen sie anbieten) ein solch schlichtes Modell wie das der Kognitiven Therapeuten überhaupt in Betracht gezogen wird. Auch die angegebenen Therapiemethoden sind offensichtlich nicht allzuweit entfernt von den Alltagsmethoden des beruhigenden »Zuredens« und »Ausredens«. Trotzdem läßt sich nicht leugnen, daß Kognitive Therapeuten ihre Erfolge aufzuweisen haben wie alle anderen Therapieformen auch – es wurde schon mehrmals darauf hingewiesen, daß dieses Ergebnis vermutlich den überall wirkenden »unspezifischen Faktoren« zuzuschreiben ist und nicht unbedingt über Richtigkeit bzw. Unrichtigkeit der zugrundeliegenden Therapietheorie etwas zu sagen hat.

Sofern wir aber davon ausgehen, daß Therapien als Ausdruck des »Zeitgeistes« zu gelten haben, muß doch nochmals auf die hinter der Therapie stehende Vorstellung vom Menschen, seinen Veränderungsmöglichkeiten und den dabei wesentlichen Interaktionsformen verwiesen werden.

Keßler (1983) verweist auf die von Ellis öfters zitierten Stoiker als philosophische Väter der RET, wobei er eine Parallele zwischen der damaligen verwirrenden gesellschaftlichen Situation in Griechenland und dem modernen Industriezeitalter zieht. Darauf soll hier nicht eingegangen werden. Sicherlich aber ist der große Nachdruck, der auf den freien Willen, die Fähigkeit des Menschen, sich für das »Vernünftige« zu entscheiden, gelegt wird, immer wieder in der Ideengeschichte anzutreffen. Seine Bedeutung, so könnte man postulieren, liegt in der Angstbannung; das Irrationale im Menschen als das Nicht-Beherrschbare, dasjenige, was immer wieder alle Logik zerschlägt, löst zweifellos auch bei Therapeuten Angst aus und hat in der Psychoanalyse (aber davor auch schon im literarisch-philosophischen Denken) zur Annahme jener »zweiten Sinnstruktur« geführt, die anderen Gesetzmäßigkeiten gehorcht als den nur-rationalen und vernünftigen. In der Kognitiven Therapie wird dieses alte Wissen in gewisser Weise »rückgängig« gemacht – so, als wäre das Irrationale mit Hilfe logischer Beweiskraft zu »überreden«, sich auf die dem Menschen »eigentlich« zustehende Vernunft zu besinnen. Die diesem Überredungsprozeß zugrundeliegende Interaktionsform ist eine nicht mehr hinterfragbare »Unterrichts-Situation«, wobei der »Lehrer« (Therapeut) möglichst geschickte didaktische Methoden einsetzt, um den »Schüler« (Patienten) zu belehren und zu überzeugen.

Wo, wie beim ehemaligen Psychoanalytiker A. Beck, die therapeutische Interaktion überhaupt problematisiert wird und manchmal sogar noch die Begriffe »Übertragung« und »Gegenübertragung« gebraucht werden, handelt es sich bei näherem Zusehen nur mehr um höchst allgemein behandelte Warnungen vor allzuviel manipulierendem Vorgehen oder um Ratschläge, wie man z. B. die »Verliebtheit« eines Patienten abbaut – z. B. indem man ihn seine idealisierenden Vorstellungen über den Therapeuten mit der Realität vergleichen läßt (Beck u. a.). Auch die therapeutische Interaktion wird also als ein im Prinzip »rationales« Miteinander-Umgehen beschrieben, dessen irrationale Einschübe mit den gleichen Mitteln behandelt werden wie die sonstigen Einstellungsmuster des Klienten: durch Verweis auf ihre Irrationalität.

Methoden

Die Gestalttherapie, die sich sehr betont als »Hier-und-Jetzt«-Therapie begreift, stellt das unmittelbare Erleben, das sich in der therapeutischen Situation einstellt, in den Mittelpunkt. Die Zentralfrage lautet daher immer wieder: »Was erlebst du jetzt?« – und diese Frage wird auf allen Ebenen des Erlebens gestellt. Es ist also die Frage nach dem körperlichen Erleben ebenso wichtig wie die nach dem emotionalen oder dem intellektuellen. Diese Frage zu beantworten fällt oft sehr schwer: Allzuviel stürmt auf einen ein, das Handeln wehrt Erleben ab u.ä.m. Es wird deshalb in der Gestalttherapie relativ oft eine sogenannte »Experimentelle Situation« geschaffen, und dieses Arrangement des gestalttherapeutischen Experiments kommt an Bedeutung innerhalb der Gestalttherapie dem gleich, was innerhalb der Psychoanalyse die »Klarifikation« (evtl. die Deutung) ist. Das Experiment erscheint oft als eine direktive Arbeit am Widerstand. Auch hier gilt: Dieses Experiment wird nicht mit dem Holzhammer, es wird nicht kontinuierlich gemacht, es wird gut vorbereitet und auch nachbearbeitet.

Was ist das Experiment? Es ist die Herstellung einer Situation, in der etwas, was im Erleben nur schwach präsent ist, besser erlebbar gemacht wird. Dies kann eine Blockierungsmaßnahme sein oder ein Inhalt. (Wer wäre hier nicht an die psychoanalytische Unterscheidung von Inhaltsdeutung und Widerstandsdeutung gemahnt?) Das muß nicht eines der bekannten dramatischen »großen Erlebnisse« sein – man könnte eher annehmen, daß diese Show-Stücke von schlechten Therapeuten häufiger aufgeführt werden als von guten; es sind vielmehr meist Mini-Erlebnisse.

Andere Beispiele für Experimente wären etwa die Umkehrung einer *Retroflektion* (= ein Blockierungsmechanismus, der darin besteht, daß man eine ursprünglich gegen andere gerichtete Handlungsweise gegen sich selbst kehrt). Ein Patient wird z.B. aufgefordert, das, was er gerade sich selbst antut, dem Therapeuten anzutun und sich auf das daraus entstehende Erleben zu konzentrieren. Die bekannten Gestaltübungen wie Darstellung des inneren Dialogs oder das Schlagen auf Kissen zur Aggressionsverdeutlichkeit oder die Verstärkung und/oder Wiederholung von Bewegungen und Sätzen folgen alle diesem Muster der experimentellen Hilfestellung zum deutlicheren Erleben.

Die Gefahren gestalttherapeutischer Interventionen liegen – auf oberflächlicher Ebene – in der Übertreibung dieses Show-Effekts, im allzu raschen, oft gewaltsamen Eröffnen-Wollen neuer Erlebnisse. Bevorzugtes Material dieser Experimente ist das, was im Kontakt zwischen Patient und Therapeut jeweils geschieht. Geleitet von den Vorstellungen über den Kontaktprozeß und seine möglichen Blockierungen, verfolgt der Therapeut sehr aufmerksam das Geschehen zwischen sich und dem Patienten und greift dort ein, wo ihm aktuelle Blockierungen auffallen – der Patient muß erfahren, daß und wie er solche Blockierungen vornimmt; er kann außerdem erfahren, wie eine ungewöhnliche und neu geschaffene Kontaktsituation sich für ihn auswirkt.

Dies bedeutet für den Therapeuten, daß er ständig sehr aufmerksam sein muß, und gibt dem Therapieprozeß viel Dynamik. Gestalttherapeuten gelten allgemein als aktiv und direktiv.

Während die gestalttherapeutische Arbeit an der »Blockierung« der Widerstandsanalyse in der Psychoanalyse nahesteht, ist die Behandlung des Übertragungsphänomens in der Gestalttherapie eine andere. Immer wieder kann man von Gestalttherapeuten hören (und auch bei Perls et al., 1951, nachlesen), daß es in der Gestalttherapie zwar »Übertragung« aber keine »Übertragungsneurose« gebe, da die bei den Gestalttherapeuten auftretende Übertragung (als Projektion) aktuell jeweils immer wieder aufgelöst wird. Wenn auch das gestalttherapeutische Normal-Setting (einmal pro Woche im Sitzen) Regression sicher nicht in gleicher Weise herbeiführt wie die psychoanalytische Kur, so scheint diese Behauptung doch recht vorschnell und durch vielerlei Erfahrungen widerlegt. Es klafft hier noch immer eine Lücke in der Theoriebildung. Allerdings bemüht sich gerade das Team im Düsseldorfer Institut für Gestalttherapie um dieses Problem in besonderer Weise. Da Gestalttherapeuten bei ihrer Suche nach Blockierungen des Kontaktprozesses häufig auf körperliche Blokkierungsmaßnahmen stoßen, haben sie frühzeitig Interesse an körpertherapeutischen Methoden gezeigt, und nicht wenige Gestalttherapeuten kombinieren das Gestaltmodell mit einer der gängigen Körpertherapien – häufig mit der Bioenergetik *. Einige der von W. Reich geschaffenen Grundlagen liegen auch dem von Perls entwickelten Modell zugrunde, weshalb diese Integration wenig Mühe macht. Allerdings wird von Hilarion Petzold jede nur-technische Behandlung des Körpers scharf verurteilt, weshalb er von Leib-Therapie spricht.

Kritik, Relevanz, Bewertung

Die Therapiegeschichte der Gestalttherapie ist, der großen Komplexität wegen, vielgestaltig, oft verwirrend. Perls war nie ein Dogmatiker, weshalb es so etwas wie die Entwicklung einer »reinen Lehre« nie gegeben hat. Es gibt daher sehr viele »legitime« Gestalttherapeuten, die immer wieder Neues, einander oft Widersprechendes ausprobieren. Häufig sind solche neuen Richtungen nicht einmal schriftlich festgelegt, sondern werden von Workshop zu Workshop mündlich tradiert. So wird von manchen Therapeuten gefordert, die Hier-und-Jetzt-Konzentrierung durch das Einbeziehen der Biographie zu erweitern. »Hausaufgaben« werden gestellt oder meditative bzw. körperbezogene Übungen in die Gestalttherapie integriert. Daß dies besonders gut möglich erscheint, ist sicher eine der Eigenarten, die auf dem lockeren Theorie-Praxis-Verhältnis der Gestaltherapie beruht.

Sehr oft gilt Gestalttherapie als eine Art Luxusspiel für neurotische Intellektuelle mit gutem Einkommen – ein Ruf, den sie sicher den vielen kalifornischen Workshops und ihren herumreisenden Therapeuten verdankt. Verbesserte Ausbildungsanforderungen und mehr klinische Praxis haben die Erfahrung der Gestalttherapeuten inzwischen erweitert: Es gibt Bemühungen auch um als »schwer« behandelbar eingestufte Menschen: Senioren, Drogenabhängige, Unterschichtpatienten und sogar Psychotiker. Welche Variationen des therapeutischen Vorgehens dabei jeweils erwünscht sind, läßt sich jetzt schon in einzelnen Literaturabhandlungen nachlesen. Gut dokumentierte vielfältige Falldarstellungen und/oder gute Untersuchungen zur Effizienz und Indikation sind aber selten, so daß es schwer ist, ein ausgewogenes Urteil abzugeben. Grawe (1986) hat in seinen Analysen der Psychotherapie-Forschungsergebnisse (wovon aber für die Gestalttherapie nicht allzu viele vorliegen) allerdings festgestellt, daß ihre Erfolge mit denen anderer Therapieformen durchaus Schritt halten können. Sicherlich haben eine Reihe von Gestalttechniken Eingang gefunden in ein allgemeines Bewußtsein über Psychotherapie: Vielen Menschen erscheint es nicht abartig, wenn man mit einem Gefühl in Kontakt tritt und Dialoge mit ihm führt oder wenn man mit seiner verstorbenen Mutter im Wechselspiel konferiert oder aufsteigende Aggressionen an einem Kissen ausläßt. Gerade erfahrene und theoriegeleitete Gestalttherapeuten sind dieser Art von Populärität gegenüber jedoch recht zwiespältig, da für sie alle diese

Techniken nachgeordnete Bedeutung haben und nie ohne inneren Sinn (= Einblick in den Kontaktprozeß) angewendet werden dürfen.

Körpertherapie

Zwar können so gut wie alle Körpertherapien Wilhelm Reich als ihren Ahnherrn aufweisen – ihre unterschiedlichen Verschmelzungen mit anderen Therapieschulen (psychoanalytischen, gestalttherapeutischen, spirituellen Ansätzen etc.) aber prägen die jeweils vorhandene theoretische Terminologie und auch die Praxis in immer wieder anderer Weise.

Es folgt daher eine Darstellung derjenigen Aspekte körpertherapeutischer Arbeit, die am Anfang fast aller Richtungen gestanden hat, wobei die Rolle W. Reichs und seines Schülers Alexander Lowen als besonders wichtig beachtet werden muß. Daß die Trennung in »Ätiologie« und »Therapie« in diesem Fall aufgegeben wird, liegt an den recht unterschiedlichen Weiterentwicklungen, die – z. T. logisch nicht ganz konsistent – oft nur oberflächlich metaphernhafte Aussagen zur Entstehung psychischer Störungen machen können.

Ursprungsideen

Wenn man sich klar werden will über das Phänomen der derzeitigen »Hochkonjunktur« der Körpertherapien, muß man sich einen Überblick verschaffen über die abendländische Geschichte des Körpers.

R. zur Lippe (1982) pointiert die Trennung des Menschen von seinem Körper mit dem Satz: »Das abendländische Ich ist intellektuell und rollenhaft.« Alles, was der Mensch mit dem Tier gemeinsam hat, werde »abgezogen«, so daß nur der »geistige Mensch« als der »wesentliche Mensch« übrigbleibe. Nach zur Lippe handelt es sich dabei um eine »Subtraktionsanthropologie«. N. Elias hat aufgezeigt, wie dieser Prozeß der Entsinnlichung und Entkörperlichung sich praktisch ausgewirkt hat: Immer mehr körperliche Bedürfnisse werden der Öffentlichkeit entzogen und hinter die Schamschwelle verbannt, Vorläufer der Verdrängung alles Sinnlichen. Hand in Hand damit geht – vom Hochmittelalter an – eine Reglementierung der Ausdrucksmöglichkeiten. Der höfische Tanz, das Militär, die Schulbank und in unserem Jahrhundert die

Arbeitsbedingungen in technischen Berufen: All dies erzwingt eine strenge Kontrolle des Körpers (Dreitzel, 1982). Dazu tritt heute durch die Medien eine Vorherrschaft desjenigen Sinnesorganes, das am klarsten Distanz schafft, nämlich des Auges.

Als Leitlinie hinter all diesen Entwicklungen steht die zunehmende Rücknahme von Körperlichkeit, die Bewahrung von körperlicher Distanz zwischen Menschen. Was bedeutet der Körper für den Menschen? Er ist ein wichtiger Vermittler von Kommunikationssignalen, er sagt etwas aus über Beziehungen. Er vermittelt Gefühlszustände – ein Lächeln z. B. –, die durch Worte niemals in solch direkter und differenzierter Art mitgeteilt werden können. Im und durch den Körper erleben wir Beziehungen in besonders intensiver Weise, wir erleben aber auch uns selbst sehr stark, sofern wir den Körper wirklich als etwas Lebendiges und nicht nur als mechanisches Dressat ansehen. Der Aufklärungsphilosoph Lamettrie hat vom »l'homme machine« gesprochen, und R. zur Lippe hat darauf hingewiesen, daß unser Wissen vom Körper vorzugsweise vom toten oder vom segmentierten Körper stammt. Körper aber, so sagt er, ist nicht ein besonders unvollkommener physikalischer Körper, sondern ein historischer Vorgang. Mit diesem Wissen um die Ganzheitlichkeit von Körper, Geschichte und Natur ging auch viel Wissen der alten Heilkunde verloren, die in vielerlei Analogien Natur, Körper und gelebte Geschichte (individuell und überindividuell) in Zusammenhang gebracht hat.

Auf dem Boden des eben beschriebenen Mangels an Körperlichkeit hat sich aber eine breite Gegenbewegung herausgebildet, die Körperkultur. Wenn man will, kann man hier ein narzißtisches Moment sehen, eine Tendenz zur Selbstbespiegelung, zur Entpolitisierung. H. P. Dreitzel sieht dieses Element allerdings nur in einer an Gesundheit orientierten »Trimm-Dich«-Körperkultur und trennt davon ganz klar das intensivierte Interesse am Körper in seiner Eigengesetzlichkeit, das – wie er sagt – »spontaner Ausdruck von Lebendigkeit« ist und sich in den neuen Körpertherapien ebenso wiederfindet wie im Interesse an einer freien Bewegung im Tanz oder an asiatischen Kampfsportarten. Auch R. zur Lippe betont, daß die Körperdressur im Sport, die zwanghafte Sexualität oder das Interesse am jugendlich-durchgetrimmten Körper wiederum zu einer Isolierung des Körpers vom Gesamt des Menschen führe. Dies, so führt Dreitzel (1982) aus, sei eher eine Verdrängung von Tod und Alter als eine neue Sensibilisierung des Körpers. Die Suche nach dem verlorenen Körper als integralem Bestandteil des Menschlichen aber sei eine andere Sache.

Wir können feststellen, daß die Psychoanalyse ohne Zweifel – wenngleich auf biologischen Gegebenheiten basierend – den konkreten Körper des Patienten nicht direkt in den therapeutischen Prozeß einbezieht. Allenfalls wird über den auf der Couch ruhenden Körper fantasiert und nachgedacht – es wird aber nie direkt durch Beziehungen oder Bewegungen agiert. W. Reich, einer der begabtesten Schüler Freuds, hat seiner Meinung nach, hier eine »Leerstelle« entdeckt; den Boden der Psychoanalyse allerdings wollte er nie verlassen. (Dies hinderte die Psychoanalytiker nicht daran, ihn 1934 aus ihren Reihen auszuschließen.) Seine Theorie ist nur unter Zuhilfenahme psychoanalytischer Konstrukte verständlich. Er hat, wie Freud, immer am Konflikt von verdrängten Triebwünschen und Widerstand festgehalten. Im zentralen Begriff des »Charakterpanzers« wird das Phänomen des Widerstandes präzisiert. Es bezeichnet die sozusagen »erstarrten Abwehrhaltungen«, die im Laufe der Zeit das gesamte Persönlichkeitsgefüge ausmachen und die auch die sogenannte muskuläre Panzerung produzieren. Reich beobachtete, daß die Abwehr unerlaubter Regungen nicht nur intellektuell-emotional geschieht, sondern auch durch bestimmte »muskuläre« Verspannungen und eine Veränderung der dazugehörenden vegetativen Funktionseinheiten. Er achtete also auch darauf, *wie* und nicht nur *was* verdrängt wird. Reich hat später eine Art Typologie auch der körperlichen Haltungen verschiedener Charakterstrukturen gegeben und ist dazu übergegangen, außer durch orthodoxe psychoanalytische Deutung diesen körperlichen Verspannungen durch gezielte Massage und andere Techniken direkt zu Leibe zu rücken. Dabei erlebten die Patienten oft sehr starke emotionale Entladungen und hatten nachher Gefühle großen Wohlbehagens, die dem Zustand nach dem Orgasmus ähnelten. Reich hatte sich mit sexueller Lust und mit Liebe in sehr differenzierter Weise befaßt, und wenn er als das Ziel der Therapie die Wiedererlangung der orgastischen Potenz ansieht, dann ist damit sehr viel mehr gemeint als »genitales Funktionieren«. Später verwendete er den Ausdruck »vegetative Lebendigkeit«. Seine Beschreibungen dessen, was sexuelles Erleben im vollsten Sinne sein sollte, sind bemerkenswert und umfassen eine Palette höchst vielfältiger Emotionen.

Reichs therapeutische Arbeit (er nannte seine Therapie »Vegetotherapie) hatte zum Ziel, emotionale Energien dadurch freizusetzen, daß die damit verbundenen vegetativ-körperlichen Prozesse aufgelöst wurden. Jede Auflösung einer Verspannung bewirkt nach Reich einen Ausdruck derjenigen Gefühle, die durch die Verspannung blockiert gewesen waren. Sie können und müssen allerdings in der psychoanalyse-üblichen Art analysiert werden, was aber meistens durch den starken Erlebnisdruck schneller vonstatten geht als im üblichen analytischen Setting.

W. Reich hat in späteren Jahren bekanntlich viele merkwürdig anmutende Entdeckungen und Erfindungen gemacht, wovon die Orgonforschung am bekanntesten geworden ist. Er entwickelte nämlich die Vorstellung, man könne orgastische Energie »sammeln« (im sog. »Orgon-Akkumulator«) und ihre heiltätige Wirkung für Kranke (u. a. auch für Krebskranke) ausnutzen. Dies, sein Engagement für marxistische Ideen sowie seine Aufrufe zur sexuellen Befreiung haben ihm später in den USA eine Anklage u. a. wegen Kurpfuscherei und unsolider Geschäftspraxis eingetragen. Bekanntlich wurde er zu einer ungewöhnlich hohen Gefängnisstrafe verurteilt. Er starb bald im Gefängnis, vermutlich infolge der erlittenen Aufregungen.

Alexander Lowen

ein Schüler Reichs, entwickelte die Vegetotherapie durch viele neue Techniken zur körperlichen Entspannung weiter. Er verließ allerdings das psychoanalytische Theoriedenken weitgehend und entwickelte eigene zentrale Konstrukte. So sind für seine Charaktertypologie nicht mehr die Stufen der psychosexuellen Entwicklung (oral-anal-phallisch) maßgebend. Vielmehr schuf er ein eigenes Modell einer Bedürfnishierarchie (z. B. das Bedürfnis nach Anerkennung u. a. m.), um die sich die einzelnen Charaktere gruppieren. Jedem Charaktertyp wird ein eigener Körpertyp zugesellt. (Beispiel: Der schizoide Charakter beruht auf einer Traumatisierung des Bedürfnisses nach Angenommensein und Erkanntwerden. Arme und Beine werden – als Abwehr dieser Wünsche – in die großen Gelenke gezogen. Arme an den Leib gepreßt, der Bauch eingezogen, der Kopf in den Nacken gezogen ... etc.).

Zwei weitere wichtige Konzepte zur Erklärung des therapeutischen Vorgehens sind: »Grounding« und »Charge«. »Grounding« läßt sich übersetzen mit »Geerdet-Sein«, was ganz konkret bedeutet, wie sicher einer auf seinen Beinen steht. Im übertragenen Sinn kann es sich aber auch auf die Verwobenheit in mitmenschliche Beziehungen oder auf die Verbundenheit mit dem »Fluß der Lebensprozesse« beziehen. »Charge« steht für die Ladung des Organismus mit Energie; es betrifft schwer faßliche Eindrücke wie Ausstrahlung und Präsenz einer Person.

Die bioenergetischen Methoden arbeiten mit *Atmung* und *Bewegung*, der Grundlage des Lebens. Der bioenergetische Therapieprozeß ist bestimmt von einer dauernden Bemühung um Zusammenschau. Der Therapeut hört nicht nur Inhalte, sondern gleichzeitig sieht er die damit verbundene Haltung, Mimik, Gestik. Vorzugsweise, aber nicht nur auf dieser Ebene, setzt er an: es werden z. B. körperlicher Streß erzeugt, die Atmung künstlich beschleunigt und die mit dieser Veränderung des Stoffwechsels und des Muskeltonus einhergehenden Erlebensweisen verbalisiert oder sonst irgendwie verdeutlicht.

Bioenergetiker gehen aus vom Glauben, daß es den »gesunden« Menschen gibt, der – so Wolf Büntig – »nicht durch Verdrängung an seine Vergangenheit geheftet, frei ist, sich voll der Gegenwart hinzugeben und lustvoll zu lieben, zu arbeiten und zu lernen. Die Grundeinstellung eines solchen Menschen ist der Glaube an ein sinnvolles Leben und Sterben. Sein Geist reift mit seiner Körperlichkeit in einem bewegten Leben, der Körper ist Ausdruck dieses teilnahmsvoll gelebten Lebens durch seine versammelte Haltung und anmutigen Spontanbewegungen, der Atem ist frei, die Stimme im Einklang mit der Emotionalität und das Auge beseelt.« (Büntig, 1983)

Relevanz und Kritik

Die weite Verbreitung der Körpertherapien und die z. T. heftigen Auseinandersetzungen um ihre Effizienz zeigen, welch wichtiges Thema die Befassung mit dem Körper heutzutage darstellt. Unter immer wieder neuen Namen werden Körpertherapien vorgestellt: Funktionelle Entspannung, Rolfing und andere mehr. Vielfache Kombinationen mit anderen therapeutischen Verfahren zeigen an, daß immer mehr Therapeuten die nur-verbale Auseinandersetzung mit dem Patienten als Mangel empfinden. Sogar unter der üblicherweise »strengen« Gruppe der Psychoanalytiker finden sich »Dissidenten«. Der Psychoanalytiker Tilman Moser (1987) hat eine scharfe Diskussion eingeleitet, in der er die Psychoanalytiker als »sprechende Attrappen« bezeichnet (Buchtitel) und ihnen vorwirft, gerade an den Bedürfnissen der körperlich desorientierten Psychosomatiker oder der »frühen Störungen« vorbeizugehen. Gegenargumente (z. B. Bittner 1986, Wilke 1988) besagen, daß der Körper in der auf Triebkonflikten aufbauenden Psychoanalyse sowieso nie vernachlässigt werden könne – daß es aber genüge, ihn in symbolisch-verbaler Art zu behandeln, weil die über den Körper entstehenden Fantasien weitaus tiefer ins Unbewußte reichen als konkrete Erlebnismanipulationen.

Offensichtlich sind die Wünsche und Erfahrungen sehr vieler Patienten aber andere: Körpertherapien erfreuen sich großer Beliebtheit, die gesamte »Psychoszene« profitiert von ihr. Daß sich so gut wie keine Evaluationsbemühungen für diese Therapieformen vorfinden, überrascht nicht sehr – ganz offensichtlich liegen Körpertherapien meist nicht in der Hand von Menschen, die sich dem herrschenden Ideal von Wissenschaftlichkeit verpflichtet fühlen.

Dies gilt auch für die etwas laxe Handhabung der theoretischen Konstrukte. Daß jede Therapieschule nur Metaphern zur Beschreibung diffiziler innerer Konzepte gebraucht, ist verständlich – es wäre ungerecht, das gerade den Körpertherapien vorzuwerfen. Allerdings gehen diese damit recht unbedacht um und »überziehen« die im Grunde recht einfache Begrifflichkeit schnell: Aus demjenigen z. B., der nicht sicher am Boden steht (was beobachtbar ist), wird mittels des Begriffs »Grounding« sehr schnell einer, der in Phantasiewelten schwebt, die Realität nicht meistert und in sozialen Beziehungen seinen Projektionen aufsitzt. Hat ein Therapeut nicht viel eigenständige Intuition und Menschenkenntnis, kann bei solch einfacher Theorie vermittels des technischen Instrumentariums die Therapie bald zum mechanischen Herumturnen verkommen.

Zu den Gefahren der Körpertherapien zählt sicher auch, daß gerade der intensive körperliche Kontakt zwischen Patient und Therapeut Phantasien und Projektionen triebhafter Provenienz auslöst, die nur bei sehr qualifizierter Ausbildung in bezug auf therapeutische Interaktionskonzepte adäquat bearbeitet werden können. Gerade daran aber scheint es zu fehlen, und daher sind die Gerüchte über intime Beziehungen zwischen Patient und Therapeut gerade bei diesen Therapien besonders häufig.

Alle diese Nachteile und Gefahrenmomente sollten aber nicht vergessen lassen, daß gute Körpertherapeuten oft eine hohe Sensibilität für den Ausdruck des Körpers entwickeln und verblüffend schnell aufgrund von Körpersignalen Diagnosen stellen können.

Da dieses Gebiet von den nur-verbalen Therapeuten meist vernachlässigt wird, stellt diese Fähigkeit zumindest eine Herausforderung dar, selbst wenn man nicht der Meinung ist, daß therapeutisches Verhalten direkt manipulativ auf den Körper einwirken sollte.

Empfehlenswerte Literatur zu »Körpertherapie«:

Boadella, D.: Wilhelm Reich. Leben und Werk des Mannes, der in der Sexualität das Problem der modernen Gesellschaft erkannte und der Psychologie neue Wege wies. München: Scherz, 1981

Büntig, W.: Bioenergetik. In: *R. J. Corsini* (Hrsg.): Handbuch der Psychotherapie. Weinheim: Beltz, 1983

Lowen, A.: Körperausdruck und Persönlichkeit. Grundlagen und Praxis der Bioenergetik. München: Kösel, 1981

Gruppentherapie

Darstellung

Am Beginn der Gruppentherapie-Bewegung stehen recht heterogene Interessen: sozialpsychologische Forschungsinteressen, Interessen von amerikanischer Wirtschaft und Militär, die Anliegen ökonomisch Bedürftiger und – heutzutage sicher besonders wichtig – das Bestreben, der Anonymität einer industriellen Massengesellschaft in intimere Subgruppen hinein zu entfliehen.

Sozialpsychologische Forschungsinteressen beseelten vor allem Kurt Lewin, der in den vierziger Jahren die Eigendynamik kleiner Gruppen erforschen wollte. Er ging von seinem »Feldmodell« aus, das die Gruppe als ein Feld aufeinander einwirkender Kräfte betrachtet und in dem er entscheidende Prozesse von An- und Abstoßung, der Herausbildung geballter Zentren u. ä. m. beobachtete. Diese Forschung war »Feldforschung« in jedem Sinn, d. h. sie fand in kleinen Gruppen statt, und die Gruppe hatte sich selbst als ihren Forschungsgegenstand zu beobachten.

Einige zentrale Erkenntnisse der – erst später so genannten – Gruppendynamik wurden dort gewonnen. Es zeigte sich, daß das Lernen über den gruppendynamischen Prozeß natürlich am besten über das Erleben in der Gruppe geschieht. Bald wurde klar, daß *jede* Gruppe ihre eigene Gruppendynamik hat und diese durch Reflexion verändern kann. So entstanden die ersten T-Gruppen (Trainingsgruppen), deren Ziele nun nicht mehr ausschließlich im Erforschen von Gruppenprozessen lagen; es wurden nämlich ganz bewußt auch natürliche Gruppen – z. B. Arbeitsgruppen – in die sogenannten »T-labs« (= Trainingslabor) geschickt, damit sich ihre Zusammenarbeit verbesserte.

Das erweckte das Interesse der Industrie, und bis heute gehört es zur betriebsinternen Ausbildung von Führungskräften, sich gruppendynamische Kenntnisse anzueignen. Auch militärische Behörden versicherten sich der Mitarbeit von Gruppendynamikern, um z. B. mit Problemen der heimkehrenden GIs besser fertig werden zu können.

Gruppendynamische Konzepte lassen sich mit fast allen therapeutischen Richtungen kombinieren. Gruppendynamische Theorien finden sich in keiner der therapeutischen Theorien explizit repräsentiert, so daß ein Gruppentherapeut, gleich welcher Schule, sich gruppendynamische Kenntnisse aneignen sollte, um nicht bestimmte Ereignisse fälschlicherweise der persönlichen Eigenart von Gruppenteilnehmern zuzuschreiben, obwohl sie – wie man heute sagen würde – eher systemischen Charakter haben. So ist z. B. die Position des Außenseiters nicht nur bestimmt von der individuellen Eigenart eines Menschen, sondern von der Gesamtstruktur der Gruppe. Oft kann man sehen, daß bei Eintritt eines Neuen oder beim Austritt eines Gruppenmitglieds solche Positionen neu verteilt werden u. ä. m.

Eine sehr wichtige Eigenart von Gruppen besteht darin, daß sie bestimmte Normen entwickeln, die – meist zuerst sinnvoll bezogen auf die Ziele der Gruppe – sehr bald ein Eigenleben entwikkeln und sich im Sinne einer sozialen Kontrolle auswirken. Die Gruppe wird so zum Kontrolleur der Art, sich auszudrücken, sich zu kleiden, bestimmte Dinge zu tun oder nicht zu tun. Daraus ergeben sich das »Gruppenklima« und die »Kohäsion«, was Zugehörigkeit und positiv getönte Emotionalität bedeutet. Dies ist in Therapiegruppen eine nötige Vorbedingung für Veränderung (so wie die Patient-Therapeut-Beziehung in der Einzeltherapie dies ist!) – sie ist aber auch eine Art »Fallstrick« für den einzelnen, wenn er fälschlicherweise Gruppenrealität und Alltagsrealität verwechselt – eine Verwechslung, die in den letzten Jahren offensichtlich immer häufiger passiert und so oft dokumentiert worden ist, daß man von einem »Zeitphänomen« sprechen kann. Seine Wurzeln liegen vermutlich in der Anonymisierung der Massengesellschaft. Die Vorliebe für »die Gruppe« liegt auf derselben Ebene wie diejenige für Sekten und andere Vereine. Die

»Gruppe« mit ihren vielfältigen Regeln, was Offenheit, direktes Ansprechen von Problemen, das Einander-alles-Erzählen etc. angeht, ist für eine bestimmte Population (Großstadt, Sozialberufe, einigermaßen gebildete Mittelschicht) das, was für andere Verein oder Stammtisch ist. Es bildet sich hier eine Alternativ-Kultur zur realen Welt mit ihren entfremdenden Regeln heraus, und die Verschmelzung von Subkultur und Gruppe ist häufig sehr stark. Begabte Führerpersönlichkeiten nutzen dies erfolgreich aus: Die Gruppe wird dann erweitert zum Lebensraum schlechthin. Man holt sich seine Freunde nunmehr aus der Gruppe, man wohnt gemeinsam, fährt zusammen in die Ferien usw. In Berlin sind um die Personen von Ammon und Rattner solche Bewegungen entstanden, in Zürich spielte Liebling diese Rolle.

Gruppen und Psychotherapiegruppen können nach verschiedenen Kriterien unterschieden werden.

- Psychotherapiegruppen: Unter Einbeziehung eines Therapeuten soll psychisch gestörten Menschen geholfen werden.
- Selbsterfahrungsgruppen: Hier soll persönliches Potential weiterentwickelt werden. Der Fachmann hat geringere Bedeutung.
- Selbsthilfegruppen: Es wird ein bestimmtes Problem, das allen gemeinsam ist, ohne Hilfe eines Fachmannes angegangen.
- Bewußtseinserweiternde Gruppen: Hier stehen nicht spezifische, zu lösende Probleme im Vordergrund, sondern die Interessen bestimmter Personen – z. B. Frauengruppen/Männergruppen.

Psychotherapiegruppen können unter der Flagge aller möglichen Therapieschulen segeln; so gibt es psychoanalytische Gruppen, Gestalttherapiegruppen, Verhaltenstherapiegruppen und vieles mehr. Als Gruppentherapie sui generis wurde nur das Psychodrama* konzipiert, eine Therapieform, die theoretisch der Psychoanalyse viel verdankt.

Nicht jede Therapieschule läßt sich gleich leicht in Gruppen anwenden. Für Psychoanalytiker z. B., mit ihrem diffizilen Geflecht von Übertragung-Gegenübertragung, Widerstandsdeutungen u. ä. m., ist es theoretisch (und auch praktisch) viel schwieriger als für Gestalttherapeuten, die viele ihrer Methoden erst in Gruppen entwickelt haben.

Im psychoanalytischen Lager gibt es daher recht verschiedenartige Auffassungen über die psychoanalytische Gruppentherapie: Es kann auf die Übertragung der Gruppenmitglieder auf den (die) Therapeuten(in) fokussiert werden, es kann aber auch (Heigl-

Evers 1978) in der sog. »Interaktionellen« Gruppentherapie psychoanalytischer Provenienz die Interaktion der Gruppenmitglieder mit dem – aktiv interagierenden – Therapeuten betrachtet werden. Es ist außerdem möglich (Foulkes 1978), die Gruppe selbst als einen (regressionsanfälligen) Organismus anzusehen, der sich entlang der psychosexuellen Stufen im Laufe des Gruppenprozesses entwickelt.

Vergleichsweise einfach erscheint demgegenüber der Einbau verhaltenstherapeutischer Methoden in eine Gruppe. Das Selbstbehauptungstraining z. B. ist aus naheliegenden Gründen in einer Gruppe sogar besser aufgehoben als im Einzel-Setting. Systematische Desensibilisierung kann bei einem gemeinsamen Problem (z. B. Prüfungsangst) ebenfalls ohne viel Variation in der Gruppe durchgeführt werden usw.

Eine andere Möglichkeit, Psychotherapiegruppen einzuteilen, besteht darin, daß man die Art und Weise des Zusammenhangs von Individuum und Gruppe beschreibt. Danach gibt es

- Psychotherapie vor der Gruppe – der einzelne wird nach den in der Einzeltherapie geltenden Regeln vor der Gruppe therapiert. Diese hat unter Umständen ihre Funktion als Rückmeldung an Patient und Therapeut, ab und zu – z. B. bei der szenischen Darstellung einer psychischen Situation – mag sie auch als »Mitspieler« fungieren.
- Gruppenpsychotherapie – d. h.: Die Gruppe als solche soll eine fördernde Veränderung für den einzelnen haben, so indem z. B. unterschiedliche Interaktionsformen reflektiert werden (Heigl-Evers) oder indem der Gruppenprozeß den einzelnen in heilsame Situationen bringt (Foulkes).
- Psychotherapie der Gruppe – die Gruppe als Ganzes soll verändert werden. Diese Form wird besonders bei »natürlichen« Gruppen angewandt, z. B. Arbeitsgruppen, Wohngemeinschaften etc. Als eine Spezialform dieser Gruppe könnte man die Familientherapie betrachten.

Kritik, Relevanz, Bewertung

Gruppentherapie hat – schon aus ökonomischen Gründen – einen sicheren und wichtigen Platz im psychosozialen Versorgungssystem. Unklar ist nach wie vor die Indikation. Die Meinungen darüber sind recht geteilt, empirische Belege fehlen weitgehend. So stützt man sich in erster Linie auf Plausibilitätsannahmen. Gruppentherapie wird dort empfohlen, wo Einzeltherapie »noch nicht« möglich ist, evtl. sogar als eine Art »warming-up«, oder auch dort, wo das in der Einzeltherapie Erarbeitete noch erprobt und »nachgearbeitet« werden soll. Neben den Gruppen in der Psychiatrie, also bei schwer gestörten Menschen, gibt es häufig Gruppentherapie bei Menschen, deren Problematik in früheren Zeiten sicher nicht als behandlungsbedürftig angesehen worden wäre.

»Psycho-Gruppen« als große Bewegung sind ein Produkt der sechziger/siebziger Jahre und nahe verwandt dem Aufbruch der Jugend 1968. Das Umfeld, in dem mit Gruppen gearbeitet wird (das gilt für psychoanalytische Gruppen nicht ganz so kraß), läßt sich ohne Mühe als eher »links-alternativ« orientiert beschreiben. Kritik an dieser Bewegung kommt daher sowohl aus dem Lager konservativer Kräfte als auch aus dem Lager politisch streng links orientierter Ideologen. Konservative Kritik, die übrigens eher spärlich dokumentiert ist, beklagt die Übernahme von Gruppenwerten, die häufig traditionelle Instanzen wie Familie und Religion ersetzen; im pädagogischen Bereich wird außerdem die Abwendung von Lerninhalten zugunsten des »ewigen Beziehungsgeredes« beklagt. Nicht zuletzt nämlich hat auch moderne Pädagogik einiges von der Gruppenbewegung profitiert. Ruth Cohn hat mit ihrer »Themenzentrierten Interaktion« ein Vorbild geschaffen, nach dem die Verarbeitung von Lernstoff unter expliziter Inanspruchnahme der Gruppenprozesse im konstruktiven Sinn und unter Ausschaltung destruktiver Momente (z. B. Konkurrenz) möglich ist.

Kritik von politisch links orientierten Zeitgenossen (z. B. E. Bornemann) bezieht sich auf die Entpolitisierung, die über den Subjektivismus vor sich geht. Ein wesentlicher Kritikpunkt besagt, die Gruppe leiste in besonderer Weise der Illusion Vorschub, als könne die gesellschaftsbedingte und für eine kapitalistische Gesellschaft notwendige Entfremdung und Fassadenhaftigkeit per »Begegnung« in der Psychogruppe aufgehoben werden – nach dem Rogersschen Schneeballprinzip: Je mehr Menschen es lernen, offener zu sein, desto offener und direkter die Gesellschaft. Dem stehe aber nicht nur die Empirie entgegen, sondern auch grundsätzlichere Überlegungen über die Funktionsprinzipien unserer Gesellschaft. Bornemann z. B. betrachtet gewisse psychische Deformationen als systemerhaltend (z. B. Heuchelei, Rollenspiel, Tauschdenken ...) und wehrt sich dagegen, daß in der Psychogruppe der Preis, den Menschen für diese

Systemerhaltung zahlen – in Form von Depressionen, Ängsten etc. –, kurzfristig gemindert wird und so die Illusion erhalten bleibt, alles sei ein »privates« Problem. Seiner Meinung nach sollten die Energien, die in der Gruppe entfacht werden, zur politischen Arbeit im Sinne von Prophylaxe verwendet werden. »All die von fortschrittlicheren und sozial bewußten Menschen aufgebrachten und in psychotherapeutischen Gruppen investierten Kräfte gehen den gesellschaftsverändernden Zwecken verloren, wenn sie sich innerhalb der Gruppen entladen.« Oder: »Die ›Kur‹ liegt nicht in der individuellen Teilnahme an einer psychotherapeutischen Gruppe, sondern in der kollektiven Partizipation an einer gesellschaftsverändernden, umweltverbessernden Gruppe« (Bornemann, 1981).

Neben diesen sehr prinzipiellen Erwägungen, mit denen Bornemann auch die Psychotherapie insgesamt trifft, kritisiert er noch etliche andere spezifische Punkte, z. B. die Kürze der Therapie und die Anonymität der Menge, in die man eintritt: Keiner trägt Verantwortung für den anderen, es wird nicht in der nötigen Sorgfalt erhoben, welche individuelle Geschichte hinter einem Leidenszustand steht, so daß auch die Kontrolle über bestimmte Interventionen verlorengeht. Diese Gefahren können natürlich z. T. gemildert werden, wenn eine Gruppe sich regelmäßig mit demselben Gruppenleiter trifft und so die Lebensumstände präziser erfaßt werden und die Gruppenmitglieder auch Verantwortung füreinander entwickeln. Ist dies aber nicht der Fall, dann entstehen Gefahren für alte Bindungen und Verhaltensweisen, weil sehr oft eine Art falsches »neues Selbst« kreiert wird, das nun plötzlich in der Außenwelt anders agiert als bisher und damit in nicht wieder zu behebende Schwierigkeiten kommen kann. So werden durch Gruppenerfahrungen oft heftige Krisen in der Partnerschaft ausgelöst, oder die Beziehung zu den Eltern wird gelockert u. ä. m. – und dies alles in ziemlich unorganischer Weise, so daß – da die Persönlichkeiten sich ja nicht wirklich geändert haben – Entscheidungen getroffen werden, mit denen man nicht Schritt halten kann.

In diesem Zusammenhang ist Bornemanns Analyse des amerikanischen »Erweckungs-Protestantismus« interessant. Tatsächlich gibt es in den USA eine breite Tradition des öffentlichen »Bekenntnisses« und der »Erweckung«, an die die Gruppenbewegung anknüpfen kann. Auch hier gehen wir, so meint Bornemann, »geschichtslos« vor – nichts dergleichen gibt es in Europa, das öffentlich-schamlose Reden sei bei uns nicht kulturell abgestützt, sondern bezeuge eher ein »psychisches Leck«. Das häufige Ausagieren sowohl erotischer als auch aggressiver Tendenzen (am spektakulärsten präsentiert in den Poona-Therapiegruppen vor acht bis zehn Jahren!) ist für manche Menschen ganz besonders gefährlich. Es geht bei der »Befreiung« gehemmter Sexualität und Aggression nicht darum, daß sie nun einfach »erlaubt« ist oder daß man sogar dazu ermuntert wird. Das bedeutet nur einen neuen, von außen auferlegten Zwang – diesmal in der umgekehrten Richtung.

Anhand dieser und ähnlicher Kritik ist zu sehen, daß es natürlich nützlich ist, unterschiedliche Settings zu unterscheiden, und daß man mit unter therapeutischen Gesichtspunkten sorgfältig zusammengestellten Gruppen, mit denen über längere Zeit verantwortlich gearbeitet wird, den Kritikern den Wind aus den Segeln nimmt.

Ein nicht unerhebliches Problem ergibt sich durch die Person des Gruppenleiters. Folgt man der sehr aufwendigen und guten Studie von Liebermann und Yalom (1973), dann hängen negative Gruppeneffekte viel eher mit der Person des Gruppenleiters als mit der verwendeten Therapiemethode zusammen. Besonders schädlich ist demzufolge ein Führungsstil, der gekennzeichnet werden kann durch hohe Selbstsicherheit, hohes Charisma, starke Stimulation, starke Hilfsbereitschaft. Solche Gruppenleiter waren der Untersuchung zufolge energisch und ungeduldig, wenn sie nicht rasch genug Veränderungen bemerkten. Individuelle Unterschiede zwischen den Gruppenmitgliedern wurden von ihnen eher negiert. Hilfsbereitschaft an und für sich ist natürlich keine schädigende Eigenschaft, aber bei diesem Typ von Gruppenleitern besteht ein Widerspruch zwischen Provokation und Trost, der die Teilnehmer besonders verunsichert. Wenn man sich die Charakterisierung des negativen Gruppenleiters ansieht, dann entspricht sie ziemlich genau dem Bild, das dauernd vom »gewünschten« Gruppenleiter gezeichnet wird und dem übrigens auch viele der »typischen« berühmten Leiterfiguren entsprechen. (Man wird in diesem Zusammenhang natürlich auch an Freuds Aufsatz »Massenpsychologie und Ich-Analyse« erinnert, in dem er das unheilvolle Zusammenspiel von regredierender Gefolgschaft darstellt, die ihr Über-Ich abgibt an einen charismatischen Führer, der Es-Befriedigung durch Bewunderung erhält.)

Empfehlenswerte Literatur zu »Gruppentherapie«:

Bachmann, C.-H.: Kritik der Gruppendynamik. Frankfurt/M.: Fischer TB, 1981

Yalom, I. D.: Gruppendynamik. Grundlagen und Methoden. Ein Handbuch. München: Kindler, 1974

4. Die therapeutische Integrationsdebatte: Eintopf oder Spezialität?

Es gibt eine nennenswerte Gruppe von Psychotherapeuten, die ihre Bindung an eine bestimmte Schule lockern oder sogar ganz aufgeben und die sich mehr oder weniger weit von der jeweiligen Orthodoxie und von den praktisch-therapeutischen Leitlinien einer Therapierichtung entfernen. Das wird in der Regel mit den Bedürfnissen und spezifischen Problemen der Klienten begründet, die eine flexiblere und individuellere therapeutische Praxis erfordern.

Bei Untersuchungen von klinisch tätigen Psychologen in den USA und der Bundesrepublik (Garfield & Kurtz, 1974, 1976; Dvorak, Fichter & Wittchen, 1978) beschrieb eine Mehrheit ihr praktisches Vorgehen als eklektisch. Eine typische Äußerung lautete: »Mein Eklektizismus ist eher praktisch als theoretisch. Ich versuche, Aspekte von verschiedenen Theorien mit verschiedenen Aspekten des Problems des Klienten zusammenzubringen. Im Prinzip versuche ich, meinen Ansatz und die Theorie dem Klienten anzupassen und nicht umgekehrt« (Garfield & Kurtz, 1976).

In solchen Fällen wird eine bestimmte Therapieschule bevorzugt, auf deren Grundlage dann Sichtweisen, Theoriebruchstücke und Praktiken aus anderen Schulen übernommen werden. Das geschieht in der Realität vor allem in bestimmten Richtungen: So sind z. B. die Einsichtstherapie (Psychoanalyse, Gesprächspsychotherapie, existentialistische Therapie usw.) offensichtlich sowohl für Einflüsse untereinander offener als auch für Anleihen aus verhaltensorientierten Therapieformen, als das für verhaltenstherapeutische Richtungen in der umgekehrten Richtung gilt (Norcross & Wogan, 1983). Auch institutionelle Rahmenbedingungen haben einen spürbaren Einfluß auf die Neigung, sich von der reinen Lehre zu entfernen. So sind frei niedergelassene Psychologen etwas weniger eklektizistisch gestimmt als ihre Kollegen in institutionellen Arbeitskontexten. Die Erklärung dafür ist, daß die Psychologen in Einrichtungen mit mehr Kollegen – auch unterschiedlicher Berufsgruppen – auch mit mehr unterschiedlichen Sichtweisen, Theorien und Schulen in Kontakt sind als die eher isoliert arbeitenden frei niedergelassenen. Dadurch ist es einerseits schwieriger, den Monopolanspruch einer Theorie und Praxis gegenüber anderen zu verteidigen, andererseits aber leichter, andere Sichtweisen und Interventionen kennenzulernen. Außerdem sind die niedergelassenen Therapeuten im Gegensatz zu den angestellten oft Vollzeittherapeuten, die einen größeren Bedarf an einem stabilen Bezugsrahmen zur Bewältigung ihrer therapeutischen Arbeit haben (sollten) (Norcross & Prochaska, 1983).

Insgesamt ist ein liberaler Pragmatismus, der sich mehr für die Realität eines Klienten interessiert als für die saubere Umsetzung einer reinen Lehre, im Bereich von Therapie sicher ebenso sympathisch wie die Abkehr von intolerantem Dogmatismus in jedem anderen gesellschaftlichen Bereich. Wenn es dann auch noch gelingt, diese Offenheit und Vielfalt durch sorgfältige Begründung und methodische (Selbst-)Reflexion auszubalancieren und damit reiner Eklektizismus in Richtung auf Integration überschritten wird, ist dagegen wohl kaum etwas einzuwenden. Im Gegenteil: »Je geringer die Integrationskraft einer Therapieform ist, desto größer ist die Wahrscheinlichkeit, daß schon geringfügige neue Einsichten zu neuen Therapieformen führen, anstatt die vorhandenen Konzepte zu modifizieren. Für einen beträchtlichen Teil des inflationären Therapieangebots gilt, daß er geringfügige Veränderung von vorliegenden Konzepten – meistens der klassischen Therapieschulen – als originelle Alternativen anpreist. Der Psychoboom lebt von der mangelnden Integrationskraft in therapeutischen Schulen« (Bopp, 1988).

Allerdings ist eine kritiklose Zustimmung zu Integration im allgemeinen natürlich unangebracht. Eklektizismus hat nicht ohne Grund häufig einen negativen Beigeschmack. Abgeleitet von dem griechischen Wort »eklektikos« = ausgewählt, wurde es ursprünglich auf antike Philosophen und Theologen angewandt, die Teile unterschiedlicher philosophischer Schulen nahmen und diese zusammenstückelten, ohne auf die sich daraus ergebenden Diskrepanzen und Widersprüche zu achten. Das Problem unvermittelt nebeneinanderstehender Praktiken und Techniken, die aus heterogenen Kontexten und Theorien stammen, ist sowohl ein intellektuelles, als auch ein ästhetisches (nicht jeder mag Patchwork) und ein praktisches. Der Wunsch nach gesteigerter Effizienz durch Methodenvielfalt kann sich durchaus selber die Erfüllung blockieren: »Will ein Therapeut Methoden aus diesen Therapierichtungen kombinieren, um deren Unzulänglichkeit auszugleichen, muß er daher die dabei auftretenden Widersprüche zwischen den unterschiedlichen Aufgabenstellungen psychologisch bewältigen. Gelingt ihm dies nur unzureichend, wird der Klient Inkonsistenzen im therapeutischen Vorgehen entdecken und möglicherweise sein Vertrauen in die Kompetenz des Therapeuten verlieren. Die Ergänzungsfunktion bzw. die Komplementarität therapeutischer Methoden ergibt sich daher nicht durch eine einfache additive Kombination, sondern hängt von dem Vermögen des Therapeuten ab, divergente therapeutische Aufgabenstellungen persönlich zu integrieren und für den therapeutischen Prozeß fruchtbar zu machen« (Kommer, 1982). Oder anders ausgedrückt: Nicht nur viele Köche verderben den Brei, sondern auch ein einfaches Zusammenschütten vieler Gewürze verdirbt den Eintopf – es sei denn, man weiß, *wie* man sie kombinieren muß.

Natürlich ist auch Skepsis gegenüber den Beteuerungen angebracht, daß alles im Sinne einer möglichst immer weiter verbesserten Effizienz der Therapie erlaubt, also zugleich geboten sei. Dies gilt insbesondere für die »dogmatischen« Eklektiker wie z. B. Lazarus (1978). Zumindest aus den Ergebnissen der Psychotherapieforschung ist schwer plausibel zu machen, wie die Auswahl von Techniken aussehen sollte, wenn die Effektivität therapeutischer Ergebnisse unterschiedlicher Schulen sich als recht ähnlich herausgestellt hat. Wichtiger noch erscheint die Frage nach der Motivation einer einseitig technizistischen Ausrichtung mancher Therapeuten. Der Gedanke liegt nahe, daß mit dem zunehmenden Ausbau von Techniken und Praktiken auch den eigenen Omnipotenzgefühlen gedient, die Einsicht in die begrenzten Möglichkeiten von Psychotherapie abgewehrt bzw. den infantilen Wünschen von Klienten nach mächtigen und kompetenten Therapeutenfiguren nachgegeben wird.

KAPITEL V

Untersuchungs- und Forschungsmethoden

1. Klassifizieren und Diagnostizieren

Benennen, Definieren, Bilden von Kategorien – das sind elementare kognitive Tätigkeiten, die wir von klein auf unternehmen, um uns die Welt überschaubar und handhabbar zu machen, um uns zu orientieren und ein Gefühl von Sicherheit zu bekommen.

Was ähnlich und unähnlich ist, was zur selben und was zu einer anderen Kategorie gehört, müssen bzw. dürfen wir nicht selber entscheiden. Es wird durch unsere Sprache und Kultur vorgebahnt. Das gilt für solche elementaren Dinge wie Bezeichnungen für Farben. (So haben Anthropologen gezeigt, wie sehr sich Kulturen mit nicht-verwandten Sprachen bezüglich der Anzahl der Grundbezeichnungen für Farben unterscheiden: von zwei – bei den Dani – bis zu elf – bei den Engländern [Berlin & Kay, 1969].) Es gilt auch für solche komplexen Entscheidungen wie, was »normal« und »abnormal«, was »krank« und »gesund« ist. Als ein Teil der Kultur ist auch die Wissenschaft von jeher mit Klassifizieren beschäftigt. »Das Zusammenstellen von Glossaren war seit dem 2. Jahrhundert n. Chr. eine respektable Tätigkeit«, wie ein Artikel in der »Encyclopaedia Britannica« verdeutlicht. Dies überrascht nicht, wenn man an die vielfachen Bedürfnisse nach Klassifikation und Interpretation denkt; aber es gibt auch eine Kehrseite der Medaille: »Der englische Ausdruck ›to gloss over‹ oder ›to gloze‹ ... bezeichnet eine unehrliche Tätigkeit. In ähnlicher Weise hat das Wort ›Klassifikation‹ sowohl einen herabsetzenden wie einen anerkannten Klang. Auch in der Psychiatrie zeigt sich deren Doppeldeutigkeit in Äußerungen hierzu wie ›Reines Etikettieren‹, ›Die treffliche Selbstzufriedenheit der Klassifikation‹, ›Nosologisches Markensammeln‹, ›Ein medizinischer Trockengarten‹.« (Degkwitz et al., 1980).

Die Relevanz der Klassifizierung im Bereich von Psychiatrie besteht natürlich vor allem in den weitreichenden sozialen Konsequenzen, in der Macht, die mit ihrer Hilfe ausgeübt wird.

Borges (1966) zitiert in einem Text »eine gewisse Chinesische Enzyklopädie«, nach der »die Tiere sich wie folgt gruppieren

a) Tiere, die dem Kaiser gehören, b) einbalsamierte Tiere, c) gezähmte, d) Milchschweine, e) Sirenen, f) Fabeltiere, g) herrenlose Hunde, h) in diese Gruppierung gehörige, i) die sich wie

Tolle gebärden, k) die mit einem ganz feinen Pinsel aus Kamelhaar gezeichnet sind, l) und so weiter, m) die den Wasserkrug zerbrochen haben, n) die von weitem wie Fliegen aussehen.«

Dies kommt uns etwas merkwürdig und bizarr vor; wir sind es eher gewohnt, die Tierwelt nach Arten, Gattungen, Familien, Ordnungen, Klassen und Stämmen zu sortieren und dabei Besitzverhältnisse und Verhaltensweisen nicht zu beachten; für Bilder und Fabelwesen haben wir getrennte Systeme.

Wir können uns nur schwer gegen die Überzeugung wehren, daß die uns geläufigere Systematik die begründetere, die überlegenere ist. Ebenso ist für uns das periodische System der chemischen Elemente im Vergleich zu dem System der Vorsokratiker, wonach die Materie sich aus Erde, Wasser, Feuer, Luft zusammensetzt, das »richtigere«. In der Tat waren ausgefeiltere Klassifikationssysteme in der Biologie und der Chemie sowohl Ergebnis großer wissenschaftlicher Fortschritte als auch Grundlage für weitere.

Auch in der neueren Geschichte der Medizin waren Verbesserungen der diagnostischen Möglichkeiten, der Klassifizierung von Krankheiten und der Entwicklung therapeutischer (und präventiver) Verfahren eng miteinander verknüpft. In den »klassischen« medizinischen Disziplinen werden allerdings heute Zweifel an dem Nutzen von Diagnosen geäußert, was ihren Stellenwert für therapeutische Bemühungen betrifft. In vielen Fällen ist nicht zu übersehen, daß der ökonomische und zeitliche Aufwand zum Erstellen einer Diagnose, die damit verbundene Beeinträchtigung des Patienten im krassen Mißverhältnis zu den daraus folgenden therapeutischen Maßnahmen stehen.

Es ist nicht überraschend, wenn zuerst versucht wurde, das so erfolgreiche organmedizinische Modell auch auf den Bereich psychischer Störungen und abnormen Verhaltens zu übertragen.

Seit etwa 1880 vollzog sich in Deutschland eine Trennung von Anstalts- und Universitätspsychiatrie. Letztere war jetzt strikt einem naturwissenschaftlich-medizinischen Krankheitsmodell verpflichtet; im Mittelpunkt der wissenschaftlichen Bemühungen stand die Erarbeitung einer psychiatrischen Nosologie *. »Psychiatrischer Forschungsehrgeiz verlangte, die Innere Medizin in der Präzision der Unterscheidung und Systematisierung einzelner Krankheiten zu erreichen, weshalb auch mit Vorliebe psychische Störungen auf die damals in der Inneren Medizin modernen Stoffwechselstörungen kausal zurückgeführt wurde« (Dörner, 1975, 53).

Diese Entwicklung ist eng verknüpft mit Emil Kraepelin (1856–1926), der ein bis heute einflußreiches Klassifikationssystem entwickelt hat, das vom »Postulat der Krankheitseinheiten« und einer hierarchischen Gliederung ausgeht. Dahinter steht die Überzeugung, daß kategorial unterschiedliche Krankheiten existieren,

- die im einzelnen durch bestimmte notwendige und hinreichende Merkmale definiert sind,
- die spezifische – vornehmlich körperliche – Ursachen haben,
- die einen charakteristischen natürlichen Verlauf haben,
- und für die es idealiter eine spezifische Therapie gibt bzw. irgendwann gefunden wird.

Die Kategorien sind hierarchisch gegliedert, was bedeutet, daß untergeordnete Kategorien alle Eigenschaften der nächsthöheren jeweils mit einschließen sollen.

Das Ziel war also ehrgeizig und umfassend, gleichzeitig voller Einschränkungen, fragwürdiger Prämissen und nachteiliger Konsequenzen.

Die Realisierung einer allgemein akzeptierten Kartographie des schwierigen Geländes psychischer Störungen erwies sich als sehr mühsam. Gegen Ende des 19. Jh. gab es eine ganze Reihe von Versuchen, Klassifikationsschemata zu entwickeln. Aber ein Konsens wurde nicht einmal ansatzweise erzielt. Wenn sich ausnahmsweise ein Kongreß auf eine Systematik einigen konnte (wie z. B. 1889 in Paris, Davison & Neale, 1988), blieb diese in der Praxis unberücksichtigt. Es gab konkurrierende, national und regional unterschiedliche Systeme.

Seit Anfang des Jahrhunderts gab es das international gebräuchliche System der Klassifikation von Krankheiten und Todesursachen (International Classification of Diseases – ICD). Erst mit dessen sechster Revision seit dem Gründungsjahr der Weltgesundheitsorganisation (WHO) 1948 enthält diese Übersicht ein Kapitel über »geistige, psychoneurotische und Persönlichkeitsstörungen«. »Auf einer WHO-Konferenz hatte man sich zwar einstimmig für diese Nomenklatur ausgesprochen, indes blieb für den Bereich der psychischen Krankheiten die allgemeine Anerkennung auch diesmal aus« (Davison & Neale, 1988).

Angesichts stark ausgedehnter Forschungsaktivitäten (Psychopharmaka!) und allgemein größeren Interesses an Epidemiologie und Gesundheitsversorgung im Bereich psychischer Störungen waren Verbesserungen der Verständigungsgrundlagen notwendig.

Nach einer Serie von Expertenkonferenzen wurde 1970 die achte Revision verabschiedet, mit wenigen Änderungen 1978 die heute gültige neunte Revision.

Die klassische Aufteilung der »Psychischen Krankheiten« nach Kraepelin in die Obergruppen der Psychosen (290–299), Oligophrenien* (317–319) und nichtpsychotischen Krankheiten (300–316) ist dabei erhalten. In einem Glossar (Degkwitz et al., 1980) sind sehr unterschiedlich ausführliche Beschreibungen der Ober- und Untergruppen und der Einzeldiagnosen enthalten.

Beispielhaft sind hier die Beschreibungen von Neurosen, neurotischer Depression und Alkoholabhängigkeit aufgeführt.

---

300 Neurosen
Die Unterscheidung zwischen Neurose und Psychose ist schwierig zu definieren und bleibt umstritten, wird jedoch beibehalten, da sie allgemein gebräuchlich ist. Neurosen sind psychische Störungen ohne jede nachweisbare organische Grundlage, in denen der Patient beträchtliche Einsicht und ungestörte Realitätswahrnehmung haben kann und im allgemeinen seine krankhaften subjektiven Erfahrungen und Phantasien nicht mit der äußeren Realität verwechselt. Das Verhalten kann stark beeinträchtigt sein, obwohl es im allgemeinen innerhalb sozial akzeptierter Grenzen bleibt, aber die Persönlichkeit bleibt erhalten. Die wesentlichen Symptome umfassen: ausgeprägte Angst, hysterische Symptome, Phobien, Zwangssymptome und Depression.

300.4 Neurotische Depression
Eine Neurose mit unverhältnismäßig starker Depression, die gewöhnlich einer erkennbaren traumatisierenden Erfahrung folgt; Wahnideen oder Halluzinationen gehören nicht dazu. Der Patient beschäftigt sich meist ausschließlich mit dem vorangegangenen psychischen Trauma, z. B. Verlust einer geliebten Person oder eines Besitzes. Häufig ist auch Angst vorhanden; Mischzustände aus Angst und Depression sollten hier eingeordnet werden. Die Unterscheidung zwischen depressiver Neurose und Psychose sollte sich nicht nur auf den Grad der Depression stützen, sondern auch auf Vorhandensein und Fehlen anderer neurotischer und psychotischer Züge und auf den Grad der Störung im Verhalten des Patienten.

303 Alkoholabhängigkeit
Ein psychischer, manchmal auch körperlicher Zustand, der durch Verhaltensweisen und andere Reaktionen charakterisiert ist, die immer den Drang einschließen, ständig oder periodisch Alkohol zu sich zu nehmen, um dessen psychischen Effekt zu erleben. Manchmal soll damit auch das Mißbehagen bei fehlendem Alkoholgenuß vermieden werden. Toleranz kann vorliegen oder nicht.

Die ICD-Klassifikation hat eine Reihe allseits bekannter Mängel, die sehr an die oben erwähnte Chinesische Enzyklopädie erinnern:

- Die in dem Glossar versuchte Operationalisierung ist oft unzureichend (s. obige Beispiele). Es wimmelt von unklaren Qualifizierungen wie »ungewöhnlich stark«, »gewöhnlich«, »häufig«, »manchmal«, »ständig oder periodisch«. Weder die Art der Informationsgewinnung diagnostischer Daten noch deren relative Gewichtung werden bezeichnet. Sowohl die Differentialdiagnose als auch die Abgrenzung zu »normalem« Verhalten ist oft schwierig (»i) die sich wie Tolle gebärden«).
- Es gibt keine durchgängig gültigen Klassifizierungsgesichtspunkte. Die genannten Aspekte sind vielfältig und »uneinheitlich und wechseln selbst innerhalb einzelner Kategorien, wobei ätiologische, prognostische, lebensgeschichtliche, soziale, deskriptive und andere Aspekte unsystematisch gemischt werden« (Bastine, 1984, 120). Schon bei den Obergruppen ist die Gruppe der nichtpsychotischen Störungen (300–316) eine schlichte Restkategorie (keine Psychosen, keine Oligophrenien) (»l) und so weiter«).
- Einzelne Störungsbereiche sind – übermäßig – differenziert (»k) die mit einem ganz feinen Pinsel aus Kamelhaar gezeichnet sind«), während andere nur sehr grob erfaßt sind (»n) die von weitem wie Fliegen aussehen«). Zum Beispiel stehen für depressive Zustandsbilder 19 Kategorien zur Verfügung, dagegen für Alkoholabhängigkeit nur eine (s. Bastine, a.a.O.).
- Manche Kategorien (wie z. B. endogene Depression) sind weniger ein Ausdruck ätiologischen Wissens als vielmehr eine implizite Erklärung der Zuständigkeit der ärztlichen Profession (»a) Tiere, die dem Kaiser gehören«).

Klassifikationssysteme sind vor allem Instrumente, die die Verständigung von Praktikern und Forschern erleichtern sollen. Insofern ist jedes funktionierende System auf eine breite Akzeptanz angewiesen, was wiederum bedeutet, daß vieles in dem System Ausdruck von Kompromissen bzw. der Definitionsmacht einflußreicher wissenschaftlicher ober berufsständischer Gruppen ist.

Die American Psychiatric Association (APA) besitzt seit 1952 ein eigenes System, das Diagnostic and Statistical Manual of Mental Disorders (DSM). 1980 wurde die dritte Version DSM-III herausgegeben, 1987 die überarbeitete Fassung DSM-III-R, die bis zum für 1993 geplanten Erscheinen von DSM-IV gültig ist. Parallel dazu soll es dann auch eine Neuausgabe der ICD geben.

Das DSM-III hat von der frühen Planungsphase an große Aufmerksamkeit auf sich gezogen und ist nach seiner Fertigstellung in bemerkenswertem Umfang rezipiert worden. »Das DSM-III ist in den USA als diagnostisches System verbindlich vorgeschrieben. Das bedeutet nicht nur, daß es im engeren medizinischen Bereich angewandt wird, sondern daß es Auswirkungen auf das ganze soziale Feld gibt, denn Versicherungen, Gerichte und Soziale Dienste orientieren sich ebenfalls an dem DSM-III. Eine Vorstellung von der Bedeutung gibt die Verbreitung des Buches. Nach Angaben des Verlags wurden bis 1982 (in den ersten zwei Jahren!) etwa 250000 Exemplare verkauft, heute sind es bereits 370000« (Horn, 1987). Einige Aspekte der Diskussion sollen genannt werden, weil damit verdeutlicht werden kann, welche wichtige Rolle außerwissenschaftliche (berufsständische sozialpolitische, ökonomische usw.) Interessen bei einer scheinbar rein wissenschaftlichen Angelegenheit spielen.

Doch zuvor soll die Anlage von DSM-III beschrieben werden. Es ist ein »multiaxiales System«, d. h. jede diagnostizierte Person wird auf mehreren Achsen »eingeordnet«. Es gibt fünf solcher Achsen.

Achse I beschreibt die Klinischen Syndrome sowie Bedingungen (sog. V-Codes), die nicht eigentlich als psychische Störung anzusehen sind, aber für das Syndrom von Wichtigkeit sind wie z. B. »Eheproblem«, »Arbeitsschwierigkeiten«. Es gibt 17 Kategorien wie z. B. Affektive Störungen, Somatoforme Störungen, Sexuelle Störungen usw., die dann noch weiter untergliedert werden.

Achse II beschreibt Entwicklungsstörungen (für Kinder) und Persönlichkeitsstörungen (für Erwachsene). Zu den Persönlichkeitsstörungen gehören paranoide, schizoide, schizotypische, histrionische, narzißtische, antisoziale, Borderline-, hypersensitive, dependente zwanghafte und passiv-aggressive Persönlichkeitsstörungen. Damit soll sichergestellt werden, daß über den vielleicht eindrucksvoll floriden Symptomen die häufig gleichzeitig vorliegende Persönlichkeitsstörung nicht übersehen wird.

Achse III beschreibt körperliche Störungen oder Zustände, die zu einer vollständigen Wahrnehmung und für die Behandlung relevant sind. Dabei kann die körperliche Störung (Mit-)Ursache der psychischen Störung sein, muß aber nicht. Hier können Diagnosen aus allen Kapiteln der ICD auftauchen.

In den letzten beiden Achsen IV und V werden der Schwere-

Das multiaxiale Klassifikationssystem des DSM-III-R

Achse I	Achse II	Achse III
Störungen des Kleinkindalters der Kindheit und der Adoleszenz Organisch bedingte psychische Störungen Substanzinduzierte Störungen Schizophrene Störungen Paranoide Störungen Affektive Störungen Angstsyndrome Somatoforme Störungen Dissoziative Störungen Psychosexuelle Störungen Psychische Faktoren mit Einfluß auf den körperlichen Zustand	Persönlichkeitsstörungen: Paranoide, Schizoide, Schizotypische Histrionische, Narzißtische, Antisoziale, Borderline, Hypersensitive, Dependente Zwanghafte, Passiv-aggressive Spezifische Entwicklungsstörungen: Entwicklungsbedingte Lesestörungen Rechenstörung, Sprachstörung Artikulationsstörung	Körperliche Störungen und Zustände

grad psychosozialer Belastungsfaktoren (akuter wie chronischer) und der Grad der psychischen, sozialen und beruflichen Leistungsfähigkeit sowie der höchste diesbezüglich erreichte Stand im letzten Jahr verzeichnet. In der Achse IV wird eine Rangskala verwendet, die die Stärke der Belastungsfaktoren zwischen »katastrophal« und »keine« abstuft (s. die angeführten Beispiele für Erwachsene und Kinder und Jugendliche). Die Leistungsfähigkeit wird mit einem Punktwert zwischen 1 und 90 angegeben.

Achse IV
Schweregrad psychosozialer Belastungsfaktoren:

		Beispiele für Belastungsfaktoren			
		Erwachsene		Kinder und Jugendliche	
Schlüssel	Bezeichnung	akute Ereignisse	Länger andauernde Umstände	akute Ereignisse	Länger andauernde Umstände
1	kein	kein Ereignis steht in Zusammenhang mit der Störung	keine andauernden Lebensbedingungen stehen in Zusammenhang mit der Störung	kein Ereignis steht in Zusammenhang mit der Störung	keine andauernden Lebensbedingungen stehen in Zusammenhang mit der Störung
2	gering	Bruch mit Freund oder Freundin; Beginn oder Ende der Ausbildung; Kind hat das Elternhaus verlassen	Streit in der Familie; Unzufriedenheit im Beruf; Wohnen in einer verwahrlosten Umgebung	Bruch mit Freund oder Freundin; Schulwechsel	überbelegte Wohnung; Streit in der Familie
3	mäßig	Heirat, Trennung, Verlust des Arbeitsplatzes; Pensionierung, Fehlgeburt	Eheprobleme; ernste finanzielle Schwierigkeiten; Ärger mit Vorgesetzten; Alleinerzieher	Ausschluß von der Schule; Geburt eines Geschwisters	schwere chronische Krankheit bei einem Elternteil; ständige Auseinandersetzungen in der Familie
4	schwer	Scheidung, Geburt des ersten Kindes	Arbeitslosigkeit, Armut	Scheidung der Eltern; ungewollte Schwangerschaft; Arrest	strenge oder zurückweisende Eltern; chronische lebensbedrohende Erkrankung eines Elternteils; mehrfach wechselnde Pflegefamilien
5	extrem	Tod eines Ehepartners; Diagnose einer schweren Krankheit; Opfer einer Vergewaltigung	Schwere chronische Krankheit bei einem Kind oder selbst; ständiger körperlicher oder sexueller Mißbrauch	Sexueller oder körperlicher Mißbrauch; Tod eines Elternteils	Wiederholter sexueller oder körperlicher Mißbrauch
6	katastrophal	Tod eines Kindes; Selbstmord des Ehepartners; verheerendes natürliches Unglück	Geiselhaft, Aufenthalt in einem Konzentrationslager	Tod beider Eltern	Chronische lebensbedrohende Krankheit

Achse V

Global Assessment of Functioning Scale (GAF-Skala)
Beurteilen Sie hier die psychische, soziale und berufliche Leistungsfähigkeit des Patienten auf einem hypothetischen Kontinuum zwischen seelischer Gesundheit und Krankheit. Beeinträchtigungen der Leistungsfähigkeit aufgrund körperlicher (oder durch Umweltbedingungen bedingte) Einschränkungen sind nicht miteinzubeziehen.

90 Keine oder nur minimale Symptome (z.B. eine leichte Angst vor einer Prüfung), gute Leistungsfähigkeit in allen Gebieten, interessiert und eingebunden in ein breites Spektrum von Aktivitäten, sozial effektiv im Verhalten, im allgemeinen zufrieden mit dem Leben, übliche Alltagsprobleme oder -sorgen
81 (z.B. nur gelegentlicher Streit mit einem Familienmitglied).

80 Wenn Symptome vorliegen, sind diese vorübergehende oder normale Reaktionen auf psychosoziale Stressoren (z.B. Konzentrationsschwierigkeiten nach einem Familienstreit); höchstens leichte Beeinträchtigung der sozialen, beruf-
71 lichen und schulischen Leistungsfähigkeit.

70 Einige leichte Symptome (z.B. depressive Stimmung oder leicht ausgeprägte Schlaflosigkeit) oder einige leichte Beeinträchtigungen hinsichtlich sozialer, beruflicher und schulischer Leistungsfähigkeit (z.B. gelegentliches Schulschwänzen oder Diebstahl im Haushalt), aber im allgemeinen relativ gute
61 Leistungsfähigkeit, hat einige wichtige zwischenmenschliche Beziehungen.

60 Mäßig ausgeprägte Symptome (z.B. Affektverflachung, weitschweifige Sprache, gelegentliche Panikattacken) oder mäßig ausgeprägte Schwierigkeiten bezüglich der sozialen, beruflichen oder schulischen Leistungsfähigkeit
51 (z.B. wenig Freunde, Konflikte mit Arbeitskollegen).

50 Ernsthafte Symptome (z.B. Suizidgedanken, schwere Zwangsrituale, häufige Ladendiebstähle) oder jede ernste Beeinträchtigung der sozialen, beruflichen und schulischen Leistungsfähigkeit (z.B. keine Freunde, unfähig, eine Arbeits-
41 stelle beizubehalten).

40 Einige Beeinträchtigungen in der Realitätswahrnehmung oder der Kommunikation (z.B. Sprache, zeitweise unlogisch, unverständlich und belanglos) oder starke Beeinträchtigung in mehreren Bereichen, z.B. in der Arbeit, Schule, der familiären Beziehung, dem Beurteilungsvermögen, dem Denken oder der Stimmung (z.B. ein männlicher Depressiver vermeidet Freunde, vernachlässigt seine Familie und ist unfähig zu arbeiten; ein Kind schlägt häufig jüngere
31 Kinder, ist zu Hause trotzig und versagt in der Schule).

30 Das Verhalten ist ernsthaft durch Wahngedanken oder Halluzinationen beeinflußt oder ernsthafte Beeinträchtigung der Kommunikation und des Urteilsvermögens (z.B. manchmal inkohärent, handelt weitgehend inadäquat, ausgeprägte Beschäftigung mit Selbstmordgedanken) oder Leistungsunfähigkeit in fast allen Bereichen (z.B. bleibt den ganzen Tag im Bett, hat keine Arbeit, kein
21 Zuhause und keine Freunde).

20 Selbst- und Fremdgefährlichkeit (z.B. Selbstmordversuche ohne eindeutige Todesabsicht, häufig gewalttätig, manische Erregung) oder ist manchmal nicht in der Lage, minimale persönliche Hygiene aufrechtzuerhalten (z.B. schmiert mit Stuhl) oder weitgehende Beeinträchtigung in Kommunikation (größten-
11 teils inkohärent oder stumm).

10 Ständige Gefahr, sich oder andere schwer zu schädigen (z.B. wiederholte Gewaltanwendung), oder anhaltende Unfähigkeit, die minimale persönliche Hygiene aufrechtzuerhalten, oder ernsthafter Selbstmordvesuch mit eindeutiger
1 Todesabsicht.

Eine Diagnose könnte dann folgendermaßen aussehen (vgl. DSM-III-R (1987, 21, eig. Üb.):

Achse I:	295.94 Schizophrenie, Undifferenzierter Typ, Chronisch mit akuter Exazerbation
Achse II:	V71.09 Keine Diagnose auf Achse II
Achse III:	Spätfolgen einer Enzephalitis
Achse IV:	Psychosoziale Stressoren: Tod der Mutter Stärke 6 – Extrem (akutes Ereignis)
Achse V:	Gegenwärtiger GAF: 28 Höchster GAF im vergangenen Jahr: 40

Um die Verwendung der diagnostischen Kategorien möglichst einheitlich zu gestalten, wird im DSM-III eine Beschreibung der wesentlichen Aspekte der jeweiligen Störung gegeben, es werden Kriterien operationalisiert, die vorliegen müssen, um eine bestimmte Dignose zu stellen, und es werden Anhaltspunkte genannt, ob die Ausprägung der Störung leicht, mittel oder schwerwiegend ist. Auch im DSM-III werden Codes verwendet – hier fünfstellige –, die weitgehend den ICD-9-Ziffern entsprechen.

Beispiel: Kriterien für die Abhängigkeit von psychoaktiven Substanzen (DSM-III-R, 167, eig. Üb.)

A. Mindestens drei der folgenden Kriterien sind für die Diagnose nötig:

(1) die Substanz wird oft in größeren Mengen oder über längere Zeiträume genommen, als die Person beabsichtigte

(2) anhaltender Wunsch oder ein oder mehrere erfolglose Versuche, den Konsum zu reduzieren oder zu kontrollieren

(3) viel Zeit wird verwendet für Aktivitäten, die nötig sind, um an die Substanz zu kommen (z. B. Diebstähle), oder für den Konsum (z. B. Kettenrauchen) oder für die Erholung von den Wirkungen der Substanz

(4) häufige Intoxikation oder Entzugssymptome, die an der Ausfüllung wichtiger Verpflichtungen bei der Arbeit, in der Schule oder zu Hause hindern (z. B. wegen Kater nicht zur Arbeit gehen, »high« zur Schule oder zur Arbeit gehen, unter Einfluß der Substanz bei der Kinderbetreuung sein), oder wenn der Gebrauch

der Substanz fahrlässig ist (z. B. Autofahren unter dem Einfluß der Substanz)

(5) wichtige soziale, berufliche oder Freizeitaktivitäten werden wegen des Substanzgebrauchs aufgegeben oder reduziert

(6) fortgesetzter Substanzgebrauch trotz des Wissens, daß ein fortdauerndes oder wiederkehrendes soziales, psychologisches oder körperliches Problem existiert, das durch den Substanzgebrauch verursacht oder verschärft wird (z. B. fortgesetzter Heroinkonsum trotz familiärer Konflikte deswegen, kokaininduzierte Depression, durch Trinken verschlimmertes Magengeschwür)

(7) ausgeprägte Toleranz: das Bedürfnis nach deutlich größeren Mengen der Substanz (d. h. mind. 50% Steigerung), um die gewünschte Wirkung zu erreichen, oder ausgeprägt verminderter Effekt bei fortgesetztem Konsum der gleichen Menge

...

(8) charakteristische Entzugssymptome

(9) häufiger Substanzgebrauch zur Vermeidung oder Linderung der Entzugssyndrome

B. Einige Symptome der Störung haben mindestens einen Monat bestanden oder sind über einen längeren Zeitraum wiederholt aufgetreten.

Anschließend werden spezifische Ausführungen zu den einzelnen Formen der Abhängigkeit gemacht. Im Kapitel über Alkoholabhängigkeit (303.90) und Alkoholmißbrauch (305.00) gibt es weitere Informationen über Trinkgewohnheiten in der Allgemeinbevölkerung, unterschiedliche Typen und Muster von Alkoholabhängigkeit, Verlauf und Prävalenz der Störung sowie familiärer Muster.

Die größere Differenziertheit, die klareren Entscheidungskriterien, die Einbeziehung kontextueller Informationen usw. sind häufig gelobt worden und sind wichtige Gründe für den Erfolg für DSM-III. Aber neben Bewunderung und Lob gab es auch von Anfang an heftige – teils widersprüchliche – Kritik (Millon, 1983; Schuster, 1985; Titscher & Strotzka, 1985; Bluestone, 1985; Kroeber, 1986).

Im DSM-III gibt es im Unterschied zur ICD-9 nicht mehr die Unterscheidung zwischen Psychosen und nichtpsychotischen Krankheiten. Überhaupt wird nicht mehr von Krankheiten, sondern von Störungen gesprochen, und Neurose als Oberkategorie kommt nicht mehr vor. Die einzelnen neurotischen Störungen sind im DSM-III affektiven, Angst-, somatoformen, dissoziativen und sexuellen Störungen zugeordnet.

Das Ausrangieren der Neurose hat begreiflicherweise die Psychoanalytiker auf den Plan gerufen, und diese haben teilweise schweres Geschütz aufgefahren: Es wurde die Befürchtung geäußert, »daß das DSM-III wesentlich zu einer Dehumanisierung von Psychoanalyse und Psychiatrie beitragen würde und daß Ausbildung und Behandlung in der Psychiatrie sich künftig auf die Beseitigung von Symptomen begrenzen und nicht mehr Verständnis und die Behandlung ganzheitlicher Personen und ihrer psychologischen Komplexität mit umfassen würde« (Bluestone, 1985, 157). Nicht nur den Klienten gehe es an den Kragen, auch den psychoanalytisch orientierten Forschern werde das Leben schwergemacht. Der Wegfall der Neurose als Großkategorie »hat nämlich ohne Zweifel zur Folge, daß jene Forscher und Therapeuten, die sich bisher vorwiegend mit dieser Problematik befaßt haben, kein einheitliches Arbeitsgebiet mehr haben« (Titscher & Strotzka, 1985, 71). Ob dies tatsächlich eine unvermeidliche Folge ist, scheint zweifelhaft. Ein anderes Argument ist eher zu bedenken, nämlich »daß dadurch die epidemiologische Bedeutung der Neurosen verschleiert wird und dementsprechend zahlreiche Implikationen in der Gesundheits- und Sozialpolitik, in der Ausbildung und Forschung auftreten, die letztlich zu einer Abwertung und Verleugnung des ganzen Bereiches führen« (a.a.O.). Eine der Implikationen, so die Befürchtungen von Bluestone (1985), sei, »daß das DSM-III Bestrebungen von Kostenträgern Vorschub leisten könnte, die Psychoanalyse als Behandlungsmethode zu diskriminieren«.

Es geht also auch mittelbar um Macht, Einfluß und Einkommen, und zumindest manche Psychoanalytiker sehen den Zweck des DSM-III darin, »den Einfluß der Psychoanalyse zurückzudrängen« (Schuster, 1985), und beklagen eine »Machtverschiebung in dieser Zeit von der Psychoanalyse zur biologischen Psychiatrie und zu den Behavioristen« (Titscher & Strotzka, 1985).

Aber das Gelände scheint die Feindpeilung zu erschweren, Behavioristen werfen dem DSM-III trotz aller Modifikationen das Festhalten an einem medizinischen Modell und die stillschweigende Ausweitung des psychiatrischen Zuständigkeitsbereichs vor. Eysenck et al. (1983), in alter Frische, rufen zur Unabhängigkeit auf: »Sollten wir nicht als unabhängige Wissenschaftler ein

Klassifikationssystem ausarbeiten, das auf empirischer Erkenntnis, psychologischer Theorie und experimenteller Überprüfung beruht, als mehr oder weniger blind ein medizinisches System zu übernehmen, dessen einziger Vorzug (wenn das der richtige Ausdruck ist) darin zu bestehen scheint, daß es auf einem gewissen Konsensus von Psychiatern beruht?«

Dem würde Millon (1983), der als Psychologe Mitglied der DSM-III »task force« war, entgegenhalten, »daß die in DSM-III erarbeiteten Änderungen erstens im Einklang mit den Werten einer rigoros empirischen Orientierung stehen, die eher für die Psychologie als für die Psychiatrie charakteristisch sind, und zweitens im Einklang mit einem kontexuellen Denken, das zunehmend psychologisches Denken prägt.«

Es gibt aber auch gelassene Reaktionen, die den vorläufigen und prozeßhaften Charakter jeder Klassifikation unterstreichen, die den Anregungsgehalt des deskriptiven Zugangs wertschätzen, ohne ihm eine unbefragbare Autorität zuzuschreiben, und die die schlichte Tatsache nicht vergessen, daß die Landkarte nicht die Landschaft ist, sprich: daß die klinische Wirklichkeit immer unendlich viel komplexer ist, als irgendein Schema abbilden kann.

So kann man – in der teilweise etwas überhitzten Diskussion – der Ansicht von Kroeber (1986) nur zustimmen, wenn er sagt: »Der Verzicht auf diese beiden Begriffe [Neurose und Psychose] entkleidet die wahrgenommenen Syndrome ihres nosologischen Mantels und damit ihres ontologischen Scheins. Er eröffnet so die Möglichkeit eines erneuten öffentlichen Umgangs mit dem Wahrnehmungsmaterial über die Grenzen dieser Setzungen hinaus. Das DSM-III hat eben keine neuen diagnostischen Kategorien von Ewigkeitswert geschaffen, sondern verlangt – gerade auch durch seine Inkongruenzen und die unterschiedliche Prägung der Einzelkategorien – Überprüfung und Weiterentwicklung.«

Bemerkenswert ist, daß diese Überprüfung kein ausschließliches Privileg der Fachleute geblieben ist, wie z. B. die heftige öffentliche Diskussion in Amerika über die Diagnose einer Persönlichkeitsstörung »weiblicher Masochismus« gezeigt hat. Gewollt oder ungewollt – DSM-III hat damit in die amerikanische Öffentlichkeit auch ein Element von Glasnost in das Thema psychische Störungen, Klassifikation und Folgen von Etikettierung gebracht, das bei uns noch aussteht.

Empfohlene Literatur zu »Klassifizieren und Diagnostizieren«:
APA: Diagnostic and Statistical Manual of Mental Disorders. Washington, 1987
Berger, P. und *T. Luckmann*: Die gesellschaftliche Konstruktion der Wirklichkeit. Frankfurt/M.: Fischer, 1980
Keupp, H.: Normalität und Abweichung. München. Urban & Schwarzenberg, 1979

2. Supervision

Supervision bedeutet im Wortsinne Kontrolle und Beaufsichtigung. In diesem Sinne wurde Supervision auch ursprünglich in der Sozialarbeit durchgeführt. Lernende oder Berufsanfänger wurden von Lehrern oder Vorgesetzten überwacht und beurteilt, inwieweit sie die eingesetzten Methoden richtig anwendeten. Oft fand diese Supervision in der Dyade und »hinter verschlossener Tür« statt.

In der heute gängigen Normalform wird unter Supervision etwas anderes verstanden und praktiziert als Kontrolle über die korrekte Ausführung einer Methode. »Oft wird der Kontrollgesichtspunkt geradezu geleugnet... Am ehesten läßt sich vielleicht sagen, daß sich der Aspekt der Kontrolle zu mehr Selbstkontrolle verändert hat« (Plog, 1987).

Auch der Kreis derjenigen, für die Supervision empfohlen, angeboten und oft für unverzichtbar erklärt wird, hat sich ausgedehnt. Es kommen prinzipiell alle Berufsgruppen in Frage, in denen (auch) »Beziehungsarbeit« geleistet wird. Das sind neben den klassischen helfenden, therapeutischen und beraterischen Berufen manchmal auch Sozial- und Verhaltenswissenschaftler.

Warum brauchen die »Helfer«-Berufe offenbar Supervision? Die Helfer sind nach Pühl und Schmidbauer (1986) in ihrer eigenen Wahrnehmung keine Spezialisten oder Technokraten, sondern sehen ihre Arbeit oft als etwas »Ganzheitliches«, »Nichtentfremdetes« an. Trotzdem gibt es bei ihnen – vielleicht sogar ausgeprägter als bei anderen Berufsgruppen – Verschleißerscheinungen und Resignation, was seit Freudenberger (1974) als das »burn-out«-Syndrom bekannt ist. Interesse und Sympathie für die Klienten schwinden, die »Helfer« werden mißtrauisch und distanziert, fühlen sich ständig müde und erschöpft, viele leiden an psychosomatischen Störungen. Häufig gibt es bei den »Ausgebrannten« Ehe- und Familienprobleme, Alkoholprobleme, Depressionen und sogar Suizid anzutreffen. Gemeinsam mit Schauspielern, Schriftstellern und bildenden Künstlern führen Psychologen die Statistik der Scheidungsquoten, nach Berufsgruppen erhoben, an (Bojanowsky, 1983). In einer neueren amerikanischen Studie wurde geschätzt, daß 6–9% der Psychologen und 4–6%

der Psychologinnen alkoholabhängig sind, die Selbstmordraten der psychosozialen Berufe sind 3,5mal höher als in der übrigen Bevölkerung (Kilburg, Nathan & Thoreson, 1986).

Ursprünglich hatten viele Helfer ein sehr idealisiertes Bild von ihrem Beruf. Es stehen gleichsam mythische Urbilder der einzelnen Berufe zur Verfügung, die individuell ausgestaltet werden können: der Lehrer, umringt von wißbegierigen Kindern, die an seinen Lippen hängen; der Arzt in seiner Praxis, der Patienten in schwerer Stunde beisteht; der Psychotherapeut, der auch schwierigste Fälle durch endlose Geduld und Einfühlsamkeit löst usw.

Im Laufe zunehmender Berufserfahrung werden diese Bilder mehr oder weniger angekratzt. Eine ganze Liste verlorengegangener Illusionen beschreibt ein Psychotherapeut nach neunjähriger Berufstätigkeit:

»Über Bord fielen:

1. die Illusion, daß Therapie schon funktioniert, wenn ich das anwende, was ich in Aus- und Weiterbildung gelernt habe;
2. die Illusion, daß eine Therapie ein planbares psychologisches Experiment mit ausschaltbaren Störvariablen ist;
3. die Illusion, daß wirklich relevante psychische Beeinträchtigungen durch Veränderung von Kontingenzen wegzukonditionieren sind;
4. die Illusion, daß ich weiß, was für meine Klienten gut ist;
5. die Illusion, daß ich ein uneingeschränktes Recht habe, die Klienten zu verändern;
6. die Illusion, daß alle ›leidenden‹ Klienten sich auch verändern wollen;
7. die Illusion, daß ich die Verantwortung für die Veränderung meiner Klienten tragen muß bzw. kann;
8. die Illusion, daß die Wahrscheinlichkeit eines Therapieerfolges mit der Intensität des therapeutischen Engagements linear wächst;
9. die Illusion, daß ich mich in der Therapeut-Klient-Interaktion an meiner eigenen Person und Geschichte vorbeimogeln kann;
10. die Illusion, daß Therapeuten und Klienten sich auch jenseits der Rollenzuweisungen deutlich unterscheiden« (Dinslage, 1985).

Solche Illusionen abzubauen, zumindest nicht zu befördern, ist zum Teil Aufgabe der Ausbildung in der Universität und der Fort- und Weiterbildung. Aber auch wenn sie besser erfüllt würde, als es häufig der Fall ist, blieben dennoch einige »Risikofaktoren« der psychosozialen Berufe davon unberührt.

Einige wichtige Aspekte zählt Kleiber (1989) auf:

> »1. Psychosoziale Handlungsstrategien sind bis heute in deutlich geringerem Maße professionalisiert als zum Beispiel medizinische, juristische oder gar Tätigkeiten im Bereich der industriellen Produktion. Dieses bedeutet nicht nur eine Einbuße an ›professioneller Identität‹, sondern auch einen Verlust an ›Qualitätsstandards‹, die als Bezugssystem für die Selbstbewertung berufsbezogenen Handelns dienen können.
>
> 2. Typisch für die psychosoziale Arbeit ist, daß sie in einem engen Person/Person-Kontakt stattfindet und dabei die Qualität der Arbeit wesentlich von der Person des Therapeuten abhängig ist.
>
> 3. Aufgrund der schlecht operationalisierbaren Erfolgs/Mißerfolgskriterien psychosozialer Arbeit kommt es zu einem Mangel an Feedback, der die Handlungsoptimierung erschwert.
>
> 4. Psychosoziale Arbeit ist in der Regel emotional hoch beanspruchend...
>
> 5. Psychosoziale Arbeit ist immer eine Arbeit in Widerspruchsfeldern, wo zum Beispiel Grenzen zwischen Hilfe und Kontrolle, Förderung von Selbsthilfe und Empowerment und Vernachlässigung immer wieder neu bestimmt werden müssen... Aufmerksamkeitsentlastende Routinen sind nur schwer auszubilden...«

Zudem findet das »Helfen« meist innerhalb der verwalteten Welt statt. Die Helfer stecken in Hierarchien, sind Vorschriften unterworfen und oft ganz und gar nicht »frei« und »ganzheitlich« tätig.

Dazu können noch individuell-psychologische Probleme kommen, die Schmidbauer in seinem Buch über »Die hilflosen Helfer« (1977) sehr gut beschrieben hat. Es scheint so zu sein, daß sich zu diesen Berufen viele Menschen hingezogen fühlen, die – selbst hochsensibel, leicht kränkbar, abhängig und kindlich – zur Abwehr ihrer eigenen Abhängigkeitswünsche immer anderen »helfen« müssen.

Das bezeichnet Schmidbauer mit dem populär gewordenen Begriff des »Helfer-Syndroms«, der allzu ausschließlich – und übrigens auch gegen die Intention des Autors – als etwas Abwertendes gesehen wird. Wenn abgewehrte Abhängigkeitsbedürfnisse in sozial wichtige Dienste und Kompetenzen umgesetzt werden, ist dies zunächst eine Sublimationsleistung wie andere auch. Die Gefahr liegt in der »Wiederkehr des Verdrängten«, z. B. in einer bei manchen Helfern fatalen Neigung, sich z. B. im Privatleben sehr ansprüchlich zu verhalten oder auch in der bis zur Erschöpfung weitergetriebenen Rolle des Helfers auch in den privaten Bezügen.

Die Idealisierung der »Helfer«-Berufe kann auch noch von einer anderen Seite her in Frage gestellt werden. Die Trennung von Produktion und Reproduktion hat dazu geführt, daß es zu einer Teilung in »Macher«-Berufe und »Fühl«-Berufe kommt; die »Fühl«-Berufe sind u. a. zum Ausgleich der durch die Produktionswelt verursachten Schäden da und sind auch in diesem Sinne ganz und gar nichts »Natürliches«. Es mangelt ihnen im Gegenteil oft die Sphäre des konkreten, der greifbaren Handhabung einer Sache. Auch das ist eine häufige Ursache für Unzufriedenheit und Unsicherheit, Hilflosigkeit und Ohnmachtsgefühle, denn es gibt selten klare Kriterien dafür, wann die Arbeit als gelungen bezeichnet werden kann. »Unklare Erfolgskriterien, die ja geradezu ein Kennzeichen psychosozialer Arbeit sind, führen im Zusammenhang mit unklaren Aufgabenbeschreibungen nicht selten zu dem Gefühl, nie mit der Arbeit fertig zu werden und (eigenen) Ansprüchen nicht zu genügen« (Kleiber, 1989, 117).

All dies sind genügend Gründe, sich der Hilfe von Kollegen in ähnlicher Lage zu versichern.

Supervision ist dabei kein Wundermittel, um die beschriebenen Probleme zu lösen, aber sie kann einen Freiraum zur Reflexion der eigenen Person und Tätigkeit bieten, der neue Sichtweisen und Handlungsalternativen erschließt.

Mit Pühl und Schmidbauer (1986) kann man verschiedene Hauptrichtungen der Reflexion unterscheiden:

- Die Reflexion der Beziehungsdynamik zwischen den am »Helfen« Beteiligten, also oft zwischen Klient und Therapeut;
- die Reflexion der institutionellen und gesellschaftlichen Bedingungen, unter denen diese Beziehung sich entfaltet;
- die Reflexion und Bearbeitung technisch-methodischer und theoretischer Probleme.

Welcher Aspekt vorherrscht, hängt jeweils vom Supervisor, von der Gruppenstruktur, vom institutionellen Setting und von der verwendeten Methode ab.

Wesentliches Merkmal von Supervision ist in allen Fällen, daß sie »der systematischen Bearbeitung von Problemen *beruflicher* Interaktion dient« und das Ziel einer »Verbesserung der persönlichen und berufspraktischen Kompetenz« hat (Auckenthaler, 1988).

Bearbeitung von Problemen, systematische Reflexion u. ä. sind recht globale Charakterisierungen, aber sie weisen darauf hin, daß Supervision von andern Formen der Ausbildung und der berufsbegleitenden Weiterbildung sowie von (quasi)therapeutischen Beziehungsformen abgegrenzt werden kann (und soll!).

Supervision ist
- keine Psychotherapie,
- keine Selbsterfahrung,
- kein Kommunikations- und Verhaltenstraining,
- keine Fortbildung im konventionellen Sinne mit dem Schwerpunkt auf sachlicher Wissensvermittlung,
- keine Konsultation.

Auch wenn Supervision Aspekte und Elemente dieser anderen Formen enthält, ist sie deutlich von ihnen zu unterscheiden. Es ist Teil der Qualifikation eines Supervisors, diese Unterschiede nicht zu vernachlässigen. Es gibt aber auch Supervision im Bereich der Forschung.

Es gibt ein Urbild des Wissenschaftlers, der sachlich, nüchtern und furchtlos an seinem Forschungsgegenstand arbeitet. Der bei seiner Arbeit keine anderen Emotionen als leidenschaftliches Interesse an seinem Thema kennt usw. Das ist nicht nur ein Klischee. Objektivität und Neutralität sind Forderungen an jeden Wissenschaftler.

Demgegenüber beharren andere auf einer – vielleicht manchen pathetisch erscheinenden, zugleich aber »menschlicheren« – Vorstellung vom Wissenschaftler, der sich der unvermeidlichen Erschütterung durch das Fremde nicht entzieht, der sich dem Risiko persönlicher Veränderung aussetzt und sich nicht hinter dem Ideal des nüchternen und distanzierten Funktionärs der »scientific community« verschanzt.

»Ich glaube, daß wir Heutigen, die wir daran gewöhnt sind, frei Haus gelieferte Erkenntnisse zu konsumieren, weitgehend vergessen haben, daß die Wahrheit ihren *Preis* hat« (Duerr, 1976, 157).

Duerr bezieht sich auf sein Fach, die Ethnologie. Wenn auch hier die Erfahrung der bedrohten Identität für den Forschenden besonders handgreiflich ist, ist sie doch keineswegs auf den Kontakt mit dem Exotischen begrenzt. Das Problem der Angst und der Angstbewältigung in der Feldforschung ist sehr viel allgemeiner. Auch bei einer »Ethnographie des Inlands« spielt die Erfahrung, die schützenden Grenzen der eigenen (Sub-)Kultur zu überschreiten, eine – wenn auch sehr unterschiedlich große – Rolle.

»Strukturell gesehen ist der Eintritt in ein fremdes Feld der eigenen Kultur vergleichbar mit dem Eintritt in eine fremde Kultur« (Leithäuser & Volmerg, 1988, 139). Wenn Soziologen sich in Heime, Gefängnisse, psychiatrische Kliniken begeben, um dort Feldforschung zu betreiben; wenn Psychologen in Interviews die Bewältigung von Trennung und Tod, die psychischen Folgen des Unglücks von Tschernobyl oder die Ursachen von Drogenkonsum bei Jugendlichen untersuchen, sind sie nie nur Informationssammler und Anwender von sozialwissenschaftlichen Erhebungsmethoden. Auf die eine oder andere Weise sind sie immer auch emotional beteiligt.

Das gilt in einem allgemeinen Sinne für jede Berufswahl und -tätigkeit mit ihren auch unbewußten Motivationen, für jede Art forschender Tätigkeit: »Jede Forschung ist auf der Ebene des Unbewußten selbst-bezogen, gleichgültig wie weit ihr Gegenstandsbereich auf der manifesten Ebene vom Selbst entfernt sein mag« (Devereux, 1976, 178).

Diese unvermeidliche *persönliche* Involviertheit betrifft aber die – im weitesten Sinne – Feldforschung betreibenden Sozial- und Verhaltenswissenschaftler (Soziologen, Psychologen, Anthropologen, Pädagogen usw.) in einem besonderen Ausmaß.

Der Psychiater, Psychoanalytiker und Ethnologe Georges Devereux hat in seinem vielbeachteten Buch »Angst und Methode in den Verhaltenswissenschaften« anhand einer Fülle von Beispielen dargestellt, welche vielfältigen Ängste (aber auch »Verführungen«) bei der Arbeit des Verhaltenswissenschaftlers auftreten können, wie sehr sie Datensammlung und -interpretation verzerren können und mit welchen Abwehrstrategien die Untersucher darauf reagieren. Insbesondere werden bei ihm methodologische Vorschriften in ihrer Funktion als distanzierende und angstmildernde Strategien beachtet. Das Unkonventionelle an Devereux' Position ist, daß er die persönlichen Reaktionen und Abwehrstrategien, die Gegenübertragungsreaktion nicht als Störfaktoren behandelt, die etwa mit Hilfe größerer methodischer Strenge, objektivierender Verfahren etc. auszuschalten oder zumindest zu minimieren und zu kontrollieren wären. Das ist nicht möglich, weil Gegenübertragungsreaktionen logisch und technisch unvermeidlich sind und jeder Versuch, sie zu kontrollieren, mit neuen Verzerrungen verbunden ist; vor allem ist es aber nicht wünschenswert. Denn für Devereux ist die Gegenübertragungsreaktion eine wichtige, ja sogar die wichtigste Wissensquelle überhaupt. Sie ist »das entscheidende Datum der Verhaltenswissenschaft«, deren Analyse »mehr Daten über die Natur des Menschen erbringt«.

Um was für Ängste handelt es sich, die im Zuge der Forschung auftauchen können?

Es seien einige beispielhaft aufgeführt, die
- durch die Rolle des Forschers,
- durch das Material,
- durch die institutionellen Arbeitsbedingungen des Forschers bedingt sind.

Der Forscher

Die Forscher verfolgen mit ihrer Arbeit wie jeder Mensch immer mehrere Ziele zur gleichen Zeit. Neben dem unterstellten Interesse am Fach und am Thema gibt es auch prosaische und egoistische Interessen. Der Forscher kann darauf mit bewußten oder unbewußten Schuldgefühlen reagieren, sich als ausbeuterisch, voyeuristisch etc. empfinden. Dies kann sich steigern, wenn die Lebenslage der Forschungsobjekte sich besonders kraß von der des Untersuchers unterscheidet, wenn es sich z. B. um arme, kranke, stigmatisierte Personen handelt. Dieses Schuldgefühl – in jeder denkbaren Mischung von realen und neurotischen Selbstvorwürfen – kann zu kompensierenden Versuchen führen, die Rolle des Wissenschaftlers zugunsten der des Helfers und Beraters zu verlassen oder – in der umgekehrten Richtung – sich zum distanzierten Experten zu stilisieren. Die Abwehrstrategie kann in idealisierenden Wahrnehmungstendenzen, in (Über-)Identifikationen, in der Zuschreibung einer Opferrolle, im diagnostischen Etikettieren bestehen.

Das Material

»Jede Kultur behandelt das gleiche psychische Material auf verschiedene Weise. Die eine unterdrückt es, eine andere begünstigt seine offene, manchmal sogar übermäßige Ausprägung, wieder eine andere duldet es als zulässige Alternative, sei es für alle, sei es nur für bestimmte über- und unterprivilegierte Gruppen usw. Die Untersuchung fremder Kulturen zwingt deshalb den Anthropologen oft, bei der Feldforschung Material zu beobachten, das er selbst verdrängt« (Devereux, 1976, 67).

Diese Feststellung über die Anthropologen und verschiedene Kulturen läßt sich zwanglos generalisieren auf Verhaltensforscher und ihre Untersuchungsobjekte überhaupt. Wer die psychischen Folgen von Tschernobyl untersucht (Böhm et al., 1989), kann nicht umhin, sich auch mit der eigenen Umgangsweise mit existentiellen Bedrohungen zu befassen, und gewohnte Verdrängungs- und Verleugnungsstrategien werden möglicherweise erschüttert. Er kann aber auch die wissenschaftliche Behandlung des Themas zur Bannung und Abwehr vorhandener Ängste einsetzen. So können die Reaktionen auf Bedrohliches von Pseudoobjektivität bis Betroffenheitsblindheit reichen oder auch bei denselben Personen zwischen diesen Polen schwanken. Daß jede Haltung mit einer charakteristischen Verzerrung der Daten korreliert ist, leuchtet ohne weiteres ein.

Der »Narzißmus der kleinen Differenz« (Freud) verleitet den Forscher außerdem dazu, unvertraute Ansichten und Praktiken als Kritik der eigenen auszulegen, und bewirkt, daß man negativ auf sie reagiert (Devereux, 1976).

Angsterregend kann sowohl eine »Unterkommunikation« auf der Ebene bewußter Verständigung (mangelnde Verständigung) als auch eine »Überkommunikation« auf der Ebene des Unbewußten sein. Für die letztere – weniger triviale – Variante erzählt Devereux ein Beispiel: »Das ›Verführerische‹ des psychotischen Verhaltens ist allen, die mit ›Wahnsinnigen‹ arbeiten, wie auch ehemaligen Psychotikern selbst bekannt. Ein hochintelligenter Mann, der sich von einem psychotischen Schub völlig erholt hat, erzählte mir, daß er die wirkliche Bedeutung von Psychotikern immer noch verstehe, fügte jedoch hinzu, daß er sich aus Angst, wieder in die Psychose zurückzufallen, nicht *erlaube*, sie zu verstehen. Darin ist eine Abwehr gegen eine *Über*kommunikation auf der Ebene des Unbewußten zu sehen« (Devereux, 1976, 366).

Die Institution
Eine verbreitete Organisationsform wissenschaftlicher Arbeit sind Forschungsprojekte. In ihnen arbeiten eine Anzahl von Personen zusammen, die sich in der Regel bezüglich Qualifikation und Status, Alter und Geschlecht, manchmal auch bezüglich ihres Faches unterscheiden. Aber auch der Grad von Verantwortung und Identifikation, von Engagement und Stellenwert des Projektes für die eigene Lebensplanung variiert beträchtlich. Neben einer mehr oder weniger transparenten offiziellen hierarchischen Struktur gibt es inoffizielle Beziehungen, die sich im Laufe der Zeit ändern können. »Die, die anfangs gut miteinander klarkamen, sind am Ende der Forschung entzweit. Freundschaften entstehen und zerbrechen, Fraktionen werden gebildet, um eigene Interessen besser durchzusetzen. Es drohen Spaltung und Ausschluß aus der Gruppe« (Leithäuser & Volmerg, 1988).

Jedes Projekt steht unter Zeit- und Legitimationsdruck. Die Gefahr, daß ein Projekt nicht zu Ende gefördert oder nicht verlängert wird, ist für einen Teil der Mitarbeiter gleichbedeutend mit dem Verlust des Arbeitsplatzes, für die Inhaber von festen Stellen kann es eine Einbuße an Prestige und Reputation bedeuten.

Unter solchen Bedingungen kann eine Vielzahl von Konflikten und Ängsten entstehen, die – von anderen Auswirkungen abgesehen – viel Aufmerksamkeit und Energie absorbieren, die Kreativität und Produktivität hemmen und Kooperation behindern.

Diese Ängste können in jeder denkbaren Weise und Mischung wiederum mit individuell-biographischen Besonderheiten verknüpft sein, wichtig ist, daß sie insbesondere durch institutionelle Bedingungen in der beruflichen Tätigkeit aktualisiert oder forciert werden.

Zum Beispiel gibt es institutionsbedingte Konflikte durch einen Widerspruch zwischen dem in der wissenschaftlichen Gemeinschaft herrschenden Individualismus und den Anforderungen an Teamarbeit:

»In der akademischen Welt ist die Sorge um die wissenschaftliche Reputation zentral. Diese Sorge übt einen Druck auf die Mitglieder der wissenschaftlichen Gemeinschaft aus ... alle Beteiligten [stehen] unter dem narzißtischen Druck, sich in der Welt der Wissenschaft – um in ihr eine Rolle zu spielen – einen Namen zu machen. Wer sich wissenschaftlich einen Namen gemacht hat, hat in der akademischen Welt auch als Person Bedeutung. Wer keinen Namen in der Wissenschaft hat, ist dort auch als Person nicht existent und bekommt dies auf vielfältige Weise zu spüren« (Leithäuser & Volmerg, 1988, 144).

Neben solchen häufig chronischen Bedrohungen des Selbstwertgefühls kann man an Ängste im Zusammenhang von Konkurrenz und Rivalität denken – die manchmal paranoide Züge annehmende Angst vor geistigem Diebstahl, Angst vor Versiegen der Kreativität usw. So berichten z. B. Nadig & Erdheim in ihrem Aufsatz über »Die Zerstörung der wissenschaftlichen Erfahrung durch das akademische Milieu« (1988), wie es manchen ihrer Seminarteilnehmer schwerfiel, »ihre Arbeiten darzustellen, und zwar weil sie befürchteten, daß diese noch nicht vollkommen und vollendet genug wären, aber auch weil sie ihnen weggenommen werden könnten. Die Situation im Seminar wurde also nicht als eine des Interesses an einem bestimmten Wissensgegenstand, sondern als eine der Aggressivität erfahren, bei der man das eigene Produkt vor Zerstörung, d. h. vor Kritik und Konfrontation, bewahren mußte.«

Bei den beschriebenen Ängsten kann man sich vorstellen, daß sie in unterschiedlichem Ausmaß durch andere Organisationsstrukturen und Arbeitsformen gemildert werden könnten. Es wird aber immer Irritationen und Konflikte, Ängste und Fremdheitsgefühle geben, die aus der Feldforschung entstehen und denen man nach Devereux' Ansicht und Aufforderung ins Gesicht sehen muß.

Was Plog (1987) zur Supervision für »Helfer« sagt, läßt sich leicht auf Forschungssupervision übertragen: »Die Absicht von Supervision ist es, so personennah und institutionsnah wie möglich die eigene Wirkungsweise auf den andern Menschen und dessen Wirkungsweise auf uns kennenzulernen. Supervision bedeutet nicht, über andere zu reden, sondern über sich selbst in der Verflechtung mit anderen, ...der Gesellschaft, den Kollegen und Vorgesetzten. Dieses Kennenlernen der eigenen, häufig konflikthaften Anteile ist nur zusammen mit anderen möglich, die objektiv und subjektiv andere Facetten desselben Geschehens wahrnehmen können.«

Im psychosozialen und zunehmend auch im medizinischen und pflegerischen Sektor ist Supervision fest etablierter Bestandteil beruflicher Praxis. Supervision kann man inzwischen studieren und in vielen privaten Instituten (die damit eine neue Wachstumsbranche in der Spätphase des Psychobooms entdeckt haben) lernen; »Supervisor« ist auf dem Wege, eine Berufsbezeichnung zu werden. Unübersehbar ist sowohl ein verbreitetes Bedürfnis der Praktiker nach Supervision als auch häufig eine bemerkenswerte Bereitschaft von Arbeitgebern, diese zu ermöglichen – mit der Erwartung, auf diesem Wege die berufliche Kompetenz und Zufriedenheit zu erhöhen, vermeidbare Belastungen, Konflikte, burn-outs mit allen dazugehörigen Folgen zu vermeiden oder zu verringern.

Im Vergleich dazu ist Forschungssupervision eine neue Spezialität und wird bisher nur vereinzelt praktiziert. Wenn sie nicht als kollegiale Supervision praktiziert wird, erfordert sie nunmehr eine Person mit einer Doppelqualifikation als Supervisor und als Wissenschaftler der jeweiligen Disziplin und ist somit an anspruchsvolle Voraussetzungen gebunden. Insbesondere erfordert sie aber ein Bewußtsein und eine Sensibilität der Forscher für das Ausmaß der eigenen emotionalen Beteiligung bei der eigenen Forschungsarbeit.

Vielleicht gehört in Zukunft dennoch Forschungssupervision zunehmend zum Standard von Sozialforschungsprojekten und wird häufiger bei der Beantragung von Mitteln mitbedacht.

Empfohlene Literatur zur »Supervision«:

Leithäuser, Th. und *B. Volmerg*: Psychoanalyse in der Sozialforschung. Westdeutscher Verlag: Opladen, 1988

Pühl, H. und *W. Schmidbauer*: Supervision und Psychoanalyse. Plädoyer für eine emanzipatorische Reflexion in helfenden Berufen. München: Kösel, 1986

3. Therapieforschung

1784 berief der französische König eine Untersuchungskommission, die sich mit einem Phänomen befassen sollte, das schon seit geraumer Zeit ganz Paris in Aufruhr versetzte: das aufsehenerregende Werk des Dr. Mesmer aus Wien, das zu einer ausgeprägten Mesmeromanie geführt hatte.

Franz Anton Mesmer (1734–1815) muß eine außergewöhnlich eindrucksvolle, sehr schillernde Persönlichkeit gewesen sein. Nachdem er Theologie, Philosophie und Jura studiert hatte, wandte er sich der Medizin zu. Als er 49 Jahre alt war, machte er bei einer jungen Patientin, dem 27jährigen Fräulein Österlin, die unter einer großen Zahl von Symptomen litt, die Entdeckung, die sein ganzes weiteres Leben bestimmen sollte: den sogenannten tierischen Magnetismus.

»Er studierte die quasi-astronomische Periodizität ihrer Krisen und konnte bald ihre Wiederkehr vorhersagen. Nun bemühte er sich, ihren Verlauf zu verändern. Es war gerade bekanntgeworden, daß einige englische Ärzte bestimmte Krankheiten mit Magneten behandelten, und Mesmer hatte den Einfall, in seiner Patientin ein ›künstliches Hochwasser‹ zu erzeugen: Nachdem er sie ein eisenhaltiges Präparat hatte einnehmen lassen, befestigte er drei eigens entworfene Magneten an ihrem Körper, einen auf dem Bauch, die beiden anderen an den Beinen, die Patientin begann alsbald zu fühlen, wie ungewöhnliche Ströme eines geheimnisvollen Fluidums durch ihren Körper abwärts flossen und all ihre Beschwerden waren für ein paar Stunden weggeschwemmt« (Ellenberger, 1985, 96f.).

Mesmer lebte seit 1777 in Paris und wurde dort ein berühmter Mann. Bald hatte er eine Vielzahl von Patienten, insbesondere aus den besten (sprich: adeligen) und zahlungskräftigen Kreisen. Seine Methode hatte er der explodierenden Nachfrage angepaßt. Er führte kollektive Behandlungen durch, wirkliche Großgruppentherapien. Zeitgenössische Berichte sprechen davon, daß nie weniger als zweihundert Patienten auf einmal in seinem Haus anwesend waren.

Darüber hinaus gab es aber auch eine preiswerte Variante, eine Art Unterschichttherapie unter freiem Himmel mit Hilfe eines magnetisierenden Baumes.

Auch wenn Mesmers Magnetismus unbestritten ein ungeheurer Kassenmagnet war, wäre es unrichtig und unvollständig, ihn als bloß cleveren und geschäftstüchtigen Startherapeuten (oder gar als skrupellosen Scharlatan) hinzustellen. Mesmer war davon überzeugt, der Menschheit eine neue Heilmethode geschenkt zu haben. Als Mann der Wissenschaft und als Kind der Aufklärung bemühte er sich um eine Theorie, die die Krankheiten und die Wirkung seiner Methode erklären konnte. »Es genügt nicht, die Kranken zu heilen, man muß sie mit Methoden heilen, die die Allgemeinheit akzeptiert« (Ellenberger, 1985, 95).

So bemühte er sich immer wieder – überwiegend erfolglos – um Kontakt mit wissenschaftlichen Einrichtungen: Académie des Sciences, Société Royale, Faculté de Médicine. Sein eigenes theoretisches Gebäude, sein Vokabular – ebenso wie die therapeutischen Hilfsmittel –, die heutzutage skurril erscheinen, sind Analogiebildungen zu den damals aktuellsten und aufregendsten Entdeckungen im Bereich der Elektrizität: Pole, Entladungen, Leiter, Isolatoren, Akkumulatoren.

Die Ehre wissenschaftlicher Aufmerksamkeit wird Mesmer jedoch erst zuteil, als der Mesmerismus als Society-Spektakel derartige Ausmaße annimmt, daß von allerhöchster Stelle ein Gutachten über das Phänomen bestellt wird.

Im Zusammenhang mit Mesmer gibt es eine weitere historische Premiere: Auf königliche Anordnung findet 1784 etwas statt, das man im Rückblick als Beginn der Psychotherapieforschung bezeichnen kann. Eine Reihe Wissenschaftler – die allererste Garnitur und noch heute jedermann bekannte Namen – sollen untersuchen, was es mit dem Mesmerismus auf sich habe.

Stefan Zweig beschreibt das Ereignis folgendermaßen: »Einen imposanteren Ausschuß, als die beiden Gesellschaften für jenen Anlaß erwählten, hat Frankreich selten gesehen ... Unter den vier Ärzten befindet sich ein gewisser Dr. Guillotin, der sieben Jahre später jene schöne Maschine erfinden wird, die alle irdischen Krankheiten in einer Sekunde heilt: die Guillotine. Unter den anderen Namen leuchtet ruhmvoll jener Benjamin Franklins, des Erfinders des Blitzableiters, Baillys, des Astronomen und späteren Bürgermeisters von Paris, Lavoisiers, des Erneuerers der Chemie, und Jussieus, des berühmten Botanikers.«

Ohne nachgeborene Therapieforscher kränken zu wollen, darf man konstatieren, daß sich unter ihnen wohl kaum viele befinden, die auch noch nach Jahrhunderten einem breiten Publikum bekannt sein werden. Diese illustre Gruppe hat sich ihren Ruhm zwar nicht vorrangig mit dieser Expertise erworben. Allerdings hat sie sich – und dies ist unter Therapieforschern nicht völlig selbstverständlich – selbst Eindrücke aus erster Hand verschafft und in ihrem Bericht festgehalten. Dazu schreibt Stefan Zweig:

»Einige sind ruhig, still und verzückt, andere husten, spucken, fühlen einen leichten Schmerz, eine lokale Wärme am ganzen Leib und haben Schweißausbrüche, andere sind von Konvulsionen geschüttelt. Die Konvulsionen sind außerordentlich in ihrer Zahl, Ausdauer und Kraft. Sobald sie bei einem beginnen, äußern sie sich gleichfalls bei den anderen. Die Kommission hat solche gesehen, die drei Stunden gedauert haben, sie sind vom Auswurf eines trüben, schleimigen Wassers begleitet, das die Gewalt dieser Anstrengungen herausreißt. Man sieht auch einzelne Blutspuren darin. Diese Konvulsionen sind charakterisiert durch rasche und unbeherrschte Bewegungen aller Glieder und des ganzen Körpers, Krämpfe in der Kehle, Zuckungen in der Bauchgegend und Magengegend, in Verwirrtheit und in Starre der Augen, grellen Schreien, Aufstoßen, Weinen und wilden Lacherregungen; ihnen folgen dann lange Zustände der Ermüdung und Trägheit, Niedergeschlagenheit und Erschöpfung ... Nichts ist erstaunlicher als das Schauspiel dieser Konvulsionen; wenn man sie nicht gesehen hat, kann man sich davon keinen Begriff machen.«

Obwohl der Einfluß des Magnetiseurs nicht zu übersehen ist und auch einen tiefen Eindruck auf die Kommissionsmitglieder macht: Der Untersuchungsauftrag lautet, ob Mesmers Behauptung, ein neues Fluidum entdeckt zu haben, stichhaltig ist. Nach weiteren (Selbst-)Versuchen – das Programm dazu wurde mit experimenteller Stringenz von Lavoisier entworfen – wurden allerdings keine Belege für dessen Existenz entdeckt. Andererseits aber waren die Wirkungen der »magnetischen« Behandlung doch nicht zu übersehen. Wenn die behauptete Wirkursache sich nicht dingfest machen läßt, die Wirkung aber immer noch da ist, ist dies verdächtig und beruht auf »Einbildung«. Von so einer – dem wissenschaftlichen Blick als unordentlich erscheinenden – Angelegenheit werden im Zweifel eher verderbliche als heilsame Wirkungen erwartet. Die Kommission fühlt sich daher verpflichtet, »beizufügen, daß diese Berührungen, die immer wiederholte Heranziehung zur Krisenerzeugung schädlich sein kann und daß der Anblick solcher Krisen gefährlich wird durch den Zwang zur

Nachahmung, den die Natur uns auferlegt hat, und deshalb jede öffentliche Behandlung auf die Dauer nur gefährliche Folgen haben kann«. In einem geheimen Anhang für den König wurde zudem auf die Gefahren hingewiesen, die im Zusammenhang mit der erotischen Anziehung des Magnetiseurs auf die Patientinnen erwachsen können.

Es dauerte noch hundert Jahre, bis auch wissenschaftlicherseits erkannt und anerkannt wird, daß »Einbildung« nicht synonym mit »nicht existent« oder »Hirngespinst« ist, sondern daß sich dahinter ein ganzer Horizont erforschenswerter Phänome auftut. Es war Pierre Janet, der berühmte französische Psychiater und Lehrer Freuds, der feststellte, »durch den Mesmerismus ist man zum erstenmal genötigt, die Phänomene der Konzentration und Dekonzentration, der Müdigkeit, der Aufmerksamkeit, der Hypnose, der nervösen Krisen, der Simulation zu untersuchen, die dann alle zusammen die moderne Psychologie darstellen«.

Das Mesmer-Beispiel zeigt, daß bei »Heilungen«, auch wenn sie zahlreich und beeindruckend sind, nach der »kulturellen Verträglichkeit« gefragt wird. Die schiere Erfolgs- oder Mißerfolgsbilanz ist dabei kein eigenständiges Kriterium. Wichtig ist die Kongruenz mit zentralen Normen und Kategorien der jeweiligen Gesellschaft. Das ist auch beim Magier in traditionalen Kulturen nicht anders.

> »Alles kommt darauf an, ob der Magier den in Frage stehenden Fall in ein symbolisches System einzusortieren weiß und ob die soziale Gemeinschaft, in der er und seine Auftraggeber leben, jenen Interpretationen zustimmt. Das gesamtgesellschaftliche Kollektiv spielt im magischen Schauspiel den direkt oder indirekt anwesenden Akteur, der den beiden anderen Akteuren, Zauberer und Klient, die Maßstäbe für die Erfolgskontrolle liefert... Versagungen der Magie an Einzelproblemen, die durchaus erkannt werden, sind zulässig und passieren folgenlos, weil der Fehlschlag auf den obligatorisch am Werk geglaubten Gegenzauber und/oder auf Formfehler zurückgeführt wird oder die Negativerfahrung einfach untergeht.« (Waßner, 1984, 113f.)

Kann in einfachen und weitgehend stabilen Kulturen die Übereinstimmung der Heiler und ihrer Methoden mit dem übrigen kulturellen System noch naturwüchsig kontrolliert werden, so ist dies in der modernen arbeitsteiligen Zivilisation Aufgabe der Wissenschaft. Sie wird mit der Autorität ausgestattet zu entscheiden, was jeweils mit einem rationalen Weltbild konform ist und was nicht. Das bleibt nicht ohne Konsequenzen. Das Staatsministerium verbot aufgrund des Berichtes der Kommission die Ausübung der Heilkunst mit Hilfe des tierischen Magnetismus.

Mit dem Übergang zum Kapitalismus und der Auflösung des ständischen Systems spielt das Moment der ökonomischen Konkurrenz zwischen Ständen, Berufsgruppen, Schulen usw. eine zunehmend bedeutende Rolle. Heutzutage ist der Beleg von Wissenschaftlichkeit und der Nachweis von Effizienz ein wesentliches Mittel im Kampf um Klienten und Ressourcen, und Psychotherapieforschung steht häufig in einem solchen Verwendungskontext.

Eine grundsätzliche Ambivalenz in diesem Feld ist sicher kaum überwindbar. Der Heiler und Magier ist einerseits fest integriert in seine Gesellschaft, zur gleichen Zeit aber etwas Besonderes und gesondert von den anderen Gesellschaftsmitgliedern, mit einem privilegierten Zugang zur Welt des Numinosen, mit ihm vorbehaltenem Wissen und eigenen Fähigkeiten. Und gerade diese Differenz macht – wie man annehmen darf – einen wichtigen Bestandteil seiner Wirksamkeit aus.

Die modernen Nachfolger des Heilers, die Psychotherapeuten, wollen und sollen auf einer nachweislich rationalen Grundlage wirken; was sie tun, soll (wenigstens grundsätzlich) transparent sein, die Differenz zwischen ihnen und den anderen Gesellschaftsmitgliedern soll (wenigstens im Prinzip) aufgehoben werden. Damit gerät aber auch die besondere und abgehobene Position als unterstellter Wirkfaktor in Gefahr (und auch das Prestige, sofern es auf einer gewissen Exklusivität beruht).

Untergründig besteht somit ein gewisses Spannungsverhältnis zwischen Psychotherapeuten und Psychotherapieforschung. Aus der Sicht der Psychotherapeuten ist es zwar sinnvoll, sich Rationalität und Wirksamkeit von seiten der Psychotherapieforschung bescheinigen zu lassen, zuviel »Entmythologisierung« oder »Banalisierung« kann begreiflicherweise als bedrohlich empfunden werden. Dann wird die Psychotherapieforschung – je nachdem – ignoriert, bespöttelt oder attackiert. Bemerkenswert ist eine deutlich ausgeprägte Tendenz bei manchen Psychotherapieforschern, diese vernichtende Kritik selber zu übernehmen. Zyklisch wird nach einem grundsätzlichen Richtungswechsel gerufen, nachdem sich bei Sichtung der jeweils letzten 1000 Publikationen eine grundlegende Fruchtlosigkeit der bisherigen Forschungsstrategie andeutete. Mit jeweils frischem Optimismus wird viel von den neu vorgeschlagenen Konzepten erwartet, die sich deutlich von den nun klar als Sackgassen erkannten alten unterscheiden.

Das bedeutet nicht, daß es nicht genug begründete Einwände gegen Konzepte und Ergebnisse der Psychotherapieforschung gäbe. Aber ein gebrochenes Verhältnis zwischen Psychotherapeuten und Psychotherapieforschern/-forschung läßt sich nicht übersehen:

- der typische praktizierende Psychotherapeut forscht selbst nicht (Prochaska & Norcross, 1983),
- publiziert demnach auch wenig oder gar nichts (Kelly et al., 1978),
- ist unwillig, sich auch nur an Forschung zu beteiligen (Bednar & Shapiro, 1970), und
- hat häufig eine generell eher negative Einstellung zur Forschung (Kelly et al., 1978).

Dennoch ist um 1920 an manchen psychoanalytischen Instituten begonnen worden, Statistiken über Anzahl und Dauer der durchgeführten Therapien sowie über therapeutische Ergebnisse zu führen (Künzler, 1964/65; Bergin & Lambert, 1978). Der älteste vorliegende Bericht ist der von Otto Fenichel über die Tätigkeiten im ersten psychoanalytischen Institut überhaupt, dem von Max Eitingon gegründeten Berliner Institut. Er teilt Angaben über 1955 Konsultationen und 721 analytische Behandlungen mit, die in dem Jahrzehnt von 1920 – 1930 durchgeführt wurden. Man erfährt etwas über die Berufe der Patienten (unter den 1955 Patienten waren 124 Künstler und 123 Lehrer, aber nur 28 Ärzte) und über die Verteilung der Diagnosen. Schon 1930 (!): »Allerdings war es auffallend, daß im Konsultationsmaterial überhaupt die klassischen Neuroseformen progressiv abzunehmen schienen.« Daß Psychoanalysen üblicherweise viele hundert Stunden dauern und sich über Jahre hinziehen, ist ein noch heute gängiges Klischee. Schon in Fenichels Bericht wird man eines besseren belehrt: von 363 abgeschlossenen Behandlungen wurden 49 % innerhalb eines Jahres beendet, 34 % dauerten bis zu zwei Jahren und nur 17 % noch länger. Die Bezahlung war so geregelt, »daß jeder Patient das Maximum, das er zu bezahlen imstande ist, auch bezahlt; die Höhe des Maximums bestimmt die Selbsteinschätzung des Patienten« (Lampl, 1930). Das Minimum war der Betrag, den ein Patient selbst pro Stunde verdiente.

Die (recht große) Häufigkeit der Therapieabbrüche (Hysterie 30%, Angsthysterie 44%, Psychopathie 78%) wird ebenso mitgeteilt wie die Behandlungsergebnisse – aus der Sicht der Behandler. Dies dürfte der Grund für die z. T. außergewöhnlich hohen Besserungsraten sein. Vergleichbare Berichte erschienen vereinzelt in

Behandlungsergebnisse der abgeschlossenen Behandlungen des Berliner Psychoanalytischen Institutes (1930)

Diagnosen	geheilt, wesentl. gebessert	gebessert	ungebessert
Hysterie	62	30	8
Angsthysterie	63	31	6
neurot. Depression	50	42	8
Zwangsneurose	66	25,5	8,5
Charakterstörungen	47	40	13
neurotische Hemmungen	64	27	9
Perversionen, Suchten	45,5	36,5	18
Schizophrenie u. Schizoid	16	42	42

den folgenden Jahren aus den Instituten in London (1936) und Chicago (1937) (Künzler, 1964/65).

Einzelne Analytiker beschäftigten sich in Publikationen detaillierter mit der Frage der Wirksamkeit der Psychoanalyse. Das Echo auf diese Arbeiten war jedoch eher gering. Die Frage, ob Psychotherapie (zu der damaligen Zeit noch fast gleichbedeutend mit Psychoanalyse) wirkt, stellte sich (noch) kaum. Freud selbst war gegenüber Versuchen, die therapeutische Wirksamkeit der Psychoanalyse »von außen« zu untersuchen, gar von Nicht-Psychoanalytikern, ausgesprochen ungnädig eingestellt. »Freunde der Analyse haben uns dann geraten, einer Sammlung der Mißerfolge durch eine von uns entworfene Statistik der Erfolge zu begegnen. Ich bin auch darauf nicht eingegangen. Ich machte geltend, daß eine Statistik wertlos sei, wenn die aneinander gereihten Einheiten derselben zu wenig gleichartig seien... Außerdem war der Zeitraum zu kurz, um die Haltbarkeit der Heilungen zu beurteilen...« (Freud, 1917). Er hielt entsprechende Bemühungen für überflüssig und andere Methoden als die der klinischen (Einzelfall-)Beobachtung für nicht adäquat.

Vereinzelt gab es allerdings schon früh kritische Stellungnahmen in der Fachwelt. So schrieb Myerson (1939): »Die Neurosen werden ›geheilt‹ durch christliche Wissenschaft, Osteopathie, Chiropraxis, mux vomica und Bromide, Benzedrinsulfate, Ortswechsel, einen Schlag auf den Kopf und Psychoanalyse, was wahrscheinlich bedeutet, das keins von alldem seinen Wert in der Sache erwiesen hat... Außerdem: da viele Neurosen zeitlich begrenzt sind, kann jeder, der zwei Jahre mit einem Patienten verbringt, darauf vertrauen, daß die Natur ihr Werk verrichtet.«

Aber erst als Eysenck zwölf Jahre später ganz ähnliches (auf 24 unkontrollierte Therapiestudien gestützt) behauptete, entfaltete diese Mitteilung eine beachtliche Wirkung.

Eysenck verglich nämlich Besserungsraten von Patienten, die mit Psychoanalyse und anderen einsichtsorientierten Verfahren behandelt worden waren, mit solchen, die in Behandlung bei Ärzten oder stationär untergebracht waren (ohne daß sie irgendeine spezifische Behandlung erhalten hätten).

»Psychoanalytisch behandelte Patienten haben eine Besserungsrate von 44% ; eklektisch behandelte eine von 64% ; Patienten, die stationär untergebracht sind oder von praktischen Ärzten behandelt werden, bessern sich zu 72%. Es scheint also eine negative Korrelation zwischen Heilung und Psychotherapie zu geben; je mehr Psychotherapie, desto geringer die Besserungsrate« (Eysenck, 1952).

Im Hinblick auf unterschiedliche Stichprobenzusammensetzungen in den von ihm zugrundegelegten Studien mildert er seine Zusammenfassung von »Psychotherapie ist schädlich« zu »Psychotherapie ist nicht nützlich«.

»Die Resultate zeigen nicht, daß Psychotherapie die Besserung neurotischer Patienten erleichtert. Sie zeigen, daß rund zwei Drittel einer Gruppe neurotischer Patienten innerhalb von etwa zwei Jahren nach Beginn ihrer Krankheit geheilt sind oder sich in beträchtlichem Ausmaß bessern – ob sie psychotherapeutisch behandelt werden oder nicht« (a. a. O.).

Aber auch in dieser Form war Eysencks Veröffentlichung »der erste Schuß in einem intellektuellen Bürgerkrieg zwischen Therapeuten, der immer noch andauert« (London, 1986).

In den folgenden zwanzig Jahren wurden eine Vielzahl von Therapiestudien angestellt, deren Ergebnisse zu Anfang der siebziger Jahre in wichtigen Sammelreferaten bilanziert wurden. So verwerteten Meltzoff & Kornreich (1970) 101 Untersuchungen mit Kontrollgruppendesign (Vergleich behandelter mit unbehandelten Klienten) und fanden bei der Mehrzahl einen Nachweis positiver Ergebnisse.

Auch Bergin (1971) fand bei 56 Arbeiten aus den Jahren 1953 bis 1969 ebenfalls überwiegend positive, wenn auch nur bescheidene Erfolge.

Im Gegensatz zu Eysenck konnte man nun empirisch recht gut begründet konstatieren, daß Psychotherapie wirksam ist, wenn auch alles andere als ein Wundermittel.

Diese insgesamt günstige Einschätzung beruht auch darauf, daß die von Eysenck genannte Spontanremissionsrate von 72 % (bzw. 64 %) deutlich nach unten (30 % bzw. 43 %, s. Bergin, 1971) korrigiert wurde.

Neben Kriterien wie Symptombesserung, subjektives Wohlbefinden, soziale Integration bezogen Dührssen u. a. (1965) auch die Häufigkeit und Länge von Krankenhausaufenthalten in ihre Untersuchung mit ein. Sie konnten zeigen, daß die Wirksamkeit von Psychotherapie auch darin bestand, medizinische Behandlungsbedürftigkeit zu reduzieren und so – nicht ganz nebensächlich – Kosten zu senken.

Schon aus den sechziger Jahren stammte die programmatische Forderung (Kiesler, 1966; Paul, 1967), die zu der am häufigsten zitierten, geradezu zu einer Litanei wurde, nämlich: Die Fragestellung solle spezifischer werden, es gehe darum, zu untersuchen, welche Behandlung durch wen am effektivsten für welches Individuum mit welchen spezifischen Problemen in welchem Setting ist. Diese Forderung leuchtete vielen als vernünftig ein und die verwendeten Metaphern der Pharmakologie-Forschung (Psychotherapie-Behandlung, Suche nach wirksamen Ingredienzien, Placeboforschung, Suche nach [Kontra-]Indikationen usw.) wurden nicht als mehr oder weniger produktive Quelle für Analogiebildungen, sondern als selbstverständlich real angesehen.

Die Komplexität des Gegenstandes nahm mit einer genaueren Beschreibung von Klienten, Therapeuten, Techniken und (Miß-)Erfolgskriterien enorm zu, gleichzeitig wurden die methodischen Standards zur Untersuchung solcher Fragen viel anspruchsvoller.

Oft löst es Unbehagen aus, wenn Forschungsergebnisse in den Sozialwissenschaften nicht eindeutig sind, einmal in diese, einmal in jene Richtung weisen. Eindeutigkeit ist allerdings keine Garantie für Akzeptanz. Ein Beispiel dafür sind die immer wieder neu bestätigten Fehlanzeigen bei der Suche nach differentieller Wirksamkeit von Psychotherapie.

Das zeigte sich bei den genannten Überblicksarbeiten von Meltzoff & Kornreich und Bergin. Das zeigte sich auch nach der Sichtung von 105 Studien, die Luborsky et al. (1975) unternommen hatten: Einzeltherapie ist nicht besser oder schlechter als Gruppenpsychotherapie; ob die Therapie zeitlich begrenzt oder unbegrenzt ist, macht für das Ergebnis keinen Unterschied; es läßt sich keine Überlegenheit einer bestimmten Therapieform erkennen, sei es Verhaltenstherapie, Klientenzentrierte oder irgendeine andere der untersuchten Therapievarianten.

Einige Jahre darauf ist in einem gigantischen quantitativen Review, der Meta-Analyse aller bis dahin unternommenen 475 kontrollierten Therapieerfolgsstudien, von Smith, Glass & Miller (1980) eher noch deutlicher akzentuiert worden, wofür Luborsky das einprägsame Motto (aus »Alice im Wunderland«) verwendet hat: »Alle haben gewonnen, und jeder muß einen Preis bekommen.« »Die Meta-Analyse versucht eine Synthese von empirischen Forschungsarbeiten durch Integration und Kumulation statistischer Kennwerte, die in den einzelnen Studien berichtet werden, wie z. B. p-Werte, Mittelwerte und deren Differenzen, Varianten bzw. Standardabweichungen, Korrelationskoeffizienten, t-, F-, chi-Quadratwerte usw. Es wird also nicht, wie bei anderen Formen der Sekundäranalyse, auf die ursprünglichen Rohdaten zurückgegriffen« (Wittmann & Matt, 1986). Diese neuartigen Verfahren haben ein großes Echo ausgelöst, viele Nachfolgeuntersuchungen angeregt, aber auch herbe Kritik geerntet, so sprach der nach wie vor streitlustige Eysenck von einer »mega-silliness«, und auch bei Grawe sind kaum noch sprachliche Steigerungen drin: für ihn ist die Meta-Analyse nicht nur ein Irrweg, sondern »Extrem eines Irrweges« (1981). (Zur Kritik der Meta-Analyse vgl. Reinecker, Schiepek & Gunzelmann, 1989).

Die sogenannte Effektstärke von Psychotherapie erwies sich im Verhältnis zu Effektstärken in anderen Gebieten – Medizin, Erziehung und Sozialprogramme – als groß. Aber auf die differentielle Indikationsfrage – Welche Therapie ist für welche Störung oder welche Klientengruppe am geeignetsten? – blieb es bei der alten Antwort: »Trotz der Bände, die den theoretischen Unterschieden der verschiedenen Psychotherapieschulen gewidmet sind, zeigen die Forschungsergebnisse nur vernachlässigbare Unterschiede zwischen den Ergebnissen der einzelnen Typen von Psychotherapie« (Smith & Glass, 1977, 760).

Also Preise für alle. Daß diese Ehrung bei den so gleichmäßig ausgezeichneten Therapieschulen kaum Stolz und Wohlbehagen auslösen kann, ist verständlich. Diese Prämie kann ja noch nicht einmal als Trostpreis verstanden werden. Bei der therapeutischen Olympiade sind offenbar keine Medaillen zu gewinnen, es werden nur Teilnahmebescheinigungen ausgestellt. Auch wenn dies dem olympischen Ideal nahekommt, wonach das Dabeisein wichtiger als das Siegen ist, bleibt es den Schulen selbst ein Ärgernis.

Wozu gibt es ein manchmal jahrelanges Training, entbehrungsreiche Vorbereitungszeit, strenge Auswahlmethoden, kostspielige Betreuer usw., bloß um am Ende das schon absurd anmutende Zielfoto der im Gleichschritt die Ziellinie überquerenden Teilnehmer zu produzieren? Teilnehmer, bei denen es – um die Sache auf die Spitze zu treiben – scheinbar keinen großen Unterschied zu machen scheint, ob sie sich einem systematischen Training unterworfen haben oder ob sie Gelegenheitsjogger sind, ob sie erfahrene Läufer sind oder gerade ihre ersten Runden drehen.

So könnte man Ergebnisse übersetzen, die zeigen, daß erfahrene Therapeuten den unerfahrenen in bezug auf die Effektivität der Therapie nicht überlegen sind (Meltzoff & Kornreich, 1970; Strupp & Hadley, 1979) und daß auch Laientherapeuten Erfolg haben (Zielke, 1979; Durlak, 1979).

Die sich daraus ergebende neuere Verunsicherung der Profession beruht auf einer sehr viel schwerer zu erschütternden empirischen Basis – umfangreicher und auf unvergleichlich höherem methodischen Niveau als Eysencks damaliger globaler Unwirksamkeitsverdacht. Zugleich ist dieser Stand des Wissens wirklich rätselhaft und paradox. Wie kann eine solche Fülle – in die Hunderte gehender – unterschiedlicher Therapieformen und oft völlig konträrer Therapietechniken zu solch einem uniformen Ergebnis führen?

Es gibt eine ganze Reihe Versuche, dieses Paradoxon aus der Welt zu schaffen. Es ist vielleicht nicht völlig falsch, die Gesamtheit dieser Versuche als *das* Thema der neueren und der gegenwärtigen Psychotherapieforschung anzusehen.

In den frühen sechziger Jahren wurden ca. 60 verschiedene Arten von Psychotherapie gezählt (Garfield, 1982). Ein Aspekt des vielberedeten Psychobooms ist das Aufkommen immer neuer therapeutischer Varianten. Ein Jahrzehnt später wurden mehr als 130 registriert, Ende der siebziger Jahre waren es mehr als 250 (Herink, 1980), Mitte der achtziger Jahre ist die Zahl von 400 überschritten (Kazdin, 1986). Würde sich auch nur ein Bruchteil davon wissenschaftlicher Untersuchung aussetzen, würden einige Psychotherapieforscher-Generationen ausreichend beschäftigt sein. Manche vertreten die Ansicht, daß trotz dieser vielen Therapieschulen in der Praxis das Gemeinsame die Unterschiedlichkeiten überwiegt. Vieles sei phänomenologisch nicht zu unterscheiden – trotz der unterschiedlichen Benennungen durch die einzelnen theoretischen Systeme. Diese Vermutung ist häufig verknüpft mit der Ansicht, daß sich schulenbedingte Unterschiede mit zunehmender Praxis verwischen, daß Therapeuten unterschiedlicher Provenienz im Laufe der Jahre wunderbarerweise auf eine therapeutische Idealfigur hin konvergieren.

Demgegenüber ist inzwischen hinreichend belegt, daß der Eindruck der Vielgestaltigkeit von Therapie, den jeder naive Betrachter erhält, richtig ist. Therapeuten verschiedener Richtungen haben nicht nur unterschiedliche Ideen und Theorien im Kopf, auch ihre eingesetzten verbalen oder nichtverbalen Techniken lassen sich gut unterscheiden. Das gilt nicht nur etwa für den Vergleich von verhaltens- bzw. einsichtsorientierten Therapien, sondern auch innerhalb des Bereichs der Einsichtstherapie. Z. B. hat Stiles (1979) bei einem Vergleich prominenter Vertreter Klientenzentrierter Therapie, Gestalttherapie und Psychoanalyse gezeigt, daß sich 80% bis 90% der Äußerungen in enger Übereinstimmung mit den jeweils theoretisch begründeten »Geboten« und »Verboten« befinden.

Innerhalb der Pharmakologiemetapher kann man also resümieren, daß die verschiedenen Therapieformen sehr wohl unterscheidbare Bestandteile aufweisen. Der Versuch, die gleichen Behandlungsergebnisse so zu deuten, daß die immergleiche Medizin nur in verschiedenen Flaschen dargeboten werde, ist also nicht überzeugend. Was jedoch von diesen unterschiedlichen Ingredienzien aktiver Wirkstoff ist, was nur Geschmacks- und Farbstoffe sind, was bloßes Füllmittel ist, ist damit freilich noch nicht beantwortet.

So kann man vermuten – so die zweite, schon vielversprechendere Position –, daß das, was in den Augen der einzelnen Schulen die Wirksubstanz ausmacht (die adäquate Interpretation, die unbedingte Wertschätzung, die Aufhebung von Blockierungen usw.), in Wirklichkeit nur den Geschmacks- oder Farbstoff bildet. Und daß umgekehrt die für weniger wichtig angesehenen Bestandteile, die Füllmenge, die mehr oder weniger überall enthalten ist, den eigentlich wirksamen Bestandteil ausmacht. Das ist mit den unspezifischen Wirkfaktoren gemeint. Im Sinne dieses Grundgedankens sind eine Reihe von Studien durchgeführt worden, die häufig gezeigt haben, daß es in der Tat nicht die unterstellten spezifischen Faktoren sind, auf die es ankommt, sondern daß die unspezifischen relevanter zu sein scheinen.

Ein Beispiel: Migräne-Patienten lernten mit Hilfe eines Biofeedback-Trainings ihre Handtemperatur zu erhöhen (in Übereinstimmung mit der Vasokonstriktions-Hypothese* der Migräne). Das Befinden der Patienten besserte sich. Anstatt die erfreuliche Besserung zu registrieren und als stützenden Hinweis für die zugrundeliegende Theorie zu werten, machten die Forscher anschließend das Gegenteil: Sie brachten Patienten dazu, ihre Handtemperatur zu verringern. Das tat dem Erfolg keinen Abbruch, auch diese Patienten fühlten sich gebessert. Man kann sich nun Gedanken machen, ob hier ein unspezifischer Faktor wie erhöhte Kontrollüberzeugung, induzierte Hoffnung oder einer der vielen anderen eine Rolle spielt.

Ähnlich ist es auch anderen »spezifischen« Faktoren unterschiedlicher Therapierichtungen ergangen. Im umfänglichen Therapieforschungsprojekt der Menninger-Foundation (Kernberg et al., 1972), das Psychoanalyse und psychoanalytische Psychotherapie untersuchte, fand sich kein Beleg für die – erwartete – Wirksamkeit von Einsicht und Deutung der Übertragung, wohl aber für die – unerwartete – Bedeutung der Motivation und Ich-Stärke des Patienten und der Qualität der Therapeut-Patient-Beziehung für ein positives Therapieergebnis.

Wolpes Systematische Desensibilisierung wurde dem Wirkfaktor der reziproken Hemmung* zugeschrieben. Es kämen auch andere Konzepte wie Extinktion* oder Modell-Lernen als potentielle Wirkfaktoren in Frage, aber wie sich zeigen ließ (Kazdin & Wilcoxin, 1976), ist die beste Erklärung für die Wirksamkeit der Systematischen Desensibilisierung, daß sie als Verfahren sehr glaubwürdig und vertrauenerweckend ist und bei Klienten in hohem Maße Hoffnung und Erwartung positiver Veränderungen weckt. Auch über Rogers' so plausible Überzeugung, daß Empathie, Wärme und Echtheit die notwendigen und hinreichenden Bedingungen für positiven therapeutischen Wandel darstellen, spricht die Psychotherapieforschung – der er selbst ganz wesentliche Impulse gegeben hat – das unerbittliche Urteil: »little or no evidence« (Garske & Lynn, 1985).

Es spricht also vieles dafür, daß die als spezifisch angesehenen Faktoren wichtig sind für die (Selbst-)Definition einer Schule, für die Identität der Therapeuten, als Markenzeichen für die Erkennbarkeit auf dem Psychomarkt. Für den therapeutischen Erfolg sind sie scheinbar nicht entscheidend bzw. haben sie ihre Bedeutung als Vehikel der offenbar wichtigeren unspezifischen Faktoren.

So hat z. B. Hofstätter schon früh (1957) darauf hingewiesen, »...daß der wirksame Faktor der Psychotherapie in einem Bereich zu suchen sei, der noch vor der Methoden- und Schuldifferenzierung liegt«. Dabei ist an folgende wichtige Faktoren zu denken: »Vertrauensbindung an einen Helfer, Atmosphäre des verstehenden Wohlwollens. Möglichkeit der Aussprache, Auflokkerung des Denkstils durch Entlastung von logischen Anforderungen, Abreagieren von Handlungsimpulsen im Medium des Gesprächs, in Frage stellen des gewohnten Selbstbildes« (Hofstätter, 1969, 257).

Strupp (1978) nennt seinerseits als wichtige Faktoren »Verständnis, Respekt, Interesse, Ermutigung, Anerkennung, Vergebung – kurz jene Arten von menschlichen Qualitäten, die schon seit undenkbaren Zeiten als wirkungsvoll im Aufrichten der menschlichen Seele angesehen werden«.

Es geht aber keineswegs nur um einen Therapeuten, der ein geradezu übermenschliches Maß an Qualitäten in seiner Person als Voraussetzung für Wirksamkeit vereinigen müßte. Zugleich sind auch die Person und die Verfassung des Klienten wichtig, das Verhältnis von Klient und Therapeut, das Setting, in dem die Therapie stattfindet, und was dort geschieht. Diese Aspekte sind Bestandteile eines umfassenden Modells über wirksames Helfen, das Jerome D. Frank auf der Grundlage vieler Beispiele von helfenden Beziehungen in unterschiedlichen Kulturen entwickelt hat.

Die unterschiedlichsten psychischen Störungen (Depression, Ängste, Schizophrenie usw.) sind von einem generellen Streßsyndrom begleitet, das Frank Demoralisierung nennt. Demoralisierte Personen sind charakterisiert durch Gefühle von Hilflosigkeit, Entfremdung, geringem Selbstwertgefühl usw. Eine solche Verfassung macht es ihnen schwer, innere und äußere Belastungen alleine zu bewältigen, und kann sie zur Suche nach psychotherapeutischer Hilfe motivieren.

Psychotherapeutische Angebote können in besonderer Weise die Demoralisierung bekämpfen. Wie unterschiedlich die einzelnen Schulen auch sein mögen, sie alle weisen einige Aspekte auf, denen Frank Wirksamkeit zuschreibt:

- Therapeut-Klient-Beziehung
- Setting
- Erklärungsangebot
- Therapeutische Rituale.

1. In der therapeutischen Beziehung gibt es klar definierte Rollen und Rollenerwartungen. Der demoralisierte Klient trifft einen Therapeuten, der sich durch seine Rolle und sein Verhalten als verständnisvoller Experte ausweist, auf den sich legitimerweise Erwartungen von Hilfe richten dürfen. Eine warme und vertrauensvolle Therapeut-Klient-Beziehung ist unverzichtbare Voraussetzung einer wirksamen Hilfe.

2. Das Setting signalisiert einen gesellschaftlich organisierten und anerkannten Ort, Hilfe zu erhalten. Das Setting bietet ein stabiles und vorhersagbares Element und unterstreicht den professionellen Status und die Expertenhaftigkeit des Therapeuten und unterstützt so positive Erwartungen des Klienten.

3. Jede Schule und jede Theorie hat ihre Konzepte, die Ursachen für eine Störung benennen, Ziele oder zumindest die Richtung für angestrebte therapeutische Veränderungen angeben. Diese Leistung, dem Klienten eine überzeugende Erklärung für sein Leiden zu vermitteln, gilt als ein weiterer zentraler Wirkfaktor.

4. Durch therapeutische Techniken – sei es durch Realisierung von Echtheit, Wärme, unbedingter Wertschätzung, durch Traumdeutung und Interpretation, durch Hypnose oder Hausaufgaben – demonstriert der Therapeut seine Kompetenz. Das therapeutische Ritual ist primär wirksam durch die Aufrechterhaltung und Erhöhung der Motivation des Klienten, seiner Erwartung von Besserung, der Bekräftigung der Überzeugung des Klienten, sich in guten Händen zu befinden. Zudem bietet es Gelegenheiten, neue Lernerfahrungen zu machen, innerhalb wie außerhalb der Therapie. Das bringt dem Klienten neue Erfahrungen über sich selbst und ermöglicht neue Perspektiven.

Diese Sichtweise auf die Therapie und das, was ihre wirksamen Bestandteile ausmacht, ist selbst plausibel und kann deshalb ihrerseits eine befriedigende Erklärungsmöglichkeit darstellen. Was Frank über die Rolle von erklärenden Konzepten in den einzelnen Therapieschulen sagte – sie bieten ein überzeugendes Weltbild, und für diese Funktion ist ihr »objektiver Wahrheitsgehalt« sekundär –, kann man auch auf sein eigenes Modell anwenden. Da es sich um sehr globale Merkmale handelt, ist eine empirische Überprüfung schwierig, und die – wenigen – vorhandenen Ergebnisse sind nicht eindeutig. So ist auch das Konzept der unspezifischen Faktoren nicht die Lösung des Dilemmas.

Zudem ist Franks Modell auf sehr heterogene Situationen von »Beeinflussung« im sozialen Kontext bezogen, und die spezifisch und nur in Psychotherapie wirksamen Faktoren finden nicht ausreichend Beachtung.

Jaeggi (1989) z. B. hat die erhöhte Symbolisierungsfähigkeit von Klienten als psychotherapie*spezifischen* Wirkfaktor beschrieben.

»Seitdem Erkenntnisse aus der Repräsentanzenlehre nahelegen, Repräsentanzen als Symbole aufzufassen, an denen sich Triebbesetzungen abspielen, ist diese erhöhte Symbolbildung in der therapeutischen Situation erst recht als wichtig erkennbar geworden. Wenn nämlich Repräsentanzen Symbole sind und gleichzeitig diese als eine Summation unterschiedlicher Interaktionsvorgänge verstanden werden können, dann ist das relativ ›freie‹ Umgehen mit diesen Interaktionssymbolen von erheblichem Wert.

Die symbolhafte Versprachlichung (i. S. präsentativer Symbolik) einzelner Interaktionssequenzen (z. B. die Darstellung der ›Mutter‹ als ›gierig im Netz wartender Spinne‹) erlaubt ein sehr viel flexibleres Umgehen mit der emotionalen und aktionalen Konsequenz dieses Mutteraspekts als eine allzu frühe logische Versprachlichung. Es kann nämlich im symbolischen Raum jeweils die eine oder andere Seite von Interaktionen ›ausgesponnen‹ werden, ohne daß strenge sekundärprozeßhafte Impulse korrigierend eingreifen. Affekte werden dadurch reguliert, neue Handlungskonsequenzen können erarbeitet werden.

Man könnte nun postulieren, daß gerade die therapeutische Situation Bedingungen schafft, die ein solches Entdecken und Erleben präsentativer Symbole in besonderer Weise begünstigt, und daß darin ein wichtiger Wirkfaktor für die Veränderung von Erleben und Verhalten liegt.«

Überhaupt sind in Kontrast zu Franks Modell, in dem der Therapeut ein gewisses Übergewicht hat, von anderen Untersuchern das Verhalten und die Einstellungen von Klienten in das Zentrum des Interesses gerückt. Dahinter steht ein Denken, das Therapie mehr in Begriffen von Angeboten, Gelegenheiten, Anregungen beschreibt als in Begriffen von Interventionen, Techniken und Prozeduren. Dieses Denken hat eine Affinität zu den einsichtsorientierten Schulen, man denke an das psychoanalytische

Konzept von Selbstexploration durch freies Assoziieren, an das Verbalisieren emotionaler Erlebnisinhalte in der Gesprächspsychotherapie, an das Focusing von Gendlin.

Die Vorstellung, daß das Ausmaß von innerer und äußerer Beteiligung der Klienten und ihre Fähigkeit und Bereitschaft sich zu »öffnen« als wesentlicher Wirkfaktor anzusehen sei, kann als eine weitere versuchsweise Antwort auf das Dodo-Dilemma [1] angesehen werden. Wie sehr Klienten sich »einlassen«, auf Angebote »antworten«, läßt sich schwerlich in einfachen Ursache-Wirkungs-Zusammenhängen vorstellen. Wenn der subjektive Klientenfaktor entscheidend wäre, könnte das erklären helfen, warum es keine prägnanten Unterschiede zwischen Schulen, Settings usw. gibt.

Aber auch hier ist die Ernüchterung nicht fern.

»Angesichts der Verfügbarkeit reliabler und vergleichbarer Meßinstrumente und weiter theoretischer Übereinstimmung, daß Öffnung und Selbstexploration sich als hilfreich erweisen sollten, war es überraschend schwierig, eine überzeugende Verbindung zwischen spezifischen Verhaltensweisen der Klienten und dem Therapieerfolg zu demonstrieren« (Stiles et al., 1986, 173).

Nach all den unter dem Strich entmutigenden Ergebnissen der Outcome*-Forschung ist seit Anfang der achtziger Jahre die Untersuchung psychotherapeutischer Prozesse (wieder) mehr in den Mittelpunkt des Interesses geraten. Dabei lauten die zentralen Fragen:

- Welche Veränderungen finden in der Therapie statt?
  Hier gibt es eine Akzentverschiebung insofern, als nicht (zuerst) nach Veränderungen durch die Therapie gefragt wird, die sich am Ende und global ergeben, sondern nach »Micro-Outcomes« innerhalb einer Therapiestunde.
- Wie kommen diese Veränderungen zustande?
  Dabei interessieren »änderungsrelevante Episoden«, in denen sowohl die Aktivitäten des Therapeuten wie des Klienten von Interesse sind.

  Diese Neuorientierung resp. Rückbesinnung auf den therapeutischen Prozeß hat mehrere Facetten:

---

[1] Dodo ist der Vogel, der das Startzeichen zum Rennen der Tiere in ›Alice im Wunderland‹ gab und anschließend – auf die Frage nach dem Sieger – verkündete: »Jeder hat gewonnen, jeder erhält einen Preis.«

- Die Konzentration auf Prozeßaspekte verspricht im Kontrast zu den Variablen der Outcome-Forschung größeren Realismus und Anregungsgehalt. Psychotherapieforschung dieser Art könnte wieder »klinischer«, praxisrelevanter und damit für Therapeuten wieder interessanter werden.
- Neue diagnostische Verfahren sowie verbesserte (und billigere) audiovisuelle Hilfsmittel erweitern die Möglichkeiten zur Erfassung von Prozeßaspekten enorm.
- Anstelle der Korrelation von Variablen, die isoliert von ihrem Bedeutungskontext erhoben werden, gibt es ein gewachsenes Interesse an interpretativen Ansätzen unter den Psychotherapieforschern.
- Die Analysemethoden für Daten aus Verläufen (Zeitreihenanalyse) sind hochentwickelt.

Einflußreich und anregend war das Buch von Rice und Greenberg (1984) »Patterns of Change: Intensive analysis of psychotherapy process«. Darin wurde eine komplexere Sicht psychotherapeutischer Prozesse und darauf abgestimmter Forschungsstrategien und -methoden vorgestellt.

»Der vorgeschlagene Ansatz zum Problem der Wahl der Untersuchungseinheit ist, den psychotherapeutischen Prozeß als Drei- oder Vier-Ebenen-Phänomen zu betrachten, wobei Äußerungen und/oder Sprechakte ihre Bedeutung durch Episoden oder Beziehungskontexte erhalten. Es geht nicht darum, Äußerungen oder Sprechakte zu Lasten anderer Variablen wie stilistischer, kinetischer oder paralinguistischer zu fundamentalen Daten der Prozeßforschung zu erklären, es geht um die Betonung der großen Bedeutung des Kontextes in der Prozeßforschung und um seine Berücksichtigung in unserer Forschungsstrategie« (Greenberg, 1986, 5).

Jede Therapie wird als aus einer Vielzahl von änderungsrelevanten Ereignissen oder Episoden bestehend betrachtet, die jeweils nur aus ihrem mehrdimensionalen Kontext heraus verständlich sind. Diese heterogenen Ereignisse einfach zu einer homogenen Behandlung zu machen und deren Effekte zu untersuchen, wie es in der Outcome-Forschung geschieht, verhindert weitergehende Kenntnisse.

Demgegenüber konzentriert man sich hier auf a) Kontexte, in denen der Klient den Therapeuten mit einer bestimmten therapeutischen Aufgabe konfrontiert (z. B. symptomatisches Verhalten, Entscheidungskonflikt), b) bestimmte therapeutische Techniken und c) die Reaktionen des Klienten auf die Technik, sowohl unmittelbar in der Situation als auch später. Die programmatische Frage lautet hier – in Abgrenzung zu Kiesler (1966): »Welche spezifischen Interventionen des Therapeuten, ausgeführt in welchen therapeutischen Kontexten, haben welche unmittelbaren und welche längerfristigen Ergebnisse?«

Also anstatt zu fragen »Ist Gestalttherapie besser als Klientenzentrierte Therapie?«, würde man fragen »Ist die Zwei-Stühle-Technik bei der Lösung von Entscheidungsproblemen besser als reflexives Zuhören?« Das haben Greenberg & Dompierre (1981) in einer Untersuchung getan.

Bei der Suche nach Antworten sind sowohl explorative Einzelfallstudien als auch Gruppenuntersuchungen sinnvoll, um mittels Hypothesengenerierung und -testung zu einem besseren Verständnis und zur besseren Erklärung von Veränderungsmustern zu kommen.

Ein engagiertes Plädoyer für die Prozeßforschung als Einzelfallforschung hat Grawe (1988) gehalten. Als selbst Beteiligter hält er einen kritischen Rückblick auf die letzten 40 Jahre Therapieforschung und stellt die skeptische Frage: »Wissen wir heute wirklich besser als vor achtzig Jahren, wie Psychotherapie funktioniert? Haben über viertausend kontrollierte und noch mehr unkontrollierte empirische Psychotherapiestudien uns in die Lage versetzt, mit einiger Sicherheit sagen zu können, welches für welche Menschen die beste psychotherapeutische Hilfe wäre?« Er gibt sich selbst die beachtliche Antwort: »Sehr pointiert formuliert können wir Psychotherapie aus dieser Perspektive definieren als eine Wissenschaft, die sich praktisch noch gar nicht mit ihrem eigentlichen Gegenstand befaßt hat. Dieser Forschungsgegenstand ist das psychotherapeutische Geschehen selbst, nicht das, was in Manualen darüber geschrieben steht. Wo ist reales psychotherapeutisches Geschehen in einer Weise, die wissenschaftlichen Ansprüchen standhält, dokumentiert, beschrieben, geordnet, analysiert worden? In allen diesen wissenschaftlichen Aufgaben stehen wir noch ganz am Anfang.«

Manchmal erinnert Psychotherapieforschung an Sisyphos-Arbeit, und man kann darüber spekulieren, ob man für diesen Beruf eventuell mit besonderer psychischer Stabilität und Frustrationstoleranz ausgestattet sein muß. Aber zum Schluß doch noch etwas Tröstliches: »Daß wir in der Psychotherapieforschung doch nicht mehr ganz am Anfang stehen, sondern bereits einen Weg zurückgelegt haben, läßt sich daraus ersehen, daß Freuds ... Fallstudien sicher keine Chance hätten, heute in dieser Zeitschrift (...) veröffentlicht zu werden« (Grawe, a. a. O.).

Daß Psychotherapeuten als typischem Berufsrisiko dem Schwanken zwischen Depression und Größenwahn ausgesetzt sind, hat man schon gehört. Scheinbar sind auch Therapieforscher nicht unbedingt dagegen gefeit.

Empfohlene Literatur zu »Psychotherapieforschung«:

Bergin, A. E. und *S. Garfield*: Handbook of Psychotherapy and Behavior Change. New York: Wiley, 1986

Frank, J. D.: Die Heiler. Stuttgart: Klett, 1981

Strupp, H. H.: Psychotherapy. Research, Practice, and Public Policy (How to avoid dead ends). American Psychologist, 1986, Vol 41, No. 2, 120–130

4. Klinische Psychologie und das Problem der Forschungs- und Kontrollmethoden

Kochkunst und psychologische Forschung

Psychologische Forschung und Kochkunst haben vieles gemeinsam. Nicht alles, was eßbar ist, kommt auf den Tisch, und noch lange nicht alles, was auf den Tisch kommt, wird gegessen. Dies gilt in gewisser Weise auch für die Forschung. Nicht alles, was machbar ist, wird durchgeführt, und nicht alles, was an psychologischen Untersuchungen und Analysen durchgeführt wurde, findet dann auch Anklang und wird genutzt.

Gute Forschung ist wie gute Kochkunst. Nur, über Geschmack läßt sich bekanntlich streiten. In der Psychologie finden sich deshalb verschiedene Koch-»Schulen«.

Einmal die Schule, die das »Rohe«, Nicht-Zubereitete, bevorzugt. Das heißt hier: möglichst authentische, aus dem Leben gegriffene, den Alltag betreffende Kost.

Das Paradigma dieser Schule ist die sogenannte »Oral history«. Augenzeugen werden gesucht, die ins Vergessen geratende Ereignisse noch miterlebt haben. Dem Psychologen, zumal dem Klinischen, ist ein solcher Ansatz, die verlorene Seite der Geschichte wieder ins Blickfeld zurückzuholen, nicht fremd. Er gehört zur Alltagspraxis Klinischer Psychologen, die ihre Klienten nach ihren Leiden befragen, Biographien aufdecken und auf diese Weise versuchen, ein Verständnis für die Entwicklung von psychischen Störungen zu erlangen.

Neben dieser eher »vegetarischen« Kost gibt es auch deftigere Gerichte, »rohes Fleisch« sozusagen. Psychologen wagen sich hier nicht nur an diejenigen Menschen mit psychischen Störungen heran, die sich von ihnen behandeln lassen wollen oder müssen, sondern sie richten ihre Aufmerksamkeit auf Bereiche der Gesellschaft, die sich nicht so ohne weiteres befragen und erforschen lassen. Das ist z. B. die Welt der großen Bosse; es ist der Sperrbezirk der Huren und Zuhälter; die Bereiche von Gewalt, Herrschaft und Macht. Klinische Psychologie könnte auch hier etwas entdecken, zurechtrücken oder zumindest aufzeigen: Welche psychischen Kosten verursachen beispielsweise die einem Manager immer wieder aufgezwungenen Umzüge von einer Stadt in die andere und damit das Zurücklassen von Freunden, Beziehungen und

Bindungen? Welche Auswirkungen hat dies auf die Familie solcher Menschen? Oder: Wie »funktioniert« ein Industriemanager, der einerseits die FCKW-Produktion seines Unternehmens verteidigen muß, sich aber im Privatleben für Natur- und Tierschutz engagiert?

Die Unterscheidung zwischen vegetarischer und fleischlicher Kost macht auf einen interessanten Aspekt aufmerksam: Gewöhnlich wird in der Psychologie »nach unten« geforscht. Das trägt nicht nur der Solidarität mit den Armen und Unterdrückten, die am Rand der Gesellschaft stehen, Rechnung, sondern liegt auch in deren Wehrlosigkeit begründet. Hier braucht der Psychologe sich nicht zu fürchten. Zuweilen nämlich ist die »fleischliche« Forschung (nämlich die Erforschung der Sphäre von Macht und Gewalt) gefährlich und ängstigt den Psychologen. Ein Blick auf die in der Psychologie meist untersuchten Personengruppen bestätigt das. Es sind oft Studenten, Rentner, Patienten und deren Angehörige, Arbeitslose und Gefängnisinsassen, das heißt Menschen, die eins gemeinsam haben: Sie sind gewöhnt, sich der Macht zu unterwerfen.

Die zweite große Kochschule stellt das Gekochte selbst in den Mittelpunkt. Sie bietet Speisen an, die bereits verarbeitet sind, die ihr ursprüngliches Aussehen, ihre ursprüngliche Qualität verloren haben. Das »Rohe« verschwindet hier hinter einem Netzwerk von Hypothesen, Theorien, Zahlen und Statistiken und wird unkenntlich.

Es wäre aber falsch, solche Speisen für ungenießbar zu halten, wie das zuweilen geschieht. Damit würde man die Anwendungsmöglichkeit dieser Art von Forschung nicht anerkennen. Nimmt man z. B. die Anwendungsmöglichkeiten, die sich bei der experimentellen Untersuchung von Denk- und Problemlöseverhalten ergeben haben, zeigt sich, daß die künstliche Intelligenz in Form von Expertensystemen in den Berufsalltag von immer mehr Menschen eindringt. Das mag für die Klinischen Psychologen eine Verarmung menschlichen Denkens bedeuten, eine Reduzierung auf die primitive Logik von »Ja und Nein«, die keinen Platz für Zwischentöne läßt und die kreatives Denken verhindert. Eins aber kann nicht geleugnet werden: Auch diese Art von Forschung beeinflußt das Leben.

Was ist nun die »richtige« Art von Kochkunst – die richtige Art, Psychologie zu betreiben, die »richtige« Wissenschaft?

Klinische Psychologie als »letzte« psychologische Disziplin?

Die Klinische Psychologie ist zuweilen dem Vorwurf ausgesetzt, keine richtige Wissenschaft zu sein. Für viele ordentliche Psychologieprofessoren ist sie außerdem ein Ärgernis – sie verführt, so wird befürchtet, die studentische Jugend zu unnötigen Schwätzereien und sozialer Schwärmerei und vermittelt der Öffentlichkeit ein falsches Bild von Psychologie. Klinische Psychologie – und darin gipfelt der Vorwurf – ist feuilletonistisch. In den Augen solcher Professoren rangiert die Klinische Psychologie auf dem letzten Platz unter den verschiedenen psychologischen Disziplinen. Andererseits reklamieren Klinische Psychologen für sich, daß sie wirklich noch Psychologie betreiben. Alle anderen beschäftigen sich mit allem möglichen – mit Statistik, künstlicher Intelligenz, mit Physiologie –, nur nicht mit der menschlichen Seele.

Auseinandersetzungen, Streit und Krisenbewußtsein allerdings begleiteten die Psychologie von jeher und betrafen nicht nur die Klinische Psychologie. Bereits vor K. Bühlers klassischem Aufsatz »Die Krise der Psychologie« aus dem Jahr 1927 war die Auseinandersetzung um die »richtige« Psychologie voll im Gang. Aber schon der berühmte amerikanische Psychologe James (1950), war 1890 zu dem pessimistischen Urteil gekommen, daß die Psychologie keine Wissenschaft sei, sondern nur eine Hoffnung darauf.

Diese Auseinandersetzungen waren nicht nur rein akademischer Natur. Einen Eindruck von den persönlichen Krisen, in die die Gründerväter der Psychologie dabei gerieten, vermittelt Hofstätter (1957). Danach haben viele große Anreger der Psychologie vor der Entwicklung ihrer Ansätze schwere Lebenskrisen durchgemacht: Fechner, der Begründer der »Psychophysik« (eines Zweiges der Psychologie, die die Physik direkt auf die Psychologie auszudehnen versuchte), ebenso wie Freud und James. Auch Max Weber, der große deutsche Nationalökonom, machte eine schwere Nervenkrise durch, bevor er die Grundlagen der verstehenden Soziologie ausarbeitete, die zu einem Vorbild der qualitativen psychologischen Forschungsmethodik avancierte.

Gestritten wurde und wird in der Psychologie um drei Fragen: um den Gegenstand – worüber sollte in der Psychologie geforscht werden? –, um die Denkweise – in welcher Weise sollte man sich diesem Gegenstand nähern? – und um die konkreten Methoden, die man dabei einsetzen sollte. Vorweg: Dieser Streit wird nicht nur in der Klinischen Psychologie geführt, aber hier geriet diese Auseinandersetzung außer Rand und Band.

Das *Gegenstandsproblem* betrifft die Frage, was das eigentliche Feld der Psychologie sei. Dabei besteht der Konflikt hauptsächlich zwischen einer »Psychologie des Sinns« und einer »zergliedernden Psychologie«.

Dilthey (1974, 1910) erklärte, daß die Psychologie eine Psychologie des Sinns sein sollte. Ihre vornehmliche Aufgabe sei es, sich mit geistigen Gehalten zu beschäftigen und sie von einer »Psychologie ohne Sinn« abzugrenzen. Die Diltheysche Auffassung läßt sich an einem einfachen Beispiel verdeutlichen. Angenommen, es geht um das Kunstempfinden – z. B. um das ästhetische Vergnügen beim Betrachten eines Balletts. Es ist hier wenig zweckmäßig, das Ballett zu »mikroskopieren« und die Muskelbewegungen bzw. die Nervenimpulse eines einzelnen Tänzers zu betrachten. Aus einer solchen physiologischen Analyse erschließt sich nicht der Sinn des Balletts. Vielmehr kann allein eine ganzheitliche Betrachtung des Balletts, seiner Choreographie, der getanzten Inhalte und Bedeutungen sowie eine kulturhistorische Analyse den vollen Bedeutungsgehalt erschließen.

Ähnliches gilt für die Psychologie. Auch hier helfen Analysen, zugeschnitten auf die Handhabbarkeit in Laboratorien, nicht viel. Wie lassen sich Probleme wie Sinnkrisen, Melancholie, Angst vor dem Tod oder der Umgang mit Sterbenden experimentell untersuchen? Auf welche Weise können experimentelle Untersuchungen etwas zum Verständnis von Wettrüsten, Drogenmißbrauch, Schulversagen und jugendlichen Aussteigern beitragen? Aber gerade die junge experimentelle Psychologie beschäftigte sich damals mit Fragen, die meilenweit von solchen drängenden menschlichen Problemen entfernt waren. So z. B. Ebbinghaus, der um 1885 mit sinnlosen Silben experimentierte und untersuchte, wie schnell diese wieder vergessen wurden.

Politzer (1929) ging von der Frage aus, ob die Akademische Psychologie als Wissenschaft die »praktische Menschenkenntnis« auf die Ebene einer Wissenschaft gehoben habe. D. h., ob sie Methoden und Erkenntnisse produziere, die über die naive Psychologie eines lebenserfahrenen Menschen hinausgehen. Er kam dabei zu der Schlußfolgerung, daß die Akademische Psychologie kaum etwas dazu beigetragen habe. Das Wissen, das sie anbiete, sei aus Prozessen zusammengesetzt – so argumentierte er –, die nicht die Form unseres alltäglichen Handelns haben. D. h.: Wir erfahren aus der Psychologie etwas über den Aufbau des Gedächtnisses, über die Assoziation von Vorstellungen und über Reiz-Reaktionsgesetze usw., aber Menschen mit ihren Erfahrungen können sich in solchen Forschungsergebnissen der Psychologie nicht wiederfinden, da es keine Berichte über menschliche Ereignisse und die Erfahrungen im Leben sind. Den wissenschaftlichen Darstellungen und Befunden fehlt die Ganzheitlichkeit – sie beziehen sich auf einzelne Bausteine psychischen Geschehens, die aus ihrem Zusammenhang herausgelöst sind. In bezug auf die Erweiterung der praktischen Menschenkenntnis sind sie oft irrelevant. Schließlich sind sie statisch in dem Sinne, daß sie die Veränderung und Wandelbarkeit ihres Gegenstandes ausklammern, d. h. sie negieren die historischen Veränderungen psychischen Geschehens.

An einer Psychologie ohne Sinn übte auch der Gestaltpsychologe W. Köhler (1938) Kritik. Er war der Auffassung, daß die herkömmliche Psychologie im wesentlichen darauf abzielte, die Alltagsvorstellungen der Menschen als falschen Schein, als »Als-ob« zu entlarven, d. h. als naiv und falsch; sie müßten durch die exakten Befunde der Wissenschaft ersetzt werden. Köhler demonstrierte auch, daß die wissenschaftliche Psychologie seiner Zeit eine »Als-ob« Psychologie war. Beispielsweise betrachte der Behaviorismus den Menschen, als ob er eine Reiz-Reaktionsmaschine sei. Reize und Reaktionen seien das Alphabet dieser Form von wissenschaftlicher Psychologie, die damit keinen Unterschied zwischen einem Nobelpreisträger und dem berühmten Pawlowschen Hund mehr mache, der auf ein optisches Signal hin Speichel absondert. In der klassischen Verhaltenstherapie wird dieses Modell aufgenommen und zur Grundlage des Verständnisses von psychischen Störungen gemacht – damit sind Störungen nichts als fehlgelernte Reaktionen auf die falschen Reize. Für die Resultate solcher Forschung prägte Köhler den Ausdruck der »Richtig-Falschen Tatsachen«. Die so gewonnenen wissenschaftlichen Aussagen seien zwar richtig, die Sache aber, hier die menschliche Psyche, um die es gehe, besser: gehen sollte, werde nicht getroffen. Die Untersuchung des Vergessens sinnloser Silben beispielsweise erfasse nicht menschliches Vergessen, so wie es unter Alltagsbedingungen funktioniert. Und das Reiz-Reaktionsmodell der Verhaltenstherapie lasse die Vielschichtigkeit und lebensgeschichtlichen Besonderheiten psychischer Störungen in der Eiswüste der Abstraktion verkommen. D. h., einerseits seien die Befunde richtig, aber andererseits falsch, wenn versucht wird, sie auf Alltagsbedingungen zu übertragen, z. B. um das Scheitern menschlicher Hoffnungen, Sinnkrisen und den Umgang mit Lebensproblemen zu verstehen.

K. Dörner (1983, 13) faßt die gegenwärtige Lage wie folgt zusammen: »Böse Zungen behaupten, die Psychologie sei eine Wissenschaft, die Fragen beantworte, die niemand gestellt hat; entweder seien die Antworten längst bekannt, oder die Fragen interessieren niemanden.« Man hat nicht den Eindruck, daß diese Beschreibung völlig falsch ist. Es ist offenbar so, daß die Gegenstände, mit denen sich die wissenschaftliche Psychologie beschäftigt, kaum in einem Bezug zu denjenigen Fragen und Problemen stehen, von denen sich die Öffentlichkeit gerade Hilfe von der Psychologie erhofft.

Die Frage nach der *Denkweise*, d. h. nach der Auffassung von Psychologie als Wissenschaft, betrifft die wissenschaftlichen Vorbilder, die die Herangehensweise an psychologische Fragestellungen bestimmen. Auf eine knappe Formel gebracht lautet die Alternative, ob die Naturwissenschaften, vor allem die Physik, oder die Kultur- und Geschichtswissenschaften das rechte Vorbild für die Psychologie seien. »Physik« meint dabei die klassische Mechanik mit ihren Gesetzen, die Ursachen auf Wirkungen beziehen. Psyche wird so als ein Gesetzeszusammenhang aufgefaßt, den es zu ergründen gilt. Kultur- und Geschichtswissenschaften stehen dagegen für ein Verständnis von Psyche als einem historischen Gebilde, das sich nicht experimentell aufklären läßt und wo Gesetze nicht eindeutig ermittelt werden können, wo, wenn man überhaupt Gesetze finden kann, die Ausnahme immer die Regel ist.

Aber auch die Position der Psychologie als Naturwissenschaft hat ihre Vorzüge. Schon 1787 hat Kant in seiner Vorrede zur zweiten Ausgabe der »Kritik der reinen Vernunft« die Vorzüge der experimentellen Denkweise der klassischen Physik treffend charakterisiert: »Sie (die Naturwissenschaftler) begriffen, daß die Vernunft nur das einsieht, was sie selbst nach ihrem Entwurfe hervorbringt..., daß sie die Natur nötigen müsse, auf ihre Fragen zu antworten, nicht aber sich von ihr allein gleichsam am Leitbande gängeln lassen müsse; denn sonst hängen zufällige, nach keinem vorher entworfenen Plane gemachte Beobachtungen gar nicht in einem notwendigen Gesetze zusammen, welches doch die Vernunft sucht und bedarf... Die Vernunft muß... an die Natur gehen, zwar um von ihr belehrt zu werden, aber nicht in der Qualität eines Schülers, der sich alles vorsagen läßt, was der Lehrer will, sondern eines bestallten Richters, der die Zeugen nötigt, auf die Fragen zu antworten, die er ihnen vorlegt.«

Kants Argumentation gilt wohl auch für die Psychologie: Man muß »eingreifen«, um etwas über und von Menschen zu verstehen. Einfach zuzuhören oder das, was sich zufällig ereignet, festzuhalten, reicht noch lange nicht aus, um ein klares Bild vom Wirken der Psyche zu bekommen. Das Problem dabei ist aber: Auf welche Weise soll man eingreifen, um der menschlichen Natur die Fragen zu diktieren, ohne das Risiko einzugehen, darüber den Bezug zum Gegenstand zu verlieren.

Der Haupteinwand gegen die experimentelle Vorgehensweise bezieht sich auf deren mangelnde Lebensnähe. Halten wir uns einmal vor Augen, daß das wesentliche Kennzeichen des Experiments die Manipulation (also das Einwirken) und die Kontrolle sind. Bezogen auf psychische Phänomene heißt das, solche herzustellen oder zu beeinflussen. Das mag beispielsweise noch für Entscheidungen über Lotteriespiele oder für Wahrnehmungen der Größe von Münzen gelten; kann diese Denkweise aber noch für die Entwicklung von Depressionen und Magersucht herangezogen werden?

Ein Experiment bedeutet zwangsläufig immer auch eine »Verarmung« des Untersuchungsgegenstands: Um das Experiment handhabbar und überschaubar zu gestalten, können sich die zu untersuchenden Phänomene nicht in der gleichen Intensität, in der gleichen Komplexität und Besonderheit, wie sie im täglichen Leben existieren, entfalten. Es fehlt ihnen an Lebensnähe. Lewin (1931, 419) entgegnete mit dem Hinweis auf die Physik: »Solchen Einwänden gegenüber dürfte es gut sein, sich daran zu erinnern, daß man in der jungen Physik ähnliche Argumente verwendet hat. Als in der Physik die Idee allgemeiner Bewegungsgesetze auftrat, hat man eingewendet, daß etwas qualitativ so verschiedenes wie die Bewegung eines Menschen auf der Erde, das Rollen einer Kugel, der Flug eines Vogels und die himmlischen Bewegungen der Gestirne unmöglich dem gleichen Gesetz gehorchen können. Und was die quantitative Verschiedenheit der Prozesse anbelangt, so experimentiert ja auch der Physiker zur Erforschung der Elektrizität nicht lebensnah, d. h. nicht mit Donner und Blitz. Die Lebensnähe des Experiments ist nicht in der quantitativen Übereinstimmung mit der Wirklichkeit zu suchen, sondern entscheidend ist, ob beide Male wirklich derselbe Geschehenstypus vorliegt. Handelt es sich nämlich um Geschehnisse gleicher Struktur, so ist innerhalb breiter Bereiche ein Schluß auch bei verschiedenen absoluten Intensitäten zulässig.«

Eines allerdings bedenkt Lewin nicht. Nämlich: daß psychisches Geschehen schon immer vorgeprägt ist. Menschen haben im Gegensatz zur Elektrizität ein Bewußtsein – sie machen sich Gedanken über das, was sie tun und erleiden. Solche Annahmen und Ideen, die vor aller wissenschaftlichen Psychologie immer schon vorhanden sind, beeinflussen auch das Verhalten und Erleben der Menschen. Als praktisches Wissen und praktische Menschenkenntnis wirken sie auf das Verhalten und Erleben ein. Jeder von uns kennt diesen Sachverhalt, der in der Soziologie das Thomas-Theorem heißt: Das, was Menschen für real halten, hat auch reale Konsequenzen für sie. Nimmt eine Person A an, daß eine andere Person B ihr Böses will, verhält sie sich B gegenüber vorsichtig und mißtraut allen Freundschafts- und Kooperationsangeboten. Umgekehrt wird so die Person B, die vielleicht zuvor noch unbefangen war, annehmen, daß etwas nicht stimmt. Und zum Schluß entwickelt sich genau das Verhältnis, das A fälschlicherweise von Anfang an unterstellt hatte.

Politzer (1929) faßte die damalige Auseinandersetzung um die richtige Denkweise der Psychologie in seinem Buch »Kritik der klassischen Psychologie« zusammen. Er kommentierte: »Wenigstens auf den ersten Blick scheint es so, daß die Psychologie heute nicht an einem Übermaß an Dogmatismus, sondern an einem Übermaß an Kritik leidet; ihre Geschichte seit 50 Jahren scheint im wesentlichen eine Abfolge von Kritiken zu sein...« Politzer kam zu dem Schluß, daß im Gegensatz zu den Philosophen (die in allem recht haben, was sie behaupten, und unrecht in dem, was sie leugnen) Psychologen in allem unrecht haben, was sie behaupten, und nur in dem recht haben, was sie kritisieren.

Noch heute wird der alte Streit zwischen Erklären und Verstehen weiter ausgetragen (Köckeis-Stangl, 1980; Legewie, 1989). Psychologie, vom Zeitgeist angetrieben, verlegt sich wieder stärker auf das »Verstehen«. Das hieß: Absage an das Experimentieren und Manipulieren und die Betonung einer »sanften« Methodik, die auf freundliche, aber eindringliche Weise versucht, sich von »innen« her – unter Ausnutzung der Selbstsicht der untersuchten Personen – ein Bild vom Erleben und Verhalten zu machen.

Doch die Frage nach der richtigen Denkweise der Psychologie als Wissenschaft bleibt umstritten – auch die neuen (alten) Schlagworte wie Alltagsrelevanz, »dichte Beschreibung« und die Wiedereinübung des richtigen psychologischen Blicks haben ihre Tükken. Was hilft es, wenn es um politische Dimensionen psychischer Störungen geht – z. B. um die Frage, ob Schichtarbeit ein psychologisches Erkrankungsrisiko darstellt oder nicht –, einzelne Fälle subtil auszuleuchten? Hier – im politischen Entscheidungspoker – helfen nur knallharte »Facts« – und das sind allgemeingültige Zahlen.

In der Klinischen Psychologie werden so, wie wir schon gesehen haben, auch Fragestellungen bearbeitet, auf die kaum eine exakte Antwort gegeben werden kann: Welcher Therapeut hat z. B. mit welchen Methoden bei welchen Klienten mit welchen Störungen Erfolg? Fünf Bedingungen werden hier versuchsweise in einem Gesetzesverhältnis zusammengebracht: die Persönlichkeit des Klienten, die des Therapeuten, der Typ von Behandlung, die Störungsform und das Resultat der psychotherapeutischen Behandlung. Aber wieso werden beispielsweise die Arbeits- und Wohnverhältnisse, die Beziehungen in der Familie, der Konflikt mit der herrschenden Alltagskultur nicht mit berücksichtigt? Gerade ein Kulturkonflikt kann für ein türkisches Mädchen aus orthodox islamischer Familie, die in einer deutschen Großstadt lebt, sehr wichtig sein. Man sieht sofort, daß schnell 20 bis 30 Bedingungen aufgezählt werden können, die auf den Erfolg einer Therapie Einfluß haben können. Und wenn noch die tückische Frage, was denn eigentlich mit »Erfolg von Therapie« gemeint ist, mitbedacht wird, ist der Versuch, stimmige Gesetzesaussagen zu formulieren, schon beendet.

Damit ist, neben dem Gegenstandsproblem und dem Problem der richtigen Denkweise, die *Methodenfrage* angesprochen. Es ist sicher nicht überraschend, daß sich in der Psychologie immer schon ein *Methodenstreit* finden ließ.

Diejenige Psychologie, die sich der experimentellen Denkweise verschrieben hatte, beanspruchte von jeher für sich Objektivität, Zuverlässigkeit und Allgemeingültigkeit – also Wissenschaftlichkeit. Diese, so lassen ihre Vertreter verlauten, besteht darin, daß sie solche »laxen« Methoden wie Selbsterfahrung und Einfühlung aus ihrem Methodenkatalog vertrieben haben, da diese ihnen als zu wenig kontrollierbar und überprüfbar gelten. An ihrer Stelle herrscht die strenge Logik experimentellen Zugriffs, das Bemühen um exaktes Vermessen der Psyche und deren Berechnung. Allein die Anwendung von Mathematik garantiere Wissenschaftlichkeit. Ihre Gegner bestreiten das und versuchen, die Besonderheiten psychischen Geschehens und seiner Entwicklungen mittels historischer Verfahren zu erfassen. »Historisch« heißt: Zugänge zum Seelenleben und seinen Störungen über die Anregung der Selbstreflexion und darüber hinaus, vermittelt über geschicktes Fragen und Beobachten, zu suchen. Neben den Psychiatern, die auf eine lange Geschichte des Befragens und Beobachtens zurückblicken, sind vor allem Charlotte Bühler, die später die »Humanistische Psychologie« mitbegründet hat, sowie ihr Mann K. Bühler und W. Stern zu nennen. Sie machten die Methode der Lebenslaufanalyse in der Psychologie salonfähig und setzten bereits in den zwanziger Jahren bei ihren vorwiegend entwicklungspsychologischen Untersuchungen auch auf historisch-ethnographische Methoden: auf die Analyse von Tagebuchaufzeichnungen und auf subtile Beobachtungsverfahren. Ähnlich wie in der Hochzeit des Kolonialismus die Völkerkundler (Ethnographen) ausgezogen waren, um die merkwürdigen Sitten der Eingeborenen zu beschreiben, zog man jetzt aus, um die eigene Kultur genauer zu beobachten. (Allerdings hielt diese Vorliebe Ch. Bühler nicht davon ab, einen der ersten entwicklungspsychologischen Tests zu konzipieren.) Da in den historisch-ethnographischen Verfahren auf jede Form von Messung verzichtet wird, wird dieser Ansatz »qualitativ« genannt.

Die Vertreter der qualitativen Forschungsmethoden glaubten, daß man psychisches Geschehen nicht wirklich messen kann – und wenn, so konnte dies, ihrer Auffassung nach, nichts zum Verständnis psychischen Geschehens beitragen. In der Tat ist der Standpunkt, man könne Seelenleben messen, ungewöhnlich, und noch zu Mitte des vorigen Jahrhunderts kam es niemandem in den Sinn, auch nur intellektuelle Leistungen zu vermessen. Auf den damaligen Abiturzeugnissen waren deshalb auch keine »Noten« zu finden. Daß psychische Leistungen meßbar sind, d. h. daß man Mathematik auf die Psyche anwenden kann, geht im wesentlichen auf Sir Francis Galton zurück. – Noch 1786 hatte Kant in seinem Aufsatz über die »Metaphysischen Anfangsgründe der Naturwissenschaft« der »empirischen Seelenlehre« den Rang einer Naturwissenschaft abgesprochen, »weil Mathematik auf die Phänomene des inneren Sinnes... nicht anwendbar ist« (zitiert nach Hofstätter, 1957, 9). Galton, ein Neffe von Charles Darwin, räumte mit dieser Vorstellung gründlich auf; er gehörte zu den ersten, die komplexe psychische Leistungen, wie z. B. die Intelligenz, als meßbare Eigenschaft auffaßten und deren Verteilung in der Bevölkerung untersuchten. Ähnlich wie Körpergröße, Brust- und Kopfumfang und Gewicht versuchte Galton psychische Eigenschaften wie den Vorstellungsverlauf und die Reaktionszeit zu messen. So wie die Naturwissenschaftler die Natur als einen Gesetzeszusammenhang ansehen, betrachtete Galton die Psyche als eine Ansammlung von Gesetzeszusammenhängen, die es durch Messung einzelner psychischer Leistungen und deren Bezugsetzung zu ermitteln gelte. Zur Erfassung solcher Zusammenhänge nutzte er die Statistik, mit deren Hilfe er Ordnungen und Regelmäßigkeiten zu erfassen gedachte. Er konstruierte außerdem als erster Tests, d. h. einfache Prüfverfahren, mit deren Hilfe psychische Leistungen quantitativ – d. h. in Form von Zahlen – bestimmt werden konnten.

Galton hat die Psychologie gründlich verändert. Er verschaffte ihr, indem er sie auf die Mathematik ausrichtete, den Zutritt zu den »exakten« Wissenschaften. Zwar gab es auch genug Gegenstimmen und Warnrufe – wie die aus dem Lager der Psychoanalyse –, sie wurden aber kaum beachtet. Wundt, der 1879 das erste psychologische Laboratorium in Leipzig aufgebaut hatte, mahnte noch 1912 in seinem Essay »Der Kampf der Psychologie ums Dasein« zur Vorsicht, um sich nicht ganz im Experimentieren zu verlieren. Er sah die Gefahr, daß die Psychologen sich zu bloßen Handwerkern verwandeln würden, »aber nicht gerade der nützlichsten Gattung« (nach Ash und Geuter, 1985, 54). Insbesondere in den USA eroberte die quantitative Psychologie im Verein mit der Experimental- und Testpsychologie die Universitäten und setzte sich als Leitwissenschaft durch. Seitdem beginnen Psychologiestudenten ihr Studium nicht etwa mit der Lektüre von Freud, Adler oder Jung, wie man vermuten könnte, sondern mit einer Einführung in die Statistik.

In Deutschland verlief der Siegeszug der Psychologie als exakte, d. h. experimentierende, messende und Mathematik betreibende Wissenschaft etwas langsamer. Hier hatte man noch in den zwanziger Jahren unseres Jahrhunderts gegen die weitaus stärkeren philosophischen Traditionen anzukämpfen: Experimentalpsychologen wurden damals noch auf philosophische Lehrstühle berufen, was den erbitterten Widerstand der Philosophen hervorrief.

Die Auseinandersetzung zwischen dem quantitativen und dem qualitativen Lager erlebte nach dem Zweiten Weltkrieg in Deutschland einen neuen Höhepunkt. Der Fortschritt war amerikanisch und hieß Anwendung von Tests, Messung psychischer Eigenschaften, Statistik und Experiment. Die Vertreter der übriggebliebenen deutschen Psychologie – und es waren nicht gerade die besten, die im Deutschland Hitlers geblieben waren – gerieten in die Defensive. Wellek, ein Vertreter des qualitativen Einzelfallansatzes, führte einen folgenreichen Disput mit Hofstätter, der die amerikanische Forschungsmethodik mit ihrer Betonung von Messung, Mathematik und Statistik in Deutschland durchzusetzen half (Wellek, 1956; Hofstätter, 1956).

Mit dem Niedergang der 68er Studentenbewegung und dem Umbruch zu einer neuen Innerlichkeit in den siebziger Jahren setzte eine Renaissance der qualitativen Methoden in den Sozialwissenschaften ein, die auch die Psychologie betraf. Die »Oral History« – die Erfassung mündlich überlieferter Geschichte – geriet zum Modefall psychologischer Methodik. Zuweilen waren die neuen methodischen Errungenschaften nur des »Kaisers neue Kleider«. So wurden wohl eine Vielzahl neuer phantasievoller Bezeichnungen für alte Spielarten des Fragens und Erzählenlassens entwickelt, aber nur wenig wirklich neue Methoden und Verfahren.

Die Auseinandersetzungen und Abrechnungen darüber, wie das richtige Forschungsprogramm auszusehen habe, beginnen also schon in den Anfangszeiten der wissenschaftlichen Psychologie und setzen sich bis in die Gegenwart fort. Die einen behaupten, daß gesichertes Wissen nur in der Analyse des »reinen Falls« unter Laborbedingungen möglich ist. Sie setzen dabei auf das Experiment sowie auf »exakte« Meßverfahren und statistische Auswertungsmethoden. Sie hoffen, auf diese Weise Genauigkeit, Zuverlässigkeit und Gültigkeit der Befunde zu sichern. Bei Anwendung dieser Methodik wird Forschung zwangsläufig auf kleine, entscheidbare Detailfragen gelenkt, mit der Hoffnung, Schritt für Schritt von solchen einfachen zu komplexen psychologischen Fragestellungen und damit zu den »wirklichen Problemen« vordringen zu können.

Die andere Partei meint, aus solcher Vorgehensweise könne keinerlei Nutzen gezogen werden. Nur durch die Konzentration auf die subjektiven Sichtweisen der Untersuchten lasse sich die psychische Wirklichkeit ergründen. D. h., jede Forschung hat ihren Ausgangspunkt in den Wirklichkeitsansichten der Untersuchten zu nehmen, und die sind nicht im Labor oder Experiment zu finden, sondern im Alltagsleben, auf das sich der Forscher einlassen muß. Psychologische Forschung ist deshalb auf die Lebenspraxis der Untersuchten zu beziehen. Nicht das Experiment, sondern die Erfassung von natürlichen Lebensvollzügen, in ihrem sozialen Eingebettetsein und ihren biographischen Bezügen, sind gefordert.

In der Klinischen Psychologie, die lange Zeit um ihre wissenschaftliche Anerkennung zu kämpfen hatte, gab es immer schon eine Tendenz zu qualitativen Ansätzen. Erst unter Legitimationsdruck der anderen psychologischen Disziplinen, die Wissenschaftlichkeit mit Messung, Experiment und Labor gleichsetzten, sowie durch den unerhörten gesellschaftlichen Erfolg der Testpsychologie gewannen auch die quantitativen Ansätze in der Klinischen Psychologie an Boden. Allerdings war deren Erfolg immer auch ein Verlust an psychologischer Sensibilität.

Zumindest über die Ziele psychologischer Forschung können sich beide Parteien noch verständigen. Eine solche konsensfähige Zieldefinition ist dann allerdings etwas sperrig, sie könnte z. B. lauten: Das Ziel empirischer Forschung sollte letztlich die Erweiterung von Wissen über psychisches Geschehen und psychische Prozesse sein. Mit Hilfe solchen Wissens sind Modelle zu bilden, die psychologische Phänomene, wie z. B. Magersucht, depressive Störungen oder den Umgang mit psychischen Belastungen, abbilden. Von solchen Modellen wird gefordert, daß sie die folgenden Eigenschaften besitzen (Sprung und Sprung, 1984):

- Sie sollen das betreffende Phänomen präzise erfassen und es so wahrnehmbar machen.
- Sie sollen erklären können, wie das Phänomen zustande kommt und von welchen Bedingungen ihre Entwicklung beeinflußt wird. Die Annahmen, Voraussetzungen und Bedingungen, unter denen ein bestimmtes Phänomen beobachtbar ist bzw. entsteht oder sich entwickelt, sollen dabei möglichst vollständig angegeben werden.
- Damit hängt zusammen, daß Modelle die Vorhersage des Auftretens bzw. Nichtauftretens des Phänomens ermöglichen sollen.
- Schließlich sollen Modelle beurteilbar und überprüfbar sein.

Die Bildung von Modellen, die alle die hier genannten Anforderungen erfüllen, kann nicht in einem Schritt erreicht werden, es sind verschiedene Teilschritte nötig. Dabei stellt sich die Frage, wie man eigentlich beginnen sollte; denn oft ist der erste Schritt der wichtigste.

Hierfür ist nicht die philosophische Auseinandersetzung entscheidend, ob Psychologie »verstehen« oder »erklären« sollte, sondern eine ganz andere Frage. Das Problem der Forschung in der Klinischen Psychologie ist das »Zum-Sprechen-Bringen«. Denn die Klinische Psychologie soll ja nicht nur Wohlbekanntes neu interpretieren, sie soll neue Zusammenhänge aufzeigen, Erklärungen für bislang Unerklärliches bieten, die einleuchten und den praktischen Menschenverstand bereichern. Sie soll außerdem helfen, krankmachende Verhältnisse zu erkennen und abzuschaffen. Dazu muß sie ihren Gegenstand – die Psyche – »zum Sprechen« bringen. Das erfordert aber mehr, als nur einen Menschen zum Reden aufzufordern. Es braucht eine »sensible« Methodik, die das psychische Geschehen »aus der Nähe« und »von innen« sowie unter Berücksichtigung des »Veränderns« betrachtet. Eine kunstvolle Praxis des Fragens und Beobachtens ist notwendig. Es gibt zwei Wege, die man einschlagen kann, um jemanden zum Sprechen zu bringen: die »Liebe« und die »Polizeiwissenschaft«. An sie knüpft auch die Klinische Psychologie an, um einmal aus der Nähe und zum anderen aus der Vogelperspektive die menschliche Seele zu erkennen.

Polizeiwissenschaft und Liebeskunst als Wurzeln psychologischer Methodik

Wenn wir hier die Liebeskunst zu den Wurzeln psychologischer Methodik zählen, so ist damit nicht Erotik oder Sex, sondern die Liebe als intime Rede gemeint. Es geht um Bekenntnisse oder – besser – um die Bereitschaft, intime Dinge über sich selbst zu enthüllen. Die Liebe ist als Geständnisgemeinschaft beschreibbar, als eine Gemeinschaft, in der Intimitäten besprochen werden – dies bezieht sich sowohl auf die Gegenwart als auch auf die Vergangenheit und Zukunft. Wohl jeder kennt die »Gesprächsarbeit«, in der sich Liebende erklären – und erzählen und erzählen, bis (fast) alles bekannt ist. Uns erscheinen solche Bekenntnisse, zumindest unter Liebenden, nichts ungewöhnliches – das war aber nicht immer so. Wenn wir heute im Zeitalter des intimen Bekenntnisses leben, so hat dazu gerade auch die Kirche beigetragen. Der Grund dafür ist, daß jede Enthüllung erst einmal eine Wendung nach innen voraussetzt: das heißt Gewissenserforschung. Und die hat die Kirche zu Beginn der Neuzeit zuwege gebracht.

Um 1215 wurde durch das 4. Laterankonzil jedem Christen zur Pflicht gemacht, mindestens zweimal im Jahr zur Beichte zu gehen

(Hahn, 1984). Mit der Durchsetzung der Pflicht zur Beichte entsteht auch eine umfangreiche Literatur, die Versuchungen, Sünden, Tugenden und deren Motive erforscht, die säuberlich beschreibt und auflistet und jedem Beichtvater an die Hand gibt, der danach seine Sünder ausforscht. So entsteht eine Landkarte für die »Terra incognita« der Seele und damit für das Gewissen. Ausforschung des Gewissens und Gewissensbildung gingen Hand in Hand. Dazu trugen auch viele Veränderungen des materiellen Lebens bei: der Aufschwung des Fernhandels, das Entstehen von städtischen Kulturen mit ihren Universitäten, die neue Spielräume für individuelle Initiativen ermöglichten. Das Zeitalter des Individuums brach an. Sein Platz war nicht mehr in einer festgefügten gesellschaftlichen Ordnung ein für allemal fixiert, sondern mobil. Und immer mehr wurde möglich – das erforderte auch eine auf die einzelne Person zugeschnittene Ethik der Selbststeuerung. Adam Smith, von dem Karl Marx so viel gelernt hat, beschreibt das in seiner »Theorie der ethischen Gefühle« (1759) so: »Wenn ich mich bemühe, mein eigenes Verhalten zu prüfen, wenn ich mich bemühe, über dasselbe ein Urteil zu fällen, um es entweder zu billigen oder zu verurteilen, dann teile ich mich offenbar in allen Fällen gleichsam in zwei Personen ... Die erste Person ist der Zuschauer, dessen Empfindungen in bezug auf mein Verhalten ich nachzufühlen trachte, indem ich mich an seine Stelle versetze ... Die zweite Person ist der Handelnde, die Person, die ich im eigentlichen Sinne mein Ich nennen kann ...«

Nach der Reformation fand die Selbsterforschung ihre Fortsetzung in den Bemühungen um die fast kaufmännischen »Selbstabrechnungen« via Tagebuch. Jeder Tag sollte nützlich gelebt und auf seinen Nutzen hin »abgerechnet« werden. Dabei entwickelt sich eine neue Zeitperspektive: Nicht nur die einzelne Tat, sondern das ganze Leben sollte rechtschaffen geführt werden. Neben die Selbsterforschung des einzelnen Lebensereignisses tritt so die Betrachtung biographischer Zusammenhänge. Auf diese Weise entwickelt sich der Griff nach dem Innenleben – einmal durch die Ausdifferenzierung von verschiedenen Perspektiven und andererseits durch die Gesamtschau als biographischer Rückblick und die Tiefen- und Detailanalyse von einzelnen Lebensepisoden. Nicht zu vergessen ist dabei, daß auf diese Weise sich – in Weiterführung der durch das Zwangsbeichten angestoßenen Entwicklungen – erst die Beschreibungskategorien herausbildeten, ohne die eine psychologische Selbsterforschung nicht möglich gewesen wäre. Es entwickelte sich eine Sprache, in der Motive, Gefühle und Strebungen, vorher diffuse Aspekte des Innenlebens, ausgedrückt werden können.

Auch die Liebenden profitieren von dieser neuen Sprache und können deshalb, wie Luhmann (1984, 200) es ausdrückt, »unaufhörlich miteinander reden, weil alles Erlebte mitteilenswert ist und kommunikative Resonanz findet.« Die Liebe ist intime Rede, eine dramaturgische Beziehung, in der zwei Partner immer wieder sich selbst neu definieren und bestätigen, sie hat sich erst recht in unserer Zeit verfeinert. Die Psychologie richtet nun einen Teil ihrer Methoden so aus, daß sie »Liebe« simulieren. Qualitative Methoden in der Form von Tiefeninterviews zielen darauf ab, die Konstellation der intimen Rede nachzubilden – sie scheuen sich dabei auch nicht, die Liebessemantik selbst einzusetzen oder nachzuspielen. Nirgends ist soviel von Partnerschaft, Subjekt-Subjekt-Verhältnissen und »Einfühlen« die Rede wie in dieser Spielart von Forschung. Zum Sprechen bringen, ein Klima des Vertrauens schaffen, erzählen lassen, um so den Menschen in seinen Eigenheiten und in seiner Gewordenheit zu verstehen, ist deshalb nichts Fachwissenschaftlich-Psychologisches. Das tut nicht nur der Psychologe, sondern – je nach Umständen – jeder von uns. Die Psychologie hat diese Kunst jedoch systematisiert und verfeinert – bis hin zu der Kunst, die die Psychoanalytiker am besten beherrschen: das Hören mit dem »dritten Ohr«. Darunter ist die eigenwillige Leistung der Psychoanalytiker zu verstehen, aus Gedankensplittern, Nebenbemerkungen, spontanen sprachlichen »Ausrutschern« und aus Traumberichten sich ein Bild von einer Persönlichkeit und deren Störungen verschaffen zu können. Auch Psychologen führen Tiefeninterviews durch, erheben Biographien und lassen sich Geschichten erzählen, um an die für sie relevanten »Daten« heranzukommen.

Neben der Liebeskunst ist die Polizeikunst eine Quelle psychologischer Methodik. Ihr geht es um die Kunst, *Ge*ständnisse zu erlangen. Ein Bericht über diese Art von Polizeikunst hätte sich besonders dem Mittelalter zu widmen. Nachdem im 13. Jahrhundert erhebliche Zweifel an den sogenannten Gottesurteilen aufgekommen waren, standen die Gerichte vor der Frage, wie zwischen der Tat und der Schuld des Täters eine logische Verbindung herzustellen sei. Wenn schon Gott nicht mehr das Urteil spricht, sondern der Mensch, dann brauchte es besonders gewichtige Beweise. Und ein schlagender Beweis war das Geständnis: Der Beschuldigte gab seine Tat zu. Was aber sollte getan werden, wenn der Beschuldigte leugnete? Indizienbeweise waren noch nicht bekannt. Hier liegt der Ursprung der wohl schlimmsten Polizeimethode – der Folter, die sich nach Abschaffung des Gottesurteils rasch verbreitete. Dabei ging es nicht nur um ein bloßes Bekenntnis, sondern um das detaillierte Geständnis aller Umstände, Motive und Einzelheiten des Tathergangs. Im Zusammenhang damit ist wohl auch der erste Fragebogen entstanden, der bei den Hexenverhören eingesetzt wurde. Sie entstanden entsprechend einer Vorschrift, die Papst Gregor der IX., der »Vater der Inquisition«, im Jahre 1239 erlassen hatte (Schild, 1984).

Andererseits zielt die Polizeikunst nicht nur darauf ab, Geständnisse hervorzulocken, sie ist auch Kunst der Spurensuche und der Überwachung. Spurensuchen hieß, an scheinbaren Nebensächlichkeiten, wie Haar, Stimme, Handschrift, Aufschluß über Tat und Täter zu gewinnen. Ein herausragendes Beispiel ist die Entdeckung, daß Fingerabdrücke in ihrer Einzigartigkeit genutzt werden können, um Menschen zu identifizieren. Darauf hatte schon 1880 Galton hingewiesen und die praktischen Konsequenzen für die Verwaltung von Menschenmassen veranschaulicht. Ginzburg (1983) verfolgt dieses Indizienparadigma weiter zurück und stellt dessen Vorläufer zusammen: die Spurensuche der Jäger sowie die Wahrsagekunst, die die göttlichen Botschaften zu entziffern hatte. Weiterhin nennt er die Medizin, die anhand von Symptomen Krankheiten ermittelt, und die Detektivkunst, die anhand von Spuren Täter zu identifizieren versucht. Dieses Indizienparadigma findet sich auch in der Klinischen Psychologie – anhand psychologischer Indizien, wie Träume, freie Assoziationen und Fehlhandlungen, Wissen über eine Person versammelt, das dieser selbst verborgen bleibt. Auch die Testpsychologie ist ein schlagendes Beispiel für die Anwendung dieser Art von Spurensuche: Beispielsweise sollen anhand des Addierens von Zahlenreihen Hinweise auf Aufmerksamkeit und Konzentrationskraft gewonnen werden.

Polizeikunst ist weiterhin Überwachung, das heißt, die Vermessung von Bedingungen, die zu einem Verbrechen führen können, um bereits vor der Tat am Tatort zu sein bzw. potentielle Täter in Gewahrsam zu nehmen, bevor sie zur Tat schreiten können. Die Rasterfahndung zur Identifizierung von Terroristen, unter dem BKA-Präsidenten Herold Ende der siebziger Jahre entwickelt, ist dafür ein eindrucksvolles Beispiel. Solche Verfahren sind heute in der Sozialepidemiologie bei der Erforschung von gesellschaftlichen Bedingungen von Krankheiten gang und gäbe. Schließlich ist auch der »Untergrund-Agent« ein Vorläufer des »Feldforschers«, da er durch Langzeitbeobachtungen inmitten einer sozialen Gruppe über deren Gewohnheiten, Verhaltens- und Erlebensweisen Aufschluß erhalten möchte.

Die Klinische Psychologie, die sowohl mit Anamnese, biographischem Material und Interaktionsbeobachtung als auch mit Fragebögen, Experiment und Statistik arbeitet, ist dieser Schwesternschaft mit der Polizeikunst nie ganz entkommen. Sie teilt mit ihr darüber hinaus immer noch ein grundsätzliches Dilemma: Beide Daten – die der Polizei und die der Psychologie – sind per se vieldeutig. Für sich genommen, belegen sie alles und nichts – ein und dasselbe Datum mag verschiedenes bedeuten. Die Gleichgültigkeit des Angeklagten nach der Tat kann ein Zeichen äußerster Kaltblütigkeit und Verrohung sein, aber auch ein Erstarren vor Schreck. Und auch in der psychotherapeutischen Klinik können psychische Symptome auf verschiedenes hinweisen: Ist das Fehlen affektiver Beteiligung, das mangelnde Mienenspiel eines psychosomatischen Klienten wirklich ein Beleg für dessen unterentwickeltes Gefühlsleben, für dessen Unvermögen, Belastungen in der Phantasie auszuagieren, oder ist es ein Hinweis auf starre und eingeschränkte Begegnungsformen des autoritären Klinikbetriebes?

Methodische Vielfalt:
Methoden richten sich nach Fragestellungen

Welches sind die richtigen, d. h. wissenschaftlichen Methoden? Was ist seriöse Forschung und was »Augenwischerei«? Wir glauben, daß auf eine solche Frage keine vernünftige Antwort gegeben werden kann. Denn Methoden sind Werkzeuge; es kommt darauf an, sie richtig zu gebrauchen, d. h. die richtigen Werkzeuge für die zu lösenden Aufgaben einzusetzen. Schließlich ist auch die Frage, ob ein Mikroskop besser als ein Fernglas sei, unsinnig. Forschungsmethoden sollten sich nach den Forschungsfragen richten, die in der Klinischen Psychologie zu bearbeiten sind.

Die Klinische Psychologie hat im wesentlichen drei große Problembereiche. Sie fragt vor allem nach dem Auftreten sowie nach Bedingungen und Ursachen von psychischen Störungen, dem Ablauf und den Bedingungen des klinisch-psychologischen Handelns sowie nach dem Erfolg klinisch-psychologischer Maßnahmen.

Wie lassen sich psychische Störungen unterscheiden und an welchen Merkmalen erkennen? Damit sind zuerst einmal Fragen der Psychopathologie gemeint. Es geht um die genaue Beschreibung der Phänomene, ihre Registrierung und Klassifikation, so wie in der Botanik oder in der Astronomie Pflanzen bzw. Himmelskörper beschrieben und klassifiziert wurden. Allerdings gibt es hier Unterschiede: Wir haben gezeigt, daß die verschiedenen Formen von psychischen Störungen nicht ein für allemal »da« sind wie z. B. die chemischen Elemente, die im Periodensystem beschrieben sind. Ähnlich wie in der Pflanzen- und Tierwelt, wo Arten aussterben und sich neue Arten entwickeln, verändern sich auch psychische Störungen. Dabei – und auch das haben wir herausgestellt – ist dieser Prozeß noch komplizierter als in der Pflanzen- und Tierwelt. Im Laufe der Jahrhunderte haben sich zum einen die psychischen Störungen selbst verändert, zum anderen aber auch deren Interpretation durch die Psychologie und Psychiatrie. Das zeigt sich z. B. im Hinblick auf die großen Hysterien, die zu Freuds Zeiten dominierten, während diese Störungsbilder heutzutage kaum noch anzutreffen sind. Auch Interpretationen verändern sich: »Der Psychopath« – noch in den fünfziger Jahren gang und gäbe – ist heute als Konzept der Klinischen Psychologie verschwunden. Die Klinische Psychologie steht immer wieder vor der Aufgabe, neue psychische Störungsmuster zu erkunden, sie zu beschreiben und zu ordnen, d. h., es ist die Psychopathologie weiterzuentwickeln.

Das ist vor allem die Domäne der qualitativen Einzelfallstudien, die demzufolge auch an ihrem Entdeckungswert zu messen sind – sie sollen anregen und überraschen, indem sie neue Phänomene erkunden, neue Zusammenhänge aufdecken oder neue Therapieansätze ermitteln. Die Hauptwege der Forschung sind hier Interview und Beobachtung.

Die Frage nach dem Auftreten von psychischen Störungen betrifft weiterhin die Verbreitung und Häufigkeit der einzelnen Störungsformen und der psychischen Störungen – was von der klinisch-psychologischen Epidemiologie untersucht wird. Sie liefert damit wichtige Informationen für eine rationale Steuerung der psychosozialen Versorgung. Antworten auf solche Fragen sind jedoch nicht mit einem Interview oder einer Serie von Interviews zu erlangen. Hier müssen Fragebögen, mit denen nach dem Muster von Volkszählungen, wenn auch bescheidener im Umfang, Informationen erlangt werden sollen, eingesetzt werden. Wenn solche

Informationen in großer Zahl vorliegen, so ist eine »intuitive Datenverarbeitung» nicht mehr möglich. Das heißt: Der Forscher kann sich nicht an 1000 Fragebögen setzen, die darin enthaltenen Informationen »aufnehmen« und im Anschluß daran Auskunft darüber geben, welche Zusammenhänge z. B. zwischen Geschlecht und Medikamentengebrauch vorherrschen oder, komplizierter, ob Frauen aus der Mittelschicht ohne Kinder und Beruf häufiger Beruhigungsmittel zu sich nehmen als Manager in der Metallindustrie. Um solche Fragen zu beantworten, ist Statistik nötig, das heißt, es muß gerechnet werden. Sind erst einmal einzelne Merkmale, wie z. B. Geschlecht, Beruf, Alter, soziale Schicht, Medikamentengebrauch, in Zahlen umgewandelt, so lassen sich mit Hilfe der elektronischen Datenverarbeitung alle möglichen Zusammenhänge und Unterschiede erkunden. Der statistische Apparat, der hierzu eingesetzt wird, ist ein sehr mächtiges Instrument, das eine beliebige Menge an Daten produzieren kann. Zuweilen werden Daten auch nach Art des Fischfangs mit Schleppnetzen ausgewertet: Alles, was sich verfängt, wird an Land gezogen. Andererseits können ohne solche Untersuchungen kaum übergreifende Aussagen über das Auftreten und die Häufigkeit von psychischen Störungen gemacht und Fragen nach ihren gesellschaftlichen Bedingungen beantwortet werden. Und Aussagen über Therapien – welche sozialen Gruppen z. B. wegen welcher Störungen behandelt wurden, wie lange die Therapie dauerte und was sie kostete – ließen sich ohne sie auch nicht ermitteln.

Neben solchen epidemiologischen und gesundheitspolitischen Fragen sind ätiologische Fragen von der Klinischen Psychologie zu erkunden: Unter welchen Umständen und Bedingungen treten psychische Störungen auf, und welche Ursachen haben sie? Die Verfahren, die hier anzuwenden sind, sollen möglichst genau Auskunft geben, welche Faktoren das Auftreten psychischer Störungen verursachen bzw. bedingen. Zu klären sind vor allem die Beziehungen zwischen Ursache und Wirkung bzw. die Bedingungen, die das Auftreten einer Störung beeinflussen. Dabei können unterschiedliche Zusammenhänge betrachtet werden: die biographischen, insbesondere frühkindlichen Entwicklungsbedingungen, familiäre Beziehungen, wie sie von der Familientherapie herausgestellt werden, weiter ausgreifende soziale Beziehungen, wie die Berufs- und die soziale Situation sowie gesellschaftliche Bedingungen.

Einen eindeutigen Vorteil hat hierbei weder die quantitative noch die qualitative Forschung – neben sorgsamen Einzelfallstudien können auch Fragebogenuntersuchungen und deren statistische Aufarbeitung genutzt werden. Um begründete Antworten geben zu können, bedarf es des Einsatzes der unterschiedlichsten Verfahren. Das betrifft zum ersten die Erkundungsmethoden: So müssen von innen her belastende und krankmachende Bedingungskomplexe erkundet werden: Lebens- und Wohnbedingungen, Verhältnisse zu Freunden und Bekannten, Belastungen am Arbeitsplatz oder durch Arbeitslosigkeit und schließlich auch die Mittel und Wege, die dem einzelnen zur Verfügung stehen, um die Herausbildung von psychischen Störungen zu verhindern. Zu den Erkundungsmethoden dabei gehört z. B. die »teilnehmende Beobachtung«. Der Forscher kann versuchen, einmal nicht nur ein paar Stunden, sondern mehrere Monate zusammen mit Behinderten zu leben, er kann sich von ihnen in einer Serie von Interviews darüber unterrichten lassen, was sie bedrückt und belastet. Auf diese Weise erhält er ein recht genaues Bild vom Zusammenwirken der Faktoren, die die Entstehung von psychischen Störungen und Krankheiten begünstigen. »Harte« Daten allerdings – im Sinne von allgemeingültigen »Wenn-Dann«-Beziehungen – lassen sich so nicht gewinnen. Um zumindest über die relative Bedeutung von einzelnen Faktoren Bescheid zu wissen, sind Überprüfungen an größeren Personengruppen notwendig. Hier benötigen wir Verfahren, die eine Übersicht ermöglichen: Also auch bei der Ermittlung von Bedingungen und deren Einfluß auf die Herausbildung psychischer Störungen muß zuweilen vereinfacht werden.

Der zweite große Problemkreis betrifft Fragen des klinisch-psychologischen Handelns. Die Klinische Psychologie steht hier vor der Aufgabe, Handlungswissen zu entwickeln, das hilft, die psychosoziale Versorgung zu verbessern. Im Mittelpunkt finden wir die Frage nach den Bedingungen und Verlaufsformen von Psychotherapie, d. h., es geht um die *Psychotherapieforschung*. Die Fragen dazu beziehen sich auf den Einsatz verschiedener psychotherapeutischer Verfahren sowie auf die Aufklärung der Wirkbedingungen von Psychotherapie. Zu entwickeln sind außerdem diagnostische Verfahren, die es ermöglichen, psychische Störungen genauer zu erfassen. Auch hier gibt es verschiedene Wege: qualitative wie quantitative. Die Testpsychologie hat sich – was auch immer man gegen sie einwenden kann – fest etabliert. Und

Wirkungsforschung von Therapie bedeutet immer auch Untersuchung von vielen Fällen, um zu demonstrieren, wie Therapie im Durchschnitt wirkt. Das ist zwar eine Vereinfachung, aber eine notwendige. »Verunreinigungen« müssen bewußt in Kauf genommen werden.

Gizycki (1983, 15) bringt diesen Umstand auf eine präzise Formel; am Beispiel des Baus der Arche Noah bemerkt er: »Hätten Noahs Leute damals erst langwierige DFG-Projekte (d. h. Projekte, die die Deutsche Forschungsgemeinschaft finanziert) zur Meteorologie, zur Geschichte des Schiffbaus, zur Taubenzucht und zur Phänomenologie des Werterlebens abgewickelt, dann wären sie wahrscheinlich bei den Vorarbeiten für ihre Rettung wie die Feldmäuse im Wolkenbruch ertrunken.«

Des weiteren geht es um die Gestaltung der psychosozialen Versorgung als Ganzes, um den Einsatz von Psychologen und Sozialarbeitern, um die Vernetzung von Hilfe und Selbsthilfe sowie um die Organisation von zentralen und dezentralen Hilfemöglichkeiten, wie die Einrichtung von speziellen Behandlungszentren für z. B. Magersucht und psychosomatische Erkrankungen sowie um die gemeindenahen ambulanten Hilfsdienste. An dieser Aufgabenstellung wird vollends klar, daß hier keine Entscheidung von der Methodenseite her gefällt werden kann – es ist die Aufgabe, die festlegt, wie vorgegangen werden muß.

Allerdings wird man auch dabei immer wieder nach einerseits möglichst »exakten« quantitativen Methoden suchen, die beispielsweise entscheiden helfen, ob im Falle der Magersucht eher eine familienorientierte Beratungsstelle oder eine Vermittlungsstelle von Einzeltherapien erfolgreicher ist; andererseits aber wird man auch hier möglichst gute Erfahrungsberichte und/oder Einzelfallstudien bemühen, um das Insgesamt der institutionellen Bedingungen (etwa: muß ein Facharzt für Psychiatrie Leiter der Stelle sein?) abschätzen zu können.

Klinische Psychologie als diejenige Psychologie, die am stärksten unter dem Druck der Handlungsrelevanz steht, muß in der Methodenfrage am flexibelsten sein. Rigorosität und Dogmatismus stehen einer Wissenschaft schlecht an, die an einem besonders sensiblen Brennpunkt von Individuum und Gesellschaft wirkt: dort nämlich, wo psychisches Leid am deutlichsten und unmittelbarsten zum Ausdruck kommt, im Bereich der psychischen Störung.

Wichtige Literatur:

Jüttemann, G. und *Thomä, H.* (Hrsg.): Biographie und Psychologie. Berlin: Springer 1987

Runkel, Ph. und *McGrath, J.*: Research on human behavior. New York: Holt, Rinehart and Winston, 1972

Strauss, A.: Qualitative Analysis for Social Scientists. Cambridge: Cambridge University Press 1987

Wiedemann, P. M.: Qualitative Forschung im Überblick. Erscheint in: Jahrbuch der Medizinischen Psychologie, 1990

ANHANG

Literatur

Abramson, L. Y., Seligman, M. E. P., Teasdale, J. D. 1978
Learned helplessness in humans: Critique and reformulation. Journal of Abnormal Psych., 84, 49–74
Angermeyer, M. 1978
20 Jahre Double-bind: Versuch einer Bilanz. Psychiatrische Praxis 1978, 5, 106–117
APA 1987
Diagnostic and Statistical Manual of Mental Disorders. (DSM-III-R). Washington 1987
Argelander, H. 1970
Das Erstinterview in der Psychotherapie. Darmstadt: Wissenschaftliche Buchgesellschaft
Asanger, M., Wenninger, G. (Hrsg.) 1988
Handwörterbuch der Psychologie. München: Psychologie Verlags Union
Ash, M., Geuter, U. (Hrsg.) 1985
Geschichte der deutschen Psychologie im 20. Jahrhundert. Opladen: Westdeutscher Verlag
Auckenthaler, A. 1988
Supervision, in: Asanger, R., Wenninger, G. (Hrsg.): Handwörterbuch der Psychologie. München: Psychologie Verlags Union

Bachmann, C.-H. 1981
Kritik der Gruppendynamik. Frankfurt/M.: Fischer
Back, K. 1973
Beyond words. The story of sensitivity training and the encounter movement. Baltimore: Penguin
Baier, L. 1988
Lob der Extreme – ein Rückblick aus dem Reich der Mitte, in: ders. et al. (Hrsg.): Die Früchte der Revolution. Berlin: Wagenbach, 73–92
Bandura, A. A. 1979
Sozial-kognitive Lerntheorie. Stuttgart: Klett
Basaglia, F. (Hrsg.) 1973
Die negierte Institution oder die Gemeinschaft der Ausgeschlossenen. Frankfurt/M.: Suhrkamp
Bastine, R. 1984
Klinische Psychologie Bd. 1. Stuttgart: Kohlhammer
Bastine, R., Fiedler, P., Kommer, D. 1989
Was ist therapeutisch an der Psychotherapie? Versuch einer Bestandsaufnahme und Systematisierung der Psychotherapeutischen Prozeßforschung. Zeitschrift für Klinische Psychologie, Band XVIII, Heft 1, 1–2

Beard, G. 1869
Neurasthenia or nervous exhaustion. Boston Med. Surg. Journal, 79, 217–221
Beard, G. 1981
Die Nervenschwäche. Leipzig: Vogel
Beaumont, H. 1987
Gestalttherapie ist mehr als Fritz Perls, in: Welche Therapie? Psychologie heute TB: Weinheim
Beck, A. T. 1979
Wahrnehmung und Wirklichkeit der Neurose. München: Pfeiffer
Beck, A. T. et al. 1981
Kognitive Therapie der Depression. München: Urban & Schwarzenberg
Beck, U. 1988
Gegengifte. Frankfurt/M.: Suhrkamp
Becker, M., Gebhardt, H.-S., Wutka, B. 1979
Kritik der Verhaltenstherapie. Frankfurt/M.: Campus
Bednar, R. L., Shapiro, J. G. 1970
Professional research commitment: A symptom or a syndrome. Journal of Consulting and Clinical Psychology, 34, 323–326
Benesch, H. 1988
Klinische Psychologie, in: Asanger, R., Wenninger, G. (Hrsg.): Handwörterbuch der Psychologie. München: Psychologie Verlags Union
Berger, B., Berger, P. L. 1983
In Verteidigung der bürgerlichen Familie. Frankfurt/M.: Fischer
Berger, P., Kellner, H. 1965
Die Ehe und die Konstruktion der Wirklichkeit. Soziale Welt, 16, 220–235
Berger, P. L., Neuhaus, R. I. 1977
To empower people. The role of mediating structures in public policy. Washington
Berger, P., Luckmann, T. 1980
Die gesellschaftliche Konstruktion der Wirklichkeit. Frankfurt/M.: Fischer
Bergin, A. E. 1971
The evaluation of therapeutic outcomes, in: Bergin, A. E., Garfield, S. L. (eds.) Handbook of psychotherapy and behavior change: An empirical analysis. New York: Wiley
Bergin, A. E., Lambert, M. J. 1978
The evaluation of therapeutic outcomes, in: Garfield, S. L., Bergin, A. E. (eds.) Handbook of psychotherapy and behavior change: An empirical analysis. New York: Wiley
Berlin, B., Kay, P. 1969
Basic Color Terms. Their Universality and Evolution. Berkeley
Bernstein, B. 1964
Aspects of language and learning in the genesis of the social process, in: Hymes, D. H. (ed.): Language in culture and society. New York: Harper and Row

Biermann-Ratjen, E.-M., Eckert, J., Schwartz, H.-J. 1979
Gesprächspsychotherapie. Verändern durch Verstehen. Stuttgart: Kohlhammer
Binder, U., Binder, H. J. 1979
Klientenzentrierte Psychotherapie bei schweren psychischen Störungen. Frankfurt/M.: Fachbuchhandlung für Psychologie
Bittner, G. 1986
Vernachlässigt die Psychoanalyse den Körper? Psyche 40, 8, 709–734
Bittner, U. 1981
Ein Klient wird gemacht, in: Kardorff, E. v., Koenen, E. (Hrsg.): Psyche in schlechter Gesellschaft. München: Urban & Schwarzenberg
Blanck, G. und Blanck, R. 1974
Angewandte Ich-Psychologie. Stuttgart: Klett-Cotta
Blanck, G. und Blanck, R. 1979
Ich-Psychologie II. Psychoanalytische Entwicklungspsychologie. Stuttgart: Klett-Cotta
Blasius, D. 1980
Der verwaltete Wahnsinn. Frankfurt/M.: Fischer
Bluestone, H. 1985
DSM III und die Psychoanalyse. Forum der Psychoanalyse 1, 157–160
Boadella, D. 1981
Wilhelm Reich. Leben und Werk des Mannes, der in der Sexualität das Problem der modernen Gesellschaft erkannte und der Psychologie neue Wege wies. München: Scherz
Böhm, A., Faas, A., Legewie, H. (Hrsg.) 1989
Angst allein genügt nicht. Weinheim: Beltz
Bojanowski, J. 1983
Psychische Probleme bei Geschiedenen. Stuttgart: Enke
Bommert, H. 1979
Grundlagen der Gesprächspsychotherapie. Stuttgart: Kohlhammer
Bopp, J. 1979
Das linke Psychosyndrom. Kursbuch 55, 73–94
Bopp, J. 1980
Antipsychiatrie. Theorien, Therapien, Politik. Frankfurt/M.: Syndikat
Bopp, J. 1988
Psychoboom, in: Asanger, R., Wenninger, G. (Hrsg.): Handwörterbuch der Psychologie. München: Psychologie Verlags Union
Borges, J. L. 1966
Die analytische Sprache John Wilkins', in: ders.: Das Eine und die Vielen. Essays zur Literatur. München: Hanser
Bornemann, E. 1981
Gruppendynamik und Encounterbewegung. Anmerkungen zum Kontermismus in der Psychotherapie. In: Bachmann, C.-H. (Hrsg.): Kritik der Gruppendynamik. Frankfurt/M.: Fischer
Bozok, B., Bühler, K.-E. 1988
Wirkfaktoren der Psychotherapie – spezifische und unspezifische Einflüsse. Fortschr. Neurol. Psychiat. 56, 119–132

Brand, K.-W. 1988
Selbsthilfe und neue soziale Bewegungen. Historische und internationale Vergleichsaspekte, in: Selbsthilfezentrum München (Hg.): Zurück in die Zukunft – Selbsthilfe und gesellschaftliche Entwicklung. Profil: München
Braun, P., Schermer, F. J. 1985
Verhaltenstherapie. In: Toman, W., Egg, R. (Hrsg.) Psychotherapie. Stuttgart: Kohlhammer
Breger, L., McGaugh, J. L. 1965
A critique and reformulation of »learning theory« approaches to psychotherapy and neurosis. Psychological Bullettin, 63, 355–358
Brice-Health, S. 1983
Ways with words. Cambridge: Cambridge University Press
Brodkin, A. M. 1980
Family therapy: The Making of a Mental Health Movement. American J. of Orthopsychiat. 50,1 Jan.
Bruder-Bezzel, A. 1991
Die Geschichte der Individualpsychologie. Frankfurt/Main: Fischer
Bühler, K. 1927
Die Krise der Psychologie. Jena: Gustav Fischer
Büntig, W. 1983
Bioenergetik. In: Corsini, R. J. (Hrsg.) Handbuch der Psychotherapie. Weinheim: Beltz
Bumke, O. 1928
Die gegenwärtigen Strömungen der Psychiatrie. Berlin: Springer
Burke, T., Elington, J. 1989
Umweltkrise als Chance – ökologische Herausforderung für die Industrie. Zürich: Orell Füssli Verlag

Caspar, F. 1989
Beziehungen und Probleme verstehen. Eine Einführung in die psychotherapeutische Plananalyse. Bern: Huber
Caspar, F. 1989
Differenzierte, kreative Anstöße: Einige kasuistisch illustrierte Überlegungen zu Beziehung und Deutung in der Plananalyse, in: Reinelt, T., Datla, W. (Hrsg.) Beziehung und Deutung im psychotherapeutischen Prozeß. Aus der Sicht verschiedener therapeutischen Schulen. Berlin: Springer
Castel, F. et al. 1982
Psychiatrisierung des Alltags: Produktion und Vermarktung der Psychowaren in den USA. Frankfurt/M.: Suhrkamp
Castel, R. 1983
Die psychiatrische Ordnung. Frankfurt/M.: Suhrkamp
Chesler, P. 1977
Frauen, das verrückte Geschlecht? Reinbek: Rowohlt
Cohen, L. H., Sargent, M. M., Sechrest, L. B. 1986
Use of Psychotherapy Research by Professional Psychologists. American Psychologist, Vol. 41, No. 2, 198–206

Cohen, S., Taylor, L. 1976
Ausbruchsversuche. Identität und Widerstand in der modernen Lebenswelt. Frankfurt/M.: Suhrkamp
Cooper, D. 1975
Psychiatrie und Anti-Psychiatrie. Frankfurt/M.: Suhrkamp
Corrigan, J. 1978
Salient Attributes of Two Types of Helpers: Friends and Mental Health Professions. Journal of Counseling Psychology, 25, 6, 588–590
Corsini, R. J. 1983
Handbuch der Psychotherapie. Bd. 1 u. 2. Weinheim: Beltz
Cremerius, J. 1981
Kohuts Behandlungstechnik: eine kritische Analyse, in: Psychoanalytisches Seminar Zürich (Hrsg.): Die neuen Narzißmustheorien: Zurück ins Paradies? Frankfurt/M.: Syndikat

Dahmer, H. 1973
Libido und Gesellschaft. Frankfurt/M.: Suhrkamp
Davison, G. C., Neale, J. M. 1988
Klinische Psychologie. München: Psychologie Verlags Union
Degkwitz, R., Helmchen, H., Kockott, G., Mombour, W. (Hrsg.) 1980
Diagnosenschlüssel und Glossar psychiatrischer Krankheiten. Berlin: Springer
Delumeau, J. 1989
Angst im Abendland. Die Geschichte kollektiver Ängste im Europa des 14. bis 18. Jahrhunderts. Reinbek: Rowohlt
Denzin, N. K. 1971
The Logic of Naturalistic Inquiry. Social Forces, 50, 166–182
Devereux, G. 1976
Angst und Methode in den Verhaltenswissenschaften. Frankfurt/M.: Ullstein
De Voge, J. T., Beck, S. 1978
The therapist-client relationship in behavior therapy, in: Hersen, M. et al. (eds.): Progress in Behavior Modification. New York: Academic Press
Dilthey, W. 1974
Ideen über eine beschreibende und zergliedernde Psychologie, in: ders.: Gesammelte Schriften, Bd. 5, Göttingen: Vandenhoeck & Ruprecht, 139–240
Dinslage, A. 1985
Psychotherapeut für Menschen ohne Marktwert. Erfahrungen zwischen Psychiatrie und Leben. München: Pfeiffer
Dörner, D. 1983
Empirische Psychologie und Alltagsrelevanz, in: Jütteman, G. (Hrsg.): Psychologie in der Veränderung. Weinheim: Beltz
Dörner, K. 1975
Bürger und Irre. Frankfurt/M.: Fischer
Dörner, K., Plog, U. 1980
Irren ist menschlich. Wunstorf: Psychiatrie Verlag

Dreitzel, H. P. 1982
Der Körper in der Gestalttherapie, in: Kamper, D., Wulf, Ch. (Hrsg.): Die Wiederkehr des Körpers. Frankfurt/M.: Suhrkamp
Dührssen, A., Jorswieck, E. 1965
Eine empirisch-statistische Untersuchung zur Leistungsfähigkeit psychoanalytischer Behandlung. Nervenarzt, 36/4, 166–169
Duerr, H. P. 1978
Traumzeit. Über die Grenze zwischen Wildnis und Zivilisation. Frankfurt/M.: Syndikat
Duhm, D. 1972
Angst im Kapitalismus. Lampertheim: Kübler 1972
Durlak, J. A. 1979
Comparative effectiveness of paraprofessional and professional helpers. Psychological Bulletin, 86, 80–92
Dvorak, A., Fichter, M., Wittchen, H. U. 1978
Zur psychotherapeutischen Versorgung durch »nicht-ärztliche« Berufsgruppen in der Bundesrepublik Deutschland. Bonn
Dymond, R. F. Rogers, C. R. 1954
Psychotherapy and personality change. Chicago

Ellenberger, H. F. 1985 (1973)
Die Entdeckung des Unbewußten. Zürich: Diogenes
Ellis, A., Grieger, R. (Hrsg.) 1979
Praxis der rational-emotiven Therapie. München: Urban & Schwarzenberg
Engel, G. L. 1979
Die Notwendigkeit eines neuen medizinischen Modells: Eine Herausforderung der Biomedizin. In: Keupp, H. (Hrsg.): Normalität und Abweichung. München: Urban & Schwarzenberg
Erdheim, M. 1984
Die gesellschaftliche Produktion von Unbewußtheit. Frankfurt/M.: Suhrkamp
Erdheim, M. 1989
Die Psychoanalyse und das Unbewußte in der Kultur. Frankfurt/M.: Suhrkamp
Evans-Pritchard, E. E. 1937
Witchcraft, Oracles and Magic among the Azande. Oxford
Eysenck, H. J. (ed.) 1960
Behavior therapy and the neurosis. Oxford:.Pergamon Press
Eysenck, H. J. 1952
The effect of psychotherapy. An evaluation. Journal of Consulting Psychology, 16, 319–324
Eysenck, H. J. 1971
The I. Q. argument: Race, intelligence and education. New York: Library Press

Favret, J. 1978
Hexen und Aufklärung, in: Honegger, C. (Hrsg.): Die Hexen der Neuzeit. Studien zur Sozialgeschichte eines kulturellen Deutungsmusters. Frankfurt/M.: Suhrkamp
Fengler, Ch., Fengler, Th. 1980
Alltag in der Anstalt Rehburg-Loccum: Psychiatrie-Verlag
Fenichel, O. 1930
Statistischer Bericht über die therapeutische Tätigkeit 1920–1930. In: Zehn Jahre Berliner Psychoanalytisches Institut. Wien: Internationaler Psychoanalytischer Verlag
Ferber, Chr. v., Badura, B. (Hrsg.) 1983
Laienpotential, Patientenaktivierung und Gesundheitsselbsthilfe. München: Oldenbourg
Ferster, C. B. 1973
A functional Analysis of Depression. American Psychologist 28, 857–870
Fiedler, P. A. (Hrsg.) 1981
Psychotherapieziel Selbstbehandlung. Grundlagen kooperativer Psychotherapie. Weinheim: Edition Psychologie
Fisher, R. und Ury, W. 1987
Das Harvard-Konzept. Frankfurt/M.: Campus
Flader, D. 1979
Techniken der Verstehenssteuerung im psychoanalytischen Diskurs, in: Flader, D., Wodak-Leodolter, R. (Hrsg.): Ansätze zur Erforschung der Sprache im psychoanalytischen Prozeß. Königstein/Ts.: Scriptor
Flader, D., Grodzicki, W.-D., Schröter, K. 1981
Psychoanalyse als Gespräch. Frankfurt/M.: Suhrkamp
Ford, D. H., Urban, H. B. 1967
Systems of psychotherapy: a comparative study. New York: Wiley
Foucault, M. 1979
Sexualität und Wahrheit. Frankfurt/M.: Suhrkamp
Foucault, M. 1989
Wahnsinn und Gesellschaft. Frankfurt/M.: Suhrkamp
Foulkes, S. H. 1978
Praxis der gruppenanalytischen Psychotherapie. München: Reinhardt
Franck, D. 1980
Zur Analyse indirekter Sprechakte, in: Ehlich, K., Finke, D. (Hrsg.): Beiträge zur Grammatik und Konversation. Königstein/Ts.: Scriptor
Frank, J. D. 1981
Die Heiler. Stuttgart: Klett
Franklin, D. 1987
Etiketten werden zum Politikum. Psychologie heute, Juni 1987, 65–69
Freud, S. 1898
Die Sexualität in der Ätiologie der Neurosen, in: GW, I
Freud, S. 1916/1917
»Vorlesungen zur Einführung in die Psychoanalyse«, in: GW, XI
Freudenberger, H. J. 1974
Staff Burnout. Journal of Social Issues 30 (5), 159–164

Friedman, M. 1979
The modification of type A behavior in post-infarct patients. American Heart Journal, 97, 5, 551–560
Friedman, M., Rosenman, R. 1974
Type A behavior and your heart. New York: Knopf

Garfield, S. 1982
Psychotherapie, ein eklektischer Ansatz. Weinheim: Beltz
Garfield, S. L., Kurtz, R. 1976
A survey of clinical psychologists: Characteristics, activities, and orientations. The Clinical Psychologist, 28, 7–10
Garfield, S. L., Kurtz, R. 1976
Clinical Psychologists in the 1970's. American Psychologist, 31, 1–9
Garfield, S. L., Bergin, A. E. 1978
Handbook of psychotherapy and behavior change: An empirical analysis. New York: Wiley
Garfinkel, H. 1967
Studies in Ethnomethodology. Englewood Cliffs: Prentice Hall
Garske, J. P., Lynn, S. J. 1985
Toward a general scheme for psychotherapy: Effectiveness, common factors, and integration, in: Lynn, S. J., Garske, J. P. (eds.): Contemporary Psychotherapies. Models and Methods. Columbus: Charles E. Merrill Publishing Company
Gay, P. 1989
Freud. Eine Biographie für unsere Zeit. Frankfurt: Fischer
Gendlin, E. T. 1973
Focusing. New York: Everest House Publishers
Gendlin, E. T. 1986
What Comes After Traditional Psychotherapy Research? American Psychologist, Vol. 41, No. 2, 131–136
Giese, E. 1989
Risiken für den Klienten, in: ders., Kleiber, D. (Hrsg.): Das Risiko Therapie. Weinheim: Beltz
Giese, E., Kleiber, D. (Hrsg.) 1989
Das Risiko Therapie. Weinheim: Beltz
Gilles, A. 1987
Gesprächspsychotherapie, in: Zygowski, H. (Hrsg.): Psychotherapie und Gesellschaft. Reinbek: Rowohlt
v. Gizycki, H. 1983
Arche Noah '84. Zur Sozialpsychologie gelebter Utopien. Ffm.: Fischer
Glaser, B. 1978
Theoretical sensitivity. Mill Valley: Sociological Press
Glucksmann, A. 1976
Köchin und Menschenfresser. Berlin: Wagenbach
Goodenough, F. 1960
Mental Testing. Its history, principles and application. New York

Graumann, C. 1969
Psychologie und politisches Verhalten, in: Irle, M. (Hrsg.): Bericht über den 26. Kongreß der Deutschen Gesellschaft für Psychologie in Tübingen 1968. Göttingen: Hogrefe
Grawe, K. 1986
Wirkungen von Psychotherapie. Vortrag auf dem Kongreß des DGP in Heidelberg.
Grawe, K. 1981
Vergleichende Psychotherapieforschung. In: Minsel, W.-R., Scheller, R. (Hrsg.): Brennpunkte der klinischen Psychologie. Bd. 1: Psychotherapie. München: Kösel
Grawe, K. 1988
Zurück zur psychotherapeutischen Einzelfallforschung. Zeitschrift für Klinische Psychologie, Band XVII, Heft 1, 1–7
Grawe, K. 1989
Von der psychotherapeutischen Outcome-Forschung zur differentiellen Prozeßanalyse. Zeitschrift für Klinische Psychologie, Band XVIII, Heft 1, 23–34
Grawe, K., Donati, R., Bernauer, F. 1994
Psychotherapie im Wandel. Göttingen: Hogrefe
Greenberg, L. S. 1986
Change Process Research. Journal of Consulting and Clinical Psychology, Vol. 54, No. 1, 4–9
Greenberg, L. S., Dompierre, L. 1981
The specific effects of Gestalt two-chair dialogue on intrapsychic conflict in counseling. Journal of Counseling Psychology, 28, 288–296
Greenson, R. R. (1967) 1973
Technik und Praxis der Psychoanalyse. Bd. 1. Stuttgart: Klett-Cotta
Grimm, H. 1966
Grundriß der Konstitutionsbiologie und Anthropologie. Berlin (DDR): Volk und Welt
Groffmann, K. 1964
Die Entwicklung der Intelligenzmessung, in: Heiss, R., Groffmann, K., Michel, L. (Hrsg.): Psychologische Diagnostik. Handbuch der Psychologie, Bd. 6. Göttingen: Hogrefe
Gruber, E. 1985
Traum, Trance und Tod. Freiburg
Grünbaum, A. 1984
The foundations of Psychoanalysis. A philosophical critique. Los Angeles: The University of California Press

Häsing, H., Stubenrauch, H., Ziehe, Th. 1979
Narziß. Ein neuer Sozialisationstypus? Bensheim: Päd. Extra Buchverlag 1979
Hahn, A. 1984
Zur Soziologie der Berichte. Kölner Zeitschrift für Soziologie und Sozialpsychologie, 34, 408–434

Haley, J. 1977
Direktive Familientherapie. München: Pfeiffer
Heigl-Evers, A. 1978
Konzepte der analytischen Gruppenpsychotherapie. Göttingen: Vandenhoek & Ruprecht
Helm, J. 1978
Gesprächspsychotherapie. Berlin: Deutscher Verlag der Wissenschaften
Hemminger, H. (Hrsg.) 1990
Die Rückkehr der Zauberer. New Age – Eine Kritik. Reinbek: Rowohlt
Herink, R. 1980
The psychotherapy handbook: the A to Z guide to more than 250 different therapies in use today. New York: New American Library
Heyden, Th. et al. 1986
Verhaltenstherapie. Theorien und Methoden. Forum 11 DGVT, Tübingen
Hiroto, D. S. 1974
Locus of control and learned helplessness. Journ. Exp. Psych. 102, 187–193
Hoffman, L. 1982
Grundlagen der Familientherapie. Hamburg: Isko-Press
Hoffmann, S. O. und Hochapfel, G. 1991
Neurosenlehre, Psychotherapeutische und Psychosomatische Medizin. Stuttgart – New York: Schattauer Verlag
Hofstätter, P. R. 1956
Zur Frage der Intuition in der Psychodiagnostik. Studium Generale, 9, 527–437
Hofstätter, P. R. 1957
Die soziale Dynamik der psychotherapeutischen Situation. Psyche 10, Heft 11
Hofstätter, P. R. 1969
Fischer-Lexikon Psychologie. Frankfurt/M.: Fischer
Hofstätter, P. R. 1984
Psychologie zwischen Kenntnis und Kult. München: Oldenbourg
Hohn, H.-W. 1984
Die Zerstörung der Zeit. Frankfurt/M.: Fischer
Hole, G. 1973
Melancholie, in: Müller, Ch. (Hrsg.): Lexikon der Psychiatrie. Berlin: Springer
Holleis, W. 1987
Unternehmenskultur und moderne Psyche. Frankfurt/M.: Campus
Holmes, T., Rahe, R. 1967
The social readjustment rating scale. Journal of Psychosomatic Research, 11, 213–218
Holzkamp, K. 1972
Kritische Psychologie. Vorbereitende Arbeiten. Frankfurt/M.: Fischer
Honegger, C. (Hrsg.) 1978
Die Hexen der Neuzeit. Studien zur Sozialgeschichte eines kulturellen Deutungsmusters. Frankfurt/M.: Suhrkamp

Horn, R. 1987
Eine Schublade für jede Störung. Psychologie heute, Juni 1987, 58–64
Hoyos, C. v. Graf 1964
Denkschrift zur Lage der Psychologie. Wiesbaden: Steiner
Huber, J. 1979
Zwischen Supermarkt und Sozialstaat: Die neue Abhängigkeit des Bürgers, in: Illich, I. (Hrsg.) Entmündigung durch Experten. Reinbek: Rowohlt
Huber, M. 1987
Nur Gewinner? Psychologie heute, Juni 1987, 36–43
Hummel, R. 1990
Zwischen den Zeiten und Kulturen: Die New Age-Bewegung, in: Hemminger, H. (Hrsg.): Die Rückkehr der Zauberer. New Age – Eine Kritik. Reinbek: Rowohlt 1990

Illich, I. (Hrsg.) 1979
Entmündigung durch Experten. Zur Kritik der Dienstleistungsberufe. Reinbek: Rowohlt
Irle, M. 1969
Vorwort, in: ders. (Hrsg.): Bericht über den 26. Kongreß der Deutschen Gesellschaft für Psychologie in Tübingen 1968. Göttingen: Hogrefe
Iwannek, U. 1983
Nichts gegen Studenten. Transatlantik, Juni 1983, 79–81

Jacoby, R. 1978
Soziale Amnesie. Eine Kritik der konformistischen Psychologie von Adler bis Laing. Frankfurt/M.: Suhrkamp
Jaeggi, E. 1979
Kognitive Verhaltenstherapie. Weinheim: Beltz Verlag
Jaeggi, E. 1987
Psychologie und Alltag. München: Piper
Jaeggi, E. 1979
Vom Ende der Therapie oder: Der glückliche Mensch. Partnerberatung, 16. Jg.
Jaeggi, E. 1989a
Das präsentative Symbol als Wirkfaktor in der Psychotherapie. Oder: Der Patient als Künstler. Forum der Psychoanalyse 5: 140–152
Jaeggi, E. 1989b
Die Vorrangigkeit des Weges vor dem Ziel – oder: Beziehung und Deutung im Vergleich von Verhaltenstherapie und Tiefenpsychologie, in: Reinelt, T., Datler, W. (Hrsg.), a. a. O.
Jaeggi, E. 1995
Zu heilen die zerstoß'nen Wunden. Die Hauptrichtungen der Psychotherapie und ihre Menschenbilder. Reinbek: Rowohlt
Jahoda, M. 1977
Freud and the dilemmas of psychology. London: Hogarth

James, W. 1950
The perception of reality, in: ders.: Principles of Psychology. New York: Dover
Janet, P. 1903
Les obsessions et la psychasthenie. Paris: Aclan
Jensen, A. 1969
How much can we boost I. Q. and scholastic achievement. Harvard Educational Review, 39

Kächele, H., Fiedler, I. 1985
Ist der Erfolg einer psychotherapeutischen Behandlung vorhersagbar? Erfahrungen aus dem Penn-Psychotherapy-Projekt. Psychother. med. Psychol. 35, 201–206
van Kalmthout, M. A., Schaap, C., Wojciechowski, F. L. (eds.) 1985
Common Factors in Psychotherapy. Lisse: Swets & Zeitlinger 1985
Kamin, L. 1974
The science and politics of I. Q. New York: Wiley
Kamper, D., Wulf, Chr. (Hrsg.) 1982
Die Wiederkehr des Körpers. Frankfurt/M.: Suhrkamp
Kanfer, F. H., Phillips, J. S. 1970
Learning foundations of Behavior therapy. New York: Wiley
Kant, I. o. J.
Kritik der reinen Vernunft. Leipzig: Reclam
Kazdin, A. E. 1986
Comparative outcome studies of psychotherapy: Methodological issues and strategy. Journal of Consulting and Clinical Psychology, 54, 1, 95–105
Kazdin, A. E., Wilcoxin, L. A. 1976
Systematic desensitization and nonspecific treatment effects. A methodological evaluation. Psychological Bulletin, 83, 729–758
Kelly, E. L., Goldberg, L. R., Fiske, D. W., Kilkowski, D. J. 1978
Twenty-five years later: A follow-up study of the graduate students in clinical psychology assessed in the VA selection research project. American Psychologist, 33, 746–755
Kernberg, O. F., Burstein, E. D., Coyne, L., Appelbaum, A., Hornwitz, L., Voth, H. 1972
Psychotherapy and Psychoanalysis. Final Report of the Menninger Foundation's Psychotherapy Research Project. Bulletin of the Menninger Clinic Topeca Kansas
Kernberg, O. F. 1980
Borderline-Störungen und pathologischer Narzißmus. Frankfurt/M.: Suhrkamp
Keßler, B. 1983
Rational-emotive Therapie, in: Corsini, R. (Hrsg.), a. a. O.
Keupp, H. (Hrsg.) 1972
Der Krankheitsmythos in der Psychopathologie. München: Urban & Schwarzenberg

Keupp, H. (Hrsg.) 1979
Normalität und Abweichung. München: Urban & Schwarzenberg
Keupp, H. 1982
Soziale Kontrolle. Psychiatrisierung, Psychologisierung, Medikalisierung, Therapeutisierung. In: H. Keupp und D. Rerrich (Hrsg.): Psychosoziale Praxis. München: Urban und Schwarzenberg
Keupp, H. 1988
Selbsthilfeinitiativen: Lernprozesse in Selbstorganisationen und Impulsgeber für den Umbau des Sozialstaates, in: Selbsthilfezentrum München (Hrsg.): Zurück in die Zukunft – Selbsthilfe und gesellschaftliche Entwicklung. München: Profil
Keupp, H. 1989
Der verrückte Hunger nach Psychologie. Das Argument 176, 582 bis 593
Keupp, H. und Bergold, J. 1972
Probleme der Macht in der Psychotherapie unter spezieller Berücksichtigung der Verhaltenstherapie. In: C. H. Bachmann (Hrsg.): Psychoanalyse und Verhaltenstherapie. Frankfurt/M.: Fischer
Keupp, H., Strauss, F., Gmür, W. 1989
Verwissenschaftlichung und Professionalisierung. Zum Verhältnis von technokratischer und reflexiver Verwendung am Beispiel psychosozialer Praxis, in: Beck, U., Bonß, W. (Hrsg.): Weder Sozialtechnologie noch Aufklärung? Frankfurt/M.: Suhrkamp
Keupp, H., Zaumseil, M. (Hrsg.) 1978
Die gesellschaftliche Organisierung psychischen Leidens. Frankfurt/M.: Suhrkamp
Kiesler, D. J. 1966
Some myths of psychotherapy research and the search for a paradigm. Psychological Bulletin, 65, 110–136
Kilburg, R. R., Nathan, P. E., Thoreson, R. W. (eds.) 1986
Professionals in Distress. Issues, Syndromes and Solutions in Psychology. Washington: American Psychological Association
Klann, G. 1979
Die Rolle affektiver Prozesse in der Dialog-Strukturierung, in: Flader, D., Wodak-Leodolter, R. (Hrsg.): Ansätze zur Erforschung der Sprache im psychoanalytischen Prozeß. Königstein/Ts.: Scriptor
Kleiber, D. 1986
Immer mehr psychisch Kranke?, in: ders., Rommelspacher, B. (Hrsg.): Die Zukunft des Helfens. Weinheim: Beltz
Kleiber, D. 1989
Auch die Helfer brauchen Hilfe: Risiken für Therapeuten, in: Giese, E., Kleiber, D. 1989
Knoblauch, H. 1989
Das unsichtbare neue Zeitalter. »New Age«, privatisierte Religion und kultisches Milieu. Kölner Zeitschrift für Soziologie und Sozialpsychologie, Jg. 41, 504–525

Köckeis-Stangl, E. 1980
Methoden der Sozialisationsforschung, in: Ulich, D., Hurrelmann, K. (Hrsg.): Handbuch der Sozialisationsforschung. Weinheim: Beltz
Köhler, W.
Werte und Tatsachen. Berlin: Springer
Kohut, H. 1973
Narzißmus. Frankfurt/M.: Suhrkamp
Kohut, H. 1979
Die Heilung des Selbst. Frankfurt/M.: Suhrkamp
Kommer, D. 1982
Eklektizismus, in: Bastine, R. et al. (Hrsg.): Grundbegriffe der Psychotherapie. Weinheim edition psychologie
Kordy, H., Senf, W. 1985
Überlegungen zur Evaluation psychotherapeutischer Behandlungen. Psychother. med. Psychol. 35, 207–212
Kraiker, C. 1989
Beziehung und Deutung in der Verhaltenstherapie: Ein Plädoyer für Indoktrination. In: Reinelt, T., Datler, W. (Hrsg.): Beziehung und Deutung im psychotherapeutischen Prozeß. Aus der Sicht verschiedener Schulen. Berlin: Springer
Krauss, Th., Jaeggi, E., Faas, A. 1989
Vatermutterkind. Eine Einführung in Theorie und Praxis der Familientherapie. Berlin: Forschungsbericht aus dem Institut für Psychologie der TU Berlin, Nr. 89–3
Kriz, J. 1985
Grundkonzepte der Psychotherapie. München: Urban & Schwarzenberg
Kriz, J. 1988
Transpersonale Psychologie, in: Asanger, R., Wenninger, G. (Hrsg.): Handwörterbuch der Psychologie. München: Psychologie Verlags Union
Kroeber, H. L. 1986
Gefährdet Psychopathologie die Psychotherapie? Anmerkungen zur Diskussion um das DSM III. Psychother. med. Psychol. 36, 89–90
Küenzlen, G. 1990
Das Unbehagen an der Moderne: Der kulturelle und gesellschaftliche Hintergrund der New Age-Bewegung, in: Hemminger, H. (Hrsg.) Die Rückkehr der Zauberer. New Age – Eine Kritik. Reinbek: Rowohlt
Kükelhaus, H. 1979
Organismus und Technik. Frankfurt/M.: Fischer
Künzler, E. 1964/1965
Erfahrungsberichte psychoanalytischer Institute. Psyche 1964/65
Kursbuch 28 1972
Das Elend mit der Psyche I: Psychiatrie. Berlin: Rotbuch
Kursbuch 29 1972
Das Elend mit der Psyche II: Psychoanalyse. Berlin: Rotbuch
Kutter, P. 1989
Moderne Psychoanalyse. Wien: Verlag Internationale Psychoanalyse

Kwiatkowski, E. 1980
Psychotherapie als subjektiver Prozeß. Weinheim: Beltz

Labov, W., Fenshel, D. 1977
Therapeutic Discourse, Psychotherapy as Conversation. New York: Academic Press
Laing, R. 1976
Das geteilte Selbst. Reinbek: Rowohlt
Lakoff, G., Johnson, M. 1980
Metaphors we live by. Chicago: The University of Chicago Press
Lakoff, R. 1980
When talk is not cheap: Psychotherapy as conversation. In: L. Michaels and Ch. Ricks (eds.) The state of language. Berkeley: University of California Press
Lampl, H. 1930
Die Sprechstunde der Poliklinik. In: Zehn Jahre Berliner Psychoanalytisches Institut. Wien: Internationaler Psychoanalytischer Verlag
Langer, S. 1965
Philosophie auf Neuem Wege. Frankfurt/M.: Fischer
Lazarus, A. A. 1978
Multimodale Verhaltenstherapie. Frankfurt/M.: Fachbuchhandlung für Psychologie
Lazarus, R. S., Averill, S. R. 1972
Emotion and Cognition: With special reference to anxiety, in: C. D. Spielberger (ed.): Anxiety: Current trends in Theory and research. Vol. II. New York: Academic Press, 242–263
Legewie, H. 1989
Die Einübung des »psychologischen Blicks«. Psychologie heute, 11
Leithäuser, Th., Volmerg, B. 1988
Psychoanalyse in der Sozialforschung. Opladen: Westdeutscher Verlag
Lemke, U. 1988
Gestalttherapie, in: Asanger, R., Wenninger, G. (Hrsg.), a. a. O.
Levant, R., Shlien, J. (eds.) 1987
Client-centered therapy and the person-centered approach: New directions in theory, research and practice. Westport: Greenwood Press
Lewin, K. 1931
Der Übergang von der aristotelischen zur galileischen Denkweise in Biologie und Psychologie. Erkenntnis, 1, 421–466
Lewin, K. 1935
The conflict between aristotelian and galileian modes of thought in contemporary psychology, in: A dynamic theory of personality. Selected papers of Kurt Lewin. New York: McGraw Book Company
Lewinsohn, P. M. 1974
A behavioral approach to depression, in: Friedman, R. J., Katz, M. M. (eds.): The psychology of depression. New York: Wiley
Liebermann, M. A., Yalom, I. D. 1973
Encounter Groups: First Facts. New York: Basic Books

Lippe, zur R. 1982
Am eigenen Leibe, in: Kamper, D., Wulf, Chr. (Hrsg.): Die Wiederkehr des Körpers. Frankfurt/M.: Suhrkamp
Loehlin, J. 1975
Race differences in intelligence. San Francisco: Freeman
London, P. 1986
The modes and morals of psychotherapy. Washington: Hemisphere Publishing Corporation
Lorenzer, A. 1984
Intimität und soziales Leid. Frankfurt/M.: Fischer
Lowen, A. 1981
Körperausdruck und Persönlichkeit. Grundlagen – Praxis der Bioenergetik. München: Kösel
Lowen, A. 1983
Der Verrat am Körper. Reinbek: Rowohlt
Luborsky, L. J., Singer, B., Kuborsky, L. 1975
Comparative studies of psychotherapies. Archives of General Psychiatry, 32, 995–1008
Luhmann, N. 1973
Vertrauen. Stuttgart: Enke
Luhmann, N. 1990
Die Moral des Risikos und das Risiko der Moral, in: Bechmann, C. (Hrsg.): Risiko und Gesellschaft. Opladen: Westdeutscher Verlag
Lynn, S. J., Garske, J. P. (eds.) 1985
Contemporary Psychotherapies. Models and Methods. Columbus: Charles E. Merrill Publishing Company

Mahoney, M. J. 1974
Kognitive Verhaltenstherapie. München: Pfeiffer
Mahoney, M. J. (Hrsg.) 1980
Psychotherapy process. Current issues and future directions. New York: Plenum Press
Maiers, W. 1988
Sechzig Jahre Krise in der Psychologie. Forum Kritische Psychologie, 21, 23–82
Marcuse, H. 1967
Der eindimensionale Mensch. Neuwied: Luchterhand
McKnight, J. 1979
Gesundheitsmanie und entmündigende Medikalisierung, in: Illich, I. (Hrsg.): Entmündigung durch Experten. Reinbek: Rowohlt
Mehan, H., Wood, H. 1976
Fünf Merkmale der Realität, in: Weingarten, E. (Hrsg.): Ethnomethodologie. Frankfurt/M.: Suhrkamp
Meichenbaum, D. H. 1979
Kognitive Verhaltensmodifikation. München: Urban & Schwarzenberg
Meichenbaum, D., Butler, L. 1980
Egocentrism and Evidence: Making Piaget Kosher, in: Mahoney 1980

Meltzoff, J., Kornreich, M. 1970
Research in psychotherapy. New York: Atherton Press
Menne, K. et al. 1976
Sprache, Handlung, Ungewußtes. Kronberg: Scriptor
Mentzos, S. 1982
Neurotische Konfliktverarbeitung. Einführung in die psychoanalytische Neurosenlehre unter Berücksichtigung neuer Perspektiven. Frankfurt/M.: Fischer
Mertens, W. (Hrsg.) 1993
Schlüsselbegriffe der Psychoanalyse. München: Verlag Internationale Psychoanalyse
Mertens, W. 1975
Sozialpsychologie des Experiments. Hamburg: Hoffmann & Campe
Millon, Th. 1983
The DSM-III. An Insider's Perspective. American Psychologist, July 1983, 804–814
Minsel, W. R., Langer, I. 1974
Forschung in client-centered Gesprächspsychotherapie, in: Schraml, W. J., Baumann, U. (Hrsg.): Klinische Psychologie II. Bern: Huber
Minuchin, S. et al. 1983
Praxis der strukturellen Familientherapie. Freiburg: Lambertus
Morrow-Bradley, C., Elliott, R. 1986
Utilization of Psychotherapy Research by Practicing Psychotherapists. American Psychologist, Vol. 41, No. 2, 188–197
Moser, T. 1987
Der Psychoanalytiker als sprechende Attrappe. Frankfurt/M.: Suhrkamp
Mowrer, O. H. 1960
Learning theory and behavior. New York: Wiley
Müller, F. C. (Hrsg.) 1893
Handbuch der Neurasthenie. Leipzig: Vogel
Murray, E. J., Jacobson, L. I. 1971
The nature of learning in traditional and behavioral psychotherapy, in: Bergin, A. E., Garfield, S. L. (eds.), Handbook of psychotherapy and behavior change: An empirical analysis. New York: Wiley
Myerson, A. 1939
The attitudes of neurologists, psychiatrists and psychologists towards psychoanalysis. American Journal of Psychiatry 96, 623–641

Nadig, M. 1986
Die verborgene Kultur der Frau. Frankfurt/M.: Fischer
Nadig, M., Erdheim, M. 1988
Die Zerstörung der wissenschaftlichen Erfahrung durch das akademische Milieu, in: Erdheim, M.: Die Psychoanalyse und das Unbewußte in der Kultur. Frankfurt/M.: Suhrkamp
Napier, A. Y., Whitaker, C. A. 1982 (1988)
Die Bergers. Beispiel einer erfolgreichen Familientherapie. Reinbek: Rowohlt

Norcross, J. C., Prochaska, J. O. 1983
Psychotherapists in independent practice: Some findings and issues. Professional Psychology: Research and Practice, 14, 869–881
Norcross, J. C., Wogan, M. 1983
American psychotherapists of diverse persuasions: Characteristics, theories, practices, and clients. Professional Psychology: Research and Practice, 14, 529–539
Nothdurft, W. 1988
Konflikte in Gesprächen. Bonn (Manuskript)

Obermeit, W. 1978
Psychologie um 1800. Diss. FU Berlin
Oevermann, U. 1970
Sprache und soziale Herkunft. Berlin: Institut für Bildungsforschung in der Max-Planck-Gesellschaft. Studien und Berichte 18

Parin, P. 1983
Der Widerspruch im Subjekt. Ethnopsychoanalytische Studien. Frankfurt/M.: Syndikat
Parin, P., Morgenthaler, F., Parin-Matthey, G. 1971
Fürchte Deinen Nächsten wie Dich selbst. Frankfurt/M.: Suhrkamp
Pavel, F.-G. 1977
Die Entwicklung der klientenzentrierten Psychotherapie in den USA 1942–1973, in: Gesellschaft für wissenschaftliche Gesprächspsychotherapie (Hrsg.): Die klientenzentrierte Gesprächspsychotherapie. München Kindler
Paul, G. L. 1967
Strategy of outcome research in psychotherapy. Journal of Consulting Psychology, 31, 109–118
Paz, O. 1981
Tisch und Bett, in: ders.: Der menschenfreundliche Menschenfresser. Geschichte und Politik. 1971–1980. Frankfurt/M.: Suhrkamp
Pepper, S. 1970
World hypotheses. Berkeley: University of California Press
Pepys, S. 1980
Tagebuch aus dem London des 17. Jahrhunderts. Stuttgart: Reclam
Perls, F. S., Hefferline, R. F., Goodman, P. 1981 (1951)
Gestalt-Therapie. Lebensfreude und Persönlichkeitsentfaltung. Stuttgart: Klett-Cotta
Pfeiffer, W.
Klientenzentrierte Psychotherapie im Kontext Kultur und Mode. (Manuskript o. J.)
Pfeiffer, W. 1986
Psychologie des kranken Menschen. Stuttgart: Kohlhammer
Pfeiffer, W. M. 1977
Zur Erfassung des therapeutischen Prozesses mit Hilfe komplexer Skalen, in: Gesellschaft für wissenschaftliche Gesprächspsychotherapie

(Hrsg.): Die klientenzentrierte Gesprächspsychotherapie. München: Kindler
Pirella, A. 1981
Die Sozialisation der Ausgeschlossenen. Reinbek: Rowohlt
Plog, U. 1987
Supervision. Eine Antwort für die hilflosen Helfer. (Manuskript)
Poerksen, U. o. J.
Plastikwörter. Die Sprachkultur einer internationalen Diktatur. Stuttgart: Klett-Cotta
Pohl, R. 1988
Psychologisierung des Alltags, in: Asanger, R., Wenninger, G. (Hrsg.): Handwörterbuch der Psychologie. München: Psychologie Verlags Union
Pohlen, M., Plänkers, T. 1982
Von der Psychoanalyse zur psychosozialen Aktion. Psyche 5, 416–452
Pohrt, W. 1980
Ausverkauf. Berlin: Rotbuch
Politzer, G. 1974 (Original 1929)
Kritik der klassischen Psychologie. Köln: Europäische Verlagsanstalt
Pongratz, L. J. (Hrsg.) 1978
Klinische Psychologie. Handbuch der Psychologie Bd. 8/2. Göttingen: Verlag für Psychologie
Porter, R. 1989
A social history of madness. New York: Dutton
Prochaska, J. O., Norcross, J. C. 1983
Contemporary psychotherapists: A national survey of characteristics, practices, orientations and attitudes. Psychotherapy: Theory, Research and Practice, 20, 161–173
Pühl, H., Schmidbauer, W. 1986
Supervision and Psychoanalyse. Plädoyer für eine emanzipatorische Reflexion in den helfenden Berufen. München: Kösel

Quekelberghe, R. v. 1979
Modelle kognitiver Therapien. München: Urban & Schwarzenberg

Rachman, S., Bergold, J. B. 1976
Verhaltenstherapie bei Phobien. München: Urban & Schwarzenberg
Rebell, Ch. 1976
Sozialpsychiatrie in der Industriegesellschaft. Frankfurt/M.: Campus
Reich, W. 1965 (Original 1933)
Massenpsychologie und Faschismus. (Raubdruck)
Reich, W. 1934
Dialektischer Materialismus und Psychoanalyse. Kopenhagen: Internationaler Verlag für Psychoanalyse
Reich, W. 1966
Die sexuelle Revolution. Frankfurt/M.: Europäische Verlagsanstalt
Reiche, R. 1968
Sexualität und Klassenkampf. Frankfurt/M.: Verlag Neue Kritik

Reiche, R. 1988
Sexuelle Revolution – Erinnerung an einen Mythos, in: Baier et al. (Hrsg.): 45–72
Reinecker, H., Schiepek, G., Gunzelmann, Th. 1989
Integration von Forschungsergebnissen: Metaanalysen in der Psychotherapieforschung. Zeitschrift für klinische Psychologie, Band XVIII, Heft 2, 101–116
Reinelt, T., Datler, W. (Hrsg.) 1989
Beziehung und Deutung im psychotherapeutischen Prozeß. Aus der Sicht verschiedener Schulen. Berlin: Springer
Reisman, J., Yamakoski, T. 1974
Psychotherapy and friendship: An analysis of the communications of friends, in: J. Counsel. Psychol. 21, 269–273
Rice, L. N., Greenberg, L. S. (eds.) 1984
Pattern of change. New York: Guilford
Richter, H. E. 1969
Eltern, Kind, Neurose. Reinbek: Rowohlt
Richter, H. E. 1972
Patient Familie. Reinbek: Rowohlt
Riedmüller, B. 1988
Kommunale Sozialpolitik und Selbsthilfe, in: Selbsthilfezentrum München (Hrsg.): Zurück in die Zukunft – Selbsthilfe und gesellschaftliche Entwicklung. München: Profil
Riesman, D. et al. 1982 (1958)
Die einsame Masse. Reinbek: Rowohlt
Rogers, C. R. 1957
The necessary and sufficient conditions of therapeutic personality change. Journal of Consulting Psychology, 21, 2, 95–103
Rogers, C. R. 1959
A theory of therapy, personality and interpersonal relationship as developed in the client-centered framework. In: S. Koch (ed.) Psychology: A study of science. Vol. 3, New York: McGraw Hill
Rogers, C. R. 1977
Therapeut und Klient: Grundlagen der Gesprächspsychotherapie. München: Kindler
Rogers, C. R. 1978
Die klientenzentrierte Gesprächspsychotherapie. Frankfurt/M.: Fischer
Rogers, C. 1980
Empathie – eine unterschätzte Seinsweise. In: C. Rogers und R. L. Rosenberg (Hrsg.): Die Person als Mittelpunkt der Wirklichkeit. Stuttgart: Klett-Cotta
Rogers, C. R. 1985
Entwicklung der Persönlichkeit. Stuttgart: Klett-Cotta
Rosen, R. 1979
Psychobabble. New York: Avon Books
Rosenberg, R. L., Rogers, C. R. 1980
Die Person als Mittelpunkt der Wirklichkeit. Stuttgart: Klett-Cotta

Rosenhan, D. 1966
Effects of social class and race on responsiveness to approval and disapproval. Journal of Personality and Social Psychology, 4, 253–259
Rosenhan, D. 1977
Gesund in kranken Institutionen, in: Sommer, G., Ernst, H. (Hrsg.): Gemeindepsychologie. München: Urban & Schwarzenberg
Ruppert, H. J. 1990
Neues Denken auf alten Wegen: New Age und Esoterik, in: Hemminger, H. (Hrsg.): Die Rückkehr der Zauberer. New Age – Eine Kritik. Reinbek: Rowohlt
Rush, A. 1978
Getting Clear. München
Rutsch, D. 1987
Konversationsanalyse therapeutischer Gespräche. Diplomarbeit IfP TU Berlin

Satir, V. 1975
Selbstwert und Kommunikation. München: Pfeiffer
Scheele, B. 1981
Selbstkontrolle als kognitive Interventionsstrategie, Weinheim: edition psychologie
Schild, H. J. 1977
Empirische Befunde zum Einfluß von Psychotherapeutenmerkmalen auf den gesprächstherapeutischen Prozeß, in: Gesellschaft für wissenschaftliche Gesprächspsychotherapie (Hrsg.): Die klientenzentrierte Gesprächspsychotherapie. München: Kindler
Schild, W. 1984
Verfolgung und Verurteilung der Missetäter, in: Hinckeldey, Ch. (Hrsg.): Justiz in alter Zeit. Rothenburg o. d. T.: Mittelalterliches Kriminalmuseum
Schlegel, L. 1973
Grundriß der Tiefenpsychologie. Bd. IV: Die Polarität der Psyche und ihre Integration. Eine kritische Darstellung der Psychologie von C. G. Jung. München: Francke-Verlag
Schmidbauer, W. 1977
Die hilflosen Helfer. Über die seelische Problematik der helfenden Berufe. Reinbek: Rowohlt 1977
Schmidt, G. 1988
Das große Der Die Das. Über das Sexuelle. Reinbek: Rowohlt
Schneider, M. 1973
Neurose und Klassenkampf. Reinbek: Rowohlt
Schorr, A. 1984
Verhaltenstherapie. Weinheim: Beltz
Schröter, K. 1979
Einige formale Aspekte des psychoanalytischen Dialogs. In: D. Flader und R. Wodak-Leodolter (Hrsg.): Therapeutische Kommunikation. Königstein/Ts.: Scriptor

Schütz, A. 1971/1972
Gesammelte Aufsätze. Teil I: Das Problem der sozialen Wirklichkeit. Teil II: Studien zur soziologischen Theorie. Den Haag: Martinus Nijhoff
Schulte, D. 1974
Diagnostik in der Verhaltenstherapie. München: Urban & Schwarzenberg
Schulz von Thun, F. 1988
Miteinander reden: Störungen und Klärungen. Psychologie der zwischenmenschlichen Kommunikation. Reinbek: Rowohlt
Schuster, P. 1985
Zum Problem der Nosologie bzw. Klassifikation in der Psychiatrie anhand des DSM III unter besonderer Berücksichtigung der Neurosen und Persönlichkeitsstörungen. Psychother. med. Psychol. 35, 75–77
Schwäbisch, L., Siems, M. 1974
Anleitung zum sozialen Lernen für Paare, Gruppen und Erzieher. Reinbek: Rowohlt
Schwartz, H. J. 1977
Empirisch überprüfte Prozeßmerkmale in der Gesprächspsychotherapie, in: Gesellschaft für wissenschaftliche Gesprächspsychotherapie (Hrsg.): Die klientenzentrierte Gesprächspsychotherapie. München: Kindler
Seidel, U. 1983
Individualpsychologie, in: Corsini, R. J. (Hrsg.)
Selbsthilfezentrum München (Hrsg.) 1988
Zurück in die Zukunft. Selbsthilfe und gesellschaftliche Entwicklung. München: Profil
Seligman, M. E. P. (1975) 1979
Erlernte Hilflosigkeit. München: Urban & Schwarzenberg
Selvini-Palazzoli, M. et al. 1977
Paradoxon und Gegenparadoxon. Stuttgart: Klett
Sennett, R. 1983
Verfall und Ende des öffentlichen Lebens. Die Tyrannei der Intimität. Frankfurt/M.: Fischer
Shorter, E. 1983
Die Geburt der modernen Familie. Reinbek: Rowohlt
Shure, M., Spivak, G. 1978
Problem-solving techniques in child rearing. San Francisco: Jossey Bass
Sichelschmidt, G. 1969
Liebe, Mord und Abenteuer. Eine Geschichte der Deutschen Unterhaltungsliteratur. Berlin: Haude & Spener
Siemen, H.-J. 1982
Das Grauen ist vorprogrammiert. Psychiatrie zwischen Faschismus und Atomkrieg. Gießen: Focus
Silverman, D. 1985
Qualitative Methodology and Sociology. Aldershot: Gower
Simmel, G. 1900
Philosophie des Geldes. Leipzig: Duncker & Humblot

Simmel, G. 1957
Die Großstädte und das Geistesleben, in: ders.: Brücke und Tor. Stuttgart: Koehler
Sloane, R. B. et al. 1981 (1975)
Analytische Psychotherapie und Verhaltenstherapie. Stuttgart: Enke
Sloterdijk, P. 1989
Eurotaoismus. Zur Kritik der politischen Kinetik. Ffm.: Suhrkamp
Smith, M. C., Glass, G. V. 1977
Meta-analysis of psychotherapy outcome studies. American Psychologist, 32, 752–760
Smith, M. C., Glass, G. V., Miller, T. I. 1980
The benefits of psychotherapy. Baltimore: The John Hopkins University Press
Sommer, G., Ernst, H. (Hrsg.) 1977
Gemeindepsychologie. München: Urban & Schwarzenberg
Sonntag, M. 1988
Die Seele als Politikum. Berlin: Reimer
Sperber, M. 1970
Alfred Adler oder das Elend der Psychologie. Wien: Molden-Verlag
Sperling, E. et al. 1982
Die Mehrgenerationen-Familientherapie. Göttingen: Vandenhoek & Ruprecht
SPK 1972
Aus der Krankheit eine Waffe machen. München: Trikont
Stierlin, H. 1971
Das Tun des Einen ist das Tun des Anderen. Frankfurt/M.: Suhrkamp
Stierlin, H. 1982
Delegation und Familie. Reinbek: Rowohlt
Stiles, W. B. 1979
Verbal response modes and psychotherapeutic technique. Psychiatry, 42, 49–62
Stiles, W. B., Shapiro, D. A., Elliott, R. 1986
»Are All Psychotherapies Equivalent?« American Psychologist, Vol. 41, No. 2, 165–180
Stone, A. A. 1978
Mentally ill: to commit or not, that is the question. New York Times v. 19. März 1978
Strauss, A. 1987
Qualitative Analysis for Social Scientists. Cambridge: Cambridge University Press
Strupp, H. H. 1978
Psychotherapy Research + Practice: An Overview, in: Garfield, S. L., Bergin, A. E. (eds.): Handbook of psychotherapy and behavior change, New York: Wiley
Strupp, H. H. 1986
Psychotherapy. Research, Practice, and Public Policy (How to Avoid Dead Ends). American Psychologist, Vol. 41, No. 2, 120–130

Strupp, H. H., Hadley, S. W. 1979
Specific vs. nonspecific factors in psychotherapy. Archives of General Psychiatry, 36, 1025–1036
Szasz, T. 1960
The Myth of Mental Illness. American Psychologist, 15, 113–118
Szasz, T. 1972
Der Mythos von der seelischen Krankheit, in: Keupp, H. (Hrsg.): Der Krankheitsmythos in der Psychopathologie. München: Urban & Schwarzenberg

Tausch, R., Tausch, A. 1979
Gesprächspsychotherapie. Göttingen: Hogrefe
Tausch, R., Tausch, A. 1983
Wege zu uns. Reinbek: Rowohlt
Teegen, F. 1975
Sich ändern lernen. Reinbek: Rowohlt
Thomä, H. 1977
Psychologie in der modernen Gesellschaft. Hamburg: Hoffmann und Campe
Thomä, H., Kächele, H. 1985, 1988
Lehrbuch der psychoanalytischen Therapie. 1. u. 2. Bd. Berlin: Springer
Titscher, E., Strotzka, H. 1985
Ist der Neurosebegriff sinnvoll und notwendig? Psychother. med. Psychol. 35, 71–74
Toman, W. 1978
Tiefenpsychologie. Stuttgart: Kohlhammer
Tomas, K. 1971
Religion and the decline of magic. London: Weidenfeld and Nicolson
Turner, R. 1976
Einige formale Eigenschaften des Gesprächs, in: Auwärter, M., Kirsch, E., Schröter, K. (Hrsg.): Seminar: Kommunikation, Interaktion, Identität. Frankfurt/M.: Suhrkamp

Ueding, G. 1973
Glanzvolles Elend. Versuch über Kitsch und Kolportage. Frankfurt/M.: Suhrkamp
Ullrich-de Muynck, R. u. Ullrich, R. 1976
Einübung von Selbstvertrauen und Sozialer Kompetenz. München: Pfeiffer

Virilio, P. 1980
Geschwindigkeit und Politik. Berlin: Merve

Walsh, R. N., Vaughan, F. (Hrsg.) 1987
Psychologie in der Wende. Reinbek: Rowohlt
Waßner, R. 1984
Magie und Psychotherapie. Ein gesellschaftswissenschaftlicher Vergleich von Institutionen der Krisenbewältigung. Berlin: Dietrich Reimer

Watson, N. 1987
Rogers' hypotheses of the necessary and sufficient conditions for effective psychotherapy, in: Levant, R., Shlien, J. (eds.): Client-centered therapy and the person-centered approach: New directions in theory, research, and practice. Westport: Greenwood Press
Watzlawick, P., Beavin, J., Jackson, D. 1971
Menschliche Kommunikation. Bern: Huber
Wellek, A. 1956
Mathematik, Intuition und Raten. Studium Generale, 9, 537–555
Welter-Enderlin, R. 1987
Familismus, Sexismus und Familientherapie – Heißt »systemisch« auch »politisch«? in: Familiendynamik 12/3, S. 261–281
Wiedeman, P. M. 1983
Alltags- und therapeutische Kommunikation im Vergleich, in: Zimmer, D. (Hrsg.): Die therapeutische Beziehung. Weinheim: edition psychologie
Wiedemann, P. M. 1986
Erzählte Wirklichkeit. Zur Theorie und Auswertung narrativer Interviews. Weinheim: Psychologie Verlags Union
Wiedemann, P. M. 1989
Risikokommunikation und Risikokommunikationsforschung. Forschungszentrum Jülich
Wiedemann, P. M. 1990
Qualitative Forschung im Überblick. Erscheint in: Jahrbuch der Medizinischen Psychologie
Wiedemann, P. M. und Hennen, L. 1989
Risiko – unser tägliches Leben. Technische Rundschau, 81, 40, 54–79
Wilke, H.-J. 1988
Anmerkungen über Leib und Seele, in: Analyt. Psychologie, 19, 3, 163–177
Wilkening, H.-J. 1978
Das Psychotherapeut-Klient-Verhältnis als berufliche Beziehung, in: Keupp, H., Zaumseil, M. (Hrsg.)
Wittchen, H., Fichte, M. 1980
Psychotherapie in der Bundesrepublik. Weinheim: Beltz
Wittmann, W. W., Matt, G. E. 1986
Meta-Analyse als Integration von Forschungsergebnissen am Beispiel deutschsprachiger Arbeiten zur Effektivität von Psychotherapie. Psychologische Rundschau, 37, 20–40
Wodak-Leodolter, R. 1980
Problemdarstellung in gruppentherapeutischen Situationen, in: Ehlich, K. (Hrsg.): Erzählen im Alltag. Frankfurt/M.: Suhrkamp
Wolpe, J. (1969) 1972
Praxis der Verhaltenstherapie. Bern: Huber
Wolpe, J. 1958
Psychotherapy by reciprocal inhibition. Palo Alto: Stanford University Press

Wurmser, L. 1983
Plädoyer für eine Verwendung von Metaphern in der psychoanalytischen Theorienbildung. Psyche 8, 673–700

Yalom, I. D. 1974
Gruppendynamik. Grundlagen und Methoden. Ein Handbuch. München: Kindler
Yalom, I. D. 1989
Theorie und Praxis der Gruppenpsychotherapie. Ein Lehrbuch. München: Pfeiffer
Yates, A. J. 1975
Theory and Practice in behavior therapy. New York: Wiley
Yerkes, R. 1921
Psychological examination in the United State Army. Memoirs of the National Academy of Sciences 15

Zajonc, R. 1980
Feeling and thinking. American Psychologist, 35, 151–175
Zielke, M. 1979
Laienpsychotherapeuten in der klientenzentrierten Gesprächspsychotherapie. Salzburg: Otto-Müller-Verlag
Zinn, K. G. 1989
Kanonen und Pest. Opladen: Westdeutscher Verlag
Zola, I. K. 1979
Gesundheitsmanie und entmündigende Hilfe, in: Illich, I. (Hrsg.): Entmündigung durch Experten. Reinbek: Rowohlt
Zweig, St. 1983
Die Heilung durch den Geist. Mesmer – Mary Baker-Eddy – Freud. Frankfurt/M.: Fischer
Zygowski, H. (Hrsg.) 1987
Psychotherapie und Gesellschaft. Reinbek: Rowohlt

Glossar

ABAB-Design Versuchsplan, bei dem das Verhalten während einer Ausgangsperiode (A), während einer Behandlungsperiode (B), während der Wiedereinführung der ursprünglich vorhandenen Bedingungen (A) und einer weiteren Behandlungsphase (B) gemessen wird.
Abstinenz, Neutralität In der Psychoanalyse schreibt die Abstinenzregel vor, jede persönliche, über die Ziele der Therapie hinausgehende Kommunikation zu vermeiden. Der Therapeut soll sich passiv, gefühlsmäßig-wohlwollend-neutral verhalten. Die Versagung des Therapeuten gegenüber neurotischen Bedürfnissen des Patienten halte den Leidensdruck als Motivationsquelle der Therapie aufrecht.
Akademische Psychologie Forschung und Lehre des Faches Psychologie (insbesondere naturwissenschaftlicher Ausrichtung) im Rahmen der Universität
Amplifikation Erweiterung des Trauminhalts durch Vergleich der Traumbilder mit Bildern der Mythologie, Religion usw., die in sinnverwandter Beziehung zum Trauminhalt stehen.
Ätiologie Lehre von den Krankheitsursachen
Attribuierung Ursachenzuschreibung. Die Erklärung einer Person für die Ursachen und Ziele eigenen und fremden Verhaltens.
Attributionstheorie Theorie über die Entstehung und die Auswirkung von Attributionen (Fähigkeit, Anstrengung, Schwierigkeitsgrad, Zufall)
Aversionstherapie Ein Verfahren der Verhaltenstherapie, bei dem ein unangenehmer Reiz, z. B. ein Elektroschock, mit Situationen zusammengebracht wird, die in unerwünschter Weise attraktiv sind.
Behaviorismus, behavioristisch Richtung der Psychologie, die von John B. Watson begründet wurde. Watson vertrat die Auffassung, daß Gegenstand der Psychologie allein das objektiv beobachtbare und meßbare Verhalten, nicht das Bewußtsein, sei. Das Lernen nimmt eine zentrale Stellung innerhalb des B. ein. Die wichtigste Methode des B. ist das Tierexperiment. An diesem werden die grundlegenden Gesetze des Lernens dargestellt, die dann auch für den Menschen gelten sollen.
Bioenergetik Therapeutisches Verfahren von Lowen (im Anschluß an Reich), das die Bedeutung des Körpers für die Entstehung, Aufrechterhaltung und Heilung psychischer Störungen betont. Wichtigstes Ziel ist, Energien und Gefühle freizusetzen, damit der Mensch wieder im Einklang mit seinen grundlegenden körperlichen Funktionen wie Atmung, Bewegung, Gefühl und Selbstausdruck leben kann.
Biofeedback-Training Verfahren, bei denen ein Individuum mit unmittelbaren Informationen über minimale Änderungen in der Muskelaktivität, Hauttemperatur, Herzschlag, Blutdruck und andere körperliche Funktionen versorgt wird. Dadurch können eine willentliche Kontrolle

über diese Körperprozesse erreicht und so bis zu einem gewissen Ausmaß bestimmte psychosomatische Störungen gebessert werden.

Black-Box-Modell Wenn ein System ohne Kenntnis dessen innerer Struktur aus Reaktionen auf Reize erschlossen wird, spricht man von einem B.-B.-M. (»schwarzer Kasten (des Zauberers)«.

Borderline Nachdem Freud den Begriff schon 1925 als Bezeichnung für Grenzfälle zwischen Neurosen und Psychosen verwendet hatte, wurde er erst in jüngerer Zeit (Kernberg) als eigenständiges Störungsbild beschrieben. Symptomatisch weist es Elemente der Neurose, Psychose und Psychopathie auf.

Demenz Erworbene, dauernde Minderung intellektueller Fähigkeiten (im Gegensatz zum angeborenen Intelligenzmangel [Schwachsinn]), insbesondere von Gedächtnis, Urteilsvermögen, abstraktem Denken und der Impulskontrolle, die das berufliche und soziale Leben beeinträchtigt und auch die Persönlichkeit verändert.

Depression Sammelbegriff für eine Anzahl komplexer Störungsbilder mit Symptomen auf unterschiedlichen Ebenen: 1. emotional: gedrückte, traurige, besorgte Stimmung, 2. kognitiv: negatives Selbstkonzept, Selbstvorwürfe und -beschuldigungen, 3. motorisch: lethargisch oder agitiert, 4. motivational: Verlust von Interesse, Antrieb, sozialer Rückzug, 5. vegetativ: Appetitmangel, sexuelles Desinteresse, Schlafstörungen. Untereinteilungen nach verschiedenen Dimensionen: Ätiologie (somatische, endogene, psychogene D.), Schweregrad (und Ätiologie) (neurotische vs. psychotische D.), Alter (Involutions-D.), Verlauf (unipolare vs. bipolare D.), Umweltereignisse (Erschöpfungs-D., Entlastungs-D.).

Depression, endogene Depression, von der angenommen wird, daß sie auf einer biochemischen Fehlfunktion beruht und nicht durch äußere Ereignisse ausgelöst wird.

Desensibilisierung, systematische Verfahren der Verhaltenstherapie zur Reduktion von Ängsten. Vom Klienten wird verlangt, sich in tiefer muskulärer und kognitiver Entspannung eine Reihe progressiv mehr Angst erzeugender Situationen vorzustellen. Die beiden Reaktionen der Entspannung und der Angst sind miteinander nicht vereinbar, und die Angst wird so vermindert.

Differentialätiologie / differentiellle Störungstheorie Lehre von den Ursachen (psychischer) Störungen, die spezifische Faktoren für unterschiedliche Störungsbilder benennen kann.

Double-bind-Konzept Form der Kommunikation, die als der kritische Aspekt schizophrenieerzeugender Situationen beschrieben wird. Kennzeichen solcher Kommunikation sind: 1. Widerspruch zwischen zwei Informationen, die einen wichtigen Bereich betreffen, 2. eine Reaktion ist zwingend erforderlich und 3. der Grundwiderspruch zwischen den Informationen wird so verdeckt oder verleugnet, daß er in der Situation nicht erkannt werden kann.

Encountergruppe Im sozialen Mikrokosmos einer Gruppe sollen die Teilnehmer Möglichkeiten zur Selbstentfaltung finden. Die Encounter Bewegung geht auf humanistische Therapeuten wie Roger Schutz in den 60er

Jahren zurück. Arbeit im Hier und Jetzt, Ermutigung zu emotionalem Ausdruck, personen- nicht sachorientiert.

Endokrinologie Lehre von den endokrinen (»mit innerer Sekretion«) Drüsen (z. B. Hypophyse, Schilddrüse, Nebenniere, Gonaden)

Entität 1. das tatsächliche Sein im Unterschied zum Wesen eines Dinges (Philos.), 2. (gegebene) Größe

Extinktion Auslöschung, Tilgung, Schwächung; in der Verhaltenstherapie Beseitigung einer klassisch oder operant konditionierten Reaktion durch wiederholte Vorgabe des konditionierten Reizes ohne den unkonditionierten Reiz bzw. ohne nachfolgende Verstärkung

Focusing Spezielles Verfahren innerhalb der klientenzentrierten Therapie von Gendlin, das mittels Konzentration auf körperliche Empfindungen die Gefühlswahrnehmung erweitert.

Fokaltherapie In der Psychoanalyse Bezeichnung für die auf einen einzelnen wichtigen Komplex gerichtete Analyse.

Gemeindepsychologie In den USA seit Mitte der 60er Jahre aufgekommener Begriff für die aus der Gemeinde resultierenden Probleme der psychosozialen Gesundheit; Ziel von Maßnahmen ist weniger das Individuum, als vielmehr Gruppen und Institutionen, Akzent auf Prävention, Rehabilitation, Sozialplanung, Nutzung informeller Hilfsnetze.

Gruppendynamik Interdisziplinäres Forschungs- und Praxisgebiet (Sozialpsychologie, Tiefenpsychologie, Soziologie, Pädagogik). Begründer der Gruppendynamik Lewin, zu Beginn vor allem experimentelle Kleingruppenforschung, später theoretische und praktische Beiträge »zu den durch Gruppen hervorgerufenen Kräften« aus den unterschiedlichsten Lebensbereichen.

Gruppentherapie Psychotherapeutische Einflußnahme auf Verhalten und Erleben innerhalb von und durch Gruppen. Gegenüber der Einzeltherapie hervorzuheben ist die therapeutische Wirksamkeit gegenseitiger Identifizierungen, des spontanen feedback und der fortlaufenden spontanen Neuverteilung gruppendynamischer Funktionen unter den Mitgliedern.

Heurismus, heuristisch Etwas, das brauchbar ist zum Finden neuer Tatsachen. Z. B. kann eine Hypothese, die noch ungesichert ist, »heuristisch« brauchbar sein.

Humanistische Psychologie Sammelbegriff für den Zusammenfluß verschiedener Richtungen als Gegenbewegung zur akademischen Psychologie in den USA seit den frühen 60er Jahren. Zentrale Konzepte sind »persönliches Wachstum« und »human potential«. Wichtige Strömungen und Theorien waren 1. der personenzentrierte Ansatz von Rogers, 2. Gruppendynamik (Encountergruppen), 3. die Theorien von Wilhelm Reich und die Betonung des Körperlichen, 4. der Existentialismus, 5. Zen-Buddhismus, 6. Taoismus, 7. das Interesse an bewußtseinserweiternden Drogen.

Imbezilität mittelgradiger Schwachsinn, angeboren oder früh erworben

Introjekt verinnerlichtes Objekt (z. B. Gebote, Verbote, Personen)

Kognition Sammelbegriff für alle Vorgänge oder Strukturen, die mit dem

Gewahrwerden und Erkennen zusammenhängen wie Wahrnehmung, Erinnerung, Vorstellung, Begriff, Gedanke, aber auch Vermutung, Erwartung, Plan.

kognitive Dissonanz Bezeichnung für das Nichtzusammenpassen zweier kognitiver Elemente, wodurch Entscheidungskonflikte entstehen, die man löst, indem entweder Handeln oder – wenn das nicht möglich ist – eine Kognition geändert wird.

Konditionieren, klassisches Lernform, bei der ein unbedingter Reiz (z. B. Darbietung schmackhaften Hundefutters) wiederholt mit einem bedingten Reiz (z. B. Ertönen einer Glocke) gekoppelt wird und letzterer nach einer Weile in der Lage ist, die Reaktion (heftiger Speichelfluß) alleine – d. h. ohne den Anblick der Hundemahlzeit – auszulösen.

Konditionieren, operantes Lernform, bei der Verhalten durch unmittelbar erfolgende Belohnung (Verstärkung) oder Bestrafung auf- oder abgebaut wird.

Konditionieren, respondentes s. Konditionieren, klassisches

Melancholie Ein schon in der Antike im Zusammenhang mit den Temperamenten und Körpersäften (M. = Schwarzgalligkeit) beschriebener Gemütszustand der schwermütigen Verstimmung. Wenn der Begriff noch benützt wird, dann weitgehend syn. mit Depression.

Modell-Lernen Lernform, bei der Beobachtung und Nachahmung die entscheidenden Elemente sind.

Mutter, schizophrenogene Inzwischen überholte Ansicht, daß das Verhalten der Mütter der entscheidende Faktor bei der Entstehung der Schizophrenie sei. Die s. M. wurde als dominant, überfürsorglich, aufopfernd und zugleich rigide, moralistisch, gefühlskalt, ängstlich in bezug auf Nähe und Intimität beschrieben.

Narzißmus Nach dem griechischen Jüngling Narcissus, der sich in sein Spiegelbild verliebte, bezeichnet N. eine Vielzahl unterschiedlicher Gegebenheiten in der psychoanalytischen Theorie. Allein bei Freud taucht der Begriff in acht verschiedenen Bedeutungen auf. Wichtige Verwendungskontexte beziehen sich a) auf die Bezeichnung eines ersten Vorstadiums der kindlichen Entwicklung, b) auf eine spezifische Qualität der Objektbeziehungen eines Menschen, c) auf eine bestimmte Form individueller Pathologie (narzißtische Störung), d) auf eine angenommene historisch-gesellschaftliche Veränderung von Sozialcharakteren (neuer Sozialisationstypus, narzißtischer Alltagscharakter).

Neurasthenie »Nervenschwäche«, nervöse Reizbarkeit, geringe seelische Belastungsfähigkeit, leichte Erschöpfbarkeit. Der Begriff wurde 1879 von dem amerikanischen Arzt G. M. Beard eingeführt.

Neurose »Eine krankhafte Störung der Erlebnisverarbeitung mit Symptomen abnormen Erlebens, Verhaltens und (oder) gestörter somatischer Funktionsabläufe. Der Störung liegen eine Fehlentwicklung und konflikthafte Fehlhaltungen zugrunde, die dem Leidenden unzureichend einsichtig sind und deren ätio- und pathogenetische Bedingungen bis in die Kindheit zurückreichen. Die Störung ist primär psychogen, überwiegend umweltbedingt. Sie wird also nicht durch hirnorganische

Veränderungen oder überwiegend krankhafte Erbanlagen hervorgerufen.« (Schwidder)

nomothetisch Gesetze aufstellend. Nach Windelband ist die Naturwissenschaft n. im Gegensatz zur idiographischen (nur einmalige Tatsachen beschreibende) Geschichtswissenschaft. Es gibt einen lange zurückreichenden Streit, ob die Psychologie eine nomothetische oder eine idiographische Wissenschaft ist bzw. sein soll.

non-direktiv Von Rogers zeitweilig verwendetes Attribut zur Charakterisierung seiner Therapieform, in der der Therapeut sich nicht lenkend, nicht bewertend und nicht deutend gegenüber seinen Klienten verhält.

Nosologie Systematische Beschreibung und Lehre von den Krankheiten; Teilgebiet der Pathologie.

Objekt (lat. »das Entgegengeworfene«) Gegenstand, mit dem etwas geschieht oder geschehen soll (auch in bezug auf Personen); in der Psychoanalyse in der Regel als Bezeichnung für Personen (Trieb-O., Identifikations-O., Selbst-O.).

Objektbeziehung(stheorie) »In der zeitgenössischen Psychologie sehr häufig verwendeter Ausdruck, der die Art der Beziehung des Subjekts zu seiner Welt bezeichnen soll, eine Beziehung, die das komplexe und vollständige Ergebnis einer bestimmten Organisation der Persönlichkeit, eines mehr oder weniger phantasierten Erfassens der Objekte und bestimmter bevorzugter Abwehrformen darstellt.« (Laplanche/Pontalis)

Objektkonstanz Wichtiges Stadium der emotionalen Entwicklung, wo es möglich wird, wichtige Bezugspersonen als eigenständige zu erleben und eine permanente Beziehung zu ihnen auch in ihrer Abwesenheit aufrechtzuerhalten.

Oligophrenie auf erblicher Grundlage beruhender oder in früher Kindheit erworbener Schwachsinn.

Outcome-Forschung Ergebnisforschung; Teilbereich der Psychotherapieforschung, der sich auf die (vergleichende) Untersuchung der Resultate verschiedener Therapieformen konzentriert. Gegenbegriff: Prozeßforschung.

Perversion syn. Paraphilie; ungewöhnliche, bizarre Vorstellungen und/oder Handlungen zur Erreichung sexueller Erregung und Befriedigung. Derartige Phantasien und Handlungen sind in der Regel anhaltend und werden zwanghaft wiederholt (Ritualisierung). Sie beinhalten im allgemeinen entweder 1. die Bevorzugung eines nichtmenschlichen Objekts zur sexuellen Erregung (z. B. Fetischismus, Sodomie), 2. sexuelle Betätigung mit Menschen, bei der reale oder simulierte Leiden oder Demütigungen zugefügt oder erlitten werden (Sadismus, Masochismus) oder 3. sexuelle Betätigung mit nicht einverstandenen Partnern.

Phobie Das Hauptmerkmal ist eine anhaltende und irrationale Furcht vor einem bestimmten Objekt, einer Tätigkeit oder einer Situation, die zu dem drängenden Wunsch führt, das gefürchtete Objekt, die Tätigkeit oder die Situation zu vermeiden. Die Furcht wird vom Betroffenen als übermäßig und irrational, gemessen an der tatsächlichen Gefährlichkeit des Objekts, der Tätigkeit oder der Situation, erkannt.

Psychodrama Eine von Moreno eingeführte Art der Gruppenpsychotherapie, bei der Teilnehmer ihre Gefühle wichtigen Personen und Situationen gegenüber in Szene setzen (Stegreiftheater). Gruppendynamisches Setting und analytische Gruppenarbeit werden vereinigt.

Psychose Vorübergehende oder sich verschlechternde psychische Störung mit erheblicher Beeinträchtigung psychischer Funktionen, gestörtem Realitätsbezug, mangelnder Einsicht und Fähigkeit, den üblichen sozialen Normen bzw. Lebensanforderungen zu entsprechen.

Psychose, manisch-depressive Zuerst von Kraepelin beschriebene affektive Störung, die durch wechselnde Phasen von Manie und Depression gekennzeichnet ist.

Reggression Rückkehr zu früheren Entwicklungsformen des Denkens, der Beziehungen und des Verhaltens; gilt auch als Abwehrmechanismus.

reziproke Hemmung Bei der r. H. wird beim Auftreten einer unerwünschten Reaktion eine durch Konditionierung erlernte andere Reaktion ausgelöst, die mit der unerwünschten Reaktion unvereinbar ist (z. B. Entspannung mit Angst).

Rolfing Körpertherapie, die sich weitgehend psychotherapeutischer Intervention enthält. Der Rolfing-Therapeut versucht Muskelverspannungen durch aktives Dehnen, Massieren usw. zu beseitigen.

Rorschach-Test Projektives Testverfahen, bei dem einer Testperson nacheinander 10 Tafeln mit teilweise mehrfarbigen Klecksbildern mit der Bitte vorgelegt werden, mitzuteilen und zu zeigen, was sie darin sieht. Es wird davon ausgegangen, daß die Antworten der Testperson Projektionen unbewußter Ängste, Einstellungen und Vorstellungen enthalten.

Schizophrenie Gruppe psychotischer Störungen, die durch ausgeprägte Störungen des Denkens, der Emotion und des Verhaltens gekennzeichnet sind. Denkstörungen, bei denen zwischen den Gedanken kein logischer Zusammenhang besteht, fehlerhafte Wahrnehmung und Aufmerksamkeit; bizarre Störungen der motorischen Aktivität; Beeinträchtigung der Verbindung zwischen Wahrnehmung und Emotion, was zu flachen, unangemessenen, ambivalenten oder labilen Emotionen führt; verminderte Toleranz für Belastungen aus zwischenmenschlichen Beziehungen, was dazu führt, daß sich der Patient von anderen Menschen und von der Realität häufig in ein Phantasieleben von Wahnvorstellungen und Halluzinationen zurückzieht.

Selbstexploration Verhalten (von Klienten) der offenen Erforschung der inneren Erlebniswelt. Häufig Ziel innerhalb von Psychotherapien.

Setting Gesamtheit der räumlichen, zeitlichen und organisatorischen Bedingungen einer Psychotherapie

S-R-Modell Eine Form der Psychologie, die alle – auch komplizierte – psychischen Vorgänge auf das einfache Schema von Auslöserreiz und darauf folgender Reaktion zurückzuführen versucht.

Störungstheorie, differentielle Eine Theorie, die Zusammenhänge der Struktur, Dynamik und Ätiologie einzelner Störungsbilder beschreiben kann.

Subjekt die erkennende, mit Bewußtsein ausgestattete, handelnde Person.

Symbolisierungsfähigkeit die Fähigkeit, Erlebtes, Affekte, Empfindungen in Bilder, Metaphern, Gleichnisse zu übersetzen.

Themenzentrierte Interaktion (TZI) Ein Verfahren (von Cohn) der Gruppenleitung und Gruppenarbeit, bei dem unter Beachtung bestimmter Regeln versucht wird, Thema, Individuum und Gruppe – häufig konkurrierende Größen – in Balance zu bringen. Ziel der TZI ist u. a. lebendiges Lernen durch angstfreie Interaktion.

Transpersonale Psychologie ist an der Ausweitung der Psychologie auf Bereiche optimaler psychologischer Gesundheit, optimalen Wohlbefindens, unterschiedlicher Bewußtseinszustände, Gipfelerfahrungen usw. interessiert, die die alltäglichen Grenzen der Identität und Persönlichkeit überschreiten können.

Transkulturelle Psychiatrie Wissenschaft, die die Einflüsse kultureller Gegebenheiten auf Entstehung, Häufigkeit, Symptomatik, Therapie sowie die kulturspezifischen Deutungs- und Reaktionsmuster auf psychische Störungen untersucht.

Übertragung Die positiven oder negativen Gefühle des Analysanden, die dadurch zum Ausdruck kommen, daß er seinen Analytiker als symbolische Repräsentation einer wichtigen Person in seiner Vergangenheit behandelt. Beispiel: der Analysand wird dem Analytiker gegenüber zornig und drückt dabei Emotionen aus, die er eigentlich seinem Vater gegenüber fühlt.

Vasokonstriktionshypothese Hypothese, die Kopfschmerzen durch die Verengung von Blutgefäßen erklärt.

Vegetotherapie Körpertherapie von Reich, die sich auf der Grundlage einer Gleichsetzung von libidinöser mit vegetativer Energie speziell auf Körperverspannungen und die Atmung konzentrierte.

Verdrängung Abwehrmechanismus, bei dem Impulse und Gedanken, die für das Ich nicht akzeptabel sind, in das Unbewußte verschoben werden.

Verleugnung Abwehrmechanismus, der in der Weigerung des Subjektes besteht, die Realität einer traumatisierenden Wahrnehmung anzuerkennen.

Namenregister

Sachregister